Table des matières

Préface

Martin Junge

L'année 2017 marque le 500e anniversaire de la Réforme. Pour la tradition luthérienne, le 31 octobre 1517 est le point de départ de la Réforme. On dit qu'à cette date, sur la porte de l'église de la Toussaint à Wittenberg, en Allemagne, Martin Luther aurait cloué ses 95 thèses contre la vente des indulgences et contre ce qu'il percevait comme des abus du clergé liés à cette pratique. La Réforme a depuis cette date parcouru un chemin impressionnant. Les Églises luthériennes sont aujourd'hui présentes aux quatre coins du monde, avec un nombre toujours croissant de luthérien-ne-s dans l'hémisphère sud. La Fédération luthérienne mondiale (FLM) est une communion internationale de 144 Églises qui représente aujourd'hui plus de 70 millions de luthérien-ne-s dans 79 pays.

Les expériences formatrices variées de ces Églises, leurs contextes sociaux et culturels divers, font qu'il est virtuellement impossible de parler d'« une » identité luthérienne. Pour certaines Églises qui font débuter la Réforme à d'autres dates, l'année 1517 n'a pas vraiment de signification particulière. Ainsi, pour plusieurs Églises membres de la FLM, c'est l'introduction du christianisme dans leur milieu qui représente la date de référence commémorée comme constitutive de leur identité et de la manière dont elles se perçoivent. Cependant, la commémoration de ce 500e anniversaire offre à toutes les Églises luthériennes l'occasion merveilleuse de réfléchir à la pertinence toujours actuelle des questions qui ont déclenché la Réforme, et de discerner l'impact sociétal de cette Réforme.

Cette collection de quatre recueils entend contribuer à une telle réflexion approfondie. La discussion est construite autour du thème central du 500e anniversaire de la Réforme et de la douzième Assemblée de la FLM : « Libres par la grâce de Dieu ». Trois sous-thèmes nous aident à explorer ce thème central : « Le salut n'est pas à vendre » ; « Les êtres humains ne sont pas à vendre » ; « La création n'est pas à vendre ». Les recueils contiennent des essais écrits par des évêques, des pasteur-e-s, des universitaires, des membres du Conseil de la FLM, et des représentant-e-s de divers réseaux et partenaires œcuméniques présents dans toutes les régions de la FLM. Grâce à la grande diversité des auteurs et des sujets, le lecteur gagne un aperçu de la grande diversité existant au sein de la communion et de certains aspects du travail du programme de la FLM. Chaque essai se conclue par trois questions, pour encourager à davantage de réflexion et de discussion.

Nous espérons que ces publications seront utilisées dans le cade de discussions bilatérales entre Églises partenaires, afin de susciter un dialogue sur le message et le rôle des Églises dans différents contextes. Nous espérons aussi que ces recueils donneront un élan notable pour nos délibérations, alors que nous nous préparons pour notre douzième Assemblée qui se tiendra en 2017 à Windhoek, en Namibie.

Dernier point, mais non des moindres, je souhaite exprimer ma reconnaissance à toutes celles et tous ceux qui ont rédigé un essai pour cette collection, la rendant ainsi détaillée et d'une satisfaisante diversité. J'aimerais encourager les lectrices et les lecteurs à une étude attentive de ces recueils, et espère que ces ressources les conduiront à des échanges utiles et valables sur leur contenu.

Introduction

Anne Burghardt

« Libres par la grâce de Dieu » : le thème principal choisi pour la commémoration du 500e anniversaire de la Réforme est étroitement lié à la doctrine de la justification par la foi. Dans la tradition luthérienne, cette doctrine a aussi été désignée comme « l'article sur lequel repose l'Église et sans lequel elle s'écroule » (*articulus stantis et cadentis ecclesiae*). La notion centrale de cette doctrine, à savoir qu'en Christ la grâce de Dieu nous est donnée comme un don gratuit et inconditionnel, appelle une réponse de gratitude, qui s'exprime dans un engagement d'amour et de compassion avec les êtres humains et l'ensemble de la création. Cette compréhension est aussi pertinente aujourd'hui qu'à l'époque de Luther, et elle a toujours des répercussions sur la théologie, dans chacun de ses aspects. À partir de différentes perspectives, les essais de ce recueil explorent en quoi cette notion de la Réforme est toujours d'actualité et quelle est son influence.

Dans son article « Libres par la grâce de Dieu... mais libres de quoi et pour quoi ? », Gottfried Brakemeier souligne que le concept de la grâce/miséricorde devient de plus en plus suspect dans le monde d'aujourd'hui. Mais un monde sans grâce finirait par devenir un monde inhumain. Et une théologie centrée sur la justification par la grâce au moyen de la foi est une théologie fidèle au concept de la grâce, car, selon les termes de la Bible, la justification promet l'acceptation inconditionnelle des êtres humains par Dieu. En faisant preuve d'amour, on répond à l'amour de Dieu, mais sans chercher à « gagner » son amour par de « bonnes actions ». Se référant à l'écrit de Luther *La liberté du chrétien* (1520), Brakemeier montre la grande proximité de deux affirmations du réformateur : « Un chrétien est libre seigneur de toute chose, et il n'est soumis à personne » et « Un chrétien est un serf corvéable en toute chose et il est soumis à tout le monde »[1]. Il écrit :

[1] LUTHER, Martin, « De la liberté du chrétien », dans *Les Grand écrits réformateurs*, préface de Pierre Chaunu, traduit de l'allemand par Maurice Gravier, Paris, Flammarion, 1992.

> « Un chrétien est libre seigneur de toute chose, et il n'est soumis à personne »[2]. C'est la première affirmation de Luther. Celui qui a Dieu pour seigneur ne peut servir d'autres seigneurs (cf. Mt 6,24). Le service rendu à Dieu nous délivre du service à rendre aux humains. Dès qu'on s'en remet dans la foi à la grâce de Dieu, toutes les contraintes disparaissent. Cependant, cette liberté pourrait être profondément incomprise comme étant arbitraire. C'est pourquoi Luther ajoute : « Un chrétien est un serf corvéable en toute chose et il est soumis à tout le monde »[3]. Sans la diaconie, la foi devient fausse, toute foi « chrétienne » se réalisant dans l'amour (cf. Ga 5,6). Voilà sa deuxième affirmation. Les deux affirmations vont de pair. La liberté s'autodétruit si elle n'est pas en mesure d'assumer des obligations. Mais surtout, l'amour est trahi. L'amour est avant tout le « service rendu au prochain ». Sans la diaconie, la foi devient artificielle, car il ne saurait être de foi « chrétienne » qui ne se concrétise par des actes d'amour (cf. Ga 5,6).[4]

La redécouverte du message libérateur de l'Évangile, qu'a faite Luther à travers son étude approfondie des Écritures Saintes, était au cœur de la Réforme. Ce puissant message de libération doit être entendu de nouveau à différentes époques et dans différentes réalités. Dans son essai, Hans-Peter Grosshans, membre du réseau d'herméneutique de la FLM, souligne la diversité de la vie humaine et le fait que, par l'entremise des Saintes Écritures, Dieu parle aux vies concrètes des individus et des sociétés.

> L'écoute de la Parole de Dieu n'est donc pas réalisée par obéissance à un quelconque système impérial qui veut taire toute individualité, mais par une louange de la grâce de Dieu, variée en ses effets (cf. 1 P 4,10), qui s'exprime dans les vies riches et plurielles des chrétien-ne-s et des Églises, dans « la liberté et [...] la gloire des enfants de Dieu » (Rm 8,21).[5]

L'importance de l'écoute et de la compréhension de la Parole de Dieu a souvent été soulignée depuis les débuts de la Réforme, ce qui a donné naissance à de nombreuses traductions de la Bible, qui ont souvent influencé le développement de certaines langues nationales. La compréhension du sens véritable d'un texte est liée de très près à la clef herméneutique utilisée. Elżbieta Byrtek décrit l'importance de l'éducation dans les Églises luthériennes à travers les siècles. Cette importance de la formation trouve son origine dans le désir de mieux comprendre les Écritures. Une étude active des Écritures suppose de poser des questions, d'écouter différentes « lectures » et d'exprimer ses préoccupations et ses doutes.

---

[2] *Ibid.*

[3] *Ibid.*

[4] BRAKEMEIER, Gottfried, dans la présente publication, p. 23.

[5] GROSSHANS, Hans-Peter, dans la présente publication, p. 58.

> La foi qui n'a pas peur de poser des questions, de chercher des réponses et de maintenir le dialogue avec ceux qui ne partagent pas la même opinion est une foi vivante, une foi à même de survivre dans notre monde actuel, multilatéral et complexe, où les « bonnes » réponses données par des autorités extérieures ne répondent pas forcément aux attentes des gens, mais où les chrétien-ne-s, libéré-e-s par la grâce de Dieu, ont la responsabilité de parler de cette grâce aux autres et doivent être capables de s'investir dans des discussions difficiles.[6]

La Réforme a précipité un regard nouveau sur le rôle de l'Église dans la société. Luther valorisait le travail de tous les jours, à l'intérieur comme à l'extérieur de la maison. Le travail quotidien doit donc être considéré comme une partie essentielle du service envers Dieu et le prochain. Cette perception a posé des bases fructueuses pour les notions ultérieures de la citoyenneté active. Dans son article sur l'appel de l'Église dans la société, Kjell Nordstokke souligne que, selon Luther, Dieu a appelé l'Église à être une « parole vivante » dans le monde.

> L'appel à être « une parole vivante » est une exhortation à la citoyenneté active. Luther a radicalement changé la compréhension de la vocation chrétienne : l'accent n'est plus sur la vie interne de l'Église, mais sur le service dans le monde. Il s'agit donc d'être des citoyen-ne-s chrétien-ne-s qui aiment et qui prennent soin de leur prochain.[7]

Prenant la Norvège pour exemple, Norstokke identifie quatre domaines d'action pour la diaconie : l'amour du prochain, la création de communautés inclusives, le soin de la création et la lutte pour la justice.

En 2013, la FLM a approuvé une réglementation sur la justice entre les sexes. Ce document a pour objectif de sensibiliser aux questions portant sur l'inclusion et les rôles des genres dans les Églises. Prenant comme exemple les Muruts de l'État de Sabah en Malaisie, Au Sze Ngui explique comment la puissance libératrice de l'Évangile a entraîné un changement dans la perception des rôles des sexes au sein de cette ethnie. Dans son article, elle s'appuie sur l'argumentation théologique et la méthodologie présentées dans la réglementation sur la justice entre les sexes. Ngui explique comment la compréhension chrétienne de l'égalité devant Dieu de tous les êtres humains a permis aux femmes muruts dans l'Église de prendre des responsabilités qui étaient traditionnellement attribuées aux hommes. Elle mentionne la puissance libératrice de l'Évangile qui permet la remise en question de certaines traditions, qui, malgré une rhétorique parfois utilisée, ne correspond pas au véritable message de l'Évangile.

---

[6] BYRTEK, Elżbieta, dans la présente publication, p. 81.
[7] NORDSTOKKE, Kjell, dans la présente publication, p. 33.

> C'est avec la libération de la servitude du péché que commence notre lutte pour la justice : nous sommes libres ; nous sommes pardonné-e-s ; nous sommes les réceptacles de la grâce de Dieu. Nous sommes libres de changer et de changer le monde. Le christianisme a souvent été un vecteur de changement qui a permis de réformer des pratiques « traditionnelles »[8].

« Libéré-e-s par l'amour de Dieu pour changer le monde » : c'est la devise du Réseau mondial des jeunes réformatrices et réformateurs de la FLM, qui fut organisé dans le cadre de la commémoration du 500e anniversaire de la Réforme. Inspirée par cette devise, Monica Villarreal reprend la question de la puissance libératrice de la foi, du point de vue des jeunes. Être libéré-e par Dieu : la question qui se pose ici, c'est de quoi sommes-nous libéré-e-s, et pour quoi ? Villarreal cite Carolina Huth, une Argentine membre du groupe de pilotage du Réseau mondial des jeunes réformatrices et réformateurs, qui exprime l'idée d'une Réforme continue, en expliquant comment sa foi l'a libérée pour la création de nouveaux espaces :

> En tant que luthérien-ne-s, nous croyons que, bien que les traditions ne soient pas nécessaires au salut, elles sont parfois bonnes pour l'ordre, la tranquillité et la pratique commune. Mais lorsque les traditions ne servent pas ce pour quoi elles sont faites, lorsque les individus se sentent mal à l'aise, que l'Église n'est plus accueillante et que le message de Dieu ne touche plus personne, alors on doit peut-être réaménager les bancs de l'Église.[9]

Dans ce livre, la voix œcuménique revient à Timothy J. Harris qui souligne dans son article la découverte à la fois profondément personnelle et universelle que Martin Luther fit de la grâce. Cette redécouverte :

> n'a pas seulement répondu à son besoin d'assurance personnelle face à son angoisse spirituelle, mais a aussi déclenché un mouvement de réforme continue, qui doit toujours être façonné et nous conduire à une appréciation plus profonde du message merveilleux de l'Évangile de grâce et de paix.[10]

Cette redécouverte de la grandeur de l'Évangile nous rappelle néanmoins notre compréhension limitée de l'Évangile alors que des œillères culturelles tendent parfois à le rendre plus petit. « L'Évangile dépasse toute culture et aucune ethnie, nation ou culture ne peut prétendre exprimer l'Évangile mieux que les autres »[11]. Dans l'esprit d'une réforme continue se trouve

---

[8] NGUI, Au Sze, dans la présente publication, p. 69.
[9] VILLARREAL, Monica, dans la présente publication, p. 86.
[10] HARRIS, Tim, dans la présente publication, p. 101.
[11] *Ibid.*, p. 94.

toujours le besoin de « traduire » l'Évangile « dans les contextes nombreux et variés où il s'exprime, se proclame et se vit, et qui font aussi partie de la vie humaine »[12], gardant ainsi à l'esprit nos propres limites dans la compréhension de l'Évangile.

Dans son étude biblique qui met en contexte Ésaïe 55,1-2, Zephania Kameeta s'intéresse aux questions graves de la pauvreté et de la faim en Afrique, en particulier en Namibie. C'est dans ce contexte qu'il présente le message libérateur d'Ésaïe.

> Le texte de cette étude biblique ne dit pas « Venez, afin d'être comptabilisés ou inscrits, ou pour que l'on mène des recherches afin de comprendre pourquoi vous êtes assoiffé-e-s ». Le texte dit simplement : « Venez, et buvez ». Et nous avons besoin de cette invitation en ce temps de besoin. C'est maintenant, avant de mourir, que les nécessiteuses et les nécessiteux ont besoin d'aide. C'est maintenant, en cet instant, que votre vie se passe. Peu importent alors les budgets et l'argent, venez, mangez et buvez, pour que vous viviez.[13]

Les trois sous-thèmes : le salut n'est pas à vendre, les êtres humains ne sont pas à vendre, la création n'est pas à vendre

Les trois sous-thèmes développent la dimension gratuite du thème principal « Libres par la grâce de Dieu ». Ils interrogent aussi les pratiques et les concepts théologiques qui entravent le message libérateur de l'Évangile. Les tentatives de faire de l'Évangile une marchandise varient grandement : on passe ainsi de l'évangile de la prospérité au salut « garanti » par le suivi de certaines pratiques ou rituels, etc. Sont aussi cruciales les questions portant sur un consumérisme qui est considéré comme une fin en soi – d'où son aspect salvateur – et sur les « conditions » du salut en contextes séculiers.

La relation renouvelée entre Dieu et les êtres humains offre inévitablement un regard plus pénétrant sur la création des êtres humains à l'image de Dieu, mais aussi sur la compréhension que ces êtres humains seront renouvelés par la grâce de Dieu. On ne peut donc pas considérer les êtres humains comme des produits dont la valeur peut être évaluée uniquement en terme de profits.

Aujourd'hui, alors qu'on observe une exploitation massive des ressources naturelles, il est vital de faire attention à l'ensemble de la création de Dieu,

---

[12] *Ibid.*

[13] KAMEETA, Zephania, dans la présente publication, p. 110.

et pas seulement aux êtres humains. En Genèse, nous lisons que Dieu a jugé la création « bonne » et l'a confiée aux soins de l'être humain. La notion de « domination », en Genèse 1,26, a souvent été utilisée à mauvais escient. On a négligé la déclaration de Dieu qui concerne la création toute entière, indépendamment de son utilité pour les humains. La relation renouvelée entre Dieu et les êtres humains a donc aussi des conséquences sur la façon dont ceux-ci interagissent avec le reste de la création, qui appartient d'abord à Dieu qui nous l'a seulement confiée.

Des réflexions variées sur les trois sous-thèmes sont rassemblées dans les différents fascicules de cette collection. Nous espérons qu'ils faciliteront les discussions sur le message libérateur de l'Évangile, alors que nous cheminons ensemble vers le 500e anniversaire de la Réforme.

Libres par la grâce de Dieu... mais libéré-e-s de quoi et pour quoi ?

Gottfried Brakemeier

Un concept en crise

Les termes *grâce* et *miséricorde* (en allemand : *Gnade* ; en vieux français, on parle aussi de la *merci* [NDT]) sont devenus des mots peu usités, qui apparaissent seulement en des cas exceptionnels, comme par exemple lorsque des condamnés à mort implorent une *grâce*. Nous disons aussi parfois que le soleil frappe *sans merci* lorsqu'il assèche la terre et qu'il gâche les récoltes. Mais ce sont d'abord les guerres qui sont dites « sans merci ». Elles sont impitoyables. La violence des ennemis est redoutable, car elle se déchaîne sans égard pour la culpabilité ou l'innocence, assurée qu'elle n'a pas à se préoccuper de ce qui est juste ou injuste. Les destructions, les viols et les meurtres sévissent. On observe aussi cela dans la « loi de la rue ». Nombreux sont les jeunes délinquants qui ont oublié le mot *miséricorde* (mais l'ont-ils déjà entendu ?). La victime a beau être à terre, ils poursuivent les coups, sans merci.

Il est significatif que l'on ne prenne conscience de la miséricorde que lorsqu'elle a disparu. Le terme n'a de poids que lorsqu'il est utilisé sous sa forme négative, *sans merci*. Celui qui ne fait pas preuve de miséricorde est ainsi considéré sans merci. On le trouve impitoyable, sans scrupules et brutal. Mais le concept de merci a, malgré ces rares usages, disparu de notre quotidien. L'époque où les dirigeants considéraient leur autorité comme étant de droit divin et légitimaient leurs décisions comme étant prises « par la grâce de Dieu » est révolue. Dans une démocratie, tous les pouvoirs de l'État viennent du peuple. Ce sont les bulletins de vote qui décident de la formation du gouvernement. Les parlementaires sont des « représentants du peuple ». Point de grâce de Dieu ici. Dieu est en fait devenu inutile. Lors de leur cérémonie d'installation, nombreux sont les politiciens qui ont cessé d'utiliser l'expression « Que Dieu me soit en aide ». Le monde séculier est donc mal à l'aise avec le terme *miséricorde* et il ne sait pas quel usage en faire.

De plus, le mot-même est suspect. Personne ne veut dépendre de la miséricorde d'un-e autre. Quiconque est en besoin de miséricorde est un maillon faible. Nous voulons nous tenir debout par nous-mêmes, gagner notre propre subsistance et ne rien devoir à personne. On s'efforce d'éviter la grâce et la miséricorde. En fin de compte, il s'agit d'une question de prestige. Les enfants ne souhaitent pas être un fardeau constant pour leurs parents et ils ne veulent pas dépendre d'eux. Dès qu'ils le peuvent, ils quittent le foyer parental et prennent leur vie en mains. Et quelle disgrâce en cas d'échec ! Cela s'applique aussi aux relations avec l'État. Les personnes qui sont au chômage depuis longtemps se sentent inutiles et ont l'impression de vivre au crochet de la société. Nombreux sont ceux qui les considèrent comme étant des parasites. Mais les chômeurs ne souhaitent pas être des mendiants et vivre d'aides toute leur vie. Qui pourrait condamner cela ? Il est mieux de s'en tirer sans miséricorde.

Car après tout, la miséricorde fait de nous des esclaves. Les exemples sont ici illimités. La générosité des maîtres crée une foule d'humbles serviteurs qui n'osent pas contredire des requêtes irraisonnables. Les favoris et les laquais ne sont pas libres. Et selon l'adage, « le client est roi ». C'est toujours ainsi que les dictateurs ont consolidé leur pouvoir. Privilèges ils donnent, garanties de loyauté ils reçoivent. Il en va de même dans les contextes « démocratiques », puisque les électeurs peuvent souvent être achetés. Les politiciens peuvent gagner des soutiens en faisant des promesses électorales. Les cadeaux, même ceux offerts à Noël, créent une obligation. Le concept de *miséricorde* est peu attrayant, car il renvoie à l'idée de hiérarchie. Il semble établir des dépendances. Un écart subsiste entre celui qui donne et celui qui reçoit, entre eux (« là-haut ») et nous (« ici-bas »), alors que celui qui donne se présente avec condescendance comme un bienfaiteur.

Il semblerait que la grâce soit un obstacle à l'aspiration humaine à la liberté. Malheureusement, l'Église l'a aussi souvent compris ainsi. Les mouvements qui œuvrent à libérer les individus de servitudes indignes n'ont pas toujours reçu le soutien nécessaire. À cet égard, la « théologie de la libération » souligne plusieurs éléments singuliers, même s'ils ne sont pas complétement nouveaux. Dieu est du côté des opprimé-e-s, et il les conduit hors de la maison d'esclavage, comme il a conduit le peuple d'Israël hors d'Égypte. Dieu est solidaire des pauvres, il est à leur côté dans la lutte pour la justice. Pour beaucoup, cette théologie est considérée avec suspicion. Ils l'accusent d'être une politisation inadmissible de l'Évangile. Quelque soit votre jugement à ce sujet, le fait est que la théologie de la libération latino-américaine et les courants apparentés sur d'autres continents ont formulé de manière frappante la vieille question du rapport entre la grâce et la liberté.

Comment parler de la grâce libératrice de Dieu sans enlever aux gens leur autonomie et sans les faire tomber dans de nouvelles dépendances ? Comment se représenter l'autonomie humaine sans faire paraître la grâce superflue ?

Un monde sans miséricorde ?

Il n'est pas bien dur d'imaginer un monde sans miséricorde. C'est déjà une réalité à grande échelle, en témoignent les horribles nouvelles qui nous parviennent de voisinages proches ou de pays lointains et les inégalités sociales de nos sociétés. Aucun animal ne peut être plus cruel que l'être humain. Les meurtres bestiaux, les destructions aveugles ou la détresse de millions de réfugié-e-s dans des régions touchées par la faim et les crises en sont des illustrations suffisantes. La nation responsable de la Shoah avait toujours été fière de sa culture. La civilisation ne garantit donc pas l'absence de génocide, comme le montrent d'autres exemples du passé et du présent. Il suffit de se rappeler de l'histoire de souffrance des populations autochtones des Amériques. Excepté pour un petit nombre, les Amérindien-ne-s ont été brutalement décimé-e-s et éradiqué-e-s. Le mal causé aux esclaves importés d'Afrique est tout aussi tragique. La liste des crimes commis contre l'humanité est longue. Elle commence avec Caïn et Abel et elle s'illustre de manière choquante dans la crucifixion de Jésus. La violence a été la marque de fabrique de l'humanité depuis des temps immémoriaux. « Le cœur de l'homme est porté au mal dès sa jeunesse » affirme Genèse 8,21. Sans miséricorde, le monde est froid, inhumain et meurtrier.

En plus des brutalités mentionnées ci-dessus, il est des brutalités moins spectaculaires, telles que l'exploitation économique. Quiconque tombe dans le piège de la dette réalise combien il est difficile d'en sortir. Les banques sont sans merci. Elles ne cherchent que les profits, les bonus et les retours sur investissement. Nombreuses sont les personnes qui ont été privées de leurs biens suite à la spéculation et à de fausses promesses. Dans un système profondément capitaliste, la vie est traitée comme une marchandise. Tout peut être acheté ou vendu, même les biens religieux. Le cours des actions rythme l'activité économique et, encore une fois, la miséricorde n'a pas sa place. Les considérations sociales, la compassion et la bonté disparaissent. La cupidité se substitue à la considération du prochain. L'égoïsme devient une vertu. Une lutte pour le travail apparaît et se manifeste souvent par le harcèlement et des méthodes similaires. Vous devez être plus malin et du côté des « winners ». Un proverbe bien connu résume cet état d'esprit : « chacun pour soi et Dieu pour tous ». Les préoccupations sociales sont laissées à Dieu seul. Certes, c'est chose pratique, mais c'est également cruel. Ce comportement peut prendre plusieurs visages, tous aussi inhumains les uns que les autres.

Les gens ne réalisent pas qu'un monde sans miséricorde nous expose à des dangers mortels. Le déclin de la compassion n'est pas sans conséquences. Cela provoque de la haine envers celles et ceux qui ne sont pas capables de tenir tête dans la compétition générale, celles et ceux qui sont exclu-e-s ou opprimé-e-s. « La survie du plus apte » est un principe inadapté à la société humaine. Les perdant-e-s sont capables de prendre une revanche terrible sur leurs adversaires. Il suffit d'une allumette pour provoquer un incendie. L'indifférence ou l'hostilité envers les milieux socialement vulnérables, les minorités religieuses et ethniques et d'autres groupes nationaux peut provoquer d'importants conflits sociaux. Il n'est pas surprenant que des enfants qui ont toujours végété en marge de la société et n'ont jamais reçu d'affection développent une attitude cynique envers la vie et aient recours au crime.

La condition préalable à la paix est l'inclusion, et non l'exclusion. Être inclusif, c'est d'abord porter un regard positif sur son prochain. Je dois lui laisser une place dans la société, même s'il est différent et ne correspond pas à mes idéaux. Il ne faut pas nécessairement avoir les même opinions que ses partenaires pour leur tendre une main amicale. La miséricorde se manifeste parfois par une tolérance qui reconnaît le droit à l'existence sans tomber dans l'arbitraire. Le crime ne peut pas être commis au nom de la tolérance. Et pourtant, une miséricorde adéquatement comprise ne limite pas l'espace vital d'autrui. Au contraire, elle le protège et elle l'étend. Seul-e-s celles et ceux qui sont capables de compassion font partie des artisans de paix bénis par Jésus (cf. Mt 5,9). Sans la miséricorde, l'humanité risque d'être écrasée par ses conflits.

Finalement, nous devons admettre qu'il serait illusoire d'imaginer un monde sans miséricorde. Tout ce que le concept de miséricorde représente – la douceur, la tolérance, la gratuité, la disposition à pardonner, etc. – peut être évacué et trahi. Et pourtant, la miséricorde fait toujours partie de la réalité. On ne peut concevoir les êtres humains sans la miséricorde. Il faut être aveugle pour nier cela. Dans son *Petit catéchisme*, Martin Luther exprime merveilleusement cela dans son explication du premier article du credo :

> Je crois que Dieu m'a créé, ainsi que toutes les créatures. Il m'a donné et me conserve mon corps et mon âme, mes yeux, mes oreilles et tous mes membres, ma raison et tous mes sens.[1]

De nous-mêmes, nous ne méritons rien. Nous ne sommes pas non plus les produits d'un accident génétique ou d'une expérience biologique. Certes, tout cela a peut-être joué un rôle. Mais ce n'est pas suffisant pour expliquer

---

[1] BIRMELÉ André, LIENHARD Marc (éds), *La foi des Églises luthériennes : confessions et catéchismes*, Paris/Genève, Cerf/Labor et Fides, 2012, p. 306.

le mystère d'une personne. Les individus ne sont pas des produits. Ils sont créés. Ils ont donc une dignité inviolable. Leur vie est un don, tout comme l'est chaque nouveau jour. La miséricorde est présente au début de la vie, puis demeure ensuite un besoin fondamental. Chaque personne doit être soutenue telle qu'elle est, avec les erreurs, les faiblesses et la culpabilité qui sont les siennes. Chaque individu a besoin de reconnaissance, de pardon et d'amour. Qui pourrait faire sans ?

Les êtres humains sont doués d'une faculté de raison qui est reconnue comme leur caractéristique particulière. Nous différons des autres êtres vivants en ce sens que nous pouvons penser, parler, planifier et façonner le monde. Pour Martin Luther, la raison est « en comparaison à d'autres choses de cette vie, la meilleure des choses, et elle est parfois quelque chose de divin »[2]. Il ajoute que c'est une force qui façonne la culture. Bien qu'il ne soit pas exclu que la raison puisse entrer au service du mal, elle nous élève au-dessus des autres créatures. Il serait injuste de faire de la raison le seul critère de définition de l'humanité. La rationalité se trouve liée à l'irrationalité, à la spiritualité, aux émotions. Et ces choses sont imprévisibles. Il a été prouvé que les décisions sont plus souvent émotionnelles que rationnelles. Les êtres humains sont complexes et on ne peut les expliquer par un simple décodage du génome.

C'est précisément pour cette raison que la foi chrétienne souligne que la miséricorde fait partie de notre humanité. Cela a toujours été une évidence pour Martin Luther qui l'a souvent souligné. C'est l'empathie qui fait une personne. Si nous n'avions ni compassion, ni sympathie, ni amour, nous ne serions que des machines. L'apôtre Paul exprime clairement cela : « [.] s'il me manque l'amour », toutes mes aptitudes, aussi grandes soient-elles, ne valent rien (cf. 1 Co 13,1). Jésus lui-même a rappelé que Dieu préfère la miséricorde aux sacrifices (cf. Mt 9,13). Une cérémonie religieuse est aussi dépourvue de valeur que le génie intellectuel si elle ne fait pas attention aux individus et à leurs besoins. Si nous résumons tout cela dans le concept de miséricorde, nous découvrons que la noblesse humaine consiste en fin de compte à être miséricordieux. Le reste n'est que secondaire.

L'humanité de Dieu

Jésus savait qu'il avait été envoyé au nom d'un Dieu qui est l'amour personnifié (cf. 1 Jn 4,16). Ce Dieu diffère de tous les autres dieux qui légitiment l'assassinat et le meurtre, permettant – voir même exigeant – la

---

[2] LUTHER, Martin, « The Disputation Concerning Man », 1536, dans Helmut T. Lehmann (éd.), *Luther's Works*, vol. 34, Philadelphia, Muhlenberg Press, 1960, p. 137.

violence en leurs noms. Pour faire la distinction entre les dieux, il faut les observer attentivement. Les dieux se reconnaissent à leurs demandes, leurs commandements et leurs œuvres. Certains d'entres eux sont de véritables tyrans, qui placent un lourd fardeau sur leurs adorateurs, allant à l'encontre même de leur raison. Ils sèment la haine et le conflit et ils exigent des croisades et des guerres saintes. Les religions peuvent être aussi barbares que les individus. De terribles crimes ont été commis en leur nom et continuent de l'être aujourd'hui. La religion a souvent empêché le progrès et les développements et les croyant-e-s sont resté-e-s attaché-e-s à des modèles comportementaux obsolètes. Les gens religieux sont souvent rétrogrades, vieux-jeux et peu dignes de confiance. La religion est donc souvent tombée en discrédit parmi nos contemporains. Certains rêvent qu'elle soit abolie. Non seulement elle serait superstitieuse, mais elle est aussi carrément nocive. Le fanatisme religieux, avec cette disposition à la violence caractéristique, est devenu un des plus grands dangers dans notre monde mondialisé. Qui mettra fin à cette folie religieuse ?

À une époque où le discours sur Dieu perd sa crédibilité, la foi doit rendre compte de son discours. Le christianisme croit au Dieu que Jésus appelle son père et que ses fidèles peuvent aussi appeler « notre Père ». Cette appellation témoigne d'une relation de confiance. Dieu pourrait tout aussi bien être appelé « mère », comme la Bible l'indique parfois. Contrairement aux anciens prophètes jusqu'à Jean-Baptiste, Jésus n'annonce pas un Dieu colérique dont la justice rétributive descendra bientôt sur le monde. Il annonce plutôt un Dieu miséricordieux qui se tourne vers les plus petits, les exclus et les coupables.

De ce fait, Jésus froisse ceux qui se considéraient justes et qui prétendaient donc à des privilèges. Le fait que Jésus mange avec des collecteurs d'impôts et des pécheurs (cf. Luc 15,1 sqq.) est un scandale à leurs yeux. Cela va à l'encontre de leur vision du monde qui valorise uniquement le mérite et la performance. Si Dieu est tel que Jésus le proclame, ils devront changer, ce qu'ils ne souhaitent pas. Ils réagissent à l'attitude patiente du rabbi de Nazareth envers les « indignes » comme s'il s'agissait d'un acte d'agression. Jésus est attentif aux malades et aux vulnérables, à celles et ceux qui vivent aux marges, aux pauvres et aux rejetés. Il tente de les ramener dans la communauté des enfants de Dieu. Son attention et son souci sont donnés de manière inconditionnelle. Ses actes se caractérisent avant tout par leur gratuité. Cela signifie que Jésus se comprend lui-même comme le porte-parole d'un Dieu bon, qui ne rejette pas les pêcheurs et offre une chance aux égarés.

On sait bien que la Réforme a débuté avec un changement dans la compréhension de Dieu. Martin Luther a découvert le Dieu miséricordieux qui accepte les êtres humains sans égard pour leur mérite et leur dignité.

D'un point de vue biblique, la justification est la promesse du droit de vivre sans faire preuve de performance, c'est être accepté sans condition, c'est l'amour en action. Martin Luther était tourmenté par des scrupules, suite à ses nombreuses défaites dans son combat intérieur. Ses doutes furent soudainement surmontés lorsqu'il découvrit que Dieu justifie le pécheur « par la grâce et la foi seules ». Il trouva alors réponse à sa question, pleine de frayeur : « Comment puis-je obtenir un Dieu miséricordieux ? ». Il serait faux d'interpréter cela comme l'expression d'une mauvaise conscience. Il s'agit en fait de la question humaine par excellence. Où trouve-t-on de la miséricorde dans le monde ? Un Dieu sans miséricorde s'apparente davantage à un moloch qu'à un père, il menace des peines infernales et propage la peur et la terreur. On ne trouve en ce dieu aucune consolation. Mais nier Dieu n'est pas non plus une solution. L'athéisme est aussi « désastreux » qu'une religion cynique. Les choses sont différentes avec le Père de Jésus-Christ. Face à l'absurde, ce Dieu offre un abri, un refuge, une protection.

> Dieu veut nous inviter à croire qu'il est vraiment notre Père et que nous sommes vraiment ses enfants, afin que, sans crainte et avec pleine confiance, nous nous adressions à lui comme des enfants à leur père bien-aimé.[3]

Si vous vous demandez d'où vient cette conviction, la réponse est simple. Elle trouve son origine en Jésus-Christ, en qui Dieu s'est fait le plus proche des êtres humains. « Personne n'a jamais vu Dieu » (Jn 1,18), mais Dieu s'est révélé en Jésus. La congrégation confesse le Christ comme la révélation-même. Certes, on trouve des signes de la nature de Dieu dans l'histoire, mais ils ne sont pas irréfutables. Quiconque parle de l'amour de Dieu ne peut le faire en évitant Jésus de Nazareth. Cet amour est exprimé dans ses paroles et ses actes, et aussi dans sa souffrance. Jésus meurt sur la croix, victime de ses ennemis. Tout le mal du monde se déverse sur lui, mais, même dans cet enfer, Jésus demeure fidèle à sa mission. Au lieu de maudire ses tortionnaires, il prie pour leur pardon (cf. Lc 23,34). Il préfère mourir lui-même plutôt que de souhaiter la mort des autres. C'est une constance chez Jésus : il ne cherche pas les représailles. Pour la communauté chrétienne, cette histoire permet de mettre en lumière le comportement du Père céleste. Dieu renonce à la vengeance sur ses ennemis (cf. Rm 5,10) et au lieu de cela, pardonne leurs dettes. Il offre la réconciliation (cf. 2 Co 5,18 sqq.). Aucune paix ne peut naître de la vengeance.

Jésus témoigne de ce Dieu qui cherche le salut humain, notamment le salut de celui qui est sans Dieu, qui est « incroyant ». Le Nouveau Testament parle de cet amour pour l'humanité (cf. Tt 3,4). En Jésus-Christ, Dieu fait

[3] BIRMELÉ, LIENHARD (éds), *La foi des Églises luthériennes…*, *op. cit.* (note 1), p. 308.

preuve de solidarité avec les créatures qui souffrent, afin de les arracher à leurs misères. Le Dieu de Jésus-Christ est « humain », il connaît donc la compassion et peut alors faire preuve de miséricorde. Cette dernière culmine à Pâques. Le péché, la souffrance et la mort ne l'emportent pas. Le Crucifié se donne à voir vivant et en possession des clefs de la mort et de l'enfer (cf. Ap 1,15). La résurrection de Jésus-Christ nous libère de la captivité de l'éphémère et nous offre un avenir, même face à la mort. La fin de toute chose ne se trouve pas dans le rien, l'insignifiant, l'anéantissement absolu, mais dans un nouveau commencement (cf. Ap 21,1 sqq.). Le Royaume de Dieu devient une réalité pleinement décisive.

Le commandement de l'Évangile

Sous de telles circonstances, il n'est pas surprenant que la volonté de Dieu trouve sa meilleure expression dans le commandement d'amour. Dieu établit les normes par son action divine et selon son être divin. Nous devons diriger nos regards vers Jésus-Christ, en qui cet amour apparaît (cf. Rm 8,39). « Soyez généreux comme votre père est généreux » dit Jésus (Lc 6,36). Lorsque lui fut posée la question du plus grand commandement, Jésus répondit : « tu aimeras le Seigneur ton Dieu de tout ton cœur [.] [et] ton prochain comme toi-même. Il n'y a pas d'autre commandement plus grand que ceux-là » (Mc 12,29 sqq.). Ce sont deux commandements qui n'en forment qu'un seul. Mais aimer Dieu ou son prochain n'est pas la même chose. Aimer son prochain, ce n'est pas aimer Dieu, et vice versa. On ne peut pas confondre ces deux commandements. L'amour de Dieu se manifeste dans le fait que Dieu seul est adoré. La liturgie appartient à Dieu seul (cf. Mt 4,10). Tout « culte de la personnalité » à l'encontre d'un être humain est répréhensible. À contrario, la diaconie s'oriente vers le prochain qui a besoin d'aide, de solidarité, d'attention. Le principe en est : « Portez les fardeaux les uns des autres » (Ga 6,2). Il nous faut donc différencier les deux commandements. L'amour a de multiples visages. Et pourtant, il n'y a au bout du compte qu'un seul et unique commandement, qui est d'aimer, c'est-à-dire l'attitude qui ne souhaite que du bien.

Il ne s'agit pas d'un commandement parmi d'autres, mais d'un critère à partir duquel l'éthique se définit. « De ces deux commandements dépendent toute la loi et les prophètes » (Mt 22,40). Paul affirme en outre : « L'amour est donc le plein accomplissement de la loi » (Rm 13,10). Si un précepte contredit le commandement d'aimer, alors il doit être réécrit ou aboli. Ainsi la discussion entre Jésus et les pharisiens sur l'observance du sabbat. Mais il ne s'agit que d'un exemple parmi d'autres. Dieu souhaite un monde humain, ce qui, sans un minimum d'« amour », n'est pas envisageable. Bien que « l'amour » soit un mot galvaudé, on ne peut faire sans.

Il faut d'ailleurs protéger son usage des abus. Du point de vue biblique, l'amour n'est pas d'abord un sentiment mais une intention. Aimer ou non mon prochain dépend avant tout de mes intentions à son égard. Je peux également avoir les meilleures intentions envers mon ennemi-e sans véritablement l'apprécier. Nous devons le salut à l'amour de Dieu pour l'ennemi. La miséricorde de Dieu s'adresse à toutes les personnes, sans distinction. Elle appelle les pécheurs à revenir dans la communauté de Dieu.

Cela se fait sans pression ni coercition. Si l'amour est authentique, alors il ne créé aucune dépendance. Il offre la liberté. Nous sommes émerveillé-e-s face au père dans la parabole du fils prodigue qui ne soulève aucune objection lorsque son fils décide de quitter sa maison et demande sa part d'héritage (cf. Lc 15,11 sq.). Le père le laisse faire. De même, Jésus n'attache pas ses disciples à lui. Il leur laisse la possibilité de partir s'ils ne sont pas d'accord avec lui (cf. Jn 6,66 sq.). Le discipolat authentique se fonde sur une libre décision. Sans l'amour, la miséricorde n'est qu'au service d'elle-même et devient par conséquent humiliante pour celui ou celle qui la reçoit, contrairement à la miséricorde qui surgit de l'amour. Celle-ci souhaite que son prochain soit un partenaire et non un subordonné. Elle ne le traite pas avec condescendance en lui disant quoi faire. Le « légalisme » va à l'encontre du commandement d'amour, établissant la dictature religieuse et faisant de la miséricorde une contrainte. En revanche, l'amour donne une grande valeur aux êtres humains et leur permet de prendre leurs responsabilités. Et pour cela, ils doivent être capables de réfléchir et s'exercer à reconnaître « tout ce qu'il y a de vrai, tout ce qui est noble, juste, pur, digne d'être aimé [...] » (Ph 4,8). L'amour a besoin d'être guidé et non pas soumis à des règles car la coercition le détruit.

Cependant, par dessus tout, l'amour a besoin de motivation. L'amour n'apparaît pas sur demande. C'est pourquoi le Nouveau Testament explique l'exigence d'agir selon l'action de Dieu. Nous devons aimer car nous avons été aimé-e-s de Dieu : « Nous, nous aimons, parce que lui, le premier, nous a aimés » (1 Jn 4,19). Jésus lui-même l'exprime également dans la parabole du débiteur impitoyable (cf. Mt 18,21 sqq.). Le devoir de se pardonner les uns les autres naît de l'annulation des dettes par Dieu. Cela s'applique à l'éthique dans son ensemble, le commandement étant à chaque fois précédé d'un rappel de l'action miséricordieuse de Dieu. Le fait de vivre la miséricorde nous inspire à faire le bien. Là se trouve la source où puise l'exigence. « Mauvais serviteur », dit le maître dans la parabole, « je t'avais remis toute cette dette, parce que tu m'en avais supplié. Ne devais-tu pas, toi aussi, avoir pitié de ton compagnon, comme moi-même j'avais eu pitié de toi ? » (Mt 18,32-33). Tout bienfaiteur se sent ridicule si son bénéficiaire demeure endurci dans son cœur. C'est précisément ce que demande l'apôtre Paul : « Ou bien méprises-tu la richesse de sa bonté, de sa patience et de sa générosité, sans reconnaître que cette bonté te pousse à la conversion ? » (Rm 2,4). La question est de savoir comment mettre à profit cette bonté pour le bien.

Quiconque refuse de faire cela perd en fait beaucoup. Bien sûr, vous pouvez contester devoir quelque chose à Dieu. Qui ou qu'est-ce que « Dieu » ? Une certaine mode souhaite une religion sans Dieu. Apparemment, le concept n'est plus approprié. Les gens souhaitent croire, mais pas comme dans le passé. Nous devons donc faire attention à ce que la miséricorde ne soit pas, en même temps que Dieu, évincée du monde. Qui ou qu'est-ce que les gens veulent croire si Dieu disparaît de la vie ? Le danger est alors de devoir accepter l'absurdité du monde et, de même, le manque général d'amour et la tragédie d'une vie limitée. Dieu est la force décisive qui rend possible la résistance face à la négativité de la vie et au pouvoir du mal. Survivre en des situations difficiles, au risque même de la mort, devient impossible dans les conditions de l'éclipse moderne de Dieu. Combattre la réalité de Dieu doit donc être considéré comme un « facteur de risque » pour une vie prospère.

De plus, nier la grâce de Dieu, c'est prendre le risque de perdre le sens de l'émerveillement, le sentiment de l'extraordinaire. Souvent, cela ne laisse plus aucune place à la gratitude, mais plutôt à la platitude, et au suivi de lois naturelles bien réglées et établies. Et qui est alors responsable des merveilles de la création ? Nul besoin de rendre grâces à « l'évolution » – cela serait même absurde. Devenir sourd à la miséricorde de Dieu rend aveugle à des dimensions sans lesquelles la vie serait insipide. Se rappeler de la miséricorde de Dieu peut donc inaugurer un processus de libération conséquent. Cela ouvre nos yeux quant au bien fondé d'une prière comme le Notre Père. Il faut être bien conscient-e-s des conséquences lorsque l'on évacue définitivement la miséricorde de Dieu.

Libération

La Réforme se comprenait comme un mouvement de libération. « C'est pour que nous soyons vraiment libres que Christ nous a libérés », écrit l'apôtre Paul (Ga 5,1). Cela a donné du dynamisme au mouvement plus large de libération. Ce mouvement a osé se lever contre le joug étranger et faire appel à l'Évangile comme unique norme. Par conséquent, lors de la Diète de Worms en 1521, Martin Luther a défié le pape, l'empereur et le pouvoir concentré dans les mains de l'Église. Il avait déjà beaucoup développé le thème de la liberté dans son écrit *Sur la liberté du chrétien* (1520). « Un chrétien est libre seigneur de toute chose, et il n'est soumis à personne »[4].

[4] LUTHER, Martin, « De la liberté du chrétien », dans *Les Grand écrits réformateurs*, préface de Pierre Chaunu, traduit de l'allemand par Maurice Gravier, Paris, Flammarion, 1992.

C'est la première affirmation de Luther. Celui qui a Dieu pour seigneur ne peut servir d'autres seigneurs (cf. Mt 6,24). Le service rendu à Dieu nous délivre du service à rendre aux humains. Dès qu'on s'en remet dans la foi à la grâce de Dieu, toutes les contraintes disparaissent. Cependant, cette liberté pourrait être profondément incomprise comme étant arbitraire. C'est pourquoi Luther ajoute : « Un chrétien est un serf corvéable en toute chose et il est soumis à tout le monde »[5]. Sans la diaconie, la foi devient fausse, toute foi « chrétienne » se réalisant dans l'amour (cf. Ga 5,6). Voilà sa deuxième affirmation. Les deux affirmations vont de pair. La liberté s'autodétruit si elle n'est pas en mesure d'assumer des obligations. Mais surtout, l'amour est trahi. L'amour est avant tout le « service rendu au prochain ». Sans la diaconie, la foi devient artificielle, car il ne saurait être de foi « chrétienne » qui ne se concrétise par des actes d'amour (cf. Ga 5,6). C'est en fait le test de foi décisif.

Il est utile de réfléchir en profondeur aux deux phrases du réformateur. Martin Luther a provoqué la colère de l'Église papale lorsqu'il a nié son rôle de médiatrice dans le salut. La foi seule suffit à la justification. En tant qu'elle est témoin de l'Évangile, l'Église remplit un rôle essentiel. Mais le salut vient uniquement de Jésus-Christ. Les humains n'ont pas besoin de travailler à leur salut, ou d'essayer de faire des œuvres méritoires. Ils sont plutôt invités à l'accepter avec confiance. Luther a fait appel à Paul, qui affirmait que « par les œuvres de la loi, personne ne sera justifié » (Ga 2,16). Luther a personnellement fait l'expérience de ce que cela signifiait. Un poids a été enlevé de sa conscience lorsqu'il a réalisé que son péché ne le disqualifiait pas du royaume du Dieu. Il pouvait alors poursuivre sa vie la tête haute. La miséricorde de Dieu l'a libéré de la pression d'accomplir des actes religieusement méritoires. Non seulement cette pression était forte dans l'Église médiévale, mais elle est aussi présente aujourd'hui, en particulier dans les religions non chrétiennes. Quiconque ne s'incline pas devant les règlements est considéré comme « non croyant » et est traité avec hostilité.

Malgré les circonstances différentes, le message de la justification a toujours la même importance. Chaque personne doit se savoir acceptée. Cela est nécessaire pour une bonne santé mentale, et pour trouver son identité. La vie est difficile pour un enfant qui n'a pas été désiré. Sans la protection et le soin d'une mère et d'un père, l'enfant ne peut pas grandir. Plus tard, la reconnaissance – par un petit groupe ou par le public en général – est tout aussi vitale. On aspire tous aux louanges, aux applaudissements et à l'acceptation. Il faut sentir qu'on est quelqu'un, avoir de l'importance, et trouver une place. Mais que se passe-t-il si un individu est rejeté par la

---

[5] *Ibid.*

société et même par ses propres parents ? Je peux commencer à développer un complexe d'infériorité et à me détester dans cette société. Puis j'imagine que je n'ai pas beaucoup de valeur, et je développe un complexe d'infériorité. Puis j'imagine que je ne vaux pas grand chose, que ma vie est un échec, et je me sens exclu. Ce développement dangereux peut conduire au suicide ou engendrer des explosions de violence.

Les choses sont différentes avec la miséricorde de Dieu. Alors même que tout semble vous tourmenter et vous humilier, vous demeurez une créature bien-aimée de Dieu. Vous n'êtes pas moins important-e que n'importe quel-le autre. N'enviez pas les succès des autres. La justification, c'est l'émancipation du jugement social. Comme le dit l'apôtre Paul : « Qui accusera les élus de Dieu ? Dieu justifie ! » (Rm 8,33). Une personne est toujours plus que la somme de ses actions ou de ses omissions. Ce que les autres pensent de moi est toujours important. L'image qu'ils véhiculent de moi ne peut pas m'être indifférente. Personne n'est à l'abri du dénigrement et de l'agression, et c'est à juste titre que la diffamation est un crime. Et pourtant, les jugements humains ont perdu leur validité absolue. Ils sont devenus « relatifs ». L'essentiel, c'est ce que l'Évangile dit de moi. Je peux alors gérer les choses au mieux, avec tous mes manques. J'apprends à m'accepter comme je suis, avec toutes mes erreurs et toutes mes faiblesses, sans m'en excuser. La promesse de la justification a des effets psychologiques extraordinaires. Elle nous enseigne à reconnaître le péché sans tomber dans le désespoir.

La justification s'oppose évidemment à l'orgueil. Elle va à l'encontre de l'illusion qu'on pourrait tout gérer. Elle demande une vision réaliste de ce que signifie être humain. C'est en des termes cinglants que l'apôtre Paul réprimande l'orgueil des Corinthiens. Ce qu'il souhaite savoir, c'est " Qui te distingue en effet ? Qu'as-tu que tu n'aies reçu ? » (1 Co 4,7). Le message de la justification dénonce l'arrogance. Il ramène les gens sur terre et leur enseigne la modestie. La miséricorde de Dieu est une pierre d'achoppement pour l'orgueilleux, le fort, le vertueux et ceux qui pensent ne devoir être reconnaissants pour rien. Cependant, sans la miséricorde de Dieu, ces mêmes personnes ne seraient rien. Il est recommandé de ne pas se tromper soi-même. La société en général met des limites à la miséricorde de Dieu. Cependant, si le jugement dernier sur une personne relève de la responsabilité de Dieu, tout jugement humain fait l'objet d'une réserve. La société se voit ainsi privée du droit ultime de décision sur ses membres. Les êtres humains appartiennent à Dieu et bénéficient ainsi de sa protection. Personne ne fait exception. Tous et toutes sont invité-e-s à accepter dans la foi la miséricorde de Dieu. Cependant, le don précède la réponse humaine. Plus largement, le message de la justification fait ainsi partie des fondements des droits de la personne. La loi divine se concentre sur le respect de la dignité humaine et l'intégrité de la personne humaine.

Il est donc clair que la miséricorde de Dieu envers les êtres humains n'est pas vide de sens. Elle place les individus en relation les uns avec les autres. C'est pourquoi le deuxième article du traité de Luther sur la liberté doit suivre le premier. Il n'y a pas de contradiction. Nous pouvons apprendre cela de Jésus-Christ. Celui qui était libre, et qui se sentait responsable exclusivement envers son Père dans les cieux, « s'est vidé de lui-même, en se faisant vraiment esclave » (Ph 2,7). Il n'était pas forcé de faire cela, mais c'était sa volonté. Selon ses propres mots, il « n'est pas venu pour être servi, mais pour servir et donner sa vie en rançon pour la multitude » (Mc 10,45). C'est pourquoi « quiconque veut être le premier parmi vous sera l'esclave de tous » (Mc 10,44). Seul celui qui peut servir est véritablement libre. La « libération de » correspond à la « liberté de » et alors seulement s'y ajoute le sceau de la qualité. La simple indépendance peut être tout aussi despotique que l'arbitraire le plus pur. L'indépendance doit donc être attachée à ce qui est bon.

Le malentendu est donc tragique lorsque les gens pensent qu'un-e protestant-e n'a pas besoin de faire de bonnes œuvres. Si les catholiques doivent marquer des points, les protestant-e-s peuvent avoir les mains dans les poches ? Ce malentendu est commun, et on l'entend encore, ici ou là. Quiconque affirme cela n'a pas lu la confession des luthériens publiée à Augsbourg en 1530 et qui est toujours valable jusqu'à aujourd'hui. Le sixième article affirme : « cette foi doit produire de bons fruits et [...] c'est à cause de la volonté de Dieu qu'il faut faire les bonnes œuvres qu'il a commandées »[6]. Cependant, la tradition luthérienne distingue entre les œuvres de l'amour et les œuvres de la loi. Les œuvres de la loi ne concernent pas que le prochain, elles visent aussi à l'accomplissement de la loi. Cependant, cela signifie l'accomplissement d'une action que l'on peut compter comme un mérite, ce qui va à l'encontre d'un esprit d'amour qui ne recherche pas sa propre gloire, mais le bien-être du prochain. Jesus lui-même a constamment démontré que ce qui compte, c'est la pratique de l'amour et non l'accomplissement formel des commandements. L'amour ne se vante pas de ses bonnes œuvres mais les fait sans penser à son intérêt propre.

Parce qu'aimer c'est servir, le/la chrétien-ne peut se subordonner. Il/elle sait que toute société nécessite des règles. C'est pour cette raison qu'il y a des ordonnances, des offices et des autorités. Le Nouveau Testament reconnaît l'État comme une institution bonne qui vient de Dieu et appelle à l'obéissance envers lui (cf. Rm 13,1 sqq. ; 1 P 2,17). Chaque Église est tenue par ses constitutions nationales. La paix sociale ne peut exister sans un consensus social de base. L'Église elle-même a besoin de structures administratives et de direction. Le chrétien n'est pas un anarchiste.

[6] BIRMELÉ, LIENHARD (éds), *La foi des Églises luthériennes...*, *op. cit.* (note 1), p. 308.

Cependant, l'obéissance requise est restreinte par le principe plus grand qui dit qu'" il faut obéir à Dieu plutôt qu'aux hommes » (Ac 5,29). Un-e chrétien-ne peut donc faire partie de l'opposition. Et il en sera toujours ainsi si les lois ne sont pas justes. C'est à juste titre que la théologie de la libération a reconnu que le péché peut prendre la forme de structures sociales injustes, et on ne peut pas mettre de nouveau cette idée de côté. L'Église a pour tâche de nommer et de dénoncer les abus. Ainsi, on a vu cela en 1977, lors de la sixième Assemblée de la Fédération luthérienne mondiale, à Dar es Salaam, en Tanzanie. Les délégué-e-s ont déclaré le système d'apartheid contraire à la confession de foi luthérienne, ajoutant que ceux qui s'y attachent encore se mettent en dehors de l'Église et que le racisme est un péché. Mais il existe d'autres exemples moins dramatiques de critiques envers les structures en place. Lorsque c'est nécessaire, l'Église doit insister pour que les choses changent dans la législation existante, car l'amour « ne se réjouit pas de l'injustice » (1 Co 13,6). Les chrétien-ne-s peuvent appeler à résister pour des raisons de conscience. En tous les cas, apporter un ministère aux gens qui souffrent implique une disponibilité pour l'action politique.

Martin Luther lui-même en est un exemple impressionnant. En aucun cas était-il « apolitique ». Les maux de son époque ont provoqué son mécontentement et ses critiques. Le réformateur a interpelé les responsables de son époque et a appelé à des mesures pour améliorer les conditions sociales dans son manifeste *À la noblesse chrétienne de la nation allemande sur l'amendement de l'État chrétien* (1520). Mais il a aussi fait entendre sa voix en d'autres occasions. Une Église apolitique, ça n'existe tout simplement pas. Puisque les chrétien-ne-s vivent en ce monde, ils et elles font partie d'une société, c'est-à-dire d'une *polis*, et ils et elles sont coresponsables de son sort. L'Église et l'État ont assurément leurs tâches respectives. Alors que l'État est chargé du droit et de la paix, l'Église se doit de travailler pour la volonté et la loi de Dieu. Pour cette raison précise, l'Église ne peut pas être indifférente à la manière dont l'État respecte ou pas son mandat. Elle doit élever sa voix en réprimande et protester lorsque l'injustice et la violence deviennent des maux endémiques. Lorsque des questions éthiques sont soulevées et provoquent le débat, l'Église ne doit pas être silencieuse. De la même manière, l'État devrait montrer son intérêt pour que l'Église sème comme il se doit la foi, l'amour et l'espérance et devrait s'assurer que ces vertus soient disséminées parmi les citoyens. L'État doit garantir l'infrastructure appropriée.

La distinction entre l'Église et l'État indique un rejet sans équivoque de la théocratie. Jésus s'est lui-même clairement exprimé à ce sujet. On ne doit pas donner à l'empereur ce qui est à Dieu, et l'inverse est aussi vrai (cf. Mc 12,17). La puissance temporelle a sa propre loi, bien qu'elle ne soit jamais dégagée de sa responsabilité devant Dieu. En conséquence, la théologie luthérienne ne souhaite pas une théocratie, mais un État basé sur l'État de droit. La théocratie est par nature autoritaire et va à l'encontre de la liberté. Elle ne permet qu'une seule foi et elle interdit une diversité justifiée. On doit plutôt demander à ce que la société s'accorde sur un système juridique qui garantisse à ses membres un maximum de libertés, de paix et de prospérité. Un tel consensus est aussi possible avec celles et ceux qui ne sont pas chrétien-ne-s. La justice est habituellement un postulat humain obligatoire pendant les époques tant religieuses que séculières. L'État basé sur l'État de droit n'est pas une invention chrétienne mais c'est pourtant un projet que l'Église doit promouvoir.

Bien sûr, l'Église de Jésus-Christ doit prendre garde à la cooptation par les partis politiques. Elle perdrait alors sa liberté et se trouverait privée de distance critique. Bien que les chrétien-ne-s, en tant qu'individus, ne peuvent éviter le choix et le vote politiques pour un parti, l'Église, en tant qu'institution, s'en voit interdite. Elle doit inviter tous les partis, sans préférence, à promouvoir le bien commun et les inciter à rendre compte publiquement de leurs programmes respectifs. L'Église devrait résister à la tentation de vouloir contrôler l'État. Mais elle a le devoir de rappeler leurs responsabilités aux organes gouvernementaux. Cela fait partie de sa « diaconie politique » et c'est une preuve de la liberté donnée par Dieu.

Questions

Dans le contexte de mondialisation du XXIe siècle, la tolérance devient une condition essentielle à la paix. Est-il juste d'affirmer que l'Évangile nous libère de l'intolérance ? Jusqu'où la tolérance chrétienne peut-elle aller sans devenir arbitraire ?

L'Église ne doit pas intervenir dans les affaires politiques. C'est une demande fréquente, qui s'explique par le fait que l'on dit de l'Église qu'elle doit s'occuper du salut des âmes et l'État, du bien-être des personnes. Mais le salut et le bien-être peuvent-ils être séparés de façon si nette ?

Pourquoi devons-nous parler de la miséricorde de Dieu ? Un monde humain n'est-il pas possible sans Dieu ? Nombreux sont ceux qui avancent qu'il faudrait abolir la religion pour créer la paix dans le monde. Que devrions-nous dire à ce sujet ?

L'Église et l'espace public : une interprétation luthérienne

Kjell Nordstokke

La Réforme et la compréhension de « être Église »

Au cœur de la Réforme luthérienne se trouve le message que la justification par la foi est la doctrine qui met l'Église debout ou la fait tomber. Cette position se fonde sur la lecture que Luther fait de la Bible, ainsi que sur son interprétation du ministère de Jésus. Cette position a toujours été présentée sous la forme des cinq *solae* ou principes directeurs de la théologie luthérienne : par l'Écriture seule (*sola scriptura*) ; par la foi seule (*sola fide*) ; par la grâce seule (*sola gratia*) ; par le Christ seul (*solo Christo*) et, à Dieu seul la gloire (*soli Deo gloria*).

À première vue, ces principes ne font pas référence à l'Église. On peut donc avoir l'impression que l'ecclésiologie (la théologie de l'Église) n'était pas une question importante pour Luther et ses disciples. Il n'en est rien. La Réforme a commencé comme une réaction contre le modèle ecclésiologique médiéval tardif qui concentrait dans l'Église le pouvoir économique et politique. Selon Luther, cette manière d'être l'Église a provoqué une mise sous silence de la proclamation de l'Évangile. L'Église avait alors grandement besoin d'être réformée. C'est la proclamation de l'Évangile qui forme l'être de l'Église et son envoi dans le monde, et non le contraire. L'Église ne tient son existence et son mandat que de l'Écriture seule, de la foi seule, de la grâce seule, de Christ seul, et pour la seule gloire de Dieu.

L'Église du XVe siècle se trouvait dans un état tel que beaucoup espéraient avec impatience une réforme. Le pape était devenu un dirigeant politique qui avait son armée personnelle. Les évêques étaient des dirigeants locaux qui contrôlaient de vastes ressources économiques. Mais le problème ne résidait pas uniquement dans la manière dont l'Église utilisait sa puissance politique. Les réformateurs critiquaient plutôt la manière dont le pape et les évêques usaient du pouvoir religieux pour légitimer leur position comme dirigeants séculiers. Par exemple, ils excommuniaient leurs adversaires politiques et imposaient parfois un interdit sur tout un pays. Un peuple entier se voyait alors interdire l'accès aux sacrements et à des funérailles chrétiennes. La lutte pour le pouvoir politique avait donc des conséquences importantes sur les gens ordinaires et sur leur vie chrétienne. Ils craignaient pour leur salut s'ils ne pouvaient pas participer à la messe et utiliser les sacrements comme le prescrivaient les autorités de l'Église. Aussi les gens adoptaient-ils des pratiques établies par l'Église dans le but d'accroître ses revenus, telles que la vente des indulgences. Ayant observé combien les pauvres gâchaient, par peur, leur argent en achetant des indulgences afin d'échapper aux tourments du purgatoire, Luther écrivit en 1517 ses 95 thèses « sur la puissance et l'efficacité des indulgences ». Comme nous le savons, cela faisait partie de l'amorçage de la Réforme. D'une part, le point de départ fut une réaction contre l'Église qui abusait de son pouvoir pour exploiter les pauvres ; d'autre part, il remettait en question une Église qui, au lieu de proclamer l'Évangile, offrait aux croyant-e-s la confiance dans un morceau de papier qui pouvait s'acheter. Le salut n'est pas un objet de marchandise. Le salut n'est pas à vendre.

Luther ne s'est pas contenté de critiquer de telles pratiques. Motivé par ses convictions théologiques, il a radicalement remis en question ce modèle ecclésiologique et il a appelé les dirigeants politiques de son époque à reprendre le pouvoir qui, selon lui, avait été usurpé par l'Église. Selon Luther, le mandat de l'Église n'est pas d'exercer le pouvoir comme un dirigeant politique. Le « pouvoir de l'épée », selon les termes employés par Luther, appartient à ceux que Dieu a justement installé-e-s comme rois et dirigeant-e-s séculiers. Tous-tes les citoyen-ne-s – et l'Église aussi – devraient reconnaître leur autorité avec obéissance. L'Église a un mandat différent : Dieu l'appelle à exercer le « pouvoir de la Parole », soit la proclamation publique de l'Évangile, en paroles et en actes.

La Parole : une parole publique puissante

Cette distinction entre le pouvoir de l'épée et le pouvoir de la Parole a conduit à la formulation de l'enseignement des deux règnes dans la théologie luthérienne, ainsi qu'à une discussion intense sur l'interprétation de cet enseignement à des époques politiquement et socialement très différentes du contexte dans lequel vivait Martin Luther.

Premièrement, il est important de remarquer qu'il s'agit ici de discerner et non de séparer. Luther a souligné que les deux royaumes (le réformateur parlerait plutôt de gouvernements) sont sujets à la volonté et au jugement de Dieu. Tous-tes les dirigeant-e-s sont donc responsables envers Dieu. En tant que bons chrétiens, ils devraient considérer leur responsabilité comme une vocation divine et devraient utiliser la Parole et le sacrement pour se perfectionner dans leur devoir en tant que gouverneurs. Cela faisait sens lorsque tous-tes les citoyen-ne-s étaient membres de l'Église. Celles et ceux qui gouvernaient se devaient d'être de bons chrétiens qui allaient régulièrement à l'Église et qui étaient ainsi exposés à la « puissance de la Parole ».

De toute évidence, cette doctrine doit aujourd'hui être appliquée différemment alors que presque partout l'Église ne représente qu'une portion – peut-être même une minorité – des membres de la société. De plus, seul-e-s quelques très rares dirigeant-e-s politiques considéreraient aujourd'hui que leur position a été ordonnée par Dieu. Leur mandat et leur pouvoir sont réglementés selon des procédures séculières qui définissent la sélection et l'exercice du gouvernement. En quoi cela défie-t-il l'Église d'encourager un gouvernement responsable et un ordre social et politique qui correspondent à la volonté de Dieu pour la création et pour la vie humaine ?

Interpréter la doctrine des deux règnes nous invite à remarquer une autre différence de taille entre l'époque de Luther et la nôtre : l'Église avait accumulé un pouvoir politique et économique scandaleux à l'époque du réformateur. Un tel abus de pouvoir a peut-être joué un rôle dans la formulation de la doctrine des deux règnes, ce qui a peut-être contribué à une interprétation de cette doctrine qui met en garde contre tout mélange entre l'Église et la politique. Ce fut la position tenue par de nombreux dirigeants de l'Église pendant le nazisme. Ils affirmaient que le gouvernement séculier devait agir selon sa propre législation et devait être reconnu comme l'ordre social établi par Dieu auquel on devait donc obéir. De manière similaire, un nombre conséquent de personnes ont rejeté l'idée que les Églises devaient s'engager dans la lutte contre l'apartheid, soutenant qu'il s'agissait d'une question politique se trouvant donc hors du mandat de l'Église. Certain-e-s pourraient affirmer que s'occuper de telles questions politiques pourrait provoquer des divisions dans l'Église, comme si cela constituait alors un péché plus grand encore que les divisions causées par l'apartheid dans la société sud-africaine.

Il est assez clair que la doctrine des deux règnes n'envisage pas un désengagement du monde. Elle encourage plutôt l'Église à discerner la base de son mandat public. Aujourd'hui, l'Église n'accumule plus de pouvoir politique et économique – tout du moins dans la majorité des régions du monde. La question n'est donc pas tant d'alerter l'Église quant aux risques présents si elle aspire au « pouvoir de l'épée », mais plutôt de se retirer du monde, et de limiter son attention aux problèmes spirituels.

Luther n'a pas interprété le « pouvoir de la Parole » comme un désengagement du monde. Au contraire, il l'a clairement compris comme une parole publique. Selon le réformateur, la chaire est une tribune publique à partir de laquelle on s'adresse à l'ensemble de la société et pas uniquement au cercle restreint des croyant-e-s. De plus, ses paroles ont traversé l'Europe entière grâce aux nouvelles méthodes de l'imprimerie. Nous pouvons voir que lorsque Luther prêchait et écrivait, il ne se souciait pas uniquement de problèmes spirituels, mais aussi, souvent, de questions politiques et économiques. Il défendait la fondation d'écoles pour tous les enfants, l'aide pour les pauvres et les personnes en détresse, et il remettait sérieusement en question la pratique de l'usure, la déclarant contraire à l'éthique. Lorsque nous lisons ces textes aujourd'hui, nous sommes impressionné-e-s par la capacité de Luther à interpréter les signes des temps et particulièrement par son courage alors qu'il fait face aux questions publiques, même si nous devons admettre que certains de ses écrits sont très regrettables, comme ses déclarations sur les juifs et son appel à contrer la rébellion des paysans.

Le troisième point qui attire notre attention est que Luther avait confiance en la puissance de la Parole. Cela suit son interprétation théologique de l'Évangile comme Parole vivante (*vox viva evangelii*) et de l'Église comme réalité créée par le Verbe (*creatura verbi*). Dieu a créé par des mots, « c'est lui qui a parlé, et cela arriva ; lui qui a commandé, et cela exista » (Ps 33,9). De la même manière, l'Évangile a le pouvoir de créer ce qu'il nomme. L'efficacité d'un tel pouvoir ne dépend pas d'une position politique ou de l'utilisation d'armes. Cependant, la puissance de la parole rencontre une forte résistance de la part des « puissances et des autorités ». Cette dernière expression désigne les dirigeants du monde, mais surtout le pouvoir du mal. Selon l'apôtre, le Christ a triomphé de ce pouvoir du mal « par la croix » (Col 2,15).

Luther croyait que Dieu avait appelé l'Église à être une « parole vivante » dans le monde. D'un côté, la proclamation de la Parole envisage la foi en l'amour et en la miséricorde de Dieu dans notre vie quotidienne et la foi en sa seigneurie et sa providence dans tout ce qui nous arrive, en tant qu'individus et en tant que société. D'un autre côté, la proclamation de la Parole nous invite à être responsables des dons que Dieu nous a donnés, en tant que citoyen-ne-s responsables qui se préoccupent du bien-être d'autrui.

Dans ce qui suit, nous allons étudier plus en profondeur la manière d'être « une parole vivante » dans le monde. Nous verrons d'abord cela du point de vue de l'individu, en étudiant comment chaque chrétien-ne est appelé-e à servir Dieu et son prochain. On a souvent présenté cela comme l'éthique luthérienne de la vocation, et on parle très souvent aujourd'hui de vocation à la citoyenneté active. Nous étudierons ensuite notre question à partir de la perspective de l'Église en tant qu'organe collectif – et tout particulièrement en tant que communauté locale – qui assume des rôles dans la sphère publique. Nous présenterons la diaconie comme une des responsabilités fondamentales de l'Église en tant qu'entité publique, le plaidoyer étant un domaine spécifique de son mandat. Finalement, nous réfléchirons au rôle de l'Église en tant que sanctuaire dans le monde post-moderne d'aujourd'hui, un rôle nouveau et plein de défis, dont les racines remontent aux premiers siècles de la vie et du service public chrétiens.

La vocation à être des citoyens actifs

L'appel à être une « parole vivante » est une exhortation à la citoyenneté active. Luther a radicalement changé la compréhension de la vocation chrétienne : l'accent n'est plus sur la vie interne de l'Église, mais sur le service dans le monde. Il s'agit donc d'être des citoyen-ne-s chrétien-ne-s qui aiment et qui prennent soin de leurs prochains. Luther a fortement remis en question les ordres religieux de son époque et l'idéalisation de la vocation des moines et des moniales qui s'étaient mis à distance de la vie dans la société, choisissant plutôt de vivre reclus-e-s dans des monastères pour se dévouer aux pratiques religieuses. Luther savait d'expérience qu'une telle compréhension de la vocation peut souvent être égocentrique. Mais, plus important encore, elle peut ignorer l'appel à servir le prochain.

Luther comprenait la vocation chrétienne du point de vue de l'être en Christ, et les deux directions fondamentales que cette relation organique apporte. Premièrement, par rapport à Dieu, nous sommes sauvés en Christ du pouvoir du péché et de la mort. Par la grâce de Dieu, nous sommes libéré-e-s, rendu-e-s libres de la loi et de la peur que Dieu nous rejette et nous exclue de son amour et de son assistance. C'est l'une des dimensions qui se manifeste lorsqu'on est en Christ : nous devenons des enfants adopté-e-s par Dieu et nous bénéficions d'un accès libre et gratuit à notre Père céleste. Mais une autre dimension se présente lorsqu'on est en Christ : tout comme Christ fut envoyé dans le monde, nous aussi, nous sommes envoyé-e-s pour le bien de notre prochain. C'est le message principal de l'écrit le plus important de Luther, *De la liberté du chrétien* (1520), qui comporte cette déclaration bien connue : « Un chrétien est libre seigneur de toute chose, et il n'est soumis à personne. Un chrétien est un serf corvéable en toute chose et il est soumis à tout le monde »[1].

En ce sens, la relation simultanée à Dieu et à notre prochain est fondamentale, tout comme dans l'enseignement du Christ sur le plus grand commandement qui est d'aimer Dieu et d'aimer son prochain. Un des éléments essentiels de la pensée de Luther est aussi que nous ne pouvons aimer Dieu et notre prochain par notre propre force, comme notre vocation

[1] LUTHER, Martin, « De la liberté du chrétien », dans *Les Grand écrits réformateurs*, préface de Pierre Chaunu, traduit de l'allemand par Maurice Gravier, Paris, Flammarion, 1992.

le prétend ; néanmoins, en Christ et habilité-e-s par l'Esprit de Dieu, cela est non seulement possible mais est précisément ce qu'être chrétien signifie. Luther résume ainsi ses réflexions sur la liberté du chrétien :

> De tout ceci il résulte en conclusion qu'un chrétien ne vit pas en lui-même, mais dans le Christ et dans son prochain, dans le Christ par la foi, dans son prochain par la charité ; par la foi, il s'est élevé au-dessus de lui-même en Dieu, de Dieu il descend au-dessous de lui-même par la charité, tout en demeurant en Dieu et dans l'amour de Dieu.[2]

La conception du citoyen exprimée par Luther s'est faite en accord avec la conception de la société propre à son époque : chaque citoyen devait être fidèle à son rôle social – qu'il soit fermier, tailleur ou marchand – sans chercher à changer la structure de la société. Si Luther avait parlé de la citoyenneté active, cela aurait été dans les confins de ce qu'il aurait considéré comme l'ordre naturel de la société, au sein duquel se trouveraient alors des occasions de servir son prochain. De plus, Luther aurait difficilement trouvé un rôle pour la femme en dehors du foyer. Néanmoins, ce qui est nouveau et radical, c'est son évaluation positive du travail de tous les jours, que ce soit à l'intérieur ou à l'extérieur du foyer. Un travail honnête et fidèle est un véritable service, plus encore que l'observance de pratiques religieuses. Ensemencer et moissonner un champ, bâtir une maison pour que des gens y vivent, fabriquer des vêtements et préparer de la nourriture pour les affamé-e-s : du point de vue de la vocation chrétienne, de telles activités sont des manières dignes et nobles de servir Dieu et son prochain.

Ce rappel est toujours important pour nous aujourd'hui. Notre vie de chrétien-ne ne se limite pas au dimanche ou à notre rapport aux choses spirituelles. Notre vie chrétienne a aussi trait à la conduite de nos vies pendant la semaine et également à notre gestion des tâches journalières, en tant que membres consciencieux de notre famille, travailleurs honnêtes, et membres responsables de la société. Alors que le travail est aujourd'hui considéré comme un moyen de gagner le plus d'argent possible, l'éthique luthérienne de la vocation peut nous aider à voir le travail comme un service envers Dieu et notre prochain et comme un moyen de promotion de la justice et du bien-être. Ce défi acquiert une nouvelle dimension alors que nos modes de vie menacent l'équilibre écologique. L'idée de vocation chrétienne est donc toujours d'actualité et devrait être soulignée comme une composante essentielle de l'héritage luthérien. Cette idée de la vocation chrétienne peut nous aider à développer notre compréhension de la citoyenneté active.

---

[2] *Ibid.*, p. 231.

La « parole vivante » comme action de diaconie

Pour Luther, la « parole vivante » faisait d'abord référence à la parole prêchée, et ce avant tout du haut de la chaire. Cependant, cela ne signifiait pas qu'il limitait la compréhension de la « parole » à ce qui était exprimé de manière orale et ce qui pouvait être entendu par des oreilles humaines. En tant que bibliste, Luther connaissait bien les concepts bibliques de « parole » – en hébreu : *dabar ;* en grec : *logos* – qui exprimaient tous deux une réalité vivante. Cela est tout particulièrement remarquable dans le message de la Parole incarnée, comme on le lit en 1 Jean 1,1 : « Ce qui était dès le commencement, ce que nous avons entendu, ce que nous avons vu de nos yeux, ce que nous avons contemplé et que nos mains ont touché du Verbe de vie ». D'une manière unique, Jésus a non seulement annoncé l'Évangile, mais il l'a lui-même incarné. Parole de vie, son ministère se faisait à la fois par l'enseignement et par le soin envers les nécessiteux. Il serait absurde de séparer ses paroles de ses œuvres. Les deux font partie de sa mission.

Le concept de vocation chrétienne auquel il est fait référence ci-dessus peut être interprété comme une mission, suivant l'exemple de Jésus. Être en Christ, cela signifie être envoyé-e comme il fut envoyé et servir en paroles et en actions comme il le faisait : « Si quelqu'un veut me servir, qu'il se mette à ma suite, et là où je suis, là aussi sera mon serviteur » (Jn 12,26). Dans ce verset, le verbe grec utilisé pour « servir » est *diakonein.* Ce verbe fait ici référence au service des disciples. En une autre occasion, Jésus utilise ce verbe pour expliquer la signification particulière de sa mission : « Car le Fils de l'homme est venu non pour être servi, mais pour servir et donner sa vie en rançon pour la multitude » (Mc 10,45).

Lorsque le Nouveau Testament fut traduit en latin, le mot grec *diakonia* fut traduit par *ministerium*, puis, plus tard, en français, par *service* ou *ministère.* On voit donc que la diaconie, c'est etre envoyé, c'est recevoir une mission, une tâche ou une vocation. Celui/Celle qui envoie décide de l'objet de la mission, comme on le voit lorsque Jésus affirme « comme mon Père m'a envoyé, moi aussi je vous envoie » (Jn 20,21). En d'autres termes, pour les disciples de Jésus-Christ, la diaconie de l'Église consiste à suivre l'exemple qu'il a donné en paroles et en actes.

Dans ce contexte, le concept de diaconie est aujourd'hui largement utilisé dans les Églises. Dans son *Plan pour la diaconie*, l'Église de Norvège définit la diaconie comme :

> le ministère de soutien de l'Église. C'est l'Évangile en action qui s'exprime par l'amour du prochain, la création de communautés inclusives, le soin de la création et la lutte pour la justice.[3]

[3] www.gammel.kirken.no/?event=dolink&famID=247

Cette définition affirme clairement que la diaconie est plus qu'une conséquence possible de l'Évangile ou qu'une activité optionnelle qui serait considérée comme nécessaire en raison de facteurs externes. La diaconie est une composante intégrale de l'Évangile. Elle est une exigence pour rendre visible la parole vivante et libératrice de Dieu par des actes. Elle fait donc partie intégrante de ce que l'Église est appelée à être et à faire au nom de Dieu et en tant que corps du Christ, non point par notre propre esprit ou nos efforts personnels, comme Luther l'affirme dans son *Petit catéchisme* : « Le Saint-Esprit m'a appelé par l'Évangile, [il] m'a éclairé de ses dons, m'a sanctifié et m'a maintenu dans la vraie foi, de même qu'il appelle, assemble, éclaire et sanctifie toute la chrétienté de la terre [...] ».

Il est clair que Luther ne connaissait pas cette compréhension du concept de diaconie. Il connaissait des diacres qui, selon la tradition catholique romaine, étaient destinés à être ordonnés prêtres et dont les tâches étaient d'abord liturgiques. Pour Luther, rien ne justifiait cette tradition et le titre de diacre disparut rapidement des Églises de la Réforme. Luther a une fois écrit que les congrégations avaient réellement besoin de véritables diacres pour prendre soin des pauvres et des malades, mais ce ne fut jamais une priorité à son époque. La proclamation pure de l'Évangile et l'administration correcte des sacrements demeuraient les tâches les plus importantes.

En raison de cette urgence, Luther en appela aux autorités publiques pour qu'elles assurent les aides sociales, comme par exemple l'établissement de caisses communes pour l'aide aux pauvres ou la fondation d'orphelinats. Luther pensait qu'il était plus efficace d'imposer ces tâches aux autorités séculières. Ayant à l'esprit que tous les citoyens appartenaient alors à l'Église, le réformateur pensait qu'on pouvait leur demander de rendre de tels services en tant que bons chrétiens. Cette pratique a sans aucun doute influencé la manière dont les pays qui ont adopté la Réforme comprennent ce qu'est un gouvernement politique responsable. Cette pratique a aussi sans doute conduit au développement de systèmes de sécurité sociale dans ces pays.

Cependant, cela a aussi conduit à un amoindrissement de la conscience et de la pratique diaconales en de nombreuses Églises. On pourrait se demander si, dans le luthéranisme, l'insistance sur la Parole et les sacrements n'a pas engendré le développement d'une espèce d'insistance sur le rôle du pasteur, ce qui a donné une image de la paroisse comme un réceptacle passif de la Parole et des sacrements et non comme une communauté vivante dotée de dons et de ministères. Luther ne souscrivait pas à une ecclésiologie qui réduisait les laïcs à de simples objets de service pour l'Église. Au contraire, ses enseignements sur le « sacerdoce de tous les croyant-e-s » affirmaient que tous les baptisé-e-s étaient rendu-e-s « prêtres », en ce sens qu'ils ont accès à Dieu et qu'ils sont inclus-e-s dans la mission de Dieu dans le monde. Il est ici important de comprendre « le sacerdoce de tous les croyant-e-s » comme la diaconie de tous les baptisé-e-s.

Dans les contextes sociaux et religieux contemporains, le modèle de la « remise » du mandat diaconal aux autorités publiques n'est plus viable, tant du point de vue théologique que du point de vue sociohistorique. Dans une société sécularisée, l'Église ne peut pas compter sur les dirigeants politiques pour la réalisation du ministère diaconal. L'Église doit organiser son travail diaconal, au niveau local de la paroisse ou en établissant des organisations ou des ministères spécialisés qui peuvent agir au niveau national et à échelle internationale.

En tant que ministère de soin de l'Église, la diaconie peut comporter plusieurs domaines d'action. Le plan déjà mentionné de l'Église de Norvège en explicite quatre : aimer son prochain, créer des communautés inclusives, prendre soin de la création, lutter pour la justice. Ces domaines d'action indiquent que dans la vie de l'Église, il est important de soulever ces questions sous la forme d'initiatives enracinées dans la vie de la paroisse : ainsi, rendre visite aux malades, et recevoir des invendus qui sont dans des situations de vie difficiles, mais aussi, lorsque cela est possible, offrir des services, comme par exemple dans les domaines de la santé ou de l'aide sociale. De tels services peuvent parfois être organisés en partenariat avec des institutions publiques ou avec d'autres agents de la société civile. On voit donc très bien ici que l'action diaconale vise au bien-être général et à la promotion de la dignité humaine, de la justice et de la paix.

L'action diaconale se base à la fois sur la foi et les droits. Elle fait tenir ensemble notre identité commune en tant que communion inclusive et notre vocation partagée pour la promotion de la dignité humaine, de la paix et de la justice dans le monde. Comme nous l'avons vu, la diaconie nous lie à une interprétation théologique de l'Évangile et à une manière d'être Église tout en soulignant la vision d'une Église publique et en assumant la vocation à contribuer au bien-être de la société. Cela reflète la vision de l'engagement dans un pèlerinage de justice et de paix, tel que formulé par le Conseil œcuménique des Églises à l'Assemblée de Busan en 2013. C'est aussi en accord avec la publication de la Fédération luthérienne mondiale, *La diaconie en contexte*, qui indique la transformation, la réconciliation et la dynamisation comme orientations principales de l'action diaconale.

De nombreuses Églises, notamment celles qui appartiennent à la communion luthérienne, renouvellent actuellement leurs réflexions sur ce que signifie être Église aujourd'hui et sur comment comprendre et pratiquer « la puissance de la parole ». À l'époque de Luther, le concept de la vocation faisait d'abord référence aux chrétien-ne-s en tant qu'individus et à leur service dans le monde. Nous reconnaissons aujourd'hui qu'il est nécessaire de s'adresser à la congrégation dans son ensemble pour lui rappeler son appel collectif à servir et à être une « parole vivianite » visible dans le monde. Sans aucun doute, ceci est aussi en concordance avec la vision de l'*ecclesia semper reformanda* chère à la Réforme, soit l'auto-questionnement et le renouveau continuels de l'Église.

Le plaidoyer

On peut interpréter la publication des 95 thèses en 1517 dans la perspective du plaidoyer. Pasteur à Wittenberg, Luther a observé comment les gens gâchaient leur argent pour des indulgences. Ses thèses constituaient une critique sévère de l'abus du pouvoir religieux qui exploitait les gens ordinaires et qui manipulait leur foi. Elles cherchaient aussi à défendre la dignité des croyant-e-s et leur droit à entendre librement la Parole de Dieu.

Un lien évident existe entre cet instant historique de la Réforme et des situations actuelles qui mettent les Églises au défi de prendre la parole contre des abus de pouvoir similaires, religieux ou politiques. Le plaidoyer est la voix publique de l'Église pour la défense des victimes de l'injustice. Le plaidoyer est un élément essentiel de la mission de l'Église pour la guérison du monde, comme le rappelle le document de la Fédération luthérienne mondiale, *Mission en contexte* :

> En tant que défense de la justice, la mission désigne la praxis de l'Église dans la sphère publique en tant qu'affirmation et réaffirmation de la dignité de la vie humaine, au niveau tant de l'individu que de la société, ainsi qu'une justice étendue aux domaines économique, social et écologique.[4]

Le plaidoyer diffère du lobbying qui cherche à influencer les gouvernements et d'autres dirigeant-e-s au bénéfice de sa propre organisation ou de son propre intérêt. Le plaidoyer se préoccupe de la situation des autres, en premier lieu de la situation des groupes marginalisés dans l'Église et la société, soit celles et ceux qui ne peuvent pas défendre leurs propres intérêts ou qui sont, pour différentes raisons, réduit-e-s au silence dans la société. Cela ne signifie pas que le plaidoyer parle au nom des autres, sans écouter leur voix. Au contraire, le plaidoyer présuppose l'écoute et la solidarité. Nous en trouvons un bon exemple dans la parole donnée par de nombreuses Églises à celles et ceux qui étaient touché-e-s par la pandémie du VIH et du sida. L'Église a vu son rôle de plaidoyer croître en importance dès qu'elle a laissé s'exprimer les voix de celles et ceux qui étaient touché-e-s par le VIH et le sida et qu'on a pu alors entendre leurs histoires et leurs luttes pour la justice.

Le plaidoyer peut être considéré comme une expression du ministère prophétique de l'Église. Ce ministère est largement illustré par les prophètes

---

[4] www.lutheranworld.org/sites/default/files/dmd-mission-low-f.pdf.

de l'Ancien Testament qui critiquaient les dirigeants religieux et politiques de leurs époques, et particulièrement la manière dont ils ignoraient leur devoir de protection des droits des pauvres. Le ministère de Jésus manifestait aussi son rôle prophétique. Cela se manifeste d'abord par la manière dont il défendait la dignité des marginalisé-e-s de son époque, les libérant des chaînes de la stigmatisation et de la honte et les incluant dans la nouvelle société que ses disciples représentaient. L'histoire de la guérison de l'homme né aveugle (cf. Jn 9) illustre bien cette dimension du ministère diaconal de Jésus.

En tant que disciple de Jésus, l'Église est appelée à être une voix prophétique. C'est ainsi que des personnes qui ont dénoncé l'apartheid comme une hérésie ont compris l'Église. Cependant, toutes les Églises n'ont pas élevé leur voix contre l'apartheid. Dans la famille des Églises luthériennes, certaines considéraient que l'apartheid était une question politique, ce qui, selon leur interprétation des deux règnes, signifiait que cela relevait des autorités du pouvoir séculier. Une fois l'apartheid disparu, certaines Églises ont admis avoir échoué à prendre parti lors de ce conflit ou avoir à tort soutenu le gouvernement raciste. On se demande alors pourquoi il est plus facile de confesser les péchés commis dans le passé que de répondre aux défis sociaux et politiques du présent. Une des raisons est que les Églises, de même que leurs membres, sont toujours tentées de rester dans leur zone de confort et de s'en tenir aux interprétations de l'Évangile qui ne font pas de remous.

De ce point de vue, le plaidoyer a aussi pour rôle de garder l'Église attentive aux signes des temps afin qu'elle soit à même de les lire. Le plaidoyer se manifeste souvent par la résistance à la puissance des puissant-e-s et à leurs idéologies. Dans certains cas, le plaidoyer peut aussi consister à faire face à l'establishment de l'Église et à lui demander de remettre en question notre niveau de conformité au monde (cf. Rm 12,2) lorsque nous traitons les questions brulantes de notre époque. Est-il juste de dire que l'Église a parfois reproduit les structures de domination et d'exclusion ? L'Église a-t-elle adopté comme style de vie un consumérisme religieux et une indifférence éthique, alors qu'elle aurait dû être profondément poussée à l'action par les signes de la pauvreté et de l'injustice croissantes dans le monde ?

Le conformisme n'est pas fidèle à l'héritage luthérien. Cet héritage adhère au contraire au principe du *reformatio continua*, c'est-à-dire le besoin d'une réforme continue dans la vie et la mission de l'Église.

Le sanctuaire

L'hymne de Luther « C'est un rempart que notre Dieu » est encore un des cantiques les plus populaires des Églises issues de la Réforme, et pas uniquement parmi les luthérien-ne-s. Se fondant sur le psaume 46, cette hymne exprime l'attention de Dieu et sa protection contre toutes formes de mal. Dieu offre un sanctuaire, un refuge sûr.

À travers l'histoire, l'Église a interprété le message biblique comme un commandement à agir comme Dieu et à offrir un sanctuaire aux nécessiteux. L'asile fut donné aux réfugié-e-s ainsi qu'aux démuni-e-s et aux sans abris. C'est dans le contexte de cette tradition de l'hospitalité chrétienne que furent établis les premiers hôpitaux. La Réforme fut suivie par des décennies de conflits religieux qui poussèrent de nombreuses personnes à l'exil. De nombreux réfugiés protestants ont trouvé refuge à Wittenberg, à Strasbourg et à Genève. Jusqu'à aujourd'hui, cette expérience a des conséquences sur l'engagement des chrétiens, par exemple dans l'aide humanitaire apportée aux réfugiés et dans le plaidoyer pour la liberté religieuse.

L'appel à offrir un sanctuaire peut se manifester sous différentes formes. Deux exemples récents illustrent cela en Norvège.

Le premier exemple date de 1993, lorsque des centaines de demandeurs d'asile en provenance de l'ancienne Yougoslavie se sont vu refuser le statut de résident-e permanent-e et ont dû quitter la Norvège. Nombre d'entre eux se sont alors réfugiés dans des églises et, le gouvernement reconnaissant ces espaces comme sacrés, ne furent pas arrêtés par la police. Certains sont restés plusieurs mois dans ces bâtiments et nombre d'entre eux se virent finalement accorder le droit d'asile par le gouvernement. D'autres sont retournés dans leur pays d'origine. Il est donc intéressant de voir que le gouvernement séculier a respecté le sanctuaire, même si les autorités publiques critiquaient l'Église, l'accusant d'encourager la désobéissance civile et de compromettre les procédures juridiques. Remarquons aussi que de nombreuses personnes ordinaires furent mobilisées pour aider les demandeurs d'asile dans les églises, leur offrant de la nourriture, des vêtements et – ce qui n'est pas de moindre importance – de l'amitié.

Le deuxième exemple touche à l'attaque terroriste de juillet 2011 qui provoqua la mort de 77 personnes sur l'île d'Utøya. Les jours suivants, de nombreuses églises, notamment la cathédrale d'Oslo, furent remplies de monde. Certains apportèrent des fleurs, d'autres allumèrent une bougie, d'autres encore s'assirent simplement en silence. Peu d'entre eux étaient pratiquants, certains étaient musulmans, d'autres affirmaient n'être jamais entrés dans une église auparavant. Manifestement, ils cherchaient tous et toutes un sanctuaire au sein duquel exprimer leur chagrin, leur colère et combien ils étaient terrifiés face à leur vulnérabilité. La société séculière et post-moderne n'offre aucun espace semblable et même les non croyant-e-s ont ressenti l'importance d'un tel lieu.

Le sanctuaire n'offre pas la sécurité absolue face à toutes les forces du mal. Ainsi, le 29 juillet 1990, 600 personnes trouvèrent refuge dans l'église Saint-Pierre de Monrovia, au Libéria et toutes furent tuées par les rebelles.

Rassemblées dans l'église ce soir-là, peut-être ont-elles chanté « C'est un rempart que notre Dieu », comme Luther et ses amis alors qu'ils se rendaient dans la ville de Worms le 16 avril 1521, jour où la Diet fut convoquée.

Le sanctuaire n'est pas synonyme de d'invulnérabilité mais d'assistance et de solidarité ; le sanctuaire ne promet aucun bonheur inconditionnel mais la bénédiction éternelle. « Le Seigneur de l'univers est avec nous. Nous avons pour citadelle le Dieu de Jacob » (Ps 46,7) ou, comme le chante Luther : « Car Dieu combat à nos côtés avec les armes de l'Esprit. Lorsqu'ils prennent nos maisons, nos biens, notre honneur, nos enfants ou nos épouses, bien que la vie nous soit arrachée, ils ne peuvent pas gagner. Le royaume est nôtre, pour toujours ! »[5].

L'Église publique

Comme nous l'avons vu, le luthéranisme situe clairement l'Église dans l'espace public. C'est là qu'est annoncée et pratiquée la Parole, comme une parole vivante et visible. Cette conception est en accord avec ce que Jésus a dit sur son ministère public : « J'ai parlé ouvertement au monde, j'ai toujours enseigné dans les synagogues et dans le temple, là où tous les juifs se rassemblent, et je n'ai rien dit en secret » (Jn 18,20). De la même manière, des guérisons étaient accomplies ouvertement, dans le contexte de la vie de tous les jours.

On peut défendre l'idée d'Église publique de différentes manières. Il y a donc différents modèles d'Église publique. Un de ces modèle pourrait être décrit comme étant centré sur l'Église. Ce modèle promeut la connaissance et les valeurs chrétiennes dans l'objectif de christianiser l'espace public. D'un point de vue stratégique, ce modèle peut aussi avoir pour but de recruter de nouveaux membres pour l'Église.

Un autre modèle peut être décrit comme universel. Ce modèle se fonde sur le bien-être général de la société et des individus. Le concept de société civile a enrichi la compréhension de ce modèle, ouvrant l'espace à différents acteurs et à différentes Églises, leur donnant pour tâche de s'engager dans ce qui est juste, bon et vrai pour tous les citoyen-ne-s. De plus, cet espace offre une nouvelle opportunité de coopérations œcuméniques et interreligieuses, afin de bâtir une société de justice et de paix.

Des caractéristiques marquées du luthéranisme indiquent le deuxième modèle. L'enseignement de l'éthique de la vocation comme appel à la citoyenneté active va dans ce sens. On voit aussi cela dans la compréhension de la diaconie comme service dans l'espace public, de même que dans le travail du plaidoyer et le fait d'offrir un sanctuaire. Dans tout cela, il s'agit d'aimer son prochain.

---

[5] Voir le chant de Luther *C'est un rempart que notre Dieu*, couplet 4.

En conséquence, le luthéranisme insiste sur une théologie de la création qui nous fait comprendre l'espace public comme étant du domaine de l'action continue de Dieu, appelant ainsi les humains à participer à la mission de Dieu qui consiste à promouvoir la dignité humaine, la justice et la paix. Le luthéranisme est également fortement influencé par la théologie du salut, du Christ incarné dans la vie humaine ordinaire. Enfin, dernier élément, mais non des moindres, le luthéranisme est nourri par la théologie de la sanctification qui annonce que l'Esprit de Dieu équipe tous les baptisé-e-s pour qu'ils puissent aimer leurs prochains et les en rend capables.

Ces trois théologies (de la création, du salut, de la sanctification) renforcent l'idée que la vocation publique de l'Église comprend la transformation, la réconciliation et la dynamisation, de façon à promouvoir la dignité humaine et à contribuer à la construction d'une société juste, participative et durable. En même temps, certaines personnes interprètent les actions de cette vocation comme des signes de l'amour et de l'attention pleine de miséricorde de Dieu et l'en remercient. Et alors, touchées par l'Esprit de Dieu, elles cherchent à grandir dans la foi, l'espérance et l'amour.

Questions

Là où vous vivez, comment se comprend et se pratique la citoyenneté active ? Quels sont les défis présents ? Comment l'éthique luthérienne de la vocation pourrait-elle être mise en pratique pour renforcer le concept de la citoyenneté active ? Comment ce sujet pourrait-il être davantage intégré à l'enseignement et à la prédication ?

Dans quel type d'œuvre diaconale votre Église et votre paroisse locale sont-elles impliquées ? Comment ce travail reflète-t-il le thème de l'anniversaire de la Réforme, « Libres par la grâce de Dieu » ? Êtes-vous d'accord lorsqu'on dit que la diaconie fait partie intégrante de l'Église, de son être et de sa mission ?

Le concept du plaidoyer est-il connu et utilisé dans votre environnement ? Donnez des exemples de la manière dont votre Église/paroisse s'engage dans le plaidoyer. Comment ce ministère pourrait-il être renforcé ? La commémoration de la Réforme par la FLM affirme que le salut, les êtres humains et la création ne sont pas à vendre. Comment cette déclaration peut-elle nous pousser à être davantage conscient-e-s de notre rôle en tant qu'Églises publiques ?

La Parole libératrice de Dieu. Considérations sur la compréhension luthérienne de l'Écriture Sainte

Hans-Peter Grosshans

Dieu parle aux gens et leur répond. Mais cela ne va pas de soi. Nous-mêmes, nous ne parlons pas à n'importe qui. Lorsque nous parlons aux autres, nous initions et nous maintenons une relation avec eux. Lorsqu'on communique avec les autres, c'est toujours de soi que l'on parle, on ne se contente donc pas de partager des informations neutres. Lorsqu'on communique sur soi, on révèle aussi des choses sur soi. C'est pourquoi on fait attention aux personnes à qui nous parlons et à ce que nous leur communiquons. Ainsi, on peut préférer ne révéler qu'une petite partie de soi seulement, mais en aucun la totalité de notre personnalité, et nous ne laissons personne entrer dans l'intimité de notre âme, de notre esprit, de notre vie. Lorsque Dieu communique avec des individus, Dieu s'exprime, se révèle et se partage à eux. Il est merveilleux de se parler mutuellement, de se révéler l'un-e à l'autre dans la conversation, laissant ainsi apercevoir notre âme, notre esprit et notre vie. Il est merveilleux aussi que Dieu se révèle à nous lorsque Dieu nous parle, communiquant avec nous, et nous donnant l'occasion d'être en communion avec lui. Dieu est lié par sa Parole. C'est une Parole qui l'engage. Lorsque Dieu dit quelque chose, Dieu y est fidèle. Il est précisément Celui qui s'approche des êtres humains et qui se révèle à eux dans la Parole qu'il leur adresse.

Il est particulièrement fort que la première parole de Dieu soit une promesse. Il est dans la nature divine de tenir ses promesses. Nous lisons donc que « la parole du Seigneur demeure éternellement » (Es 40,8; 1 P 1,25). À travers ses paroles, Dieu ne se contente pas de se révéler. Par ses paroles, Dieu s'engage aussi, nous disant : « Je te le promets ! ». C'est pourquoi la foi chrétienne insiste sur la Parole de Dieu. Par sa Parole fidèle et éternelle, Dieu promet à ses créatures bien-aimées qu'il est leur Dieu.

De tout cela, il demeure certain que la Parole de Dieu procède de Dieu. Dieu est la source véritable et originelle de toutes les paroles par lesquelles il s'engage. Dieu est la source de tout ce qu'il nous révèle, de tout ce qui nous savons de lui et de tout ce que nous pouvons attendre de lui.

Dieu ne s'est pas seulement communiqué, révélé et engagé par des paroles, mais également par la création, l'histoire d'Israël et la vie et les œuvres de Jésus-Christ. Nous n'avons plus d'accès direct à ces événements, nous pouvons seulement les retrouver de manière indirecte par l'intermédiaire de la parole écrite. Néanmoins, cela n'est pas le fruit du hasard, comme si ces événements représentaient la communication véritable de Dieu avec les individus, les textes se contentant de compléter cette présence de Dieu dans l'histoire, afin que nous puissions aussi nous en dispenser. Cela est d'autant plus important que les œuvres de Dieu sont consignées dans des paroles et des textes qui en témoignent et qui ont trait à la création et à l'histoire d'Israël, ainsi qu'à la présence de Dieu en Jésus-Christ. Dieu choisit de se révéler dans des mots et dans des textes. C'est à travers ces mots et ces textes que Dieu communique et que Dieu se révèle.

Les textes sont donc le médiateur principal de notre relation avec Dieu. Le christianisme est en conséquence une religion scripturaire. Les textes de l'Écriture Sainte témoignent des événements qui révèlent Dieu (la création, l'histoire d'Israël, Jésus-Christ, l'Église) et par là même, de la révélation de Dieu telle qu'elle s'articule dans ces événements.

Bien évidemment, les chrétien-ne-s protestant-e-s s'intéressent tout particulièrement à la « Parole de Dieu ». La foi se centre sur le dialogue vivant qu'a chaque chrétien-ne et la communauté des chrétien-ne-s avec le Dieu trinitaire. Ce dialogue vivant entre Dieu et les humains se fait aussi par les Écritures Saintes, qu'on peut aussi considérer comme un livre appartenant à une communauté ou un document religieux historique. Mais ce qui compte pour les chrétien-ne-s, c'est lire, interpréter et comprendre l'Écriture Sainte afin qu'elle révèle son potentiel en tant que Parole de Dieu qui nous est adressée. Les paroles de Dieu, au travers desquelles Dieu parle et s'engage devant les êtres humains, s'expriment dans l'Écriture Sainte. Dieu souhaite se révéler dans ses paroles préservées dans l'Écriture et il souhaite que les êtres humains lui rappellent sa promesse.

Alors que nous nous concentrons sur les Saintes Écritures dans les pages qui suivent, il nous faut garder à l'esprit le lien fort qui existe entre l'Écriture Sainte et la Parole de Dieu, ce qui implique de la part de Dieu une communication vivante et salvifique avec les personnes.

L'Écriture seule (sola scriptura)

L'intérêt originel

Les théologiens protestants de la Réforme ont particulièrement insisté sur l'Écriture Sainte, pour de nombreuses raisons, même si le centre d'intérêt des chrétien-ne-s protestant-e-s repose davantage sur la « Parole de Dieu » que sur l'Écriture Sainte. Ce principe de « l'Écriture seule », tel qu'exprimé par l'expression latine *sola scriptura*, fut établi lors de la Réforme du XVIe siècle.

Dans son écrit de 1520 intitulé *Assertio omnium articulorum Martini Lutheri per bullam Leonis X novissimam damnatorum* (« Défense de tous les articles de Martin Luther condamnés par la bulle la plus récente de Léon X »), Luther résume ses diverses pensées sur ce principe théologique et ecclésiologique :

> Les chrétiens ne devraient avoir comme premiers principes rien d'autre que les paroles divines ; les paroles des hommes devraient cependant en être des conclusions dérivées, qu'on doit ensuite pouvoir faire remonter aux paroles divines et qui doivent s'y tenir.[1]

Ces paroles divines se trouvent dans l'Écriture Sainte. Dans sa réponse à la bulle papale qui le condamnait, le réformateur insistait sur la lecture et l'étude individuelle de la Bible, comme cela se faisait dans l'Église ancienne, lorsqu'on ne pouvait consulter une interprétation des autorités théologiques et ecclésiales, soit, selon Luther, lorsqu'on n'avait pas encore lu Augustin ou Thomas. Luther posait donc la question :

> Pourquoi donc Augustin et les Saints Pères, dans leurs disputes et leurs enseignements, font-ils référence à l'Écriture Sainte comme étant le principe premier de la vérité, et pourquoi utilisent-ils sa lumière et sa puissance pour illuminer leurs propres ténèbres et guérir leur propre faiblesse ? À travers cet exemple, ils enseignaient bel et bien que les paroles divines sont beaucoup plus claires et sûres que celles des hommes – et même que leurs propres paroles – et que les paroles des hommes doivent donc être corrigées, complétées et renforcées par l'Écriture

---

[1] LUTHER, Martin, « Assertio omnium articulorum M. Lutheri per bullam Leonis X. novissimam damnatorum », 1520, dans *WA* 7, 98, p. 91-151. En latin : « Sint ergo Christianorum prima principia non nisi verba divina, omnium autem hominum verba conclusiones hinc eductae et rursus illuc reducendae et probandae. » Luther a écrit quatre textes pour défendre les propositions condamnées par la bulle du pape de 1520.

> et non par les paroles des hommes. [...] Ne serions-nous pas alors des pervers impies si nous ne souhaitions pas apprendre l'Écriture Sainte à travers elle et son propre esprit, mais plutôt à travers les paroles des hommes, au contraire de ce qu'ont fait tous les Pères ?[2]

En insistant sur l'Écriture Sainte, Martin Luther ne disait pas qu'elle n'avait pas été utilisée et interprétée lors des siècles précédents. Le réformateur avait lui-même beaucoup travaillé avec les textes bibliques dans ses cours d'exégèse, au début de sa carrière d'enseignant. Luther partageait ce travail approfondi sur l'Écriture avec de nombreux théologiens des siècles précédents, et son appréciation de l'Écriture Sainte était commune à l'ensemble de l'Église. Dans la réponse de Luther à la bulle papale s'exprime en fait le refus de fonder sa lecture et son interprétation de l'Écriture Sainte sur l'histoire de sa réception dans l'Église. Luther a mis l'Écriture Sainte et sa lecture contemporaine face à une doctrine et une pratique de l'Église qui étaient fondées sur cette histoire de la réception de l'Écriture vieille de plusieurs siècles. Pour sa part, Luther enseignait une « exégèse conséquente »[3], selon l'expression introduite par Eberhard Jüngel.

C'est suite à des problèmes bien spécifiques et à des conflits particuliers que Luther et d'autres théologiens de la Réforme ont souhaité et ont pu interpréter l'Écriture Sainte non seulement à partir des interprétations antérieures et de l'histoire de leur réception dans l'Église, mais aussi en opposition à ces interprétations et à ces réceptions. Une méthodologie est aussi apparue, pour faire face aux sujets controversés concernant la doctrine et la pratique de l'Église.

On en trouve une illustration dans l'exemple suivant, bien connu : la bulle papale *Exsurge Domine* condamnait comme erroné le point de vue de Luther qui disait que « le pontife romain, le successeur de Pierre, n'est pas le vicaire de toutes les Églises de l'ensemble du monde institué par le Christ Lui-même en la personne bénie de Pierre »[4]. Quelle position prendre face à la prétention de l'évêque de Rome de diriger l'Église et face aux raisons justifiant cette affirmation ? On peut fonder la prétention de l'évêque de Rome de diriger l'ensemble de la chrétienté sur des raisons purement historiques : c'est ainsi que les choses se sont historiquement développées, tout du moins dans le

---

[2] LUTHER, Martin, « Assertio omnium articulorum M. Lutheri per bullam Leonis X. novissimam damnatorum », *ibid.*, p. 98.

[3] Par ce terme programmatique, exégèse conséquente, Eberhard Jüngel caractérisait à la fois la théologie de Karl Barth et celle de Rudolf Bultmann; cf. Eberhard Jüngel, « Die Freiheit der Theologie », dans Entsprechungen, Gott-Wahrheit-Mensch, Theologische Erörterungen II, Tübingen, Mohr Siebeck, 32002.

[4] Condamnation des erreurs de Martin Luther – Exsurge Domine. Bulle du Pape Léon X publiée le 15 juin 1520, www.papalencyclicals.net/Leo10/l10exdom.htm

territoire de ce qui était anciennement l'Empire romain d'Occident. Cependant, la condamnation de la doctrine de Luther sur ce sujet disait clairement que les théologiens catholiques romains et le pape ne défendaient pas une explication historique mais plutôt une explication théologique, fondée sur la revendication par l'évêque de Rome d'une autorité universelle établie par le Christ. Mais selon Luther, cette justification de l'autorité universelle de l'évêque de Rome n'est attestée par aucun passage de l'Écriture Sainte. À la lumière des recherches historiques, il est donc clair que les théologiens catholiques romains ont cherché à légitimer la prétention à l'autorité de l'évêque de Rome à travers l'interprétation des textes bibliques. Rétrospectivement, nous pouvons aussi ajouter que la prétention à la primauté universelle de l'évêque de Rome n'a été historiquement possible qu'en ignorant toutes les Églises orientales qui avaient émergé en dehors de l'Empire romain d'Occident.

Ce retour de Luther à un accès direct à l'Écriture Sainte a eu un effet purifiant, jusqu'à aujourd'hui : les Saintes Écritures ne pouvaient pas, et ne peuvent toujours pas être utilisées pour justifier tout et n'importe quoi dans ce qui est établi comme doctrines et pratiques de l'Église à travers les siècles. L'idée que l'Église s'était trop éloignée de l'Évangile, qui se fondait sur le retour de la Réforme aux Saintes Écritures a aussi eu un effet purifiant, car, dans ce qui était considéré « bon », il y avait trop de choses pouvant conduire les Églises à ne pas être fidèles à Jésus-Christ, leur chef.

Alors que de telles doctrines et pratiques ne sont pas justifiées par des arguments bibliques solides, une question se pose : pourquoi de telles doctrines et pratiques doivent-elles se perpétuer dans l'Église, et peut-on considérer d'autres options ? Se pose ensuite la question de savoir si on ne devrait pas simplement chercher la solution la plus pragmatique face au contexte actuel et qui peut être réconciliée avec la Parole de Dieu.

Nous avons assez de problèmes qui ne trouvent pas de réponse dans l'Écriture Sainte dans le contexte de nos Églises. Il faut alors trouver des solutions en ayant la Parole de Dieu à l'esprit. Il ne s'agit cependant que de solutions humaines, qui engagent les doctrines et les pratiques de l'Église dans une époque particulière et un contexte limité.

Notre exemple illustre que le principe protestant de *sola scriptura* est un processus ecclésiologique utilisé pour répondre à des questions et des problèmes spécifiques qui se posent dans les pratiques et les doctrines de l'Église. Avec son *sola* exclusif, ce principe cherche des solutions à des problèmes qui se fondent d'abord ou entièrement sur la tradition et l'histoire de l'interprétation et de la réception de l'Écriture Sainte, et non sur l'Écriture elle-même.

Martin Luther lui-même s'est confronté aux objections classiques qui furent soulevées – et le sont toujours – face au rôle exclusif de l'Écriture Sainte pour répondre aux questions et aux problèmes en matière de doctrine et de pratique de l'Église.

Des objections au principe de sola scriptura

Du vivant de Luther, le principe protestant scripturaire fit face à des objections et à des questions. Nous allons ici discuter de trois d'entre elles.

Premièrement, d'où vient l'autorité de l'Écriture Sainte, et qui peut attester de sa vérité hormis l'Église qui a formé les textes bibliques en un canon, authentifiant donc elle-même l'autorité de l'Écriture Sainte ? Comment opposer l'Écriture Sainte à la tradition de l'Église alors que l'Écriture Sainte fait elle-même partie de cette tradition ?

Luther a soulevé le postulat de l'autopistie – soit l'auto-authentification de l'Écriture Sainte par elle-même – selon laquelle l'Écriture Sainte est seule à garantir sa propre autorité. La deuxième épître à Timothée œuvre à soutenir ce postulat, avec son explication de l'inspiration du texte (2 Tm 3,16). Selon Luther, l'Écriture Sainte ne puisait pas son autorité d'une telle revendication interne, mais en vertu de son contenu, qui peut être résumé en Jésus-Christ. Les prétentions à la vérité liées à Jésus-Christ représentent donc l'autorité qui atteste de l'Écriture Sainte. Rien et personne d'autre ne peut donner autorité à l'Écriture Sainte et à son contenu principal. « L'Évangile n'est pas cru car l'Église le confirme, mais car on ressent que c'est la Parole de Dieu »[5]. L'Écriture Sainte n'a pas autorité et n'est pas fiable pour le fidèle parce que l'Église, en tant que communauté d'individus qui ont connaissance de la vérité, ont compilé et ont réuni différents textes bibliques en une seule Écriture Sainte. Luther pensait que la relation entre l'Écriture Sainte et l'Église se faisait justement dans l'autre sens. Ce n'est pas l'Église qui donne autorité à l'Écriture Sainte, mais c'est l'Écriture Sainte qui confère de l'autorité à l'Église. L'Église tire son autorité de l'Écriture Sainte, puisque l'Église est le lieu et l'institution où la vérité de l'Écriture Sainte est entendue et peut se révéler.

Deuxièmement, alors que résident tant de points obscurs dans l'Écriture Sainte, une interprétation raisonnable des textes bibliques est-elle possible sans les décisions interprétatives exécutoires de l'Église ?

Luther présumait que l'auto-authentification de l'Écriture Sainte renvoyait au principe de l'Écriture Sainte qui s'interprète d'elle-même. Dans sa réponse à la bulle papale, il écrivit que l'Écriture Sainte est « dans et par elle-même son interprète le plus sûr, le plus clair et le plus évident »[6].

---

[5] LUTHER, Martin, « De potestate leges ferendi in ecclesia », 1530, dans WA 30/II, 687 (677-690) ; en latin : « Non enim ideo creditur, quia Ecclesia approbat, Sed quia verbum Dei esse sentitur. »

[6] LUTHER, Martin, « Assertio omnium articulorum », 1520, dans WA 7, 97 (91-151). Cet avis découle du fait que Luther considère qu'il faut interpréter chaque livre à la lumière de l'esprit de son auteur. « L'Écriture est sa propre lumière. Il est bon que l'Écriture s'interprète elle-même. » (traduit de l'anglais : LUTHER, Martin, « Predigt

Luther soutenait que l'interprétation des textes bibliques n'était pas difficile, l'Écriture Sainte étant claire en elle-même et ayant toujours un sens explicite[7], qui émane de son sujet premier, Jésus-Christ.

Troisièmement, si l'Écriture Sainte est facile à comprendre, chacun ne serait-il pas alors facilement persuadé de sa véracité ?

Luther savait bien sûr que nombreux étaient ceux qui avaient une compréhension pauvre, superficielle ou tout simplement fausse des textes bibliques, et que nombreux étaient aussi ceux qui reconnaissaient la vérité des textes bibliques. Le réformateur faisait donc une distinction entre la clarté externe et la clarté interne de l'Écriture. Il fallait alors distinguer la clarté externe de l'Écriture Sainte, évidente à voir – particulièrement pour ceux qui pouvait lire les langues bibliques originelles – de la clarté « dans le cœur », qui apparaît lorsqu'on entend, comprend, et reconnaît ce que Dieu affirme et promet dans ces textes. Martin Luther fit cela dans *Du Serf arbitre* (1525) :

> Pour le dire brièvement, il existe deux type de clarté dans l'Écriture, tout comme il existe deux type d'obscurité : une externe, qui a trait au ministère de la Parole ; l'autre qui se situe dans la compréhension du cœur. Concernant la clarté interne, il est impossible de comprendre un seul iota de ce que contient l'Écriture, à moins d'avoir l'Esprit de Dieu. Tous les êtres humains ayant des cœurs obscurcis, bien qu'ils puissent réciter l'ensemble de l'Écriture et savent comment la citer, il n'en demeure pas moins qu'ils n'en saisissent et n'en comprennent rien. [...] Car l'Esprit est nécessaire pour comprendre l'Écriture, dans son ensemble et dans chacune de ses parties. Mais si vous parlez de la clarté externe, rien alors n'est laissé obscur ou ambigu.[8]

Luther s'exprime ici contre le point de vue d'Erasme, un intellectuel important de l'époque, pour qui l'Écriture contenait des passages obscurs et peu clairs qui nécessitaient une interprétation des autorités de l'Église ou qui soit en accord avec la tradition interprétative de l'Église. Luther proposait

am Jakobstage », 25 juillet 1522, dans WA 10/III, 238 [235-241]). Luther défendait ce principe en opposition à tous les avis qui assignaient l'autorité de l'interprétation correcte à des personnes et des représentants de l'Église, que cela soit fondé sur le charisme de la charge ecclésiale ou sur un talent extraordinaire. Luther a également insisté sur l'importance de l'Esprit Saint dans l'interprétation des Écritures. L'Esprit, par lequel on peut interpréter les Saintes Écritures, n'est donc pas d'origine différente que les Écritures elles-mêmes. C'est également la raison pour laquelle Luther se méfiait de toute interprétation allégorique ou figurée des textes bibliques et a plutôt insisté sur le fait qu'il fallait les interpréter dans leur sens littéral.

[7] Cf. LUTHER, Martin, « Ad librum eximii Magistri Nostri Magistri Ambrosii Catharini, defensoris Silvestri Prieratis acerrimi, responsio », 1521, dans WA 7, 711, 5f. (698-778).

[8] LUTHER, Martin, « On the Bondage of the Will », 1525, dans Helmut T. Lehmann (éd.), *Luther's Works*, vol. 33, Philadelphia, Fortress Press, 1972, p. 28.

au contraire une distinction entre la clarté interne (ou l'obscurité interne) du message des textes bibliques, enracinée dans la compréhension du cœur humain, et la clarté externe (ou l'obscurité externe), qui fait référence à la compréhension intellectuelle des symboles et des significations présents à l'intérieur des textes. Si on lit les textes bibliques avec un esprit ouvert, alors la raison humaine ne trouve rien d'obscur ou d'ambigu, même si le message du texte peut demeurer obscur et flou pour le cœur de l'individu.

Pour Luther, l'Écriture Sainte a une position centrale pour la connaissance de Dieu, mais aussi pour la vie, la doctrine et la pratique de l'Église. Le réformateur a présenté des arguments théoriques pour défendre cette idée, qu'il a mise en pratique dans le développement de sa doctrine, alors qu'il utilisait les textes bibliques. La théologie de Luther est fondée sur une prise en compte sérieuse du message biblique, d'une manière radicale et inconditionnelle, pour autant que le contenu soit le Christ et l'Évangile qui se trouve en Lui. Pour Luther, les messages de l'Écriture Sainte ont une validité inconditionnelle et supplantent l'expérience empirique des individus, leurs convictions philosophiques et intellectuelles et leurs traditions.

Le principe scripturaire protestant

Afin de comprendre le principe de *sola scriptura*, nous devons aller au-delà de Luther, pour voir ses développements plus tardifs, dans la théologie protestante d'après la Réforme. Pour « l'orthodoxie protestante primitive » qui suit la Réforme, l'Écriture Sainte est devenue le principe en amont de la théologie et donc, aussi, en amont des processus de prise de décision quant à la doctrine et la pratique de l'Église, tout cela dans le sens aristotélicien du premier principe, soit la source première de connaissance de toute chose. L'Écriture Sainte est donc devenue l'unique principe et le seul critère de la théologie protestante, qui se préoccupe finalement du salut spirituel et de la libération des individus du péché et de la mort.

Johann Friedrich König (1619-1664) a exprimé cela dans un manuel qui est devenu un classique à son époque : « Ce qu'enseigne l'Écriture Sainte constitue l'unique source de connaissance à partir de laquelle toute théologie se doit de dériver et à laquelle toute théologie retourne et trouve au final ses solutions »[9]. Cette citation clarifie bien des choses. L'Écriture Sainte constitue bien une source, sous plusieurs points. Premièrement, l'Écriture Sainte est la source de compréhension. Mais lorsqu'on dit que l'Écriture Sainte et la Parole de Dieu sont une source, on ne veut pas uniquement

[9] KÖNIG, Johann Friedrich, *Theologia positiva acroamatica*, Rostock 1664, éd. et trad. Andreas Stegmann, Tübingen, Mohr Siebeck, 2006, § 46 (traduction de l'auteur).

faire référence à une source de connaissance. Si on ne vit pas seulement de pain mais de toute parole qui vient de la bouche de Dieu (cf. Dt 8,3 ; Mt 4,4), cela implique une compréhension de Dieu qui se concrétise par une vie dans un sens biblique, par exemple une existence à partir de Dieu et pour Dieu. L'Écriture Sainte est bien une source de vie pour l'Église, si par cela nous comprenons la communauté des croyant-e-s qui existent à partir de Dieu et pour Dieu et qui vivent ainsi véritablement (au sens biblique). Ceux qui voudraient obscurcir, voire mettre de côté cette source de compréhension, en viendraient donc aussi à ne pas comprendre la source de vie de l'Église et provoqueraient alors l'assèchement de l'Église ; quant à ceux qui voudraient même y apporter des eaux étrangères, ils seraient alors la cause de sa perte.

Il nous faut préciser ce que nous entendons par « source ». Si nous imaginons une source effervescente, cela peut conduire à l'idée naïve que la Bible contient déjà des passages sur la doctrine et la pratique de l'Église. La théologie n'aurait alors qu'à puiser ces passages dans leur source, les mettre en norme, et procéder à une évaluation systématique de leur utilisation dogmatique, éthique et pratique pour l'Église. Les théologiens de l'orthodoxie protestante qui suivit la Réforme avaient bien conscience de ce problème, comme le montre la citation de König, qui affirme que la doctrine chrétienne dérive de l'Écriture Sainte et doit y retourner au final. L'Écriture Sainte comme source de compréhension agit donc au service de l'Écriture Sainte comme source de vie.

Lorsqu'on aborde l'Écriture Sainte, l'image de la source prend encore une autre dimension, dont les siècles suivants se sont préoccupés. L'Écriture Sainte est aussi source de conscience historique. Ainsi, Gerhard Ebeling affirme :

> D'un point de vue historique, la source ne nous appelle pas simplement à la prendre telle quelle, mais à rechercher en elle l'information concernant son origine. [...] Dans le traitement de la critique des sources se profile toujours l'idée que la source est trompeuse – ou tout du moins qu'elle ne dit rien – concernant ce qu'on cherche à obtenir d'elle d'un point de vue historique. On utilise une source [...] car on cherche des informations quant à la réalité historique qui réside derrière le texte et dont le texte provient.[10]

L'Écriture Sainte peut donc être utilisée aujourd'hui comme une source de compréhension et de vie sur la théologie et l'Église, mais seulement si on prend en compte la connaissance historico-critique. Il ne s'agit aucunement

[10] EBELING, Gerhard, *Dogmatik des christlichen Glaubens*, vol. 1, Tübingen, Mohr Siebeck, 2012, p. 39 (traduction de l'auteur).

de semer le doute quant à la vérité et à l'autorité de l'Écriture Sainte. Au contraire, l'interprétation historico-critique de la Bible confirme la vérité et l'autorité de l'Écriture Sainte. Nous pouvons avoir confiance en la capacité de la méthode historico-critique à interpréter de nombreuses vérités à partir de la Bible en tant que source originelle, car cette méthode fait preuve du questionnement critique exigé par la méthodologie de la connaissance historique, au lieu de l'éviter.

L'Écriture Sainte est un principe théologique et se rapporte donc à tout ce qui a trait à la doctrine et à la pratique de l'Église. L'Écriture Sainte est aussi source et origine, à trois titres : c'est une source de connaissance (quant à la doctrine et la pratique de l'Église), une source de vie et une source historique. L'Église et les théologiens doivent aussi faire la distinction entre la Bible, l'Écriture Sainte et la Parole de Dieu. Chaque terme indique une utilisation différente du même corps textuel et une attente différente des textes. En tant que Bible, les textes forment un livre religieux et une source historique. En tant qu'Écriture Sainte, dans l'usage de l'Église, la Bible est la source et le principe de la compréhension en matière de doctrine et de pratique. En tant que Parole de Dieu, les textes bibliques sont les moyens par lesquels Dieu exprime sa nature divine aux individus et communique ainsi la vie et le salut (comme source de vie). Seule la Parole de Dieu peut accorder la vie et le salut : en tant que loi, elle met les individus face aux demandes de Dieu pour une vie authentique et parfaite ; en tant qu'Évangile, elle invite tous celles et ceux qui sont accablé-e-s et opprimé-e-s à trouver le réconfort en Jésus-Christ, tout en consolant chacun avec la promesse sérieuse qu'il aura une place réservée à la table de son Père dans les cieux, en tant qu'enfant de Dieu.

La *Formule de Concorde* de 1577 a donc non seulement l'Écriture Sainte pour source, mais déclare aussi cette Écriture Sainte comme norme de toute doctrine de l'Église, c'est-à-dire comme norme pour toute doctrine de vérité chrétienne et pour toute vie dans la vérité de la foi chrétienne. La *Formule de Concorde* affirme :

> Nous croyons, enseignons et confessons que les livres prophétiques et apostoliques de l'Ancien et du Nouveau Testament constituent la seule règle ou norme selon laquelle toutes les doctrines et tous les docteurs doivent être appréciés et jugés.[11]

Il est ensuite expliqué que les autres écrits des enseignants anciens ou modernes ne devraient pas être considérés comme étant égaux à l'Écriture Sainte, mais doivent être placés dans un rôle secondaire. Cela s'applique

---

[11] BIRMELÉ André, LIENHARD Marc (éds), *La foi des Églises luthériennes : confessions et catéchismes*, Paris/Genève, Cerf/Labor et Fides, 2012, p. 421.

bien sûr aux réformateurs eux-mêmes. Ces autres écrits devaient plutôt être considérés comme des « témoignages ». La *Formule de Concorde* souligne précisément que les Églises protestantes devaient reconnaître les credos de l'Église ancienne (le Symbole des apôtres, le Symbole de Nicée, le Symbole d'Athanase), comme expressions authentiques de la foi chrétienne ayant autorité, avec la *Confession d'Augsbourg*, à laquelle se joignent son *Apologie*, les *Articles de Smalkalde*, et le *Petit catéchisme* et le *Grand catéchisme* de Luther. La *Formule de Concorde* souligne cependant que ces textes d'exposé de la foi « n'ont pas l'autorité de juger », au contraire de l'Écriture Sainte, mais « ne sont que des témoignages et des déclarations de foi [qui] montrent comment, à différentes époques, l'Écriture Sainte a été comprise et interprétée par les docteurs »[12]. La *Formule de Concorde* devait expliquer la foi chrétienne pour son époque, elle n'a donc pas accordé préséance – et encore moins une portée normative – aux textes de credo reconnus par les Églises protestantes. Comme il est de nombreuses fois répété dans le texte : « La Sainte Écriture reste la seule règle et la seule norme ; elle seule a l'autorité de juger ; elle est comme la pierre de touche à laquelle il faut éprouver toutes les doctrines pour reconnaître si elles sont bonnes ou mauvaises, vraies ou fausses »[13].

Alors qu'on interprétait ces textes de la *Formule de Concorde*, des questions se sont souvent posées, provoquant de vifs débats, notamment sur le canon scripturaire (soit : qu'entend-on exactement lorsqu'on parle de « l'Écriture Sainte » ?) et la question des principes de l'interprétation. Dans la lecture et l'interprétation des textes scripturaires individuels, l'insistance fut placée sur ce qui « was Christum treibet » (véhicule le Christ). Dès les premières années de la Réforme, l'interprétation protestante se caractérisait par un scepticisme face à une interprétation avant tout ecclésiale des textes bibliques, comme l'interprétation allégorique. Les réformateurs insistaient plutôt sur le sens littéral des textes bibliques. La théologie protestante a en fait joué un rôle important dans le développement d'une herméneutique moderne orientée vers la forme matérielle du texte. Tout cela a participé à la formulation du principe scripturaire protestant.

La controverse sur l'autorité dans l'Église et en théologie fut un moment de vérité pour ce principe scripturaire protestant. Avec une seule et unique source et norme en matière de doctrine et de pratique de l'Église et de vie chrétienne, toutes les autres « autorités » possibles pour la formation de la vie de l'Église et du fidèle se trouvent relativisées. Cependant, la portée centrale et la plus importante de ce principe scripturaire protestant se trouve dans sa capacité à offrir une voix qui fait entendre la validité de la

[12] *Ibid.*, p. 422.
[13] *Ibid.*, p. 422.

Parole de Dieu libératrice, salvifique et créatrice de vie à un monde perdu. Si le principe scripturaire protestant en était réduit à son statut principal normatif en matière de doctrine et de pratique de l'Église, il deviendrait alors faux et stérile. Il était donc essentiel d'éviter cela, pour que les textes de l'Écriture Sainte puissent être interprétés en accord avec leur sens littéral et appliqués à la vie des croyant-e-s.

L'interprétation de l'Écriture Sainte

La Réforme a opéré un retour à l'autorité de l'Écriture Sainte pour la vie de l'Église et la vie de chaque croyant-e. Martin Luther avait une compréhension fine et bien réfléchie de l'Écriture Sainte, de son rôle au sein de l'Église ainsi que des règles et des méthodes pour son interprétation. À partir de cette base, la théologie luthérienne a constamment étudié les questions et les méthodes portant sur l'interprétation et la compréhension des textes bibliques. Quelles sont les caractéristiques majeures de l'interprétation scripturaire protestante et de l'herméneutique protestante luthérienne ?

Premièrement, les réformateurs ont insisté sur le sens littéral des textes bibliques, la raison humaine prenant un rôle majeur dans l'interprétation de l'Écriture Sainte. Dans son ouvrage *Clavis scripturae sacrae* (La Clef de l'Écriture Sainte), le théologien luthérien (de deuxième génération) Matthias Flacius Illyricus (1520-1575) a étudié en profondeur l'importance de la raison dans l'interprétation de l'Écriture. Rejoignant ici Luther, Flacius pensait que les lecteurs du texte scripturaire pouvaient arriver à une compréhension crédible et bibliquement juste s'ils suivaient des règles généralement acceptées. Ces règles demandaient une lecture et une interprétation des textes qui émergeait à travers des connaissances acquises par l'utilisation de la raison lors de la lecture des textes et de l'Écriture Sainte en particulier. On touche clairement aux limites de la raison lorsqu'on a affaire aux textes bibliques. Bien que la raison puisse saisir le sens linguistique des textes et obtenir des informations à partir de ce qu'ils contiennent, elle n'a pas accès à leur clarté interne et elle ne peut pas persuader le cœur d'avoir foi et de suivre l'Évangile et le message de l'Ancien Testament et du Nouveau Testament. Il s'agit là de l'objectif véritable et ultime des textes bibliques : éveiller et maintenir la confiance des individus en Dieu. Cela ne peut être fait que par Dieu. Dieu éveille la confiance en parlant aux individus à travers les textes bibliques.

Cependant, on doit d'abord comprendre de façon intellectuelle ce que disent les textes. Lorsque, ayant quitté Jérusalem, l'eunuque éthiopien lit sur le chemin du retour les paroles d'Ésaïe, Philippe lui demande : « Comprends-tu vraiment ce que tu lis ? » (Ac 8,30). On ne peut pleinement faire confiance au message du texte biblique si on ne le comprend pas vraiment. Il en est aussi ainsi pour une compréhension incorrecte du texte biblique, car en ce cas, on ne sait alors plus très bien en qui nous devons avoir foi et qui nous devons suivre. D'un point de vue protestant, on doit donc toujours lire et interpréter les textes bibliques en suivant les règles (raisonnées) de l'art de la lecture et de l'interprétation. C'est ce qu'a fait Flacius dans l'herméneutique qu'il présente dans son ouvrage *Clavis scripturae sacrae*. Bien qu'il ait été pleinement convaincu du statut divin de l'Écriture Sainte, il prit quand même en compte les perspectives des autres sciences de son époque (en particulier la philosophie humaniste et ses règles d'interprétation). Lors du concile de Trente (1546), l'Église catholique romaine a attaqué le principe protestant selon lequel l'Écriture Sainte s'interprète d'elle-même. Pour le concile de Trente, l'Écriture est incomplète d'un point de vue herméneutique et doit être complétée par la tradition. Les protestants ont dû alors répondre en montrant que l'Écriture était bien suffisante en elle-même et qu'elle pouvait se comprendre d'elle-même. À cette fin, la méthode et les outils herméneutiques nécessaires doivent être clarifiés, en gardant à l'esprit que l'Écriture Sainte est complète et compréhensible. L'œuvre importante de Flacius a précisément travaillé à cette clarification. Dans sa réponse aux critiques catholiques romaines, Flacius a souligné que l'Écriture Sainte (ou une partie de celle-ci) ne pouvait pas être comprise, non car elle était incompréhensible mais parce que les interprètes avaient une formation linguistique faible et des méthodes interprétatives douteuses. Prenant pour acquise la cohérence de l'Écriture Sainte, Flacius a souligné son autonomie normative en présentant tous les éléments présents dans l'exégèse. À l'aide de la philologie, de l'exégèse, de la rhétorique et d'autres connaissances universitaires, n'importe quel texte biblique peut être rendu compréhensible dans le contexte de l'ensemble de la Bible. Si Flacius a insisté sur la cohérence de l'Écriture dans son ensemble, il a aussi particulièrement souligné la perspective globale, c'est-à-dire la visée de tous les textes de l'Écriture Sainte. Cette visée représente l'objectif poursuivi par la Bible dans son ensemble et le fil conducteur à travers tous ses textes. Cette visée n'apparaît cependant pas clairement dès le début, mais elle est plutôt le résultat de l'interprétation de l'ensemble de l'Écriture Sainte.

Deuxièmement, de nouvelles notions fondamentales d'interprétation de l'Écriture Sainte sont apparues dans les siècles qui ont suivi la Réforme. Pendant les guerres de religions du XVIIe siècle, la conviction qu'il n'existait pas une seule interprétation correcte des textes bibliques a progressé en Europe. Une interprétation méthodologiquement développée de l'Écriture Sainte nécessitait alors non pas une seule interprétation, mais plusieurs interprétations des textes bibliques, alors qu'auparavant, les Églises chrétiennes comprenaient qu'il n'existait qu'un seul sens absolu de l'Écriture

Sainte et de ses lois, ce qui provoquait des conflits armés entre des individus qui défendaient leurs propres interprétations. Le développement de l'interprétation méthodique de l'Écriture Sainte a aussi ouvert la voie aux disputes académiques sur la compréhension juste et correcte des textes bibliques. Les conflits confessionnels portés sur le champ de bataille pouvaient alors plus raisonnablement être remplacés par des discussions académiques.

Troisièmement, selon la compréhension protestante, l'interprétation des textes bibliques peut véritablement réaliser son objectif si les individus entendent Dieu qui leur parle à travers ces textes, et s'ils sont existentiellement touchés par ces textes. La théologie protestante a donc été confrontée à la question suivante : qu'est-ce qui peut vraiment toucher les êtres humains et faire sens pour eux ? Ainsi, dans les Églises luthériennes, le piétisme considérait que l'interprétation des textes bibliques ne devrait pas uniquement répondre aux normes académiques des universitaires et des personnes instruites mais devrait aussi œuvrer à l'approfondissement de la piété de ceux qui ont simplement lu la Bible ou entendu un sermon. Dans ce contexte, les émotions, les sentiments et les passions des humains sont importants et doivent être pris en compte si on veut comprendre l'enthousiasme spirituel des émotions des auteurs des textes bibliques, et si les auditeurs des sermons doivent être véritablement touchés dans leur existence. Le contexte et la vie du lecteur et de l'auditeur gagnent ainsi en importance dans l'interprétation piétiste de l'Écriture. Pour pleinement comprendre les textes bibliques, les lecteurs et les auditeurs doivent être touchés dans leurs sentiments, leurs émotions et leurs passions, c'est-à-dire dans le concret de leur existence.

Quatrièmement, pour la chrétienté protestante en général, l'Écriture Sainte est l'un des moyens qu'a Dieu de communiquer avec les individus de ce monde ; de fait, c'est le moyen principal de communication. En théologie luthérienne, ce point n'est pas anodin. La théologie luthérienne était et reste convaincue que Dieu a délibérément cherché à s'exprimer à travers l'Écriture Sainte, s'engageant à utiliser ce support particulier. Cela conduit alors à la compréhension qu'il est futile, voire même trompeur, de chercher d'autres moyens par lesquels Dieu pourrait communiquer avec nous. On pense ici aux traditions de l'Église qui ne sont pas mentionnées dans l'Écriture Sainte et à l'action libre de l'Esprit de Dieu dans le fidèle alors que Dieu parle directement au cœur des individus. En ce concentrant sur l'Écriture Sainte comme outil principal de communication de Dieu, la théologie luthérienne fait de la Bible un objet d'intérêt historique. Mais de quelle manière précise Dieu s'exprime-t-il et exprime-t-il sa volonté dans ces textes ? Et que découvrons-nous sur Dieu lorsque nous sommes témoins de la façon dont il s'exprime dans notre compréhension et dans notre communication ?

Cela engendre souvent des tensions quant à l'interprétation des textes bibliques. La méthode historico-critique fut et demeure le défi principal au sujet de la lecture et de l'écoute de la Bible dans l'Église. Parfois, les différences se révèlent importantes entre l'exégèse historico-critique et l'interprétation que la Réforme a de la Bible. S'est alors développée la conviction que les textes de l'Ancien Testament et du Nouveau Testament n'étaient pas la Parole éternelle de Dieu mais reflétaient plutôt des événements historiques. Les auteurs individuels des textes bibliques ont toujours écrit à partir de leurs propres perspectives, tout comme les interprètes des textes bibliques ont interprété les textes à partir de leurs propres perspectives, leurs interprétations prenant en compte les textes bibliques mais aussi leur situation personnelle et historique. Ces aperçus sur le processus de l'interprétation scripturaire soulignent clairement que le Dieu dont témoigne la Bible ne s'est pas seulement exprimé à travers un texte (la Bible) mais aussi à travers l'histoire, à un moment particulier et en un lieu particulier. Ces aspects doivent être pris en compte lors de l'interprétation, afin que le message de Dieu soit compris dans le contexte de notre époque particulière. C'est là que commence la méthode historico-critique de l'interprétation biblique. La méthode n'est cependant pas satisfaisante si elle n'est utilisée que pour faire la distinction entre d'un côté les éléments historiques des textes et, de l'autre, leur message et leur sens pratiquement intemporels. Dans le passé, ce sont les éléments du message biblique à la mode et généralement acceptés dans ces contextes particuliers qui était identifiés comme étant intemporels. La relation protestante entre l'histoire et l'interprétation scripturaire est bien plus complexe qu'un tel modèle.

Les textes bibliques doivent premièrement être reconnus comme des textes historiques écrits à un moment précis de l'histoire et dans un endroit particulier. On doit donc comprendre les conditions historiques d'émergence des textes. Deuxièmement, le texte est placé devant des interprètes qui appartiennent à des traditions interprétatives, et qui ont donc déjà une idée de la manière dont un texte biblique particulier doit être compris. Troisièmement, les interprètes se trouvent en un moment et un lieu particuliers. Cela a une influence sur ce qu'ils sont à même de concevoir sur le texte et ce qui les intéresse concernant le texte.

L'interprétation est donc influencée par les circonstances du contexte dans lequel les interprètes vivent. Il faut donc cerner ce que les individus dans chaque contexte considèrent comme étant vrai. D'un point de vue protestant, l'interprétation scripturaire est toujours plus qu'une simple méthode de lecture et d'explication du texte biblique. Il s'agit aussi, finalement, de l'ensemble des interprètes individuels et de leurs découvertes concernant les possibilités offertes par Dieu pour leur propre existence et leur vie dans la vérité.

Cinquièmement, l'interprétation des textes bibliques ne se fait pas uniquement lorsque les interprètes se contentent d'établir ce que le texte cherche à exprimer, mais aussi lorsque le texte révèle aux lecteurs et aux interprètes la condition humaine dans toute sa richesse et pose la question suivante : les différentes vies présentées ici pourraient-elles être les vôtres ? Le spécialiste luthérien du Nouveau Testament, Rudolf Bultmann (1884-1976), considérait[14] que nous ne pouvons arriver à une interprétation et une compréhension vraies des textes bibliques que lorsque nous écoutons les questions que nous posent les textes et quand nous découvrons ce que le texte exige de nous. Alors seulement les textes peuvent nous ouvrir à de nouvelles possibilités pour nos vies personnelles et collectives, en nous appelant à aller au-delà de nous-mêmes et à ouvrir nos yeux à la présence de Dieu dans nos vies. Selon Bultmann, le processus interprétatif dans son ensemble est important : c'est de manière critique que nous devons analyser et interpréter les textes bibliques si nous voulons nous analyser nous-mêmes, ainsi que nos vies personnelles et collectives, de façon critique. L'herméneutique luthérienne moderne s'intéresse particulièrement à l'interprétation des textes bibliques non dans l'objectif de confirmer ce que nous sommes et nos idées, mais de manière critique, afin d'écouter la Parole de Dieu au sujet de nos vies personnelles, dans nos contextes particuliers et nos situations singulières.

Sixièmement, dans le cadre d'une processus général d'interprétation, les croyant-e-s de différentes situations et de contextes variés partagent les un-e-s avec les autres ce qu'ils perçoivent dans leurs écoutes personnelles et collectives de la Parole de Dieu. La diversité de compréhension de l'Écriture Sainte qui en résulte rend témoignage à la nature vivante et concrète de la communication de Dieu avec les siens. Le Dieu trinitaire n'est pas comme un souverain impérialiste qui enverrait de loin les mêmes messages à tout le monde et s'attendrait à ce que tous vivent de la même et unique manière. La vie humaine présente de la diversité et Dieu s'adresse, au moyen de l'Écriture Sainte, aux vies concrètes des individus et des sociétés. L'écoute de la Parole de Dieu n'est donc pas réalisée par obéissance à un quelconque système impérial qui veut taire toute individualité, mais par une louange de la grâce de Dieu, variée en ses effets (cf. 1 P 4,10), qui s'exprime dans les vies riches et plurielles des chrétien-ne-s et des Églises, dans « la liberté et [...] la gloire des enfants de Dieu » (Rm 8,21).

[14] Cf. BULTMANN, Rudolf, « Das Problem der Hermeneutik », dans *ZThK* 47, 1950, pp. 47-69.

Questions

À quoi vous attendez-vous lorsque vous lisez ou lorsque vous entendez un texte biblique ? Vous attendez-vous à ce que le passage biblique vous dise quelque chose d'important pour votre vie personnelle et votre compréhension du monde ?

Quel rôle les textes de l'Écriture Sainte devraient-ils jouer dans la formation et les processus de décision de l'Église et de ses organes directeurs aujourd'hui ? Quelle relation l'Écriture Sainte a-t-elle avec d'autres perspectives contextuelles et scientifiques ?

Dans le cadre d'un sermon ou d'une étude biblique, qu'est-ce qui est essentiel dans l'interprétation d'un texte biblique ? L'interprétation des textes bibliques devrait-elle être adaptée aux compréhensions contemporaines ? Dans les Églises évangéliques, comment devons-nous réagir aux interprétations différentes d'un même texte biblique ?

Pour une application de la justice de genre : une perspective asiatique

Au Sze Ngui

Un témoignage sur l'impact de la grâce libératrice de Dieu

En Jésus-Christ, nous sommes « libéré-e-s par la grâce ». Comme nous pouvons le lire en Romains 5,1-2 : « Ainsi donc, justifiés par la foi, nous sommes en paix avec Dieu par notre Seigneur Jésus-Christ ; par lui nous avons accès, par la foi, à cette grâce en laquelle nous sommes établis et nous mettons notre fierté dans l'espérance de la gloire de Dieu ».

Les Muruts, un peuple de l'État de Sabah, en Malaisie, étaient, à une époque, animistes. Lorsque l'Évangile de Jésus-Christ leur parvint, ils furent libérés de leurs croyances. Ils avaient été jusqu'alors soumis aux peurs et aux signes qui se manifestaient dans la vie quotidienne : si une personne voulait faire un voyage en bateau – les Muruts vivant majoritairement sur les rives d'un des deux grands fleuves de Sabah – elle devait attendre qu'un signe se manifeste. Si un serpent était vu sur la rivière, cela était considéré comme un mauvais signe qui indiquait que le voyage serait difficile, rempli de dangers, et que le bateau pourrait chavirer ou faire face à un désastre. Si les Muruts voyaient des oiseaux voler dans une direction particulière, ils interprétaient cela comme un bon signe augurant un voyage paisible et sans difficulté. Les Muruts craignaient les esprits et ne sortaient donc jamais la nuit, par crainte de rencontrer quelques mauvais esprits qui pourraient leur faire du mal ou les maudire d'une manière ou d'une autre. Ils avaient peur de rencontrer quelque chose qui change de l'ordinaire dans leur vie quotidienne, car l'extraordinaire – que ce soit un animal, un insecte ou un objet – ne présageait rien de bon pour la personne qui le rencontrait.

Lorsque les Muruts ont entendu l'Évangile, ils furent libérés de la peur qui se manifestait dans leurs anciennes croyances et leurs vies furent changées. Non seulement cette liberté les délivrait de la servitude de la peur, mais elle les délivrait aussi de la servitude liée à leurs perceptions et à leurs pratiques traditionnelles. On avait observé jusque là une stricte répartition des rôles entre hommes, femmes et enfants chez les Muruts. Les hommes étaient des chasseurs-cueilleurs qui chassaient, pêchaient, cueillaient et récoltaient des fruits ou des légumes pour subvenir aux besoins de leur famille. Les femmes restaient au foyer pour prendre soin des enfants et de la maison, faire la cuisine, s'occuper de la ferme, cultiver des légumes et faire la cueillette dans les jungles environnantes, à la recherche des ressources de base. Les enfants ne se voyaient pas confier beaucoup de responsabilités, même s'ils devaient aider aux tâches ménagères et effectuer certains travaux simples à la ferme. Lorsqu'ils grandissaient, on leur apprenait à chasser ou à faire la cuisine, selon leur sexe.

Lorsque les Muruts eurent fait connaissance avec le message chrétien de la grâce libératrice de Dieu, les rôles traditionnels des hommes, des femmes et des enfants changèrent. Certes, les hommes muruts chassent et pêchent toujours pour leurs familles, et les femmes ont avant tout la responsabilité des tâches ménagères. Mais lorsque les Muruts ont reçu l'Évangile, les femmes se sont mises à exprimer leurs points de vue, même si les hommes ont toujours plus de poids dans le processus de prise de décision. Bien que les femmes soient encore chargées de la cuisine et de la maison, elles ont commencé à travers l'Église à contribuer à la vie sociale de diverses manières non traditionnelles. Les femmes se sont mises à participer activement à plusieurs aspects de la vie de l'Église. Elles ont commencé à participer au ministère du culte en dirigeant le chant à l'Église. Elles ont entrepris de dispenser une éducation aux enfants à l'école du dimanche, prenant ainsi des rôles importants dans l'enseignement.

Les changements les plus importants, concernant les rôles attribués à chaque sexe, ont eu lieu au niveau de la direction de l'Église. Des femmes sont maintenant élues comme dirigeantes de l'Église et leurs rôles fondamentaux dans l'Église sont reconnus. Même les hommes muruts admettent que la voix des femmes doit être « prise en compte » dans l'Église, et cette voix des femmes et entendue dans la société murut. Ainsi, dans une petite Église du nom de Mansaso, dans la région de Tenom, à Sabah, en Malaisie, une femme murut est présidente du conseil presbytéral. Les rôles attachés aux genres qui confinaient les femmes et les hommes à des sphères d'action limitées ont été transformés par le message inclusif et libérateur de l'Évangile.

La Politique de la FLM relative à la justice de genre (PJG) : son importance particulière en Asie

L'une des valeurs fondamentales de la FLM est l'inclusivité. Depuis la deuxième Assemblée de la FLM en 1952, les femmes sont incluses dans ses structures directionnelles en tant que membres du Conseil et, à chaque Assemblée, des décisions ont été prises pour garantir l'inclusivité. Aujourd'hui, la FLM dispose d'une politique qui requiert la participation de 40 % de femmes, 40 % d'hommes et 20 % de jeunes dans les Conseils, les colloques et les Assemblées. De plus,

> Le simple fait de respecter les quotas ne suffit pas. [...] Pour suivre les engagements des Assemblées précédentes et réaliser l'objectif de la pleine inclusivité, il est nécessaire et urgent que les Églises et la Communion mondiale se laissent transformer par le pouvoir qu'apportent les femmes et les jeunes.[1]

De même, lorsqu'on admet que la violence existe dans les Églises et que des mesures doivent être prises pour les combattre, en particulier les violences faites aux femmes, on confesse de fait un péché. La communion luthérienne a réalisé que l'injustice ne peut pas être tolérée et qu'il faut réagir. C'est pourquoi, lors de la neuvième Assemblée de la FLM, à Hong Kong en 1997 :

> l'engagement pour l'égalité des genres fut distingué comme l'une des tâches centrales de la Communion : prendre position sur le genre et le pouvoir en tant que question de justice et de relations, à partir d'une perspective théologiquement et bibliquement fondée sur la foi, et s'attaquer au genre et au pouvoir en tant que questions de direction.[2]

La PJG fut approuvée par le Conseil de la FLM en juin 2013. Cette politique présente des principes et offre les bases nécessaires pour que la communion luthérienne atteigne la justice de genre. Elle implique la protection et la promotion de la dignité des femmes et des hommes qui, étant créé-e-s à l'image de Dieu, sont des intendant-e-s coresponsables de la création. L'objectif de la politique relative à la justice de genre est de travailler à l'actualisation de la libération apportée par la grâce de Dieu. Le but est d'éliminer les systèmes inégalitaires d'oppression, c'est-à-dire les systèmes qui soutiennent la discrimination. Afin d'atteindre cet objectif, la PJG « cherche à formuler des objectifs politiques et à fournir des outils

---

[1] www.lutheranworld.org/sites/default/files/DTPW-WICAS_Gender_Justice-FR.pdf, p. 18.

[2] *Ibid.*, p. 18.

qui contribuent à promouvoir la justice de genre afin de constituer des communautés et des Églises inclusives et durables »[3].

Selon la compréhension de la FLM, le fondement théologique de la PJG trouve ses racines dans la notion théologique et biblique de justification par la foi, au moyen de la grâce : « être justifié-e, c'est être libéré-e du joug (cf. Rm 5) »[4] ; en tant que chrétien-ne-s, nous croyons que Dieu nous a créé-e-s (cf. Gn 1,27) ; nous sommes tous pécheurs (cf. Rm 5,1-2) ; Christ est mort pour tous et toutes (cf. 2 Co 5,14-15); nous sommes toutes et tous justifié-e-s par la foi (cf. Rm 5,1-2). C'est pourquoi nous sommes toutes et tous égaux et égales en Christ Jésus et nous luttons pour la justice de genre pour tous et toutes, précisément du fait de ce fondement commun. Ainsi, pour nous qui faisons partie de la FLM, la justice de genre est « une question de foi »[5].

La méthodologie proposée par la PJG pour la mise en œuvre de la justice de genre est la suivante : voir, juger, agir. Il s'agit donc d'observer et lire chaque réalité et contexte, puis de se référer à des concepts bibliques et théologiques et à des principes universellement acceptés en matière de droits humains pour distinguer cette réalité et les principales questions découlant du contexte. Après avoir lu et discerné la réalité, il importe de se mettre d'accord sur des actes en rapport avec ce contexte spécifique.[6]

Lorsqu'on applique la méthodologie proposée dans la PJG, la première étape est de « voir » la réalité de la société murut et de « juger » cette réalité à la lumière des principes d'inclusivité et de justice qui font partie de l'enseignement de l'Évangile.

Les changements dans la société murut illustrent bien combien le message de l'Évangile a libéré les Muruts des peurs propres à leurs anciennes croyances. Les Muruts ont commencé à se voir les uns les autres sous un nouveau jour, à la lumière de la grâce de Dieu. Ils ont ainsi compris qu'ils sont justifiés par leur foi et rachetés par le sang du Seigneur Jésus-Christ. C'est pourquoi toutes et tous sont à égalité aux yeux de Dieu. Aucun pécheur n'est davantage pécheur qu'un autre et aucun saint n'est plus saint qu'un autre, car « tous ont péché, sont privés de la gloire de Dieu » (Rm 3,23). Christ est mort pour toutes et tous. C'est pourquoi chaque pécheur, homme ou femme, libéré-e de la condamnation de son péché, bénéficie d'une nouvelle vie et est une personne nouvelle.

> Car tous, vous êtes, par la foi, fils de Dieu, en Jésus-Christ. Oui, vous tous qui avez été baptisés en Christ, vous avez revêtu Christ. Il n'y a plus ni Juif, ni Grec ; il n'y a plus ni esclave, ni homme libre ; il n'y a plus l'homme et la femme ; car tous, vous n'êtes qu'un en Jésus Christ. (Ga 3,26-28)

---

[3] *Ibid.*, p. 9.

[4] *Ibid.*, p. 24.

[5] *Ibid.*, p. 1.

[6] *Ibid.*, p. 14.

C'est pourquoi, au sein de nos propres familles, de nos sociétés, à travers les cultures, les nations, les ethnies et les genres, nous sommes un en Christ Jésus, en tant qu'enfants de Dieu. Ainsi, si nous sommes tous enfants de Dieu, libérés par Sa grâce, justifiés par la foi, nous devons aussi être le sel et la lumière de Dieu dans ce monde.

Bien que nous soyons enfants de Dieu, nous vivons encore dans ce monde déchu, et nous faisons quotidiennement face aux conséquences du péché dans nos vies. La société murut connaît encore des changements. Certes, les femmes ont plus de liberté de parole et de droit de décision dans la famille, la société et l'Église ; mais elles se doivent quand même de répondre à certaines attentes et de vivre en accord avec la vision traditionnelle du « rôle de la femme ». Ainsi, lorsqu'un groupe d'une paroisse urbaine a rendu visite aux Muruts, des hommes muruts furent plutôt choqués de voir que les jeunes du groupe des deux sexes faisaient la vaisselle. En montrant un des membres les plus jeunes du groupe, un homme a demandé : « N'est-ce pas un travail pour les filles ou les femmes ? Pourquoi fait-il la vaisselle ? » Un membre du groupe, un enseignant, a répondu que tous et toutes sont responsables des tâches ménagères, quel que soit leur sexe, et tout particulièrement lorsque que les femmes comme les hommes ont des responsabilités en dehors du foyer.

La situation décrite ici est une réalité dans de nombreuses régions de la communion de la FLM. Des inégalités persistent dans la société et la culture muruts. Dans la communauté chrétienne murut, la discrimination institutionnelle, culturelle et interpersonnelle est toujours présente. Comment les Églises et les communautés chrétiennes peuvent-elles éliminer la discrimination et l'inégalité ?

Premièrement, nous devons nous considérer les uns les autres à la lumière de la grâce de Dieu car « c'est par la grâce, en effet, que vous êtes sauvés, au moyen de la foi ; vous n'y êtes pour rien, c'est le don de Dieu » (Ep 2,8). La grâce de Dieu est ce qui me sauve, moi qui suis une femme. La grâce de Dieu est ce qui le sauve, lui qui est un homme. C'est la grâce de Dieu qui sauve, et non les œuvres, le genre, la classe sociale, les institutions ou la culture. Lorsque je suis sauvée par la grâce de Dieu et lorsque vous êtes sauvé-e par la grâce de Dieu, alors nous sommes tous à égalité, et toutes et tous, quelle que soit la culture, l'ethnie ou la tribu, sont sous la grâce de Dieu. Lorsque vous regardez de haut une autre personne, c'est le Christ que vous regardez de haut. Ayant été sauvé-e-s de nos péchés par le Christ, pouvons-nous alors faire quelque chose qui le blesserait ?

Deuxièmement, permettez-moi de revenir à l'exemple du groupe paroissial qui a rendu visite au peuple murut. Lorsque ce groupe paroissial, qui venait de la ville, a échangé avec la communauté villageoise murut, ils ont réalisé que la répartition du travail était inégalitaire. Lors du culte dominical, celui qui présidait a demandé au responsable du chant de diriger les cantiques. Le responsable du chant n'étant pas présent, une autre personne a dû diriger le chant. Alors que le culte se poursuivait, des femmes de la congrégation ont chanté un chant. L'une d'elles portait un petit bébé. Il s'agissait en fait de la responsable du chant qui avait été appelée plus tôt. Certains visiteurs reconnurent cette femme, car il s'agissait aussi d'une des cuisinières qui avaient préparé le petit déjeuner pour les visiteurs ce matin-là. Ils réalisèrent qu'elle avait été tellement débordée par d'autres tâches, aidant à l'accueil des visiteurs et prenant soin de son petit, qu'elle n'avait pu arriver à l'heure à l'Église. Cet exemple montre que dans la société murut, comme dans de nombreuses Églises membres de la communion de la FLM, la division du travail n'est pas équitable.

Libéré-e-s par la grâce de Dieu, nous sommes appelé-e-s à corriger cette disparité et nous devrions réfléchir aux moyens d'avancer ensemble sur le chemin de la sainteté et de la vie à l'image du Christ. On peut le faire en discutant et en réfléchissant à ce qui est proposé par la PJG : la grâce libératrice de Dieu est une bénédiction pour toutes et tous, hommes et femmes.

Troisièmement, alors que nous luttons contre la discrimination et pour l'inclusivité, nous ne devons pas considérer cette bataille comme étant éloignée des préoccupations de l'ensemble des membres de la communion de la FLM. La justice de genre est la justice pour tous, et pas seulement pour les femmes. La Réforme, c'est la réforme pour tous et toutes, et pas seulement pour quelques un-e-s. La diffusion de la PJG encouragera les échanges entre hommes et femmes dans les Églises membres de notre communion et permettra à ces Églises de réfléchir à une réforme en matière de genre, à la lumière du 500e anniversaire de la Réforme. Être libéré-e par la grâce, c'est se voir soi-même, et voir sa famille, son Église, sa communauté et sa nation, à l'aune d'une nouvelle lumière, la lumière de Jésus-Christ. La grâce libératrice ouvre la porte à la Réforme et au renouvellement de toutes les relations. La première relation renouvelée est celle entre les êtres humains et Dieu.

À travers notre justification par la foi en Christ Jésus, nous nous voyons offert le privilège de devenir les enfants de Dieu. Dieu ne nous maintient plus la dette de nos péchés. Romains 5,6-8 décrit cette relation transformée :

> Oui, quand nous étions encore sans force, Christ, au temps fixé, est mort pour les impies. C'est à peine si quelqu'un voudrait mourir pour un juste ; peut-être pour un homme de bien accepterait-on de mourir. Mais en ceci Dieu prouve son amour envers nous : Christ est mort pour nous alors que nous étions encore pécheurs.

La grâce de Dieu nous libère donc, notre foi nous justifie pour que nous ayons une relation avec Dieu et le Saint Esprit demeure en nous. Nous sommes changé-e-s car désormais Dieu réside en nous. Des relations renouvelées s'installent entre Dieu et les êtres humains, et elles doivent s'étendre à toutes les relations. La relation maritale doit exprimer cette libération par la grâce de Dieu. Il doit y avoir une répartition juste des tâches et des responsabilités ; les maris et les femmes œuvrent ensemble à égalité pour construire un couple, pour bâtir un foyer, pour enseigner et pour éduquer les enfants, et pour prendre soin des parents et des anciens de la famille, sans sacrifier entièrement leur propre vie spirituelle en tant qu'enfant de Dieu. Il est donc important de renouveler les relations dans l'institution de la famille, car il ne doit exister aucun favoritisme. Notre foi est enracinée dans la justice et l'équité et cela doit donc aussi se voir dans nos relations familiales. Celles-ci doivent impérativement être conduites sous la grâce libératrice de Dieu, la famille – quelle qu'en soit la compréhension et la conception selon le contexte – étant la cellule de base de la société. La justification par la foi devrait donc être visible au niveau de la famille, à travers la mise en application de la justice de genre. Grâce à la justice de genre, les membres d'une famille se trouvent libres de prendre soin les uns des autres en assumant diverses tâches et différents rôles qui peut-être ne correspondent pas toujours aux rôles « traditionnellement » attachés aux sexes. La justice de genre demande aussi à ce que les filles aient le même accès à l'éducation que les fils. Cela ne va pas de soi dans certaines régions de la FLM.

Les traditions culturelles de nombreux pays font partie de la communion de la FLM. Ces traditions et ces mœurs culturelles, qui n'ont malheureusement pas été renouvelées par la grâce de Dieu, participent de l'identité propre des diverses Églises membres de la communion. 77 % des Églises membres de la communion ordonnent des femmes. Néanmoins, 23 % des Églises membres de la FLM ne les ordonnent toujours pas.[7] Voici donc un exemple d'exclusivité au sein de notre communion. La PJG appelle les Églises membres à étudier ensemble cette politique et à réfléchir quant à l'importance de laisser la grâce libératrice de Dieu se répandre dans toute la vie de l'Église. Ainsi, le renouveau et la réforme pourront se faire parmi « nous tous et nous toutes », et nous serons à même de porter le Christ de façon visible, nous pourrons être le sel et la lumière de ce monde, témoins du Seigneur Jésus-Christ, et témoins de la grâce libératrice de Dieu.

Dans chacune de nos sociétés, nous continuons à prêcher sur les relations toujours renouvelées, Dieu nous ayant offert la grâce et ayant renouvelé notre relation à Lui. La nature de Dieu étant inclusive, nous devons, nous aussi, être inclusifs. Dieu étant juste, nous devons, nous aussi, être justes. C'est en tant que chrétien-ne-s que nous devons considérer la société, et

[7] *Ibid.*, p. 17.

non en tant que Kenyan-e-s, Allemand-e-s, Chinois-e-s, Australien-ne-s ou Brésilien-ne-s. Nous devons nous considérer comme des disciples du Christ qui portent la grâce de Dieu dans toutes les parties du monde et dans toutes les relations. Alors que nous préparons le 500e anniversaire de la Réforme, nous devons, en tant que luthériens membres de la communion de la FLM, réfléchir et évaluer notre propre Église et notre société à la lumière de la grâce libératrice. Si la discrimination, l'inégalité et l'exclusivité existent encore dans nos Églises et nos sociétés, cela signifie que nous avons échoué.

> Parfois, un déclencheur en provenance de l'extérieur est nécessaire pour que le changement s'opère. La FLM espère que la Politique relative à la justice de genre sera ce déclencheur qui permettra « le cheminement de la Communion en direction de l'inclusivité »[8]. Lorsque nous sommes libéré-e-s par la grâce de Dieu, les portes s'ouvrent au changement et à la réforme. Sans grâce, il ne peut y avoir de changement, car nous restons alors comme nous avons toujours été. « Aussi, si quelqu'un est en Christ, il est une nouvelle créature. Le monde ancien est passé, voici qu'une réalité nouvelle est là. Tout vient de Dieu, qui nous a réconciliés avec lui par le Christ et nous a confié le ministère de la réconciliation. » (2 Co 5,17-18)

Tout comme les jeunes garçons et jeunes filles qui faisaient la vaisselle ont été des révélateurs de la justice de genre à un niveau local, il est à espérer que la PJG sera révélatrice pour la communion de la FLM. J'espère que les membres de la communauté murut se réuniront, hommes, femmes et enfants, pour étudier la PJG dès qu'elle sera traduite dans leur langue. J'espère aussi qu'ils réfléchiront à la manière de corriger les inégalités liées aux sexes dans leur société. De même que la grâce libératrice de Dieu a donné aux Muruts la libération de la peur et des signes, mon espoir est que la PJG sera la grâce libératrice de Dieu pour la réforme des normes sociales, institutionnelles et culturelles qui ne sont pas inclusives. Les normes sociales discriminatoires limitent et entravent la créativité d'une société ainsi que la contribution qu'elle pourrait faire à l'ensemble du corps du Christ et à la communion de la FLM.

La Réforme et la poursuite de la réforme des individus, des communautés et des institutions

« La justice de genre se réfère donc à la fois aux femmes et aux hommes, qui ont la tâche d'organiser ensemble une vie basée sur le partenariat

[8] *Ibid.*, p. 1.

et la justice »[9]. La Réforme ne s'est pas faite en dehors de l'Église mais en son sein. Martin Luther a demandé une réforme pour corriger ce qui n'allait pas dans l'Église. Nous demandons aujourd'hui une réforme au sein de la communion de la FLM, afin que la justice de genre triomphe. Nous demandons la fin des discriminations, et l'inclusion de tous et de toutes. Tout cela se fait sous la grâce libératrice de Dieu qui nous offre le renouvellement et la réforme.

Alors que nous vivons dans la tension eschatologique entre le maintenant et ce qui n'est pas encore, nous réalisons que, sur le chemin de la sainteté, il nous faut encore faire face au péché et à ses effets dans le monde. C'est avec la libération de la servitude du péché que commence notre lutte pour la justice : nous sommes libres, nous sommes pardonné-e-s, nous sommes les réceptacles de la grâce de Dieu. Nous sommes libres de changer et de changer le monde. Le christianisme a souvent été un vecteur de changement qui a permis de réformer des pratiques « traditionnelles », les exemples étant nombreux à ce sujet. Ainsi, lorsque les missionnaires chrétiens se sont rendus en Chine à la fin du XIXe siècle, ils furent confrontés à l'horrible pratique du bandage des pieds. De 4 à 9 ans, les petites filles avaient les pieds bandés, les orteils repliés, la voute plantaire en direction du talon. Les filles avaient donc des pieds minuscules, et une fois adultes, elles ne pouvaient marcher qu'avec grande difficulté, avec un mouvement de balancement et à petits pas. Les missionnaires ont demandé que cesse cette pratique, puis les chrétiennes chinoises ont aussi milité contre le bandage des pieds, finalement interdit au début du XXe siècle. Mais de telles pratiques de domination existent toujours aujourd'hui. Le Bureau de la FLM pour les Femmes dans l'Église et la société a donc soutenu des projets au Kenya, en Tanzanie et en Éthiopie pour sensibiliser l'opinion et la société face au problème des mutilations génitales féminines et mettre fin à ces pratiques. Les efforts pour changer une communion sont plus efficaces lorsqu'ils viennent de son intérieur. Prenons l'exemple de William Wilberforce (1759-1833) qui a milité pour l'abolition de l'esclavage et de la traite des esclaves dans l'Empire britannique. Ses croyances chrétiennes étaient l'élément moteur de son combat contre la traite des esclaves. Les esclavagistes de l'Empire britannique étaient eux aussi chrétiens (supposément), tout comme les membres du Parlement britannique qui autorisaient la traite des esclaves. William Wilberforce a finalement réussi à convaincre le Parlement du caractère inhumain de la traite des esclaves, et il a réussi dans sa lutte contre cette pratique.

Les communions ont toujours besoin d'individus qui parlent de manière prophétique contre les pratiques injustes. Au sein de la communion d'Églises

---

[9] *Ibid.*, p. 24.

de la FLM, nous avons aussi besoin de personnes qui, à partir de leur foi et de leur expérience de libération par la grâce de Dieu, militent contre ce qui exclut dans leurs contextes particuliers.

J'ai une collègue murut. Elle est évangéliste, formée pour conduire une paroisse et pour enseigner la Parole de Dieu. Elle est très compétente et sa famille la soutient dans son désir de servir Dieu dans le ministère au sein de l'Église. En raison de sa mauvaise santé, elle ne peut pas travailler dans la ferme de son village natal. Elle s'est donc sentie appelée par Dieu à gagner la ville et à exercer ce ministère. Si la grâce libératrice de Dieu n'avait pas réformé et changé son peuple murut, elle n'aurait sans doute pas pu servir Dieu en tant que responsable dans l'Église, ni être acceptée et reconnue par les femmes et les hommes de la paroisse. Cependant, sa famille élargie pense toujours qu'il est plus important que tout qu'elle soit une « bonne épouse ». Bien que ses beaux-parents soient heureux qu'elle ait eu un fils pour perpétuer la lignée familiale, ils sont aussi déçus que sa santé ne lui permette pas d'avoir un autre enfant. Son mari et elle ont trouvé comment partager les responsabilités à la maison et au travail sans surcharger l'un d'entre eux. On voit ici que si la réforme des « rôles traditionnels dans la famille » s'est déjà faite dans la famille nucléaire, la famille élargie a encore du chemin à faire.

Les Églises membres de la FLM doivent :

- reconnaître la valeur de la politique ;
- s'engager dans une auto-évaluation participative des avantages et des défis qui en découlent pour les Églises alors qu'elles s'efforcent de réaliser la justice de genre ;
- analyser la participation des femmes et des hommes à la vie de l'Église sous l'angle de leur présence aux niveaux décisionnels et de leur accès à l'éducation et à la formation théologiques, et faire face aux inégalités possible dans ces domaines ;
- encourager les femmes et les hommes [...] [à aller] au-delà des tâches traditionnelles culturellement assignées dans la vie de l'Église et de la société [...] ;
- encourager les responsables d'Église à discuter et réfléchir sur les interprétations des textes sacrés qui jettent une lumière différente sur la signification du texte et, si nécessaire, sur de nouvelles interprétations concernant les rôles et les responsabilités des femmes et des hommes.[10]

Toutes ces étapes sont importantes pour le déroulement de la réforme. Le péché sera toujours présent dans nos vies. Il y aura toujours une division

[10] *Ibid.*, p. 9.

entre Dieu et nous. Cependant n'est-il pas merveilleux qu'un chemin meilleur nous ait été montré et que le péché n'ait plus de pouvoir sur nous, à cause de la grâce de Dieu, et car nous sommes justifié-e-s par la foi ? Faisons donc l'effort de réfléchir à la manière dont la grâce libératrice de Dieu pourrait nous libérer pour mener à bien la justice de genre et l'inclusivité dans chaque Église membre de la FLM.

Questions

Dans votre contexte, comment les femmes et les hommes sont-elles/ils surchargé-e-s ? Donnez des exemples.

Dans votre contexte, jusqu'où va la grâce libératrice de Dieu dans l'Église et dans la société ? L'Église considère-t-elle que la justice fait partie de la grâce libératrice de Dieu ?

Dans votre contexte, comment surmonter l'injustice de genre et l'exclusivité ? Partagez des exemples concrets que vous pourriez mettre en œuvre dans votre réalité.

L'Éducation et la Réforme

Elżbieta Byrtek

La Réforme a changé le monde en inaugurant un nouveau chapitre dans l'histoire du christianisme et en ayant de fortes répercussions sur divers aspects de la société, tels que l'éducation, l'économie, la politique et la culture. La Réforme a utilisé de nouveaux champs de connaissance, comme la géographie et l'astronomie, en les combinant avec la philosophie, les langues classiques (le latin et le grec) et de nouvelles inventions, telles que l'imprimerie. La Réforme a joué un rôle essentiel dans l'éducation, a changé la vie sociale, et a grandement influencé la manière d'éduquer les enfants.

Être un-e croyant-e instruit-e et mature

Martin Luther considérait que les Écritures devaient être accessibles et compréhensibles pour tous. Chacun devait donc être capable de lire et d'écrire, ce qui était en fait un des objectifs de l'éducation publique. À l'époque de la Réforme, de nombreux monastères qui dispensaient alors une éducation furent fermés, les parents préférant que leurs enfants travaillent et gagnent de l'argent. À partir de cette situation, Luther a constamment insisté sur le besoin et l'importance de l'éducation, soulignant ce point dans ses sermons et ses écrits (tels que la *Lettre aux conseillers de toutes les villes d'Allemagne* de 1524[1] et le *Sermon sur la nécessité de mettre les enfants à l'école* de 1530[2]).

[1] LUTHER, Martin, « To the Councilmen of All Cities in Germany That They Establish and Maintain Christian Schools, 1524 », dans Helmut T. Lehmann (éd.), *Luther's Works*, vol. 45, Philadelphia, Muhlenberg Press, 1952, pp. 347-378.

[2] LUTHER, Martin, « A Sermon on Keeping Children in School, 1530 », dans Helmut T. Lehmann (éd.), *Luther's Works*, vol. 46, Philadelphia, Muhlenberg Press, 1967, pp. 213-358.

Non seulement Luther insistait sur l'importance de la lecture et de l'écriture, mais il soulignait aussi que la connaissance et l'expérience des parents ne suffisaient pas à aider les enfants à comprendre le monde changeant autour d'eux. Luther affirmait l'importance de la maturité des enfants et de leur capacité à faire leurs propres choix, et il insistait sur l'importance de la connaissance afin de pouvoir s'exprimer. L'éducation n'était alors plus seulement une question posée à l'Église, c'était devenu une question publique. Martin Luther a ouvertement déclaré que l'accès à l'éducation ne devait pas être déterminé en fonction du sexe. Déjà, dans son écrit À la noblesse chrétienne de la nation allemande, il demandait spécifiquement à ce que « chaque ville eût une école de filles où, chaque jour pendant une heure, que ce fût en latin ou en allemand, on fit entendre l'Évangile aux petites filles[3] ». Luther soulignait que les écoles devaient seulement être des lieux pour l'enseignement, le chant, la prière, la lecture et la mémorisation (comme cela se faisait au Moyen-Âge). Mais en tant qu'« écoles chrétiennes », elles devaient aussi se concentrer sur l'explication (lat. *explicatio*).

Philippe Melanchthon fut un proche associé de Martin Luther. Il a écrit de nombreux livres religieux, commentaires bibliques et écrits philosophiques fondateurs de la Réforme. Il a joué un rôle important dans l'édition de la *Confessio Augustana*, l'écrit confessionnel fondateur du luthéranisme, et a contribué à la traduction de la Bible. Melanchthon fut aussi un grand universitaire et professeur : il a fondé des écoles, s'est occupé de l'organisation scolaire et a participé à la réforme des facultés et des universités (par ex. les universités de Wittenberg, Tübingen, Leipzig et Copenhague). Melanchton a initié plusieurs changements (pas seulement dans le champ éducatif) et a encouragé d'autres personnes à poursuivre les réformes. Il a beaucoup œuvré à la fondation de nouvelles écoles et il a préparé une ébauche de liste d'activités pour le gymnasium d'humanités de Nuremberg (un établissement d'enseignement secondaire qui insistait sur le grec et le latin), un modèle pour 50 autres écoles. Melanchton soulignait que chaque enfant devait recevoir une éducation élémentaire, quelles que soient ses origines. Puisque toutes les personnes sont égales devant Dieu, l'éducation doit être disponible pour toutes. Des telles affirmations étaient révolutionnaires pour l'époque. Si déjà à la fin du Moyen-Âge les humanistes avaient milité pour répandre l'éducation, ils n'avaient pas demandé l'enseignement ouvert à tous et toutes. En insistant sur la libération des individus pour qu'ils deviennent des chrétiens et des citoyens responsables qui participent activement à la vie sociale et aux services de

[3] LUTHER Martin, « À la noblesse chrétienne de la nation allemande », dans *Les Grand écrits réformateurs*, préface de Pierre Chaunu, traduit de l'allemand par Maurice Gravier, Paris, Flammarion, 1992, pp. 186-187.

l'Église, la Réforme a progressivement contribué à l'implémentation d'une vision prônant l'éducation pour tous et toutes.

Les questions portant sur les réformes de l'éducation et sur les fondements de l'éducation publique étaient très importantes pour Melanchthon. Nombre de ses écrits portaient sur ces questions. Il y soulignait qu'il était important de réconcilier la foi avec l'éducation et la formation. Melanchthon considérait que l'éducation était le fondement du développement dans tous les domaines de la vie. Il croyait que la formation et l'éducation étaient des résultantes de la piété, et il affirmait que l'éducation, qui solidifiait les sociétés, était la clef de leur maturité. Il a une fois affirmé qu'aucune fortification ne pouvait rendre une ville plus forte, mais seulement une population éduquée, sage et compétente.

Melanchthon était un enseignant très populaire, et ses cours étaient suivis par des audiences de près de 600 personnes. Convaincu que l'ennui était l'ennemi de la science, Melanchthon croyait en la joie d'apprendre.

La création de l'enseignement universel pour tous et toutes peut donc trouver son origine chez Melanchthon. Melanchthon croyait que chaque paroisse luthérienne avait pour tâche d'organiser une école et d'embaucher un-e enseignant-e. Il fut nommé *Praeceptor Germaniae* (enseignant d'Allemagne) et fut considéré comme un des plus grands réformateurs de l'éducation en Allemagne. On doit aussi mentionner Johannes Bugenhagen (1485-1558) qui tint un rôle important dans le développement d'un nouveau système d'enseignement élémentaire, secondaire et supérieur. Dans plusieurs régions d'Europe, les communautés protestantes ont utilisé ces nouvelles approches alors qu'elles établissaient leurs propres systèmes d'éducation, ajustant aussi les nouvelles propositions aux réalités qui étaient les leurs.

De plus, en raison de l'activisme protestant dans le champ éducatif, une compétition s'est développée entre les jésuites et les protestants dans l'organisation de l'éducation et dans l'effort de traduction de la Bible. Alors que Melanchthon, Bugenhagen et d'autres réformateurs se chargeaient des réformes en matière d'éducation pour les chrétiens protestants, les jésuites ont influencé la formation des écoles catholiques romaines. Ces derniers ont aussi tenté d'améliorer la formation des prêtres catholiques romains. Le jésuite polonais Piotr Skarga (1536-1612), également prédicateur, hagiographe et polémiste, l'une des figures proéminentes de la Contre-Réforme au sein de l'union de Pologne-Lituanie, décrit la pauvre formation de beaucoup de prêtres pendant la Réforme. D'après ce qu'il rapporte, les traductions de la Bible étaient avant tout utilisées par les universitaires. Les prêtres mettaient souvent de côté les livres et les « vieilles Bibles », qu'ils n'utilisaient pas.

L'importance des traductions de la Bible et des catéchismes en langues vernaculaires

Les réformateurs comprenaient qu'il était important de rendre le langage de la Bible facilement accessible. Ils souhaitaient que toutes et tous puissent avoir accès à la Bible. Cette perspective a des conséquences sur le développement de l'éducation publique. Ceux qui voulaient comprendre la foi et ses principes devaient savoir comment en parler de façon approfondie et apprendre comment nommer correctement les symboles et les expériences de foi. Martin Luther a donc souligné qu'il était primordial que les gens aient accès à la Bible dans leur propre langue. Luther reconnaissait l'importance de la Bible et de sa traduction pour les croyant-e-s. Afin de propager la Parole de Dieu dans un langage compris par toutes et tous, la Réforme a donné aux gens la chance d'avoir directement accès aux textes. Bien que certaines traductions complètes de la Bible, ou d'une partie seulement, aient déjà été rendues disponibles avant la Réforme, ces traductions n'étaient pas accessibles aux laïcs et à de nombreux prêtres.

Martin Luther a aussi mis à profit le style médiéval tardif du catéchisme, un recueil de certaines explications fondamentales de l'enseignement chrétien. Ces catéchismes sont devenus très appréciés chez les laïcs car ils donnaient une explication à la fois simple et complète de la foi chrétienne et encourageaient la réflexion et la liberté théologiques et non l'uniformité dans la pratique de l'Église. Le *Petit catéchisme* de Luther ou les catéchismes compilés qui suivaient ces exemples furent traduits en plusieurs langues à l'époque même de la Réforme (par ex. en finnois, estonien, slovène). Dans plusieurs de ces langues, les catéchismes devinrent les premiers livres imprimés, et ils marquèrent une étape importance dans le développement littéraire de ces langues.

En Pologne également, les traductions de la Bible et des catéchismes jouèrent un rôle important dans le développement du polonais littéraire. La première publication complète de la Bible en polonais remonte à 1563, sous l'influence de la Réforme. L'historien polonais Stanisław Sarnicki (1530-1594) témoigne qu'avant cette date, la Bible n'existait qu'en trois endroits en Pologne : le roi en possédait une, une deuxième appartenait à l'archevêque et la troisième se trouvait entre les mains de la famille Ostroróg, une famille protestante. Avant même la traduction complète de la Bible en polonais, plusieurs parties en furent traduites, comme par exemple les Psaumes. De nouvelles traductions des Psaumes, avant ou après la Réforme, ont aidé à renforcer l'amour pour ces écrits. En 1545, le psautier de Mikolaj Rej fut publié, et d'autres traductions polonaises suivirent.

La première traduction polonaise du Nouveau Testament (1551/1552) fut préparée par l'écrivain polonais Stanisław Murzynowski (1527/8-1553), qui fut aussi un traducteur et un luthérien engagé pendant la Réforme.

Murzynowski rencontra Luther et Melanchthon lors de ses études à Wittenberg. Sa traduction connut plusieurs éditions à Królewiec/Königsberg (aujourd'hui Kaliningrad) et fut même utilisée par des catholiques romains qui n'avaient pas leur propre traduction. Cette traduction de la Bible fut décrite comme étant plus précieuse et importante à la nation polonaise que les conquêtes territoriales du roi. La traduction fut finalisée alors que la Réforme était à son apogée, malgré de nombreuses difficultés, dont la plus importante fut un défaut de terminologie appropriée donnant lieu à une traduction littérale pour nombre de mots et phrases. À l'époque, il existait plusieurs paroisses protestantes en Pologne qui croissaient en nombre et avaient hâte d'accéder à la Bible complète en polonais, et pas seulement le Nouveau Testament.

Le prince Mikołaj Czarny Radziwiłł (1515-1565), surnommé Radziwiłł Le Noir, finança la publication de la traduction complète de la Bible (3000 ducats). La Bible de Brest (*Biblia Brzeska* en polonais) fut la première traduction protestante complète de la Bible en polonais, publiée en 1563 à Brest[4] et dédiée au roi Sigismund II Augustus. La dédicace montre la force de la foi évangélique. Les traducteurs avaient bénéficié du travail de plusieurs spécialistes et des traductions de la Bible réalisées par d'autres communautés. La Bible de Brest résulte d'une collaboration entre spécialistes de plusieurs disciplines (scientifiques, linguistes et théologiens).

Se basant sur les meilleures traductions étrangères (notamment la Bible française de Lefèvre d'Étaples), sans recourir à l'ancienne traduction catholique polonaise de la Vulgate, la Bible de Brest est de fait la première traduction polonaise de la Bible à partir des langues d'origine, combinant ainsi le principe de fidélité au texte originel avec la beauté de la langue. Luther disait qu'un traducteur se doit de connaître quantité de synonymes. Un traducteur doit écouter attentivement la mère dans le foyer, les enfants dans la rue, les personnes ordinaires sur les marchés, et doit traduire de façon à ce que tous ces individus puissent comprendre le texte traduit. La Bible de Brest contient une note sur l'utilité des Écritures et leur traduction, une petite note sur le contenu de la Bible, l'ordre de traduction des livres bibliques, et, enfin, des instructions concernant la lecture du texte biblique au cours de l'année. Cette Bible fut imprimée en grands caractères gothiques et comportait des annotations ainsi que de belles estampes pour illustrer l'Ancien Testament. Les traducteurs évoquent leur travail dans la préface, insistant sur la fidélité de la traduction aux langues d'origine, l'hébreu et le grec. Cette traduction est l'œuvre de théologiens protestants qui vécurent durant la plus belle période de la Réforme en Pologne. La puissance et la majesté des Écritures font écho à la puissance du mouvement de la Réforme à cette époque.

[4] Aujourd'hui en Biélorussie (NDT)

L'École du dimanche et la préparation à la confirmation

L'école du dimanche remonte à la fin du XVIIIe siècle. Le travail des enfants étant éprouvant pendant toute la semaine, les cours de l'école du dimanche avaient pour objectif d'enseigner la lecture et l'écriture. La Bible était un outil pédagogique important et la source première de la foi chrétienne. Au XIXe siècle, les cours de l'école du dimanche étaient appelés « cours bibliques ». Plus tard, ces cours sont devenus un service religieux pour les enfants. Les activités étaient dirigées par des pasteurs et des laïcs formés.

L'histoire de la préparation à la confirmation montre aussi le rôle qu'elle a joué dans l'enseignement primaire. Du point de vue de l'éducation, la confirmation était précédée par une préparation intense. Les étudiant-e-s suivaient des cours de préparation à la confirmation et chaque enfant/adolescent-e luthérien-ne devait apprendre par cœur la quasi-totalité du *Petit catéchisme* de Luther. Il s'agissait pour eux d'un véritable manuel les aidant à développer leurs capacités de lecture et d'écriture.

Dans les pays nordiques, la préparation à la confirmation et la confirmation elle-même avaient un sens particulier. Ainsi, au Danemark, cela ne relevait pas simplement de l'Église, mais aussi des droits et des devoirs civiques. En Norvège, la loi sur la confirmation (1736) décrivait la préparation à la confirmation comme une des premières formes d'enseignement élémentaire. Cette loi a beaucoup contribué au développement de l'école en Norvège. La préparation à la confirmation comprenait quelques éléments classiques – enseignements baptismaux, catéchèse – qui débouchaient sur une démonstration publique de la connaissance acquise pendant la formation baptismale, une confession publique du credo, et une première participation à la sainte communion. En outre, pendant les XVIIIe et XIXe siècles, certains droits civils comme le mariage ou même l'ouverture d'un compte en banque dépendaient d'un acte de confirmation. En Suède, la catéchèse débuta avec l'Église luthérienne. Une loi de l'Église datant de 1668 précisait que cette dernière était responsable de l'enseignement de la lecture et de l'écriture. La matière la plus importante était « la chrétienté », et cet enseignement préparait les élèves à la confirmation. L'Église œuvrait en étroite collaboration avec l'école et, souvent, un pasteur était directeur de l'école locale. Ce lien étroit entre l'Église et l'école a persisté pendant longtemps, mais il s'est aussi affaibli avec le temps. Suite à une nouvelle législation en matière d'enseignement (1919), les catéchismes de Luther furent remplacés par divers manuels et les écoles devinrent non confessionnelles. En Finlande, durant la période d'orthodoxie luthérienne, un système d'Église d'État fut constitué, dans le cadre de la loi de 1686 sur l'Église. L'Église luthérienne de Finlande était en charge de l'ensemble du système éducatif national, et les cours de préparation à la confirmation étaient conçus pour participer à l'éducation des citoyens. Pour pouvoir se marier, il fallait d'abord recevoir la sainte communion et connaître le *Petit catéchisme* de Luther, ce qui impliquait donc de savoir lire.

Si l'école du dimanche et la préparation à la confirmation étaient importantes, on doit aussi mentionner de nouvelles initiatives qui combinaient des efforts d'éducation, de diaconie et de mission, et qui avaient cours particulièrement dans les régions urbaines. Un exemple important qui servit de modèle pour de nombreuses autres initiatives de diaconie fut la fondation de la mission intérieure (en allemand : *Innere Mission*). Il s'agissait d'un mouvement d'évangélistes allemands, organisé en 1848 à Hambourg par Johann Hinrich Wichern (1808-1881), qui fut en partie inspiré par les missions urbaines de Londres et de Glasgow. La mission intérieure œuvrait pour les personnes défavorisées et ouvrait de nouvelles perspectives à de nombreux jeunes qui venaient de contextes sociaux difficiles.

L'éducation de l'Église pour la jeunesse luthérienne

Les efforts de la Réforme ont eu une grande influence sur le développement de l'éducation et la réflexion pédagogique. Ils ont contribué à la propagation de l'intérêt pour l'enseignement en dehors de l'Église. Des membres des conseils municipaux furent appelés à fonder des écoles élémentaires et secondaires. S'est répandue l'idée d'une formation basée sur l'autonomie, la liberté, la maturité, la rationalité et la responsabilité. Le grand succès des Églises protestantes dans le champ de l'éducation aux XVIIIe et XIXe siècles s'explique en partie par leur constant dialogue avec les Lumières. Souvent, ce dialogue n'était pas facile, mais il a provoqué de nombreuses discussions fructueuses au sein des Églises.

Jusqu'à ce jour, un des aspects les plus importants du travail de l'Église est de s'occuper de l'éducation des jeunes. Le mouvement de la Réforme a joué un rôle fondamental en développant son propre système éducatif et en prenant en considération les besoins et les attentes humains. On dit que l'excellence en matière d'éducation et de formation professionnelle est un des aspects les plus importants de l'identité protestante. Cela a œuvré au développement d'une image positive de l'éthique de la diaspora protestante.

Dans le contexte polonais, dès les débuts de l'histoire du luthéranisme, des écoles ont souvent été fondées juste après la création de paroisses. Souvent, le bâtiment scolaire était même construit avant l'église. Donnons un exemple de ces débuts du luthéranisme en Pologne : aux environs de 1550, Martin Glossa, professeur à l'université Jagellonne, à Cracovie, est arrivé à Pisz (région de Mazurie) pour servir comme pasteur. Ayant fondé une école, il devint le précurseur du système éducatif polonais.

Bien que de nombreuses difficultés soient survenues lors de la Contre-Réforme, les protestants polonais sont restés très conscients de leur identité religieuse et ont reconnu l'importance de l'éducation dans la formation de cette identité. Lorsqu'il fut interdit aux luthériens de bâtir des églises avec des tours, ils décidèrent de construire ces tours avec les écoles, car ces bâtiments leur appartenaient. Les luthériens continuèrent à enseigner l'importance de l'éducation et ils restèrent encore visibles lors des XVIIIe et XIXe siècles. Partout où les protestants s'installaient, ils construisaient un bâtiment qui servait d'école et de lieu de culte. Au centre de la Pologne, les luthériens et les réformés, qui venaient majoritairement d'Allemagne, de Suisse ou des Pays-Bas, concentraient leur vie religieuse autour de l'école. Si l'école était un lieu d'enseignement, elle était aussi le siège du chantre qui conduisait les services religieux.

Le luthéranisme (tout comme d'autres grandes dénominations protestantes) a joué un rôle important dans le développement de l'éducation publique dans l'ensemble de la Pologne. Cela se voit toujours aujourd'hui, alors que les écoles publiques se tiennent souvent dans les bâtiments d'anciennes écoles protestantes (comme l'école secondaire Mikołaj Rej à Varsovie). Après les changements politiques de 1989, les associations éducatives protestantes de Pologne ont commencé à établir de nouveau des écoles maternelles et élémentaires protestantes. Plusieurs écoles « évangéliques » existent aujourd'hui et ces institutions ont une place spéciale dans les communautés locales. Ces institutions n'existent pas seulement pour les luthériens et leurs objectifs éducatifs, fondés sur des idées qui proviennent du luthéranisme, comme la tolérance, l'ouverture et l'éthique protestante, s'appliquent à tous les croyant-e-s.

La Réforme par l'éducation est un concept luthérien fondamental. La réforme de l'éducation est très importante pour le bien-être de la société dans son ensemble et des individus en particulier. Cependant, il est des questions sur l'éducation qui sont toujours d'actualité. Les écoles protestantes sont censées offrir une éducation de très haute qualité et proposer des solutions innovantes à la crise de l'éducation actuelle. Les luthérien-ne-s polonais-es apprécient et chérissent leur histoire, en particulier leur contribution à l'éducation. Alors que nous avançons vers l'anniversaire de la Réforme en 2017, l'Église évangélique de la Confession d'Augsbourg en Pologne s'est engagée dans un débat ouvert sur l'éducation des jeunes.

Les éducateurs religieux ont constamment fait référence à la tradition luthérienne et ont insisté sur l'importance de la responsabilité éducative de l'Église au sein de la communauté religieuse, de la société et de l'école. L'éducation religieuse ne doit pas uniquement se contenter de transmettre une doctrine aux élèves, elle doit aussi se soucier de former une Église responsable et des citoyen-ne-s responsables dans la société. Elle façonne chaque élève de manière holistique et l'aide à améliorer sa qualité de vie.

Cette vision de l'éducation religieuse s'est développée en Pologne en 1990, lorsque l'éducation religieuse a été rétablie dans les écoles.

L'éducation et l'Évangile

Le renouveau religieux lors de la Réforme soulignait que la justification de chaque individu se base uniquement sur la foi (*sola fide*) et que cette foi est seulement donnée par la grâce (*sola gratia*). « Ainsi la foi vient de la prédication et la prédication, c'est l'annonce de la parole du Christ » (Rm 10,17). Martin Luther a souligné que l'être humain est justifié par la grâce au moyen de la foi, et que chaque individu devrait chercher un Dieu de grâce. Cette recherche nécessite la Bible, la capacité de lire et d'écrire et un enseignement bien construit.

Lorsque les êtres humains ont l'occasion de découvrir quelque chose sur Dieu et de réfléchir sur la religion et sur la foi, ils commencent par se poser des questions, cherchent des réponses et expriment leurs préoccupations et leurs doutes. Tout cela est très utile pour comprendre le message de l'Évangile : la mort rédemptrice du Christ, la libération du péché et la puissance de la grâce de Dieu. La foi qui n'a pas peur de poser des questions, de chercher des réponses et de maintenir le dialogue avec ceux qui ne partagent pas la même opinion est une foi vivante, une foi à même de survivre dans notre monde actuel, multilatéral et complexe, où les « bonnes » réponses données par des autorités extérieures ne répondent pas forcément aux attentes des gens, mais où les chrétien-ne-s, libéré-e-s par la grâce de Dieu, ont la responsabilité de parler de cette grâce aux autres et doivent être capables de s'investir dans des discussions difficiles. Notre tradition de la Réforme n'a jamais eu peur du dialogue avec les modèles philosophiques et sociaux dominants, et ces discussions se sont souvent révélées bénéfiques pour toutes et tous, quoiqu'elles soient souvent également polémiques.

Grâce à l'enseignement, des chrétien-ne-s et des citoyen-ne-s bien éduqué-e-s, matures et responsables ont été à même de comprendre les choses en profondeur, de faire la différence entre les questions prioritaires et les questions secondaires et de faire preuve de créativité, d'ouverture d'esprit et de réactivité face aux besoins des autres.

Questions

Quelle fut la contribution la plus importante de votre Église à l'éducation ? En quoi cette contribution est-elle liée aux idées de la Réforme ?

Les dogmes de l'Église imposent-ils des limites au processus éducatif en tant que tel ?

Selon vous, quelles responsabilités et quels défis éducatifs naissent de la compréhension que les êtres humains sont libérés par la grâce de Dieu ?

Libérée par l'amour de Dieu pour changer le monde : le point de vue d'une jeune

Monica M. Villarreal

Les jeunes sont des dirigeant-e-s, les jeunes sont l'Église

Je suis pasteure ordonnée dans l'Église évangélique luthérienne d'Amérique (ELEA) depuis plus de trois ans. Mon jeune âge surprend beaucoup de monde lorsque je réponds à la porte de l'église ou que j'accueille les gens en tant que pasteure. Lors de visites pastorales à l'hôpital, on m'accueille parfois par une question pleine de surprise : « Êtes-vous assez âgée pour être pasteure ? » À cela s'ajoute le fait que je suis une femme pasteure, dans une société où peu de femmes le sont. Le choc est donc d'autant plus important. Mais je dois aussi reconnaître qu'en tant que femme pasteure, remettre en question les stéréotypes sur ce que doit être et doit faire le pasteur est une des joies de ma foi.

Dans une Église qui est vieillissante, je vais être une « jeune » pasteure pour encore 20 ans. Il m'est parfois difficile et fatiguant de justifier sans cesse ma position en tant que dirigeante dans l'Église. Je connais plusieurs autres pasteurs qui ressentent la même chose, ainsi que de nombreux jeunes qui ne se sentent pas appelé-e-s au ministère professionnel dans l'Église mais qui souhaitent avoir une place et un rôle dans les paroisses, afin de pouvoir agir dans leur société et dans le monde. Les jeunes ne reçoivent pas toujours le soutien, l'encouragement ou l'invitation à diriger l'Église. Parfois, on donne aux jeunes l'occasion de diriger, pour autant que ce qu'ils disent et font soit exactement similaire à ce qui se fait depuis un certain nombre d'années. L'Église va se trouver dans une crise de direction importance si elle ne considère pas les jeunes comme une partie intégrante d'elle-même. Jeunes et vieux, c'est ensemble que nous sommes l'Église.

On m'a plusieurs fois demandé pourquoi je suis devenue pasteure dans l'Église. En Amérique du Nord, les Églises protestantes traditionnelles connaissent une perte d'effectifs et l'Église n'a plus la même influence dans la société qu'auparavant. Entrer dans le ministère, c'est donc comme faire le choix d'une profession peu stable et en déclin.

Contrairement à de nombreux collègues, je n'ai pas grandi dans l'Église. J'ai été baptisée à l'âge de 6 ans, en même temps que ma mère, qui a été baptisée adulte. Je ne viens pas d'une famille particulièrement pratiquante et je ne suis pas souvent allée à l'école biblique lorsque j'étais enfant. Durant mon adolescence, la foi et l'Église avaient pour moi le plus d'intérêt lorsque ce qui était dit au culte ou à l'école biblique était mis en pratique dans le monde. Ainsi, aider à la construction d'une maison pour une famille sans abri donnait sens à la foi. Je participais aussi à des rassemblements de jeunes et à des camps bibliques qui me permettaient de participer à une communauté chrétienne internationale qui semblait plus authentique et réelle. Alors que j'étais libre de poser des questions sur la vie et sur la foi, j'ai appris que la foi n'est pas chose facile. La foi comprend des doutes. Et j'ai appris qu'il est normal de poser des questions. Les disciples de Jésus lui posaient de nombreuses questions.

C'est parce que l'Église s'est révélée être un refuge sûr pendant les moments difficiles de ma vie que je suis devenue pasteure. Le culte m'apportait la paix et m'encourageait. Le groupe de jeunes me donnait des occasions d'apprendre, de grandir dans ma foi et même d'avoir un rôle de direction, alors que je donnais des cours bibliques et des cours sur la foi à d'autres jeunes. L'Église m'a acceptée simplement comme je suis : comme une enfant de Dieu. À travers elle, j'ai découvert l'amour de Dieu et mon appel à proclamer cet amour qui, en Christ Jésus, transcende toutes les blessures du monde.

Libéré-e-s par l'amour de Dieu

> Un chrétien est libre seigneur de toute chose, et il n'est soumis à personne. Un chrétien est un serf corvéable en toute chose et il est soumis à tout le monde.[1]

Dans *De la liberté du chrétien*, Martin Luther insiste sur le pouvoir de la foi en tant que croyance en la promesse de Dieu d'une nouvelle vie. Si nous croyons en la grâce salvatrice de Dieu comme un don gratuitement donné et une expression de son amour, nous sommes alors libéré-e-s du souci du regard de Dieu sur nous ou de notre inquiétude de ne pas être une personne « assez bonne » pour être aimée de Dieu. Lorsque le Christ est

---

[1] LUTHER, Martin, « De la liberté du chrétien », dans *Les Grand écrits réformateurs*, préface de Pierre Chaunu, traduit de l'allemand par Maurice Gravier, Paris, Flammarion, 1992.

mort sur la croix pour l'injustice, la violence et les péchés du monde, il a dit à ses disciples : « Pour moi, quand j'aurai été élevé de terre, j'attirerai à moi tous les hommes » (Jn 12,32).

Contrairement aux valeurs culturelles populaires des Américains aux États-Unis, la liberté dont parle Luther n'est pas la liberté de faire ou de dire ce que je veux, ou encore d'acheter et de vendre tout ce qui peut l'être. Luther ne parle pas de la liberté de religion, de la liberté d'expression ou des nombreuses autres « libertés » qui sont des leitmotivs de notre culture contemporaine. Le réformateur fait plutôt un lien entre la foi et la liberté. La foi et la liberté sont liées. Sans la foi, nous ne pouvons connaître la liberté que nous avons en Christ. Et, puisque nous avons la liberté en Christ, et notre foi en la grâce salvifique de Dieu, répandue sur le monde entier, juifs comme gentils, nous sommes poussé-e-s à partager cet amour avec les autres. Libéré-e-s par l'amour de Dieu, nous sommes inévitablement lié-e-s les un-e-s aux autres dans la communauté chrétienne, proche ou lointaine. Nous sommes « libéré-e-s de » et « libéré-e-s pour ».

« Libéré-e-s de » et « libéré-e-s pour »

Le Réseau mondial des jeunes réformateurs et réformatrices[2] invite les jeunes à approfondir leur réflexion sur ce que signifie être luthérien-ne et être chrétien-ne. Par le moyen de discussions en ligne, les jeunes réformateurs et réformatrices sont invités à partager un histoire personnelle sur les thèmes « libéré-e de » et « libéré-e pour ». Voici quelques exemples :

> **Libéré de la perfection –** À Singapour, les enfants et les adolescents doivent être très bons et viser l'excellence. Dans ma jeunesse, je souffrais de différentes peurs

[2] Le Réseau mondial des jeunes réformateurs et réformatrices est un programme de la Fédération luthérienne mondiale, créé par les jeunes et pour les jeunes. Utilisant les réseaux sociaux, nous cherchons à créer un réseau mondial de jeunes afin de construire les relations et le dialogue entre Églises de la Communion et réfléchir à ce que signifie être luthérien et chrétien dans un contexte multi-religieux. Nous voulons donner un voix aux jeunes en tant que dirigeants dans leurs Églises et dans le monde. Nous ne créons pas une nouvelle Église luthérienne mais visons à renforcer les ministères existant déjà pour les jeunes dans la Communion et à accompagner les Églises dans la création de nouveaux ministères pour les jeunes, par le travail du Bureau des jeunes de la FLM. En accord avec le 500e anniversaire de la Réforme, le thème du Réseau mondial des jeunes réformateurs et réformatrices est « Libéré-e-s par l'amour de Dieu pour changer le monde ». En créant un réseau de jeunes réformateurs et réformatrices dans le monde entier, nous voulons montrer ce que signifie *ecclesia semper reformanda* – une Église en réforme permanente.

et d'un manque de confiance en moi. Mais le déblocage s'est produit lorsque le Seigneur m'a parlé à travers le psaume 139, dans lequel le psalmiste dit que Dieu a créé son être le plus profond et l'a façonné dans le ventre de sa mère. Conscient que j'avais de la valeur aux yeux de Dieu et qu'il avait un projet pour moi depuis ma conception, j'ai su alors que je n'avais aucune raison de craindre. Comme l'écrit le psalmiste, je loue le Seigneur car « je suis une vraie merveille » !

Libéré pour le service – Ayant connaissance de la grâce qui est en Christ Jésus, je partage maintenant ce message d'espérance et de rédemption, afin que nous puissions toutes et tous chérir ces dons et ces talents précieux que Dieu nous a donnés. Je sers activement dans le ministère des jeunes de mon Église et dans d'autres ministères. Parmi les versets que je garde toujours en mémoire, il y a l'exhortation de l'apôtre Paul en 1 Corinthiens 10,31 : « Soit donc que vous mangiez, soit que vous buviez, quoi que vous fassiez, faites tout pour la gloire de Dieu ».

Lee "Darius" Zhen Ying (Église luthérienne de Singapour, pour l'Asie)

Libérée des bancs d'église immobiles – La première fois que je suis entrée dans l'église à laquelle je me rends maintenant chaque dimanche, je fus surprise par la manière dont la salle de culte était disposée. L'autel se trouve au centre et les bancs avaient été déplacés de façon à former un cercle. Ce que j'ai alors vécu - et je le vis encore chaque dimanche - fut une liturgie communautaire, partagée, dans laquelle chacun peut vivre l'Évangile. Chacun a un rôle pendant le culte : dire la prière du jour, jouer d'un instrument de musique ou lire l'Évangile. Pouvoir célébrer un culte en cercle nous permet de prendre conscience de la présence de l'autre et nous met toutes et tous au même niveau. Nous sommes tous à égalité, il n'y a pas de hiérarchie dans un cercle.

Libérée pour créer un espace nouveau – En tant que luthérien-ne-s, nous croyons que, bien que les traditions ne soient pas nécessaires au salut, elles sont parfois bonnes pour l'ordre, la tranquillité et la pratique commune. Mais lorsque les traditions ne servent pas ce pour quoi elles sont faites, lorsque les individus se sentent mal à l'aise, que l'Église n'est plus accueillante et que le message de Dieu ne touche plus personne, alors on doit peut-être réaménager les bancs de l'Église.

Carolina Huth (Église luthérienne évangélique unie d'Argentine, pour l'Amérique latine et les Caraïbes)

Libérée des murs de l'église – « Celui qui n'aime pas son frère, qu'il voit, ne peut pas aimer Dieu, qu'il ne voit pas » (1 Jn 4,20). Qui est votre prochain ? Votre frère et votre sœur ? Trop souvent, les bâtiments des églises se définissent par leurs murs. Il y a celles et ceux qui sont à l'intérieur des murs et celles et ceux qui sont à l'extérieur. On peut facilement nous assigner une identité et une appartenance en fonction de l'église où nous allons. L'Église primitive luttait avec cette question de l'appartenance. Certains disaient appartenir « à Apollos » ou « à Paul » (cf. 1

Co 1,12). Nous appartenons toutes et tous au Christ. J'ai été libérée des murs de l'église pour voir le visage du Christ là où je ne m'y attends pas. J'ai été libérée des murs de l'église pour découvrir que Dieu est à l'œuvre dans la société tout autour de moi. J'ai été libérée des murs de l'église pour participer à l'œuvre de Dieu.

Libérée pour reconstruire la société – Bien que je vive aux États-Unis, les rues ne sont pas en or et je n'ai pas encore vu le pays où coule le lait et le miel. Là où je vis et suis pasteure, Dieu nous appelle à nous lever pour la justice, pour rétablir l'espérance et pour reconstruire la société. La grande pauvreté, le chômage, le manque de transports, les logements vacants, et la violence font partie intégrante de la vie quotidienne des gens. Dynamisée par le Saint Esprit et par la vision en Ésaïe 58,6-12, j'ai été libérée par l'amour du Christ pour reconstruire la société.

Pasteure Monica Villarreal (Église évangélique luthérienne d'Amérique, pour l'Amérique du Nord)

Lire la suite de ces témoignages sur la page : youngreformers.lutheranworld.org/updates

Libéré-e pour changer le monde

L'amour de Dieu est puissance pour la transformation. Dans les eaux du saint baptême, nous sommes transformé-e-s par l'amour de Dieu, nous sommes appelé-e-s enfants de Dieu, et nous sommes rassemblé-e-s autour de la Parole de Dieu et envoyé-e-s pour le bien du monde. Puisque nous avons la foi pour croire en la promesse de Dieu d'une vie nouvelle, le Saint Esprit nous rend capables de créer de nouvelles façons d'être Église ensemble (le corps du Christ). Notre réponse fidèle à l'amour de Dieu ne peut pas se contenter du *status quo* qui soutient si souvent les chemins de l'injustice et de l'oppression. La proclamation de l'Évangile doit pousser les personnes de foi à s'engager activement dans l'œuvre rédemptrice du Christ qui est déjà à l'œuvre dans le monde.

Martin Luther n'a jamais souhaité créer une nouvelle Église ou changer le monde. Il espérait que la direction de l'Église entendrait le message de foi et de liberté et se sentirait appelée à avoir miséricorde des pauvres et des opprimé-e-s. Face aux abus de pouvoir et de direction, Luther cherchait à aligner l'Église sur les enseignements de l'Écriture. La Réforme protestante est devenue un mouvement social et religieux qui s'est adapté à plusieurs perspectives et contextes à travers l'Europe, pendant et après la vie de Luther.

Il est toujours bon d'examiner notre foi personnelle, notre foi commune et la foi de l'ensemble de l'Église. Face à Dieu, notre premier mouvement est de confesser que nous nous sommes privé-e-s de la gloire de Dieu et que nous avons besoin du pardon. Les divisions continuelles entre personnes, sociétés, groupes religieux et même entre chrétien-ne-s sont déjà une bonne raison de s'auto-examiner.

Il a été demandé à des jeunes de l'Université Concordia, à Moorhead, dans le Minnesota, quels changements ils aimeraient voir se produire dans notre monde dans les cinq prochaines années. Plusieurs ont exprimé des préoccupations quant au système de santé public, alors sujet à débats aux États-Unis. Plusieurs ont manifesté leur souhait d'une plus grande égalité entre les sexes et de moins de discrimination. Les étudiant-e-s aimeraient que davantage de solutions énergétiques durables et renouvelables soient développées à l'avenir et ils ont également exprimé un profond désir de relations plus pacifiques entre les peuples et les pays. Le partage et la proclamation de l'amour du Christ ont été identifiés comme essentiels pour changer le monde et l'Église.

Enraciné-e-s dans l'Écriture et la tradition de la Réforme, nous vivons selon le principe *ecclesia semper reformanda*, une Église constamment en réforme. La Réforme n'est pas notre œuvre, elle est l'œuvre créative du renouveau de Dieu.

> Car Dieu, en effet, a tant aimé le monde qu'il a donné son Fils, son unique, pour que tout homme qui croit en lui ne périsse pas mais ait la vie éternelle. Car Dieu n'a pas envoyé son Fils dans le monde pour juger le monde, mais pour que le monde soit sauvé par lui. (Jn 3,16-17)

L'amour de Dieu transforme.

> Allez donc : de toutes les nations faites des disciples, les baptisant au nom du Père et du Fils et du Saint Esprit, leur apprenant à garder tout ce qui est prescrit. Et moi, je suis avec vous tous les jours jusqu'à la fin des temps. (Mt 28,19-20)

En Christ, nous avons été libéré-e-s par l'amour de Dieu pour changer le monde.

Questions

De quoi avez-vous été libéré-e et pour quoi êtes-vous libéré-e ?

Quel changement aimeriez-vous voir dans le monde ? En tant que personne de foi, comment pouvez-vous participer à ce changement ?

Pour vous, que signifie être luthérien-ne ?

Libres par la grâce de Dieu : grâce et paix – une perspective anglicane

Timothy J. Harris

Les expériences de Martin Luther qui ont donné naissance à sa protestation publique à Wittenberg étaient à la fois profondément personnelles et universelles. Il s'agissait tout simplement de redécouvrir et de réaffirmer l'Évangile-même, qui est enraciné dans la grâce de Dieu et que l'on s'approprie par la foi en Christ. Le message de l'Évangile proclamé sous l'autorité de l'Église par Johann Tetzel était en fait une proclamation incomplète et déformée de l'Évangile.

Depuis le Christ, le message de l'Évangile a été confié à chaque génération et le ministère de l'Évangile ne se contente pas de transmettre un système de croyances, mais cherche à réformer et à transformer des personnes de toute culture ou nation lorsqu'elles acceptent l'invitation à suivre le Christ. Tout individu a une « théologie » et une notion de « dieu », même s'il s'agit d'une notion de « dieu » qui est rejetée par les athées. Chaque génération a la responsabilité d'évangéliser en façonnant les perceptions de Dieu en la personne du Christ et à travers lui. Cette responsabilité peut être qualifiée d'évangélisatrice en ce sens qu'elle introduit les personnes au Dieu révélé en Jésus-Christ et qu'elle amène les individus à la foi. Mais cette responsabilité n'est pas moins évangélisatrice lorsqu'elle continue à réformer la compréhension que le/la croyant-e a de Dieu, en entrant toujours plus dans la grandeur de Dieu, à peine aperçue par les traditions de l'Évangile centrées sur le Christ.

Mon humble thèse

Je n'ai qu'une seule thèse à présenter dans ce chapitre, une thèse offerte dans l'esprit d'une réforme et d'une transformation permanentes : **notre**

Évangile est trop petit. Que ce soit l'Évangile que nous acceptons personnellement et que nous tentons de vivre ou l'Évangile que nous proclamons et que nous conseillons aux autres, notre Évangile est trop petit.

Il ne s'agit pas de formulation dogmatique, mais de la réalité plus large des limites (inévitables) de perspective et de profondeur de notre imagination évangélique. Il existe une dynamique inhérente à chaque génération, qui l'influence et la façonne, et par laquelle nous domestiquons l'Évangile selon nos propres besoins et préférences, et nous le réduisons à des termes en grande partie formulés par notre culture (pour accommoder, questionner, subvertir ou transformer). L'Évangile ne peut être « détenu » par une quelconque culture au détriment d'une autre, chaque culture ayant des capacités qui lui sont propres pour exprimer les vérités de l'Évangile de manières souvent ignorées ou méconnues par d'autres cultures ou époques.

Dire que « notre Évangile est trop petit » n'est pas, en soi, une critique. Il s'agit plutôt d'une parole de vérité. Notre compréhension de l'Évangile sera toujours trop petite, car elle est en partie façonnée par les limites de notre imagination et de notre compréhension. Cette compréhension sera aussi toujours trop petite à cause de nos œillères et stéréotypes culturels. Les yeux par lesquels nous percevons l'Évangile sont calibrés et orientés selon nos propres expériences, valeurs et « normes » de vie. Ce qui est « normal » à nos yeux et ce que nous attendons de la vie est très différent de l'expérience et de l'attente des autres.

Si ma thèse dit vrai, notre réponse devrait alors se concrétiser par un appétit plus grand et une soif de compréhension plus riche de l'Évangile. Je ne tente pas d'instiller la culpabilité et encore moins d'affirmer une compréhension meilleure ou plus juste de l'Évangile par rapport à d'autres. Il est dit à juste titre qu'à partir du moment où notre lecture des enseignements et de l'exemple de Jésus ne nous remet plus en question, ne nous rend pas perplexes ou ne nous provoque pas, alors nous n'entendons plus et nous ne sommes plus participatifs comme doivent l'être des disciples. Cela est tout aussi vrai avec l'Évangile. Nous ne pouvons pas et ne devons pas le réduire à des formules et à des explications proprement ordonnées, et nous contenter de cela. Comme beaucoup l'ont exprimé, l'Évangile du Christ est un Évangile sauvage, un Évangile dangereux, un Évangile qui dépasse notre capacité de compréhension et d'expression.

L'apôtre Paul avait du mal à trouver les mots justes pour exprimer cet Évangile. Alors qu'il priait pour que l'Église d'Éphèse (et au-delà) puisse connaître les richesses de la gloire du Père, renforcées par la puissance de l'Esprit de Dieu et vécues par la présence du Christ dans les cœurs, Paul a prié pour que « enracinés et fondés dans l'amour », ils puissent recevoir « la force de comprendre, avec tous les saints, ce qu'est la largeur, la longueur, la hauteur, la profondeur... et [...] connaître l'amour du Christ qui surpasse toute connaissance [...] comblés jusqu'à recevoir toute la plénitude de Dieu » (Ep 3,17-19).

À ce moment de sa lettre (cf. Ep 3,20) Paul a du mal à trouver les mots justes et il pioche dans divers termes pour inviter ses auditeurs à approfondir leur réflexion et à reconnaître que l'Évangile va « au-delà, infiniment au-delà » de notre compréhension et notre imagination. L'expression « faire au-delà, infiniment au-delà » pourrait être rendue par « capable de faire infiniment, énormément, abondamment – et encore davantage – plus que tout ». Ces termes renvoient à la plus haute notion de comparaison possible, et même la dépasse.

En quoi limite-t-on l'Évangile ? Tout d'abord, nous devons faire la distinction entre le « comment » de l'Évangile et le « quoi » de l'Évangile. Ainsi que Luther l'a affirmé avec véhémence et protestation, nous ne pouvons pas – et ne devons pas – ajouter quoi que ce soit au « comment » de l'Évangile. L'Évangile, en tant que « puissance de Dieu pour le salut de quiconque croit » (Rm 1,16) est entièrement établi sur la grâce de Dieu et sur l'œuvre salvifique du Christ.

C'est une chose d'affirmer que rien ne peut être ajouté au « comment » de l'Évangile, c'en est une toute autre de décrire ce qu'est le salut. Notre proclamation doit traiter des moyens et du contenu. Alors que nous insistons sur le principe « par la grâce seule », nous avons tendance à nous concentrer sur le « comment » des choses, alors que trop souvent nous ne parlons pas assez de ce à quoi cette grâce ressemble et ce qu'elle accomplit. C'est précisément à ce moment-là que nous affaiblissons inévitablement le « quoi » de l'Évangile.

En quoi peut-on alors dire que notre Évangile est trop petit ? Une telle question appelle des réponses variées, qui reconnaissent que l'Évangile est exprimé de manières très diverses, en différents contextes, et à travers différentes traditions théologiques et ecclésiales. Les réflexions qui suivent reflètent mon propre contexte, et donc d'abord des expressions occidentales de l'Évangile, en particulier celles qui sont associées aux traditions réformées et protestantes. Ce cadre étant posé, je suggère donc que notre Évangile est :

- **Sélectif:** notre lecture de l'Écriture, à la lumière de ce que nous reconnaissons comme étant « l'Évangile », est toujours sélective. Les traditions réformées ont tendance à privilégier les expressions pauliniennes de l'Évangile et se centrent d'abord autour des épîtres aux Romains et aux Galates. Cependant, l'Évangile de Paul ne se limite pas à ces deux épîtres et les expressions de l'Évangile présentes dans le Nouveau Testament ne se résument pas à celles de Paul. Dans notre compréhension de l'Évangile, où donc se trouvent la proclamation du

Christ et les traditions évangéliques exprimées dans les Évangiles synoptiques ? Comme exprimons-nous les expressions johanniques de l'Évangile, la théologie de l'Évangile de Luc ou celle de l'auteur de l'épître aux Hébreux et des épîtres « catholiques » ? Si une unité profonde existe dans la confession de la seigneurie du Christ, cette tradition évangélique est aussi composée de courants distincts. Il est dangereux d'en privilégier un au détriment des autres. Une approche plus fidèle doit s'inspirer largement de la riche mosaïque de l'Évangile que l'ont voit dans l'Écriture.

- **Réductionniste :** Notre souhait de plus de clarté et de simplicité dans le message se concrétise souvent par des résumés et des schémas de l'Évangile. Bien que ces résumés et ces schémas soient très utiles pour introduire aux vérités de l'Évangile, ils ne peuvent jamais remplacer la richesse et la grandeur de l'Évangile tel qu'il est reflété dans l'Écriture, de même qu'un dessin animé ne peut remplacer une grande œuvre d'art. Mais le danger du réductionnisme ne se limite pas aux résumés et aux schémas de l'Évangile. Ainsi, il est bien trop facile de réduire l'Évangile en fonction de nos préférences personnelles en matière de discernement de la vérité et de sens de la vie. Pour certain-e-s, l'Évangile se réduit à une série de propositions ou d'affirmations. Si toutes ces propositions et ces affirmations peuvent être vraies et bien fondées, il n'en demeure pas moins que l'Évangile s'exprime aussi dans l'Écriture de manière évocatrice et en faisant appel à l'imagination. Pour d'autres, l'Évangile implique de se concentrer sur l'expérience et le langage du cœur et de la dévotion. Encore une fois, cela peut être une compréhension authentique et fidèle, mais pas au point de mettre de côté les affirmations sur l'Évangile que l'on trouve dans l'Écriture. Dans les deux cas, le danger du réductionnisme est bien réel.

- **Individualiste :** Dès que nous disons « notre Père », nous avons automatiquement des frères et des sœurs dans la famille du Christ. La pensée occidentale opère une grande confusion entre ce qui est « personnel » et ce qui est « individuel ». Le salut a toujours un aspect profondément personnel. Nous sommes connus de Dieu par notre nom, et Dieu nous connaît ainsi avant même de nous avoir créés et continue de nous connaître ainsi dans l'éternité, où notre place dans son royaume sera tout aussi personnelle. Cependant, notre relation personnelle avec Dieu ne doit pas être confondue avec une relation individuelle. Nous ne sommes jamais des individus seuls et à l'écart de tout autre relation. Cela n'est tout simplement pas possible dans notre relation avec Dieu qui demande que nous reconnaissions nos frères et sœurs, notre prochain ainsi que celles et ceux qui seraient sinon mis aux marges de la société. En ce sens, nous ne sommes jamais des individus. Et pourtant, on entend souvent une proclamation de l'Évangile qui se fait en termes très individualistes et qui court le vrai risque de se faire le reflet de notre culture occidentale très individualiste, dans laquelle ma vie ne « me concerne que moi » (comme le répètent fréquemment les médias). Exprimé ainsi, notre message pourrait faire penser que l'Évangile aussi ne « parle que de moi » et de mon besoin d'être assuré-e que je suis en bons termes avec Dieu. Si le message de l'Évangile se résume à cela, alors il néglige une dimension fondamentale du plus grand commandement qui nous dit que notre relation avec notre prochain est tout aussi importante que notre relation à Dieu. Pour sûr, la rédemption implique le pardon et la réconciliation personnels et que nos péchés soient lavés par le sang de Jésus. Notre Évangile ne doit pas être moins personnel, mais il doit être bien davantage qu'une simple solution à nos besoins personnels.

- **Dualiste***:* La séparation du spirituel et du matériel relève d'une pensée grecque que ne reflète pas l'Écriture. La chair et le sang sont des réalités de la vie : Dieu les a créés comme faisant partie de la vie dans le Royaume, tout autant que la réalité spirituelle. L'Évangile peut parfois être présenté en des termes qui impliquent que ce qui compte vraiment est le salut *spirituel* et l'entrée de l'â*me* dans la réalité céleste, le matériel ne revêtant au final aucune importance. Le salut est présenté comme une réalité spirituelle qui s'oppose aux réalités matérielles ou physiques. Cependant, l'Écriture ne sépare jamais le spirituel du matériel et témoigne au contraire de la crainte d'être « nu », dans le sens d'être sans corps (cf. 2 Co 5,3). Lorsque Paul oppose le *corps spirituel* au *corps animal* (cf. 1 Co 15,44), il ne parle pas d'un point de vue matériel, mais il fait référence à ce qui nous anime ou nous motive. Il explique comment nous avons été façonné-e-s et vivifié-e-s par l'Esprit, et non stimulé-e-s par la *chair* (comprise comme notre nature humaine rebelle). La proclamation de l'Évangile et de l'œuvre du salut de Dieu se trouve dans la plénitude de la création. Nous ne respectons pas l'Évangile lorsque nous mettons de côté le monde physique et matériel, considérant qu'il n'a pas d'importance pour le message évangélique. Ce monde est important et les desseins créateurs de Dieu n'ont pas été mis de côté. Notre Évangile devient trop petit lorsque nous séparons le salut de la création et de la mission continuelle de Dieu qui est de conduire la création à être ce pour quoi elle fut créée et à le devenir. Nous évoquerons encore ce sujet plus tard.

- **Privé du grand récit scripturaire :** Dans l'Écriture, le salut nous est présenté comme faisant partie d'une histoire beaucoup plus large.

L'Évangile est, dans un sens très profond, l'histoire de Dieu qui, depuis la création du monde, se déroule à travers le drame de la désobéissance de l'humanité, la chute de la grâce qui a des conséquences sur le monde entier, les scénarios de rédemption intégrés au récit, le rassemblement du peuple de Dieu, appelé et choisi par Dieu pour être une bénédiction pour toutes les nations. Tous ces événements préparent l'histoire du Christ et culminent avec elle. L'Évangile ne peut pas être séparé de ce grand récit, au risque de devenir moins que l'Évangile tel qu'il est révélé dans l'Écriture. Nous n'allons jamais pleinement comprendre la portée de ce récit qui s'enracine avant même la création du monde et dont l'apothéose sera le règne en plénitude de Dieu sur son Royaume.

- **Le besoin d'une réforme permanente :** l'Évangile dépasse toute culture et aucune ethnie, nation ou culture ne peut prétendre exprimer l'Évangile mieux que les autres. En termes culturels, l'Évangile doit constamment être « traduit » dans les contextes nombreux et variés où il s'exprime, se proclame et se vit, et qui font aussi partie de la vie humaine. Que l'Évangile remette en question, affronte, accommode ou transforme, le résultat cherché pour l'évangélisation est toujours le même : une version meilleure, plus riche et plus saine de la culture et de la société dans laquelle il se vit, et non l'imposition d'une autre culture qui vient d'ailleurs. Il n'y a pas de « culture de l'Évangile » par défaut, si ce n'est celle qui se traduit et s'exprime par la diversité sociale et culturelle sur terre au cours des siècles. Et tout comme la culture est dynamique et sans cesse réinterprétée, l'Évangile doit aussi être perpétuellement réformé alors qu'il se propage, qu'il croît et qu'il s'étend, faisant de toutes les nations des disciples (cf. Mt 28,19).

Réaliser que notre Évangile est invariablement trop petit ne devrait pas seulement provoquer en nous la soif d'aller plus en profondeur et d'élargir notre horizon, cela devrait également nous aider à voir dans nos traditions évangéliques une richesse qu'on pourrait avoir tendance à négliger trop facilement, habitués que nous sommes au vieux langage évangélique.

Nous devons cependant nous poser ici une question plus fondamentale : dans le monde de l'Église primitive, que signifiait pour un individu lambda le mot évangile ? Ce mot signifie simplement *bonne nouvelle*. Le contenu de la *bonne nouvelle* dépendait de la personne qui l'annonçait. Dans le monde gréco-romain du Nouveau Testament, la proclamation publique de la *bonne nouvelle* concernait souvent l'empereur, manifestait des promesses de largesse (grâce) et de paix de la part de l'empereur, ce qui renforçait la prétention d'autorité, le dévouement et la loyauté.

GRÂCE ET PAIX

Dans l'Écriture, deux mots sont souvent évoqués ensemble et sont présentés comme des symboles de l'Évangile : la grâce et la paix. La grâce parle du caractère divin et de tout ce qui découle de cette qualité et cet attribut de l'être de Dieu : Dieu est un Dieu de grâce, le donateur suprême. L'existence de toute chose ne peut être expliquée ou mise en valeur sans faire référence à la grâce de Dieu. Cela est exprimé de manière approfondie à la fin de Romains 11 (versets 33-36), alors que Paul conclut son long exposé (cf. Rm 1 – 11) de l'Évangile comme « puissance de Dieu pour le salut ». Ce passage mérite d'être cité :

> Ô profondeur de la richesse, de la sagesse et de la science de Dieu ! Que ses jugements sont insondables et ses voies impénétrables ! Qui en effet a connu la pensée du Seigneur ? Ou bien qui a été son conseiller ? Ou encore qui lui a donné le premier, pour devoir être payé en retour ? Car tout est de lui, et par lui, et pour lui. À lui la gloire éternellement !

DIEU DONATEUR

Dieu est le donateur suprême. De l'humanité entière et dans tous les siècles, Dieu n'est redevable à personne, en quoi que ce soit. Qui est à même de donner quoi que ce soit à Dieu, de le conseiller ou qui peut affirmer connaître sa pensée ? La grâce de Dieu est aussi vaste que l'expression « toutes choses » et, dans le contexte de l'argumentation de Paul, se voit expliquée à partir de Romains 1,18 jusqu'à Romains 11,29, qui fait référence aux dons et à l'appel d'Israël, dons et appel qui sont maintenant étendus à tous celles et ceux qui sont identifié-e-s « en Christ ». L'expression « de lui, et par lui, et pour lui » reflète sans doute les trois grâces que sont la création, la rédemption et le salut final.

La grâce de Dieu est révélée dans la mission de Dieu, quand Dieu agit. Dès les premiers mots de l'Écriture, Dieu est à l'œuvre. Dieu créé, fait bouger, parle, forme, met en ordre, partage sa demeure. Dieu fournit, produit la fécondité et la croissance, invite, rend capable et s'attend à ce que l'humanité participe à la manifestation de la grâce de Dieu.

LA PAIX ET LES DONS DE DIEU

Notre appréciation de la grâce de Dieu est exprimée de manière profonde dans la liturgie, à travers une prière anglicane d'action de grâces (cette version est basée sur un livre de prière australien) :

Dieu puissant et Père miséricordieux,
notre cœur te remercie avec humilité
pour tous tes bienfaits et pour ton amour
envers nous et tous les peuples.
Nous te louons car tu nous as créés, et car tu nous maintiens en vie
pour que nous puissions profiter de toutes les bénédictions de cette existence.

Mais par-dessus tout, nous te remercions pour ton merveilleux amour
qui a sauvé le monde, par notre Seigneur Jésus Christ,
nous donnant la grâce et l'espérance de la gloire.

Donne-nous d'apprécier ta bonté,
afin que nous soyons véritablement reconnaissants et que nous puissions te louer
non seulement avec nos lèvres, mais aussi par nos vies,
en te servant avec sainteté et justice.
C'est notre prière, par Jésus-Christ, notre Seigneur,
à qui, avec Toi et l'Esprit Saint,
soit tout honneur et toute gloire, maintenant et à jamais.
Amen.[1]

Dans le grand récit biblique, l'évocation imagée du jardin d'Eden comme lieu de refuge et de croissance, comme sanctuaire pour la résidence de Dieu et le repos du sabbat, et comme objectif (*telos*) de la création, a été revisité encore et encore. Le mot hébreu *shalom*, qui est riche de sens, renvoie aussi à ces idées et donne en outre une autre expression de l'Évangile comme la « paix de Dieu », une paix qui est certes profondément personnelle, mais qui s'étend aussi à toute la création (cf. Rm 8), d'où un aspect cosmique.

La notion de *shalom* est bien résumée par Cornelius Plantinga :

> Les prophètes hébreux appellent *shalom* la collaboration de Dieu, des humains et de l'ensemble de la création pour la justice, l'épanouissement et la justice. Nous le traduisons par *paix*, mais *shalom* signifie beaucoup plus que la simple paix ou un cessez-le-feu entre ennemis. Dans la Bible, le *shalom* fait référence à *la joie, à la plénitude et à l'épanouissement universels* – une situation joyeuse au sein de laquelle les besoins naturels sont satisfaits et les dons naturels sont utilisés de façon fructueuse, une situation qui inspire l'émerveillement joyeux, alors que le Créateur et le Sauveur ouvre les portes et accueille les créatures en qui Il se réjouit. En d'autres termes, *Shalom* désigne la manière dont les choses devraient être.[2]

[1] *A Prayer Book for Australia*, Mulgrave Vic, Broughton Publishing, 1995, p. 16.
[2] PLANTINGA, Cornelius, *Not the Way It's Supposed to Be: A Breviary of Sin*, Grand Rapids, Eerdmans, 1995, p. 10.

La *terre promise*, but du voyage pour sortir de l'esclavage (l'*exode*), dans le désert, la concrétisation du pays promis à Abraham et Sarah et leurs descendant-e-s, est décrite par le terme *sanctuaire* (Ex 15,17). La bénédiction sacerdotale tirée de Nombres 6,24-26 place la bénédiction de Dieu en parallèle à la qualité de *shalom* reçue de Dieu. En Deutéronome, le pays dans lequel le peuple va entrer est de même décrit par des termes qui renvoient au jardin d'Eden (cf. Dt 8,7-9) et les prophètes utilisent *shalom* pour décrire l'espérance rédemptrice (cf. Es 32,17 ; 48,18 ; 53,5 ; 60,17).

À l'époque du Nouveau Testament, *shalom* est devenu la manière la plus habituelle de se saluer chez les juifs (pour dire bonjour et au revoir). On voit particulièrement cela dans la version qu'en donne Paul dans ses salutation, « grâce et paix », une expression qui résume à elle seule l'Évangile. Ici, la *paix* (eirenē) est avant tout une expression du thème de *shalom*.

Le langage qui parle du salut et du fait d'être sauvé-e (*soteria/sōzō*) fait aussi souvent écho à *shalom* (d'un point de vue conceptuel et théologique). Dans les Évangiles synoptiques, ce langage implique la guérison sociale, mentale, psychologique et spirituelle, dans un sens très holistique (en évitant un dualisme corps/esprit). Près d'un tiers du contenu des Évangiles synoptiques s'attache à préciser le développement du salut (*soteria*) sous forme de guérisons (terme qui recouvre un vaste champ sémantique). Voilà à quoi ressemble le *shalom*, cet avant-goût de la plénitude du Royaume.

L'œuvre de la croix et de la résurrection renvoie aussi à l'œuvre de Dieu qui, en Christ, établit la *paix* : « Ainsi donc, justifiés par la foi, nous sommes en paix avec Dieu par notre Seigneur Jésus Christ ; par lui nous avons accès, par la foi, à cette grâce en laquelle nous sommes établis [...] » (Rm 5,1-2a). Aussi, alors que nous comprenons que les « premiers fruits » mentionnés dans le Nouveau Testament désignent une réalité totale, toute la création est sauvée pour devenir tout ce qu'elle était et doit être. Ici, le thème de la « nouvelle création » se voit aussi lié à la vision prophétique du *shalom* qui est réalisée par le règne de Dieu.

Dans l'Évangile de Jean, le thème de la *vie* est de la même manière lié à la qualité de vie qui se manifeste maintenant dans l'ordre présent, à travers Jésus (Jn 10,10 : « Je suis venu pour que les hommes aient la vie, et qu'ils l'aient en abondance »), et s'exprime aussi à travers le langage de la *paix* : par ex. en Jean 20,19-26 (« la paix soit avec vous »), un passage à mettre en parallèle avec l'envoi en Luc 10,5 (« Paix à cette maison »). Paul utilise un langage similaire alors qu'il « annonce la paix » (cf. Ep 2,17) aux juifs et aux gentils, proclamant ainsi qu' « en lui [...] toute construction s'ajuste et s'élève pour former un temple saint dans le Seigneur » (Ep 2,21). Pour résumer, « la prédication de la paix » est la réalisation du *shalom* à travers le Christ et l'Esprit, qui se manifeste dans la communauté de l'Église.

Des liens semblables peuvent être fait par rapport au *repos* offert par Dieu (cf. Mt 11,28) et au cheminement du peuple de Dieu vers un état de *repos* (comme réalisation de la terre promise, cf. He 4).

Si on retourne à Paul, on voit que la qualité du shalom-paix est une caractéristique particulière à l'expérience de l'esprit du Christ. La notion d'*esprit* est ici beaucoup plus large que notre esprit limité par les Lumières à des capacités purement rationnelles. Dans le monde de saint Paul, la *pensée* porte en elle un sens profond d'intellect, de désirs, d'émotions, d'ambitions et de volonté, qui ensemble produisent une *attitude d'esprit*.

C'est dans ce sens que Paul souligne ce que signifie être dans l'état d'esprit de Jésus en Philippiens 4. Le chemin qui mène à la joie véritable et à l'absence d'anxiété se trouve dans le fait de penser comme pense le Christ. Le shalom, le cœur, l'esprit et l'Évangile convergent :

> Et la paix de Dieu, qui surpasse toute intelligence, gardera vos cœurs et vos pensées en Jésus-Christ. Au reste, frères, tout ce qu'il y a de vrai, tout ce qui est noble, juste, pur, digne d'être aimé, d'être honoré, ce qui s'appelle vertu, ce qui mérite l'éloge, tout cela, portez-le à votre actif. Ce que vous avez appris, reçu, entendu de moi, observé en moi, tout cela, mettez-le en pratique. (Ph 4,7-9)

La grâce, la paix et la libération

Lorsqu'on comprend l'étendue de l'Évangile en de tels termes, on peut alors identifier de nombreuses dimensions de la libération, œuvre de l'Évangile de grâce qui parle aussi profondément dans les contextes actuels que dans le monde de l'Église primitive.

Libéré-e des pressions de l'autonomie

Comment vivre une « bonne vie » ? Cette question était autant présente dans le monde antique qu'aujourd'hui. Dans l'antiquité, certains pensaient qu'il fallait pour cela vivre entièrement dans le présent : c'est tout ce que nous avons, donc autant « manger, boire et être joyeux », puisque l'avenir est sombre. Il s'agissait donc d'un regard avant tout nihiliste sur la vie, vide de tout objectif ou de toute attente pour le futur. Il s'agissait là d'une vie sans raison profonde d'espérance. Pour d'autres, l'option la plus sûre était de se retirer en soi-même. Où donc aller pour trouver des choses que personne d'autre ne pouvait contrôler ou influencer ? La réponse était de regarder en soi sa capacité à répondre seul aux choses (ou personnes) extérieures. Ces approches antiques de la « bonne vie » ont leurs équivalents à la mode dans notre monde contemporain.

Il est vrai que se retirer dans un espace bien à nous, où nous seuls pouvons répondre, éloigne de fait quiconque pourrait nous faire du mal. Il est vrai aussi qu'on peut trouver une certaine liberté en portant peu ou pas d'importance aux choses extérieures et transitoires. Cependant, une telle protection de tout ce qui pourrait perturber son être intérieur s'obtient au prix d'une profonde solitude. Cela laisse peu de place à la sympathie ou à la compassion (le partage des joies et des peines d'autrui) et ressemble à la chanson bien connue de Paul Simon, *I am a Rock* (je suis un rocher) :

> J'ai construit des murs,
> une forteresse profonde et puissante,
> que personne ne peut pénétrer.
> Je n'ai pas besoin d'amitié, l'amitié apporte de la souffrance.
> Je méprise les rires et l'amour de l'amitié.
> Je suis un rocher,
> je suis une île.[3]

Le désir d'autosuffisance témoigne aussi de l'ambition de ne dépendre de personne et de n'avoir de dette envers personne. C'est une approche de la vie qui minimise le besoin de foi ou de confiance dans les autres, car on contrôle les choses au maximum. Nous sommes « maîtres » de nos propres destinées. Une version opposée de cette approche de la vie se trouve dans la rhétorique selon laquelle « tu peux faire tout ce que tu veux » si tu as assez de volonté et de détermination. Certes, cette approche a le mérite d'encourager les individus à essayer, sans être retenus par leurs peur, ou par une impuissance injustifiée... et puis quoi ? Car des questions pressantes arrivent aussi telles que « Que ce passe-t-il si je ne peux pas tout contrôler ? » ou « Que se passe-t-il si j'échoue ou si mes capacités se trouvent diminuées pour une raison ou une autre ? » Et de là augmente le stress et l'anxiété. Lorsqu'on est seigneur de sa propre vie, on dépend alors beaucoup de ses capacités personnelles pour réaliser nos espérances, nos rêves et nos ambitions. Et au fond, cela est source de grande anxiété.

L'évangile de la libération, exprimé par Jésus (cf. Mt 6,24-25) ou par Paul (cf. Rm 6,19-20), affirme que la véritable liberté ne se trouve pas dans l'autosuffisance mais dans l'engagement fidèle envers le maître le plus fiable et plein de grâce qui soit, c'est-à-dire le Seigneur Jésus-Christ. Dire que nous sommes *esclaves* de Dieu exprime en fait la dévotion à Celui qui est digne de notre dévotion et par qui nous est donnée la vie, maintenant et pour l'éternité :

> Mais maintenant, libérés du péché et devenus esclaves de Dieu, vous portez les fruits qui conduisent à la sanctification, et leur aboutissement, c'est la vie éter-

[3] Version anglaise sur www.azlyrics.com/lyrics/simongarfunkel/iamarock.html

> nelle. Car le salaire du péché, c'est la mort ; mais le don gratuit de Dieu, c'est la vie éternelle en Jésus-Christ, notre Seigneur. (Rm 6,22-23)

Une autre prière anglicane bien connue, la prière de « collecte de paix », s'adresse à « Dieu, l'auteur de la paix » elle affirme qu'« être à son service est la liberté parfaite ». Dans l'Évangile, le Dieu de grâce et de paix offre le fondement ultime pour la véritable libération personnelle mais aussi pour l'ensemble de la création, inaugurant un règne dans lequel les cieux et la terre sont en train de devenir une seule et même réalité.

Postscript

En guise de conclusion, je présente trois brèves observations.

Premièrement, tout réexamen de la profondeur et de l'étendue de l'Évangile doit être fait dans le cadre de la profondeur et de l'étendue de l'ensemble du récit biblique. Le récit scripturaire d'un Dieu qui se révèle dans des actions, de Genèse 1 à Apocalypse 22, est une histoire qui présente les desseins de Dieu, en partant de la création, puis en passant par la rédemption par le Christ et qui se dirige vers la réalisation des desseins de Dieu dans la création nouvelle, dans la création telle que Dieu l'a créée et telle qu'elle doit devenir.

Deuxièmement, parler de l'Évangile en ces termes signifie aussi que notre service dans « l'ici et maintenant » a son importance. Par la grâce de Dieu, nous nous trouvons entraîné-e-s dans la mission de Dieu. Nos efforts pour « fai[re] sans cesse des progrès dans l'œuvre du Seigneur » (1 Co 15,58) ne sont pas en vain. Dans le récit biblique, une continuité s'étend entre la réalité présente et la plénitude du Royaume. Ceci étant dit, nous vivons dans l'attente de ce « qui n'est pas encore », dans la foi, l'espérance et l'assurance que le meilleur est encore à venir.

Enfin, je souligne qu'un approfondissement de notre compréhension de la grandeur de l'Évangile entraînera une redécouverte de notre émerveillement et notre joie devant les desseins de Dieu. Par la grâce de Dieu, nous prenons part au récit de la création et de la rédemption, qui se poursuit. Nous faisons partie de quelque chose qui nous dépasse entièrement. Comme à chaque génération, le défi de notre époque est de redécouvrir notre confiance en l'Évangile, de réaliser que Dieu n'est pas moins à l'œuvre à notre époque et dans nos vies. La mission divine se manifeste dans l'envoi par Dieu de son Fils, qui a promis d'être avec nous toujours, jusqu'à la fin des temps.

L'envoi de Dieu se voit dans l'envoi de l'Esprit, changement suprême qui sanctifie et qui transforme le peuple de Dieu. L'esprit d'adoption s'étend aux enfants de Dieu (cf. Rm 8,16) et à toute la création, alors qu'elle est dans l'attente de la rédemption des difficultés présentes. Ensemble, ils sont conduits dans « la liberté et [...] la gloire des enfants de Dieu » (Rm 8,21).

La découverte de Martin Luther de la grâce de Dieu n'a pas seulement répondu à son besoin personnel d'être rassuré face à l'angoisse spirituelle mais a aussi déclenché un mouvement de réforme permanente, qui doit toujours être façonné par une appréciation plus profonde du message merveilleux de l'Évangile de grâce et de paix ou nous y conduire. À Dieu soit la gloire !

Questions

Si quelqu'un en dehors de l'Église vous demande ce qu'est un-e chrétien-ne (et non « comment devenir chrétien-ne ? »), que répondriez-vous ?

Ce chapitre affirme que si l'Évangile est personnel, il n'est jamais individuel (en ce sens qu'il ne s'agit pas que de moi et de Dieu). Êtes-vous d'accord ? Quelles sont les implications relationnelles de l'Évangile ?

Souvent, le message chrétien est perçu par celles et ceux qui sont hors de l'Église comme un message assez négatif (concernant les choses qu'on doit arrêter de faire) : comment, par des mots et des actes, l'Église pourrait-elle communiquer un témoignage plus positif de l'Évangile, compris comme « grâce et paix/shalom » ?

Étude biblique : Ésaïe 55,1-2

Zephania Kameeta

Ô vous tous qui êtes assoiffés, venez vers les eaux, même celui qui n'a pas d'argent, venez ! Demandez du grain, et mangez ; venez et buvez ! – sans argent, sans paiement – du vin et du lait. À quoi bon dépenser votre argent pour ce qui ne nourrit pas, votre labeur pour ce qui ne rassasie pas ? Écoutez donc, écoutez-moi, et mangez ce qui est bon ; que vous trouviez votre jouissance dans des mets savoureux. (Es 55,1-2)

Introduction

Pour chaque Namibien-ne, jeune ou âgé-e, cette invitation divine qui se trouve dans la prophétie d'Ésaïe est pour sûr une bonne nouvelle à entendre, et elle remplit de joie les cœurs. Quelle formidable et merveilleuse invitation !

> Venez vers les eaux, même celui qui n'a pas d'argent, venez ! Demandez du grain, et mangez ; venez et buvez ! – sans argent, sans paiement – du vin et du lait.

C'est incroyable ! Non seulement les privilégié-e-s sont invité-e-s, mais aussi celles et ceux qui ont soifs, qui sont dans le besoin. Personne n'est oublié. L'invitation est de venir vers « les eaux », et pas seulement à l'eau. On comprend donc ici que l'eau existe en abondance, qu'elle ne sera jamais épuisée, que chacun en aura suffisamment, non seulement pour quelques jours, mais pour toute une vie.

Des climats similaires en Namibie et en Israël/Palestine

Le climat méditerranéen d'Israël/Palestine se caractérise par un été long, chaud et humide. Les pluies sont inégales selon les régions, alors qu'elles tendent à diminuer lorsqu'on descend vers le sud. Dans le sud profond, la moyenne annuelle des précipitations n'est que de 100 mm. Les précipitations varient d'une saison à l'autre et d'une année sur l'autre, en particulier dans le désert du Néguev.

De même, le climat de la Namibie est chaud et sec, avec des précipitations irrégulières. C'est le deuxième climat le plus aride de toute l'Afrique, après le Sahara. Le taux de précipitations annuel est de 50 mm le long de la côte, 350 mm au centre du pays et 700 mm au nord-est. Comme en Palestine/Israël, les précipitations varient d'une saison à l'autre, et d'une année à l'autre.

Selon le Programme commun de surveillance de l'eau et de l'assainissement, la Namibie dépense près de 3 % de son produit intérieur brut (PIB) pour l'exploitation de ses services d'eau. Parmi tous les pays subsahariens, il s'agit, de loin, du pourcentage le plus élevé. Par habitant, la Namibie dépense en moyenne 80 dollars américains pour l'approvisionnement en eau et l'assainissement, alors que d'autres pays de la région dépensent entre 1 et 10 dollars américains. En Namibie, permettre l'accès direct à l'eau coûte en moyenne 4 000 dollars américains par habitant.

Malgré le manque d'eau, les peuples d'Israël/Palestine et de Namibie (moi y compris) considèrent leurs pays comme des « pays ruisselant[s] de lait et de miel » (Ex 3,8).

C'est pourquoi, lorsqu'en Namibie nous entendons la métaphore de l'eau exprimée dans l'invitation de Dieu présentée par Ésaïe, nous comprenons exactement ce que cela signifie.

Pas à vendre—sola gratia (verset 1)

La Réforme nous ramène aux racines de l'Écriture. Alors que le monde crie aux pauvres « allez vous-en ! » – et particulièrement vous, les masses sans argent ni garantie, vous qui n'êtes pas connus et qui n'avez aucun rapport avec les élites dirigeantes – la Parole de Dieu appelle toutes celles et tous ceux qui ont soif de justice et de paix. Ici, la grâce de Dieu s'oppose au capital agressif et sans miséricorde qui exclue des millions de personnes et les chasse dans les décharges à ordures de notre monde, alors qu'une infime minorité se remplit les poches à partir de richesses puisées dans des ressources qui appartiennent à tout le monde. Ne partez pas, venez !

Cet appel va à l'encontre du rejet affirmé par ce monde. Ce « partez ! », prononcé contre les pauvres par ceux qui détiennent le capital, conduit à la mort. Dieu nous appelle à venir à la vie dans sa plénitude.

Bien que le monde soit divisé en différentes classes, Dieu appelle chacune et chacun d'entre nous, Dieu appelle tout le monde. Voilà comment nous connaissons Dieu. Lorsque Dieu envoie Moïse à Pharaon, Dieu ne dit pas : « laisse partir certains individus de mon peuple ». Dieu dit simplement : « Laisse partir mon peuple ». Dieu aime le monde et pas seulement une partie du monde et il a donné son fils unique. La grâce de Dieu ne sélectionne pas seulement certaines personnes, elle ne divise pas en différentes classes. La grâce de Dieu est inclusive pour tous ceux et toutes celles qui admettent avoir soif.

Notre commémoration des 500 ans de la Réforme doit répondre de façon pratique et satisfaisante à la soif de millions de personnes de notre communion dans différents pays. Ces personnes ont soif de justice et de paix dans leurs pays. Nous pensons ici aux milliers et aux millions d'individus qui ont dû fuir leurs maisons et leurs pays suite à l'intolérance religieuse, à celles et ceux qui, chaque jour, font face aux horreurs de notre époque et sont tués sans pitié aucune, aux millions qui réclament la fin des inégalités croissantes entre les riches et les pauvres, aux femmes et aux hommes qui ont soif d'égalité et de justice de genre, aux jeunes qui cherchent désespérément un emploi, à ceux qui travaillent mais dont les salaires sont presque entièrement avalés par leur loyer. Toutes ces personnes ont soif d'un lieu de repos.

Toutes ces choses qui provoquent aujourd'hui tant de souffrance dans notre monde nous révèlent aussi notre vide spirituel. Les Églises issues de la Réforme n'ont donc aucune excuse lorsqu'elles ne répondent pas activement et de manière urgente aux maux qui hantent notre génération et qui hanteront les générations à venir. Nous avons beaucoup parlé. Maintenant, nous devons agir.

Nous sommes invité-e-s à venir et à acheter, sans argent ni coût. Mais s'il n'y a ni argent ni coût, pourquoi alors acheter ? Pourquoi ne pas tout simplement « venir et prendre » ? Ce qui nous est offert n'est pas bon marché, mais cher, non selon la valeur du monde, mais selon la valeur divine. C'est pourquoi cela ne peut être acheté par l'argent ou par une richesse terrestre quelconque. Personne en ce monde ne peut payer ou acheter ce qui est offert par Dieu. Seul Dieu peut le faire et l'a déjà fait, en donnant son Fils afin qu'il meure pour nous, pour que nous puissions être sauvé-e-s et que nous vivions par sa mort et sa résurrection. Si nous achetons ce qui est offert par Dieu, ce n'est pas avec nos possessions terrestres, mais avec ce que Dieu a déjà payé. Et c'est ce type de transaction divine que nous appelons la grâce de Dieu.

> C'est par la grâce, en effet, que vous êtes sauvés, par le moyen de la foi ; vous n'y êtes pour rien, c'est le don de Dieu. Cela ne vient pas des œuvres, afin que nul n'en tire fierté (Ep 2,8-9).

À la racine des plaies qui hantent l'humanité (verset 2)

« À quoi bon dépenser votre argent pour ce qui ne nourrit pas, votre labeur pour ce qui ne rassasie pas ? » Cette question vise les plaies qui nous font souffrir aujourd'hui : les plans de sauvetage économique de l'Union européenne pour répondre à la crise de la zone euro, l'écart croissant entre les riches et les pauvres, la pauvreté absolue, la mortalité maternelle, la malnutrition comme cause sous-jacente de mortalité infantile, la corruption et le vol des ressources aux pays qui n'ont pas le savoir-faire pour ajouter de la valeur à ce qui est pris en grande quantité dans leurs terres, le terrorisme, les souffrances indicibles de milliers de personnes qui ne sont pas directement victimes des guerres actuelles (et nous ne citons ici que quelques-unes de ces plaies).

Si seulement nous étions attentifs à cette prise de conscience et dépensions ce qui a de la valeur pour du pain et travaillions pour ce qui rassasie, notre monde serait différent et serait un meilleur lieu de vivre. Les fondements sur lesquels nous œuvrons pour rendre le monde meilleur sont entièrement erronés. C'est pourquoi nous produisons les plaies mentionnées, et cela va s'aggraver, jusqu'à la destruction totale. Les fondements sont mauvais, car il s'agit en fait de l'amour insatiable de la richesse (Mammon). Toute chose ou quiconque se trouve sur le chemin de cet amour bestial est écrasé et détruit. L'argent est dépensé non pour le pain, mais pour écraser, pour détruire et pour empoisonner l'humanité. La création est détruite au bénéfice d'une poignée de personnes cupides et des millions de travailleurs pauvres sont exploités et travaillent pour ce qui ne les rassasie nie eux, ni l'humanité dans son ensemble.

Dans sa lettre aux Romains, l'apôtre Paul indique un fondement juste pour les croyant-e-s, mais aussi pour toute l'humanité, particulièrement dans notre monde actuel :

> Que l'amour soit sincère. Fuyez le mal avec horreur, attachez-vous au bien. Que l'amour fraternel vous lie d'une mutuelle affection ; rivalisez d'estime réciproque. D'un zèle sans nonchalance, d'un esprit fervent, servez le Seigneur. Soyez joyeux dans l'espérance, patients dans la détresse, persévérants dans la prière. Soyez solidaires des saints dans le besoin, exercez l'hospitalité avec empressement. [...] Soyez bien d'accord entre vous : n'ayez pas le goût des grandeurs, mais laissez-

> vous attirer par ce qui est humble. Ne vous prenez pas pour des sages. [...] S'il est possible, pour autant que cela dépend de vous, vivez en paix avec tous les hommes. (Rm 12,9-13.16.18)

Notre attitude concernant les possessions terrestres et envers les personnes qui nous entourent doit être en accord avec les valeurs divines si éloquemment exposées par l'apôtre. L'amour sincère, la haine du mal et l'amour du bien, la dévotion mutuelle pleine d'amour, le respect mutuel, le respect pour l'humanité et pour la création, la joie et l'espérance pour le bien-être de tous et toutes, le partage et l'hospitalité, l'harmonie entre tous et toutes, entre les nations et dans la création, l'humilité et l'accueil des petites gens et le partage de la paix là où nous sommes, tout cela devrait être l'inspiration et le fondement de nos rapports à l'argent et aux possessions terrestres. De même, cela devrait exister dans le sein des Églises, des gouvernements et des nations et dans leurs relations. Ce plan de sauvetage portera des fruits plus désirables pour l'ensemble de l'humanité et toute la création.

Les gouvernements et les nations sont intentionnellement sourds à ce message puissant des prophètes et des apôtres. Ces pourquoi les Églises qui commémorent la Réforme sont appelées à vivre ces valeurs prophétiques et apostoliques par une action réformatrice. Cela devrait en fait être au cœur de la commémoration du 500e anniversaire de la Réforme. Cela va donner de la pertinence aux sous-thèmes de la commémoration : la salut n'est pas à vendre ; les êtres humains ne sont pas à vendre ; la création n'est pas à vendre.

Ce que cette invitation signifie pour nous en Namibie

« [...] même celui qui n'a pas d'argent, venez ! Demandez du grain, et mangez ; venez et buvez ! » Cette invitation est d'actualité, et elle est en fait une bonne invitation. Durant les 25 années qui ont suivi l'indépendance, il y eut de nombreuses tentatives sérieuses de remplir les Objectifs du millénaire pour le développement (OMD). Cependant, il faut encore sérieusement réfléchir à de nombreux problèmes qui nécessitent une réponse urgente.

Il est de notoriété publique qu'en ce XXIe siècle, plus de trois millions d'enfants dans le monde meurent encore chaque année de faim, y compris en Namibie. Ce n'est pas pour s'amuser que des enfants fouillent les décharges de nos villes et de nos villages. Ils cherchent de quoi remplir leurs estomacs. Si l'éducation primaire est aujourd'hui gratuite en Namibie, il est douloureux d'aller à l'école l'estomac vide. C'est pourquoi trop d'enfants abandonnent l'école à cause de la faim et se retrouvent exposés à de nombreux dangers et vices. Lorsqu'on les croise, on ne remarque pas immédiatement qu'ils ont faim. Mais si on prend le temps de leur parler et de bien les connaître, on réalise qu'ils n'ont pas mangé pendant une semaine, voire plus.

Le médecin tanzanien Ramadhani Abdallah Noor, également chercheur associé à l'École de santé publique de Harvard et collaborateur à l'institut Aspen, a écrit en septembre 2014 :

> En tant que médecin africain, je sais que les ravages de la malnutrition et de la faim ne sont pas toujours visibles. Ces ravages ne sont pas aussi évidents à voir que ceux des enfants dont on voit les côtes et qui sont branchés à des sondes gastriques, comme les enfants que j'ai vu dans des hôpitaux de Tanzanie. La malnutrition chronique – également appelée « faim cachée » – se donne à voir d'autres manières, mais elle peut être tout autant dévastatrice et mortelle. Et si le nombre de décès causés par de nombreuses autres maladies, dont la malnutrition aigue, est en baisse, la « faim cachée » demeure omniprésente.[1]

Car si les jeunes enfants souffrent de faim, les adolescent-e-s aussi. Ceux qui ne demeurent pas en résidence étudiante mais qui vivent à l'extérieur du campus passent des journées entières à l'université avec peu à manger, voire rien du tout. Forcément, cela a des conséquences sur leurs études. Ainsi, Noor écrit :

> En Afrique, la faim demeure donc la principale cause de mortalité infantile, provoquant la moitié des décès d'enfants de moins de cinq ans, et tuant plus que le sida, la tuberculose et la malaria mis ensemble.

Noor poursuit :

> Pour répondre à cette crise persistante, il faut de l'argent – **près de 10 milliards de dollars américains par an** – et des stratégies nouvelles et meilleures pour apporter des solutions qui sauvent la vie des mères et des enfants qui en ont le plus besoin.
>
> Mais ce coût semble bien moins colossal si l'on regarde ce que coûte la faim. L'UNICEF estime que le coût de la malnutrition infantile en Afrique est de **25 milliards de dollars américains par an**. Et ça ne s'arrête pas là. La malnutrition coûte près de **3,5 trillions de dollars américains par an** à l'économie mondiale, ce qui provoque des baisses de productivité et des frais de santé plus élevés.[2]

---

[1] www.project-syndicate.org/commentary/ramadhani-a--noor-laments-thescourge-of-malnutrition-ravaging-the-continent-s-children

[2] *Ibid.*

Je crois fermement qu'un revenu de base serait une stratégie nouvelle et très efficace pour répondre aux besoins de celles et ceux qui sont touchés par la grande pauvreté et par la faim. Cette solution a fonctionné dans le village namibien d'Otjivero. Elle peut donc réduire considérablement la pauvreté et le chômage, accroître les activités économiques, améliorer les résultats de l'éducation et les conditions de santé de la majorité des Namibien-ne-s. Le revenu de base est l'un des aspects de la redistribution et doit être accompagné d'autres mesures, afin de réaliser des changements structurels conséquents.

Il est faux de dire que donner de l'argent aux pauvres revient à verser de l'eau dans un puits sans fond. Le revenu de base va stimuler est inspirer l'activité économique, la croissance et la prospérité, non seulement pour les pauvres, mais aussi pour l'ensemble du pays. Le revenu de base va soutenir et apporter la vie aux régions rurales. Cela permettra d'alléger le poids porté par les régions urbaines – jusqu'à présent responsables de l'approvisionnement en eau et en électricité des régions rurales – et le développement de l'activité économique des régions rurales suscitera un retour vers ces zones.

Cela a déjà été réalisé à petite échelle, alors que des personnes ont quitté la grande ville de Windhoek et d'autres grands centres urbains pour rejoindre le village d'Otjivero en raison des activités économiques et de la qualité de vie qui y régnait. Le revenu de base ne va donc pas seulement profiter aux pauvres, il va bénéficier à l'ensemble du pays qu'il va lancer sur la voie du développement, diminuant donc l'écart entre riches et pauvres et laissant place à la redistribution et à la prospérité pour toutes et tous.

Il ne s'agit pas ici d'un rêve irréalisable ou d'une utopie. Il s'agit d'une réalité accessible, une cause réalisable pour laquelle de nombreuses personnes ont souffert et sacrifié leur vie. Ce qu'il nous faut maintenant, c'est la volonté politique de dirigeant-e-s désintéressé-e-s qui portent dans le cœur les besoins des pauvres et de l'ensemble du pays. Nous avons tout autant besoin de femmes que d'hommes courageux et dévoués qui, marchant dans les pas des prophètes et des apôtres, s'opposent aux dieux du capital et de la cupidité et les contestent au nom de la bonne nouvelle de la libération, de la justice et de la paix pour les pauvres.

Cela fait longtemps qu'une telle solution aurait dû être mise en œuvre. En Namibie, cette solution aurait dû être mise en œuvre il y a 25 ans. Celles et ceux qui sont pauvres et qui ont faim sont fatigués des paroles. Ils veulent voir des actions de rédemption ! Le texte de cette étude biblique ne dit pas « Venez, afin d'être comptabilisés ou inscrits, ou pour que l'on mène des recherches afin de comprendre pourquoi vous êtes assoiffé-e-s ». Le texte dit simplement : « Venez, et buvez ». Et nous avons besoin de cette invitation en ce temps de besoin. C'est maintenant, avant de mourir, que les nécessiteuses et les nécessiteux ont besoin d'aide. C'est maintenant, en cet instant, que votre vie se passe. Peu importent alors les budgets et l'argent, venez, mangez et buvez, pour que vous viviez.

Je souhaiterais conclure cet article avec ma traduction contextuelle d'Ésaïe 55,1-2 :

> Vous êtes libres !
> Le Seigneur dit :
> « Venez, toutes celles et tous ceux qui croyez
> être encore esclaves –
> car la libération est toute proche !
> Venez, vous qui croyez
> n'être personne,
> sortez et soyez quelqu'un !
> Venez ! Achetez la justice et l'intégrité –
> cela ne va rien vous coûter !
> Pourquoi continuer à vivre comme si vous n'étiez personne,
> alors que de nouveau je fais de vous quelqu'un ?
> Pourquoi continuer à vivre comme un-e esclave
> alors que la libération est une réalité ?
> Écoutez-moi et agissez en prenant compte de ce que je dis,
> et vous allez vivre la vie dans sa plénitude.

Liste des contributeurs et contributrices

Brakemeier, Gottfried, pasteur, président de la Fédération luthérienne mondiale de 1990 à 1997, Brésil

Burghardt, Anne, pasteure, secrétaire en charge des relations œcuméniques à la Fédération luthérienne mondiale, Genève, Suisse

Byrtek, Elżbieta, diplômée en théologie, assistante d'éducation religieuse, Académie de théologie chrétienne, Varsovie, Pologne

Grosshans, Hans-Peter, professeur de théologie systématique et œcuménique, Faculté de théologie protestante de l'Université de Munster, Allemagne

Harris, Timothy J., évêque auxiliaire du diocèse anglican d'Adélaïde, directeur adjoint de l'Université de théologie Saint-Barnabé d'Adélaïde, membre du Comité international de coordination entre anglicans et luthériens, Australie

Junge, Martin, pasteur, secrétaire général de la Fédération luthérienne mondiale, Genève, Suisse

Kameeta, Zephania, pasteur, évêque émérite de l'Église évangélique luthérienne de Namibie, ministre de l'éradication de la pauvreté et des affaires sociales, République de Namibie

Ngui Au Sze, pasteure, Église chrétienne de Basel de Malaisie, coordinatrices des femmes théologiennes FLM WICAS-SEALUC, Malaisie

Nordstokke, Kjell, pasteur, professeur émérite de l'Université Diakonhjemmet, Oslo, Norvège

Villarreal, Monica, pasteure, Église évangélique luthérienne d'Amérique, membre du Comité de direction du Réseau mondial des jeunes réformateurs et réformatrices, États-Unis

Le salut n'est pas à vendre

Sous la direction d'Anne Burghardt

EVANGELISCHE VERLAGSANSTALT
Leipzig

Informations bibliographiques publiées par la Bibliothèque nationale d'Allemagne

La présente publication est inscrite au catalogue de la Bibliothèque nationale d'Allemagne sous l'intitulé Deutsche Nationalbibliografie ; les données bibliographiques détaillées sont disponibles sur internet à l'adresse dnd.dnd.de

Imprimé en Allemagne

Cet exemplaire a été imprimé sur du papier certifié FSC.

Assistance rédactionnelle : Département de théologie et de témoignage public
Mise en page : Département de théologie et de témoignage public
Conception : Bureau des services de communication de la FLM

Impression et reliure : druckhaus köthen GmbH & Co. KG

Publié par Evangelische Verlangsanstalt GmbH, Leipzig, Allemagne, sous les auspices de
La Fédération luthérienne mondiale
150, route de Ferney, BP 2100
CH-1211 Genève 2, Suisse

Éditions parallèles en anglais, allemand et espagnol

ISBN 978-3-374-04300-2

Table des matières

INTRODUCTION

Anne Burghardt

Ce recueil fait partie d'une collection limitée, publiée par la Fédération luthérienne mondiale à l'occasion du 500e anniversaire de la Réforme en 2017. « Le salut n'est pas à vendre » constitue l'une des trois déclinaisons du thème central du cinq-centenaire « Libres par la grâce de Dieu ». Les essais de vulgarisation figurant dans ce recueil ont été rédigés par des auteurs venant de toutes les régions constitutives de la Fédération luthérienne mondiale ; la voix œcuménique est représentée ici par un théologien catholique romain.

Les essais présentés remettent en question des pratiques et des concepts théologiques que l'on pourrait qualifier de tentatives de traiter le salut comme une marchandise. Ces volontés de commercialiser le salut varient de manière substantielle, allant de l'Évangile de la prospérité aux tentatives de « garantir » le salut par le respect de certaines pratiques ou rituels, etc. Aujourd'hui, l'un des aspects essentiels dans de nombreuses situations est la pression énorme de répondre aux exigences d'un certain statut social ou professionnel. Ceci soulève la question de savoir d'où les êtres humains attendent le salut et auprès de quelle « institution » ils ressentent le besoin de se justifier.

Les essais de ce recueil touchent à des sujets variés, dont celui de savoir si la recherche de Luther d'un « Dieu de grâce » reste actuelle aujourd'hui. Sont également présentées des questions relatives à l'Évangile de la prospérité, l'identification à son travail, l'attente du salut par la consommation, etc. La liste des sujets abordés dans cet ouvrage est loin d'être exhaustive, mais nous espérons qu'elle ouvrira des discussions supplémentaires.

Comment puis-je trouver un Dieu de grâce ?

Bernd Oberdorfer

Le paradis retrouvé : la découverte par Luther du don gratuit de la justice

En 1545, l'année avant sa mort, Martin Luther revint sur les événements qui avaient fait de lui le réformateur qu'il était devenu. En lisant son rapport, nous pouvons ressentir les émotions intenses qui l'animaient encore trente ans après. Il décrit la manière dont il ne cessait de rencontrer l'expression « la justice de Dieu » et à quel point il la « détestait ». Il pensait qu'il s'agissait de la justice par laquelle Dieu jugeait et punissait. Luther est devenu moine parce qu'il prenait les commandements de Dieu particulièrement au sérieux ; il avait ainsi le sentiment qu'il ne pourrait jamais faire tout bien aux yeux de Dieu. Malgré ses efforts, il continuait à se considérer pêcheur et craignait la colère divine. Il voyait le Christ non pas comme un sauveur mais comme un juge sévère, qui le condamnait à juste titre. Il en vint, cependant, à comprendre l'expression « justice de Dieu » d'une toute autre manière, à savoir la justice dont Dieu nous fait don, bien que nous ne le méritions pas ; il s'agit de la justice que Dieu nous fait partager gratuitement, c'est-à-dire par la grâce uniquement et sans que nous ayons à faire quoi que ce soit pour cela. « J'avais le sentiment, écrira-t-il plus tard, que j'avais vécu une deuxième naissance et que j'avais accédé au paradis par des portes grandes ouvertes »[1]. Cette expérience de joie est au cœur de la théologie de Luther et deviendra la force motrice de toute la Réforme. La question que Luther posa en désespoir, « Comment puis-je trouver un Dieu de grâce ? » ou, dit autrement, « Que puis-je et que dois-je faire pour mon salut ? », trouva sa réponse dans

[1] *WA* 54, 186.

la promesse de rédemption : nous ne pouvons rien faire et nous n'avons rien à faire pour notre salut, puisque Dieu nous a déjà donné en Christ tout ce dont nous avons besoin. Le Christ a pris sur lui les conséquences mortelles de notre péché sur la croix, pour que nous n'ayons plus à les porter nous-mêmes ; ainsi nous fait-il don d'une vie nouvelle. Luther se sert de l'image d'un mariage inégal pour illustrer cette idée : un homme riche épouse un femme pauvre et endettée, et non seulement il prend sa dette à sa charge mais il lui permet également de partager toute sa richesse.

Le salut à vendre ? Luther critique la vente des indulgences

Il n'est pas étonnant dès lors que le conflit entre Luther et l'Église de son époque soit suscitée par la pratique des indulgences, qui provoqua l'irruption de la pensée économique dans le domaine de la foi. Il était évident, bien sûr (du moins théoriquement), que ce n'était pas le salut en soi qui était « à vendre » avec les indulgences. Elles fournissaient uniquement aux croyants, dont les péchés avaient été absous par la confession, l'opportunité d'acquérir des « lettres d'indulgences » comme moyen de réduire le temps de la purification de leur péché au purgatoire. Il était aussi souligné que Dieu ne récompensera ce paiement que par la grâce. Toutefois, cette doctrine suggérait que c'était la voie du salut elle-même qui était à vendre. De plus, elle donnait l'impression que l'Église pouvait arbitrairement mettre sur le marché le don du salut par le Christ. Luther protesta contre cette pratique le 31 octobre 1517 avec ses *Quatre-Vingt-Quinze Thèses*, où il exprimait le fait que le Christ ne désignait pas, par son appel à la repentance, un rite particulier de l'Église mais, au contraire, soulignait une attitude qui devrait imprégner la vie de tout chrétien. L'Église, ajouta Luther, n'avait pas le droit d'intervenir dans ce qui arrivait aux croyants après la mort. Ce serait, par ailleurs, contredire la bonté de Dieu si l'Église ne transmettait une partie des dons de la grâce divine à son troupeau uniquement moyennant paiement. Dieu donne le salut complètement et inconditionnellement. Luther critiqua aussi le fait que la vente des indulgences servait à financer la Basilique Saint-Pierre, estimant que le pape devait utiliser sa propre fortune.

Les *95 Thèses* démontrent comment la compréhension théologique du don gratuit de la justice devint, pour Luther, la norme par laquelle apprécier et positionner la doctrine et la pratique de l'Église. Luther a encore développé et approfondi cette compréhension au cours des disputes qui ont suivi. Ceci mènera à ce que l'on considère aujourd'hui comme la doctrine centrale de la Réforme, la « justification par la foi seule », dont on présentera les grandes lignes ci-dessous.

La justification par la foi seule

La théologie médiévale partageait déjà la conviction que nous ne pouvons obtenir le salut par nous-mêmes. Elle aussi considérait le salut comme un don de la grâce. L'idée, cependant, que Dieu s'attendait au moins à ce que nous fassions le pas initial était courante à l'époque de Luther. Selon cette conviction, si nous faisions le peu qui était en notre maigre pouvoir, Dieu, par la pure grâce divine, nous récompenserait par quelque chose d'infiniment plus grand, à savoir le salut éternel. Cela peut sembler très bien à première vue. Les réformateurs reconnurent, toutefois, qu'en fait nous finissons par nous regarder, nous nous fixons sur nos propres capacités. La question devient alors : « Ai-je fait suffisamment ? », « Ai-je vraiment fait le peu que Dieu exige de moi ? ». Dès lors, il devient difficile de savoir si Dieu va réellement nous récompenser. Ou alors, c'est tout l'inverse : nous tournons le regard en nous-mêmes et nous nous convainquons que nous menons une vie honorable, pieuse et morale ; ainsi, nous concluons que nous en avons assez fait. Fiers de nous-mêmes, nous nous attendons à ce que Dieu nous récompense par la vie éternelle parce que nous le méritons. Ce regard nombriliste peut ainsi mener soit au désespoir soit à la fierté : le désespoir de ne même pas réussir à répondre aux attentes modestes de Dieu ou la fierté d'y avoir répondu. Or la fierté peut céder la place au désespoir à n'importe quel moment lorsque nous doutons de mériter le salut.

Regarder uniquement en soi-même n'aboutit ainsi qu'à une oscillation entre fierté et désespoir. Pour Luther, la voie pour se sortir de cette situation sans espoir est de détourner le regard de soi-même pour le diriger uniquement vers Dieu. Dieu n'attend pas que nous l'approchions ; Dieu ne rend pas notre salut conditionnel d'actes préalables pour le mériter. « La justification par la foi seule » signifie ne pas mettre sa confiance en ses capacités propres mais uniquement en Dieu. La foi signifie avoir confiance que Dieu a déjà fait tout ce qu'il fallait pour notre salut, lorsque le Christ a pris sur lui tout ce dont nous devons répondre.

La raison pour laquelle Dieu nous considère justifiés ne repose pas en nous. La justice « devant Dieu » provient exclusivement « de Dieu ». Les réformateurs ont souligné cette idée par l'expression *justitia externa*, c'est-à-dire que notre justice vient d'une source extérieure à nous-mêmes, ou *justitia aliena*, « justice étrangère ». Celle-ci ne nous est pas accordée sur la base d'une qualité intrinsèque ou d'une réussite particulière mais au contraire parce que Dieu nous attribue la justice du Christ. Cela signifie que Dieu « voit », pour ainsi dire, le Christ « en nous ». Quand Dieu nous regarde, Dieu voit en nous le Christ ou, plus exactement, Dieu voit en nous, pécheurs, le Christ sans péché. Avec sa vision « créatrice », Dieu « voit » en nous le salut que le Christ a remporté pour nous.

Des distinctions ont été faites plus tard entre une justification « effective » et une justification « imputative », et entre « rendre » les personnes justifiées et les « dire » justifiées. On a souvent déclaré que seul « dire » les personnes justifiées correspondait à la compréhension luthérienne de la justification. Ceci pouvait être compris positivement ou négativement. D'un point de vue positif, on pourrait dire que la « justification étrangère », selon la doctrine luthérienne, ne peut jamais devenir une qualité intrinsèque, jamais la propriété des personnes elles-mêmes. Nous « sommes » justifié-e-s seulement aux yeux de Dieu, et nous en « faisons l'expérience » nous-mêmes uniquement en étant dits justifié-e-s par la Parole de Dieu et en faisant confiance à cette Parole. Or la critique a toutefois été formulée que rien, en fait, ne se passe lorsque les personnes sont dites justifiées, puisque cela n'opère aucun changement. Ainsi, être dit justifié-e ne reste-t-il pas inefficace ?

Les réformateurs auraient trouvé cette distinction artificielle et inappropriée. En effet, ils étaient convaincus que la Parole de Dieu était toujours créatrice. Lorsque Dieu « dit » quelqu'un justifié, Dieu le « rend » justifié. Si nous faisons confiance et croyons en la Parole de Dieu, nous avons l'assurance que Dieu nous considère également comme justifiés. Cette garantie que le jugement de Dieu est valable et vrai, sans aucune limite, constitue, dans sa signification la plus profonde, ce que les réformateurs considéraient au final comme étant « la foi ». Ce n'est pas un hasard que Luther, dans son *Petit catéchisme*, traduisit le mot « amen » par « Ceci est très certainement vrai ».

Les réformateurs, cependant, affirmaient également que le don de la justification ne peut jamais être établi objectivement. Nous ne pouvons pas « prouver » que nous sommes justifié-e-s. Ceci est et reste un acte de foi qui ne peut se traduire par une connaissance démontrable. Cela reste d'autant plus vrai vis-à-vis d'autrui : il n'est aucun signe empirique qui nous permette de savoir, sans doute possible, que quelqu'un est – ou n'est pas – dans un état de grâce.

La fameuse phrase de Luther, *simul iustus et peccator*, « à la fois juste et pécheur », ne signifie rien d'autre que cela. Cette phrase est souvent comprise comme signifiant que la justification ne change rien à notre statut de pécheur, or elle ne doit pas être entendue dans ce sens. En fait, cela exprime le fait que nous ne sommes justifié-e-s que lorsque nous nous observons, pour ainsi dire, à travers le regard de Dieu. Nous sommes véritablement et entièrement justifié-e-s aux yeux de Dieu. Si, cependant, nous nous observons directement, nous reconnaîtrons que nous sommes des pécheurs et que nous ne vivons pas en accord avec la volonté du Créateur. Ces mots expriment en outre clairement que notre salut est entièrement du ressort de Dieu ; la justification ne nous donne pas non plus de possession que nous pourrions porter devant Dieu, si besoin était. Le salut est et demeure immérité.

La justification et l'éthique

La doctrine de Luther de la justification de la foi seule fut critiquée dès le début. On lui reprochait notamment de sous-entendre que l'agir humain ne compte pas. Si Dieu nous accorde le salut « gratuitement » et que nous ne pouvons ni ne devons rien faire pour l'obtenir, ne perdons-nous pas une raison importante d'agir pour le bien et d'éviter le mal ? Pourquoi devrions-nous aider notre voisin si nous n'avons plus à craindre la colère de Dieu ? Dès les premiers jours de la Réforme, Luther s'est battu contre cette objection et il expliqua alors la signification des « bonnes œuvres ». Il maintenait sans réserve que nous ne pouvons pas obtenir le salut par nos actions, mais cela ne rend pas insignifiantes ou inutiles les bonnes œuvres. Au contraire, elles sont importantes, mais elles ne sont pas une condition préalable pour le salut – elles en sont une conséquence.

Luther s'exprima longuement à ce sujet et de manière particulièrement éloquente dans son traité *De la liberté du chrétien*. Puisque Dieu nous a déjà donné à travers le Christ et dans le Christ tout ce dont nous avons besoin pour notre salut éternel, nous n'avons plus à nous soucier de nous-mêmes. Nous n'avons plus à travailler dur pour assurer nos vies et à nous accrocher à ce que nous pensons nécessiter à cette fin. La peur est ce qui pousse le plus fortement à cette cupidité que l'apôtre Paul avait déjà reconnue comme étant la nature même du péché (cf. Rm 7). Débarrassé-e-s de cette peur pour notre propre bien-être, nous pouvons être présent-e-s pour les autres de manière entièrement désintéressée et œuvrer alors pour leur bien-être. Luther expliqua que c'est précisément parce que nous sommes libres dans le Christ que nous pouvons nous mettre au service des autres. Et comme nous le faisons maintenant librement, nous ne considérons plus les commandements comme des exigences externes à nous-mêmes ; nous les suivons de bon cœur et de notre plein accord. La justification est ainsi une source d'amour envers nos prochains. En fait, nous transmettons à nos prochains la joie que nous ressentons en étant accepté-e-s par Dieu dans le Christ. Ainsi, Luther pouvait-il dire que nous devenons nous-mêmes le « Christ » pour nos prochains.[2]

Luther était suffisamment réaliste pour savoir que cela ne se révèle pas toujours être le cas. Il disait souvent que nos vies terrestres étaient une série de nouveaux commencements. Nous sommes souvent notre pire ennemi et nous devons nous faire à l'idée d'un monde encore incomplet. Nous devons ainsi constamment réapprendre l'altruisme. Luther tirait d'ailleurs de cette vérité une bonne raison de pratiquer l'ascétisme. Il ne signifiait plus par-là, cependant, l'abnégation particulière des moines ; il se référait surtout

[2] *WA* 7, 35.

au « service de tous les jours », c'est-à-dire réaliser consciencieusement les tâches de nos vies quotidiennes : les parents éduquent leurs enfants, les paysans labourent la terre, les fonctionnaires effectuent leurs tâches respectives. En agissant ainsi, ils ne se préoccupent pas de leurs propres intérêts mais mettent leur énergie au service d'autrui. L'éthique du travail luthérienne est ainsi l'expression d'un altruisme accompli et la pratique de l'amour du prochain.

Cela implique, toutefois, un danger particulier : si la « liberté du chrétien » se traduit par la réalisation désintéressée des tâches, elle peut aussi se perdre dans ce contexte. Ainsi la liberté vis-à-vis d'une contrainte menace d'être étouffée par la seule liberté d'accomplir une tâche. La justification ne doit pas être réduite simplement à l'étape initiale vers l'action (c'est-à-dire que l'on a été libéré-e uniquement pour servir), sinon l'Évangile de la liberté se transformerait en loi restrictive.

Une Église réconciliée ? La Déclaration commune sur la Doctrine de la Justification

Au XVIe siècle, la justification par la foi seule a marqué une distinction entre la doctrine de la Réforme et celle de l'Église catholique romaine. Alors que le dialogue religieux a abouti à un certain rapprochement (par ex. Regensburg en 1541), les luthériens ont continué à juger que les catholiques cherchaient la justification par les œuvres. Au Concile de Trente, l'Église catholique romaine, pour sa part, rejette expressément la doctrine de la justification par la foi seule, qui leur paraît renier la responsabilité humaine. Ainsi, les deux positions se distinguaient l'une de l'autre. Au XXe siècle, cependant, on verra se multiplier les tentatives de communautés œcuméniques, ce qui a jeté le doute sur la poursuite du rejet mutuel en suscitant de nouveaux dialogues. L'une des questions soulevées lors du processus fut celle de savoir si les condamnations doctrinales mutuelles de la période de la Réforme étaient vraiment basées sur une compréhension précise du point de vue adverse ou si, en fait, on rejetait des positions que l'autre n'avait même pas adoptées. On se demandait également si, en fait, les deux parties ne poursuivaient pas des objectifs essentiellement similaires, mais qui se distinguaient simplement par des façons différentes de penser, de parler et de nuancer. Suite à plusieurs décennies de recherches et de dialogues intenses, la Fédération luthérienne mondiale et le Conseil pontifical pour la promotion de l'unité des chrétiens ont signé la *Déclaration commune sur la Doctrine de la Justification* à Augsbourg en 1999. La *Déclaration* ne prétend pas que des différences sérieuses ne subsistent pas entre les confessions quant à leur compréhension de la justification ; toutefois elle atteste d'un consensus sur les vérités fondamentales de la justification. Ceci nous permet alors de considérer que les différences n'imposent plus une division stricte entre les Églises. Même l'Église catholique romaine insiste maintenant sur le fait que personne ne peut « gagner » le salut, tandis que les luthériens acceptent clairement que la foi soit palpable et manifeste dans notre façon de vivre. Ces positions permettent une description commune des fondements du processus de justification.

La justification aujourd'hui

La question a été posée à maintes reprises : la doctrine luthérienne de la justification par la foi a-t-elle encore un sens pour nous aujourd'hui ? Aujourd'hui, contrairement au XVIe siècle, peu de gens vivent avec la crainte du jugement final et sévère de Dieu. La question de la grâce de Dieu, avec laquelle Luther s'est tant débattu, a souvent perdu sa capacité à nous tourmenter, si tant est que la question est présente à notre esprit. L'idée que Dieu nous tienne responsables et que nous devions ainsi confesser nos échecs, et que nous ne puissions placer notre espérance que dans le pardon infondé de Dieu, est considéré aujourd'hui par beaucoup de gens comme une ombre qui noircit nos vies et nous empêche d'adopter une attitude positive. De ce point de vue, c'est justement cette forme de pessimisme qui provoque en soi une situation de crise et suscite le besoin du Christ comme rédempteur, alors que ce dont l'humanité a besoin, en fait, c'est d'être libérée de cette idée oppressive qu'elle aurait besoin du salut. De nombreux chrétiens se posent même la question de savoir si l'on apprécie réellement la création de Dieu dès lors que l'on donne tant d'importance au péché humain. D'autres se demandent si le rejet par Luther de la participation active des êtres humains à leur salut n'est pas incompatible avec la liberté humaine qui constitue le fondement de la dignité humaine. Ainsi, ni les questions de Luther, ni ses réponses ne semblent être pertinentes pour nous aujourd'hui.

Or les gens continuent encore aujourd'hui de vivre dans une certaine crainte. Ils souhaitent ardemment être acceptés de façon inconditionnelle, même s'ils sont confrontés à des exigences auxquelles ils craignent de ne pouvoir répondre. La pression s'exerce de toutes parts, autant dans la vie professionnelle que sociale et familiale. Même s'ils cherchent à faire de leur mieux et font tout ce qu'ils peuvent, ils ont souvent l'impression qu'ils n'ont pas répondu aux attentes. D'autres ont le sentiment que leurs talents et compétences ne sont pas reconnus ou mis à profit, surtout lorsqu'ils ne trouvent pas d'emploi ou que la société les considère comme « non productifs » à cause de leur âge, d'une maladie ou d'une faiblesse. D'autres encore souffrent d'une pauvreté qui leur ôte toute possibilité de prendre une part active dans la société ou d'exercer leurs compétences afin de les mettre à profit. Et il y a celles et ceux qui se sentent marginalisés à cause de leur héritage ethnique, leur sexe ou leur mode de vie. L'intensité de ce désir d'être accepté-e, de voir sa dignité de personne reconnue et respectée, n'a pas diminué depuis l'époque de Luther. Il en va de même pour la culpabilité. Les gens aujourd'hui vivent avec un sentiment de culpabilité, ont honte de leur comportement et sont tourmentés par l'autopunition. Ils savent qu'ils ne peuvent pas défaire ce qui a été fait ou l'améliorer, et ils ont soif de pardon afin de recommencer à neuf, même s'ils savent qu'ils ne l'ont pas mérité.

On entend souvent que la « justification par la foi seule » est trop fortement axée sur l'expérience négative de l'échec et de la culpabilité, est trop inégale, et ne correspond plus à la mentalité contemporaine et son rapport à la vie. Même les chrétiens peuvent aujourd'hui, mieux qu'autrefois, s'ouvrir à l'aspiration au bonheur terrestre, en y reconnaissant un reflet du salut éternel. Cela ne doit pas, cependant, contredire la justification par la foi seule. L'expérience du bonheur comprend également l'acceptation de l'idée que le succès et l'accomplissement sont indépendants de notre volonté, quels que soient nos efforts. De ce fait, ils restent un don non mérité et motivant une joyeuse gratitude.

La justification par la foi seule peut ainsi, aujourd'hui encore, servir à nous libérer, à nous soulager et à nous donner du courage. La doctrine peut améliorer notre appréciation de la manière dont Dieu nous confirme inconditionnellement. Dieu nous a déjà accepté-e-s avant que nous ayons fait quoi que ce soit pour cela. Dieu nous respecte même lorsque nous sommes incapables du moindre respect pour nous-mêmes. Dieu nous offre la dignité même lorsque des gens en avilissent d'autres ou font preuve de haine. Dieu ouvre de nouveaux horizons dans des situations qui semblent désespérées. Dieu nous libère et nous permet d'agir lorsque nous sommes paralysés. « Par la foi seule » peut signifier cette confirmation, cette acceptation, cette dignité, cet encouragement, ce nouvel espoir – tout cela est un don. Et comme tout don véritable, il est volontaire, indépendant de notre volonté, et ne peut être contraint, forcé ou vendu. « Par la foi seule » est un message qui reste important aujourd'hui : le Salut, une vie nouvelle et authentique dans la foi, n'est « pas à vendre » ; nous n'avons pas besoin de recalculer inlassablement si nous avons suffisamment de « capital » pour nous l'offrir.

Empli de crainte, Luther demanda : « Comment puis-je trouver un Dieu de grâce ? ». Et il s'est débattu longtemps et avec acharnement pour trouver la réponse. Celle qui a finalement émergé est simple et reste tout à fait pertinente : il n'est pas à rechercher, ce Dieu ; nous l'avons déjà.

Questions

Que signifie pour vous être « justifié-e par la foi seule » ? Quelles conséquences cela a-t-il sur votre compréhension de la vie ?

Où percevez-vous des « dons de la grâce » dans votre vie ?

Comment considérez-vous le rôle des « bonnes œuvres » ?

Que considérez-vous être votre « culte quotidien » ?

La volonté humaine – libre ou enchaînée ?

Jaan Lahe

> Car je sais qu'en moi – je veux dire dans ma chair – le bien n'habite pas : vouloir le bien est à ma portée, mais non pas l'accomplir, puisque le bien que je veux, je ne le fais pas et le mal que je ne veux pas, je le fais (Rm 7,18–19).

Les discussions au sujet du libre arbitre, de la liberté de l'être humain de choisir et de décider, et de la question de l'étendue de sa capacité à façonner, par sa volonté, sa propre vie, existent depuis que l'être humain est capable de réfléchir au sens et au but de la vie et à ses potentialités. La liberté de la volonté a été sujette au débat dans l'histoire de la philosophie et de la théologie et, dans une plus grande mesure encore, dans l'histoire des religions.

La servitude du destin

Les Grecs déjà maintenaient qu'il y avait une force à laquelle même les dieux devaient obéir, à savoir le destin. La foi en la puissance du destin s'est encore approfondie pendant la période hellénistique (IVe au I^e^ siècle av. J.-C.). Pendant la période de l'Empire romain (I^e^ au Ve siècle), le destin ou l'inévitabilité (en grec : *ananke, heimarmene*) est devenu une « puissance cosmique » qui gouverne tout l'univers. Il était communément admis que la vie de toute personne était prédéterminée de la naissance jusqu'à la mort, et gouvernée par sept planètes ou sept « gouverneurs », dont le gouvernement, ou la disposition, était appelé Destin. Selon Origène (ca. 185-253/254) et Augustin (354-430), tant les chrétiens que les païens craignaient ces planètes. L'astrologie, qui, selon diverses études sociologiques, demeure très populaire auprès d'un grand nombre de gens, est aussi fondée sur la croyance que nous sommes gouverné-e-s par des objets célestes. Celle-ci s'est détachée de son lien originel avec la religion (les planètes étaient considérées comme des entités divines ou démoniaques) ou, du moins, la culture de masse moderne a oublié les racines religieuses de l'astrologie.

En termes philosophiques, ce sont les stoïciens qui ont fondé la foi dans le destin. Selon eux, le destin ou la fatalité représente une loi générale régissant le monde, un fait qu'une personne sage ne saurait ignorer. La représentation de l'être humain comme une marionnette aux mains du destin tout-puissant est une idée largement répandue, même au-delà de l'Antiquité. Le mathématicien, astronome, philosophe et poète perse Omar Khayyâm (1048-1131) est allé au cœur de la question en assimilant le destin au temps infini.

> Nous, les hommes, sommes des marionnettes dont Dieu ordonne les pas ;
> Le temps qui y est imparti est court,
> Puis un par un nous tombons dans le cercueil de la mort,
> Le jeu est joué et la terre doit tout recouvrir.[1]

Le poète suggère que le firmament en rotation, gouverné par les planètes, est une manifestation visible du destin ou du temps infini. Le temps crée les êtres, dont les humains, leur offrant la possibilité, pour un bref instant, d'apparaître telles des marionnettes sur la scène du « grand théâtre du monde », et les ramène à la poussière dont ils sont issus. Le temps utilisera ensuite la même matière pour créer de nouveaux êtres et ce cycle se répètera à l'infini.

Il n'est pas facile de vivre en sachant que l'on ne peut rien changer. Lorsqu'il réalisa que tout était prédestiné, la réaction de Khayyâm fut hédoniste : il faut boire du vin et se réjouir de la compagnie de l'être aimé. L'Épopée de Gilgamesh, poème épique de la Mésopotamie antique, le « chant du harpiste » dans l'Égypte antique, un certain nombre de poètes grecs et romains, ainsi que l'auteur inconnu de l'Ecclésiaste de l'Ancien Testament datant de l'époque hellénistique, tous témoignent d'une réaction similaire. Or celle-ci n'a jamais représenté une solution satisfaisante pour les penseurs. Depuis l'Antiquité, il y a eu de nombreuses tentatives de réfuter la croyance en la prédestination en usant d'arguments rationnels. Carneades (214/3-129/8 av. J.-C.), un philosophe sceptique (ainsi qualifié car c'était le type de scepticisme enseigné à l'Académie de Platon à Athènes), a démenti les arguments de l'astrologie en affirmant que les destins de jumeaux nés

[1] *The Ruba'yat of Omar Khayam*, CADELL, H.M. (trad.), Londres, New York, John Lane The Bodley Head, 1988.

sous le même alignement de planètes pouvaient diverger, alors que deux personnes nées sous des constellations de planètes différentes pouvaient partager le même destin (par exemple, dans le cas d'un naufrage). Le philosophe grec Épicure (ca. 342-270 av. J.-C.) soutenait que le fondement du libre arbitre se trouvait dans la liberté des atomes qui tombent dans un espace vide – ils ne tombent pas en ligne droite, comme l'on prétendait autrefois, mais ils en dévient. Selon Épicure, l'âme, qui porte la volonté humaine, est aussi constituée d'atomes. Cela signifie que les êtres humains peuvent faire leurs choix librement.

Toutes et tous ne peuvent pas être convaincu-e-s par des arguments rationnels. Ainsi, leurs regards se tourneront vers des forces surnaturelles en quête d'une parade au destin. Des manuscrits en papyrus datant de l'époque de l'Empire romain contiennent des sorts de magie pour briser le pouvoir du destin. On croyait aussi que certaines divinités, dont la déesse égyptienne Isis, pouvaient sauver l'être humain des chaînes du destin. Celle-ci était populaire dans le monde gréco-romain et elle promettait de libérer ses adorateurs du pouvoir du destin et de leur accorder un au-delà prospère. De nombreux théologiens chrétiens des premiers siècles estimaient que le baptême pouvait libérer une personne de la puissance du destin, que tout-e baptisé-e appartenait au Christ (le Christ le ou la possède) et non pas au destin (le destin n'a plus d'emprise), et que les planètes n'exerçaient aucune influence sur lui ou sur elle. Cette croyance, cependant, ne s'est pas avérée satisfaisante pour la plupart des penseurs chrétiens qui ont continué à chercher une réponse à la question de la liberté de la volonté.

Libre arbitre ?

Paul confesse que « le bien que je veux, je ne le fais pas et le mal que je ne veux pas, je le fais » (Rm 7,19) (le « je » ici ne désigne pas Paul spécifiquement mais peut renvoyer à l'humanité en général) et l'explique par le fait que les hommes sont soumis au péché. Le « péché » dont parle Paul ressemble en bien des points au « destin » des Grecs et des Romains. Il le décrit comme une « force cosmique » qui a régné sur l'humanité depuis Adam (par ex. Rm 5,12 et suiv.). Quelques siècles plus tard, cela fut adopté d'une façon similaire par le Père de l'Église, Augustin, qui partageait la conviction de Paul que seule la grâce de Dieu peut nous sauver du péché. Presque 1000 ans plus tard, le réformateur Martin Luther (1483-1546) a tiré la même conclusion qu'Augustin. Ses échanges avec l'humaniste Erasmus de Rotterdam (1466 ou 1469-1536), comme ceux entre Augustin et le moraliste ascétique de naissance britannique, Pelagius (ca. 390-418), se concentraient sur le rôle que l'être humain joue dans le processus de salut. Les points de vue d'Augustin et de

Luther coïncident largement sur ce sujet : la volonté humaine ne peut pas sauver l'être humain ; et même la capacité de l'être humain à croire, qui est considérée comme étant la seule voie vers le salut, est un don de Dieu et est ainsi indépendante de la volonté humaine. Selon Luther, la volonté humaine est esclave du péché et quand la Confession d'Augsbourg de 1530 aborde la question du libre arbitre, elle dit que « l'homme possède une certaine liberté de volonté pour mener une vie extérieurement honorable et pour choisir entre les choses accessibles à la raison »[2]. Comme témoin de cet enseignement, la Confession cite le Livre III du *Hypognosticon* d'Augustin.

> Nous confessons qu'il y a chez tous les hommes un libre arbitre. Car ils possèdent tous, par nature, la raison et l'intelligence innées. Non pas qu'ils soient capables d'entrer en relation avec Dieu, comme par exemple de l'aimer et de le craindre de tout leur cœur ; mais ce n'est que dans les œuvres extérieures de cette vie qu›ils sont libres de choisir le bien ou le mal. Par le bien, je comprends ce que la nature humaine est capable d›accomplir : par exemple, labourer un champ ou le laisser en friche ; manger, boire, voir un ami, ou ne pas le faire ; se vêtir ou se dévêtir, bâtir, prendre femme, exercer son métier, et faire d›autres choses semblables qui sont bonnes et utiles.[3]

Alors que les réformateurs se préoccupaient davantage de la liberté de la volonté et de la prédestination dans les relations entre Dieu et les êtres humains, la question du libre arbitre dans la façon d'agir et de décider au quotidien a été longuement débattue par les psychologues et neurologues. Sigmund Freud (1856-1939) par exemple, le père de la psychanalyse, soutenait que le comportement des êtres humains et leurs décisions n'étaient pas libres, ainsi le libre arbitre n'existerait que dans l'imaginaire. En réalité, le comportement et les décisions sont contrôlés par cette partie de la psyché humaine que Freud décrit comme étant « le subconscient » (*das Unbewusste* en allemand). Dans cette couche de l'esprit humain résident, selon Freud, les désirs sexuels et les traumatismes de l'enfance, réprimés par notre conscience et qui affectent notre comportement au quotidien. Dans la psychologie comportementale, il y a également peu de place pour le libre arbitre, puisqu'elle prétend que le comportement humain ne peut être analysé que sur la base de processus mentaux objectivement mesurables, ce qui ne recouvre pas, selon les comportementalistes, le libre arbitre. Certains psychologues, cependant, sont convaincus que la volonté peut être développée, tout comme d'autres fonctions mentales. Ils affirment que c'est la raison pour laquelle l'être humain n'est jamais programmé pour agir toujours de la même façon dans une situation donnée – il a la liberté de choix. Quelle que soit la manière dont

---

[2] *La Confession de Foi d'Augsbourg* (Article 18) : www.egliselutherienne.org/bibliotheque/CA/AC1erePartie.html

[3] *Ibid.*

on conceptualise le libre arbitre, la volonté selon la perspective psychologique n'est pas un élément surnaturel (« l'origine divine de l'être humain »). Il s'agit d'une fonction mentale psychophysique issue de l'activité du lobe frontal et des connections fonctionnelles entre les centres de la parole et le lobe frontal du cerveau. En tant que telle, la volonté fait l'objet d'une recherche expérimentale qui a donné lieu à des résultats remarquables. Le scientifique américain Benjamin Libet (1916-2007), qui fait figure de pionnier dans le domaine, a mené des recherches sur l'activité du cortex cérébral pendant l'exercice d'actes volitifs et il a conclu que les changements dans le cortex, qui indiquent le début d'un acte de volonté, surviennent un instant avant que la personne ne reconnaisse son acte volitif. Ainsi, la volonté précède la conscience (le fait d'être conscient) de l'acte, ce qui signifie que le cerveau décide d'abord des actes volitifs et ensuite seulement devient conscient de la décision. Les résultats de la recherche de Libet semblent fournir la preuve contre la liberté de la volonté mais il ne faut pas oublier que les expériences sont basées uniquement sur les actes volitifs les plus basiques (par ex. bouger la main ou la jambe). Peut-on transférer ces résultats à des décisions plus complexes qui influent sur toute notre vie, telles que le choix d'une profession ou d'un conjoint ?

Nous constatons aujourd'hui une demande croissante pour les livres prétendus de développement personnel, très en vogue, qui insistent sur les pouvoirs illimités de la volonté humaine : si vous voulez vraiment quelque chose et que vous parvenez à vous en convaincre absolument, alors vous obtiendrez gloire et fortune, trouverez le partenaire de vie idéal, décrocherez votre emploi rêvé... Ces livres accordent à la volonté humaine un pouvoir quasi surnaturel, qui peut répondre à tout désir humain (pour peu que la personne concernée s'adonne à influencer sa propre volonté) : un concept où l'on peut presque reconnaître le schéma de la pensée magique.

Entre liberté et prédestination

Il y a néanmoins un grand nombre de choses qui ne dépendent pas de nous ou de notre volonté, et nous sommes obligé-e-s de les accepter ainsi. Nous ne choisissons pas le moment de notre naissance et même la vie la plus saine et les plus grandes précautions ne nous permettent pas de choisir quand et comment nous mourrons. Dans son ouvrage sur l'immortalité[4], Stephen Cave démontre qu'à travers l'histoire, l'humanité a constamment élaboré des stratégies pour faire disparaître la mort, mais aucune de ces stratégies ne semble avoir réalisé ce rêve. De même, nous ne pouvons choisir nos parents,

---

[4] Stephen Cave, *Immortality. The Quest to Live Forever and How It Drives Civilization*, New York, Crown Publishers, 2012.

notre lieu de naissance, ni l'environnement dans lequel nous naissons. Et pourtant, ces facteurs ont des conséquences capitales sur la construction de notre personnalité et sur les décisions émanant de notre volonté.

Aujourd'hui nous savons que les facteurs qui façonnent nos personnalités individuelles ne trouvent pas leur point de départ dans le foyer et l'environnement où nous grandissons, mais sont déjà présents au moment de notre conception. Nous héritons de nos ancêtres biologiques les gènes qui vont influencer notre santé mentale, psychologique et physique de même que le développement de notre caractère. Il est probablement impossible de définir la proportion exacte du rôle que joue notre constitution génétique par rapport à notre environnement et notre éducation. En fonction de la mentalité idéologique, des valeurs et des attitudes prédominantes dans la société, l'un ou l'autre de ces facteurs sera plus ou moins fortement mis en avant. Du coup, soit la constitution génétique, soit l'environnement et l'éducation auront une conséquence plus grande sur l'être humain dans le contexte donné où le facteur en question influence les concepts de l'anthropologie, l'éducation, la formation, etc. Ainsi, on ne peut jamais sous-estimer le rôle des idées prédominantes dans une société donnée lors de discussions sur le libre arbitre et la prédestination. Cela vaut aussi lorsque les idées et valeurs ne reflètent pas l'opinion majoritaire dans la société mais une sous-culture. Une personne peut être considérée comme un être humain uniquement à travers la relation à d'autres êtres humains. Qu'on le veuille ou non, se trouver dans une relation « Je et Tu » (Martin Buber, 1878-1965) oblige à prendre en considération les autres « Je » et les autres « Tu », sans quoi aucune coexistence ne serait possible. Même si nous choisissions une vie d'ermite et que nous coupions toute relation avec autrui, nous ne serions pas libéré-e-s de notre personnalité qui a été forgée par des relations antérieures avec d'autres personnes. L'ermite emporterait avec lui des souvenirs de sa vie d'avant et des idées acquises dans l'environnement précédent. Même dans un état d'esprit atteint par l'exercice de certaines techniques mentales (comme la méditation, le jeûne, la prière), où la personne fait l'expérience d'une libération complète, ces idées peuvent resurgir. Seraient-ce là les démons, rapportés par les débuts de la tradition chrétienne, qui attaquaient les ascètes dans le désert ?

Dans le monde d'aujourd'hui, mondialisé et commercialisé, nous sommes co-acteurs dans des schémas économiques plus grands et dont nous n'avons souvent même pas conscience. La notion de péché collectif décrit de manière très pertinente la façon dont nous sommes pris dans un réseau mondial de structures injustes sans même nous en rendre compte. Nous pensons que nos décisions d'acheter, de vendre et de consommer sont prises librement, alors qu'en réalité elles sont souvent façonnées par d'habiles manipulations commerciales de sociétés cherchant à vendre leurs produits, ainsi que par des groupes qui établissent les normes selon lesquelles nous sommes censé-e-s vivre.

Une non-liberté qui n'est pas perçue comme telle est extrêmement dangereuse. Ainsi, un esprit critique est essentiel si l'on veut réellement rendre un choix plus libre, là où c'est possible, par exemple concernant nos habitudes de consommation, l'environnement, etc. En effet, nous avons toutes et tous, ou presque, la possibilité de choisir entre différentes options au quotidien, même si c'est à des degrés variés. Et ces décisions peuvent changer le monde dans lequel nous vivons. Sans cette possibilité de choisir, il serait plutôt cynique de rendre les êtres humains responsables moralement et légalement des conséquences de leurs décisions volitives, c'est-à-dire de leurs actes.

Nous pouvons donc conclure que, tandis que l'être humain exerce son libre arbitre en ce qui concerne ses décisions quotidiennes, l'étendue de cette liberté de volonté est plus limitée que l'on aurait pu le croire. Quant à notre relation avec Dieu, la conviction de Luther que ce n'est ni notre conduite ni nos performances, mais bien la grâce divine qui pousse Dieu à nous sauver, reste valable. Nous ne sommes pas sauvés par la grâce de Dieu additionnée de nos bonnes œuvres ou autres actes. Nous ne pouvons pas, pour ainsi dire, « acheter notre billet pour le Ciel »[5]. Nous sommes sauvé-e-s par la grâce de Dieu uniquement.

Questions

Pourquoi la question de l'existence du libre arbitre a-t-elle de l'importance pour nous ? Qu'est-ce qui dépend de la réponse à cette question ? Quelle conséquence cela a-t-il sur nos vies ?

Pourquoi la question du libre arbitre est-elle si compliquée que jusqu'à maintenant plusieurs penseurs n'ont pas réussi à se mettre d'accord sur le sujet ? Cela pourrait-il changer un jour ?

L'existence ou la non-existence du libre arbitre a-t-elle des conséquences sur la relation entre les êtres humains et Dieu, et si oui, comment ?

---

[5] Voir aussi l'argumentaire de Luther dans ses fameuses *95 Thèses*, par ex. la thèse 27 sur la vente des indulgences : « Ils prêchent l'homme, ceux qui disent qu'aussitôt tintera l'argent jeté dans la caisse, aussitôt l'âme s'envolera [du purgatoire]. » Martin LUTHER (1517), *Les 95 Thèses*. Dans : Œuvres. Paris : Gallimard, coll. La Pléiade, 1999.

Les promesses de Dieu et la prospérité humaine

Sarah Hinlicky Wilson

Les États-Unis ont contribué de manière assez considérable à la culture mondiale, pour le meilleur et pour le pire, des cornflakes à la démocratie moderne et à la bombe nucléaire. Au sein de cet héritage de contributions ambiguës, nous trouvons l'Évangile de la prospérité. Bien qu'il ait depuis enflammé la planète, il est d'origine nord-américaine. Un peu de contexte historique permettra de mieux saisir ses prétentions théologiques – et de les rejeter.

Le contexte américain

Les États-Unis ont entamé le XIXe siècle avec optimisme. Le pays voyait la possibilité de fonder, dans un continent considéré comme « vide », une nouvelle civilisation chrétienne délestée du passé sanglant de l'Europe. Ce « renouveau » marqué par l'absence d'Églises d'État a constitué le caractère central de la vie chrétienne : de grandes réunions publiques dominées par des prédications puissantes et des émotions tout aussi puissantes.

En même temps, l'essor de l'industrie et la colonisation de l'Ouest ont donné aux chrétiens américains le sentiment d'être un nouvel Israël, établissant une société juste, une société qui s'agrandissait et qui s'améliorait constamment. Le succès et la victoire étaient autant de signes de la bénédiction de Dieu.

Mais conquérir la terre et les passions du corps ne suffisait pas. Il y avait une aspiration à conquérir le royaume de l'esprit, voire même une prétention à considérer l'esprit seul comme réel, le corps et la terre n'étant que de simples illusions. Dans cet environnement, des mouvements chrétiens particuliers se sont développés en marge, tels que la Christian Science ou Science chrétienne (une secte qui nie la réalité du corps et qui croit que toute maladie peut être guérie par un simple travail de l'esprit), le transcendantalisme (une philosophie unitarienne qui croit en la bonté inhérente des êtres humains, en opposition à une société corrompue), et New Thought, la « Nouvelle pensée », « Pensée nouvelle » ou encore « Penser nouveau » (une forme de panthéisme qui estimait que les gens étaient divins et pouvaient surmonter toute difficulté avec la manière de pensée adéquate). Tous ces mouvements avaient la conviction que la pensée dominait la matière. Selon eux, intellect et esprit étaient aussi mécanistes que corps et machine : ils opéraient selon des lois immuables. Résolvez le code régissant les lois spirituelles et vous pouviez tout dompter selon vos désirs.

La Guerre de Sécession (1861-1865) et les conflits militaires qui ont suivi sur les frontières et à l'étranger ont entamé l'optimisme américain mais ne l'ont pas écrasé entièrement. Aussi longtemps que le système économique récompensait ceux qui travaillaient dur, l'optimisme a continué d'imprégner toute la culture américaine. Le fait que certains échouaient à prospérer ne contredisait pas cette promesse de succès : cela ne faisait que démontrer qu'ils avaient manqué de vivre par ses lois. Et c'est alors qu'Essek William Kenyon fit son entrée.

E. W. Kenyon et la « Parole de foi »

Kenyon connaissait bien le Penser nouveau et autres doctrines de la maîtrise métaphysique populaires au XIXe siècle. Sa seule objection était que ces mouvements n'étaient pas suffisamment reliés à la foi chrétienne. Il a dès lors tout simplement emprunté leur raisonnement et ajouté une dose de Jésus. Par exemple, Kenyon affirmait que la mort de Jésus avait vaincu toutes les choses négatives dans cette vie, notamment la pauvreté et la maladie. Ainsi, « la foi » signifiait se servir de cette nouvelle loi spirituelle de la victoire en Christ. On ne pouvait pas simplement espérer quelque chose de Dieu ; on ne pouvait pas simplement **demander** quelque chose à Dieu ; non, il fallait nommer cette chose et ensuite la réclamer – et, par conséquence, il en serait ainsi. On pouvait être certain que Dieu l'accorderait. C'était cela la vraie foi.

Il découlait de l'enseignement de Kenyon que les signes physiques sont trompeurs, des distractions de Satan pour nous détourner du droit chemin. Ainsi, les vrai-e-s croyant-e-s qui se trouvaient être malades devaient simplement affirmer leur victoire sur la maladie et dès lors ignorer les symptômes, qui représentaient des tentations et non pas la vérité.

Les vrai-e-s croyant-e-s confessaient qu'ils ou elles seraient riches et, en temps voulu, le deviendraient assurément. En fait, selon Kenyon, les vrai-e-s croyant-e-s évitent même de parler de choses négatives, parce que s'y attarder pourrait les faire se manifester. Énoncée correctement, toutefois, « la parole de foi » donne toujours ce que l'on veut – et ce que l'on veut est, évidemment, bon. Il est certain que Dieu ne souhaite pour personne la maladie ou la pauvreté. Alors déclarez votre santé, réclamez votre fortune, et Dieu vous l'accordera automatiquement. Si vous ne recevez pas ce que vous voulez, le problème est chez vous, non pas chez Dieu. C'est certainement que vous n'y avez pas assez cru.

Kenyon n'a pas connu une influence majeure de son vivant. Il a œuvré en marge de la vie de l'Église ; on le prenait souvent pour un pentecôtiste, alors qu'il ne l'était pas. Ce n'est que pendant la seconde moitié du XXe siècle que Kenyon fut redécouvert par un autre évangéliste américain, Kenneth Hagin, qui a rendu la pensée de Kenyon célèbre à travers des tournées de prédication et des programmes TV. Sur la lancée du nouvel élan d'optimisme de l'après-guerre, d'autres évangélistes ont repris son message et se sont mis à prêcher leurs propres variations sur le thème de la prospérité.

Variations sur le thème de la prospérité

Dans l'ensemble, ce sont des prédicateurs non confessionnels qui ont contribué à l'expansion du mouvement de la « parole de foi », avec quelques participants évangéliques et pentecôtistes. Or comme la doctrine de la prospérité s'est toujours développée à travers des réseaux d'influence plutôt que des dénominations formellement structurées, elle a atteint les moindres recoins de l'Église et toutes les nations du monde. Des membres d'Églises qui rejettent formellement la doctrine de la prospérité lisent des livres ou écoutent des émissions de radio écrits ou animés par des prédicateurs de l'Évangile de la prospérité sans y voir un conflit d'enseignements. Il existe même des variations sur le thème de la prospérité au sein du catholicisme romain, par exemple le mouvement El Shaddai aux Philippines. La théologie de la prospérité est couronnée du mérite regrettable d'être au XXIe siècle l'hérésie la plus répandue et qui a le mieux réussi.

Il y a tant à critiquer de l'Évangile de la prospérité mais nous devons au moins formuler un mot d'avertissement. Cette doctrine a un impact très différent selon l'endroit où elle est prêchée. Elle est évidemment répugnante lorsqu'elle est annoncée par de richissimes prédicateurs états-uniens qui extirpent leurs économies à des croyants naïfs et utilisent ces gains pour acheter une lunette de toilettes à 23 000 dollars EU (comme l'a fait la télévangéliste Joyce Meyer). Il est tout simplement criminel que de tels prédicateurs dissuadent les parents d'un enfant malade de lui fournir les médicaments nécessaires à sa survie, le conduisant à une mort prématurée et tout à fait évitable – une situation bien trop fréquente.

Mais la prospérité est un message populaire même dans des régions moins prospères. La doctrine a un autre caractère lorsqu'elle est prêchée par des prédicateurs eux-mêmes pauvres à un public indigent, affamé, et qui n'a pas accès au moindre soin médical. Dans de telles situations, il y a souvent une frontière très mince entre guérison divine légitime et promesses illégitimes d'une guérison induite par la foi du croyant. De même, le message de la prospérité peut avoir l'effet de resserrer les liens au sein d'une communauté marginalisée et favoriser l'entraide pour créer des relations économiques et sociales stables, qui permettent à tout le groupe de se sortir de la pauvreté. Enfin, la plupart de celles et ceux qui prêchent et pratiquent l'Évangile de la prospérité ne sont même pas conscient-e-s qu'il s'agit d'un mouvement chrétien distinct comportant de sérieux problèmes : c'est tout simplement la seule foi chrétienne dont ils ont entendu parler et qu'ils continuent à proclamer. Des critiques avisées doivent séparer les vraies failles des bienfaits réels que certains ont reçus par le biais de cette doctrine.

Une critique trinitaire de la prospérité

Ici nous commencerons par une approche trinitaire dans la réfutation des arguments de l'Évangile de la prospérité. Comme vous pouvez le constater, l'enseignement de Kenyon est fondé sur une compréhension tout à fait erronée de « l'esprit » qui est à l'œuvre. « Esprit » est présenté comme l'ennemi aux antipodes de « matière », qui est bas, trompeur et sans importance. De telles attitudes sont très anciennes ; les chrétiens s'y opposent depuis les premiers temps de l'Église, que ce soit sous la forme du néo-platonisme, du gnosticisme ou du manichéisme. Dans le Symbole de Nicée, c'est tout le contraire : nous professons notre foi dans « le Saint Esprit, qui est Seigneur et qui donne la vie ». Ce même Esprit planait au-dessus des eaux lors de la création, et a fait exister la matière, la terre et les créatures vivantes (Gn 1,2). Ce même Esprit a ressuscité le corps crucifié de Jésus à une vie nouvelle (Rm 8,11) : élevé, transformé, mais restant un corps, restant matière, restant quelque chose qui pouvait manger et boire et parler et même exhiber des blessures. Être spirituel ne signifie pas être ennemi de la matière.

Cela signifie également que nous, qui vivons par l'Esprit, sommes appelés à être les intendants du matériel et non pas des exploiteurs. L'Évangile de la prospérité proclame une avidité sans limites, récompensée par une accumulation infinie, sous prétexte que le monde matériel est purement un objet dont on peut se servir. Mais le Saint Esprit a créé et nourri le monde pour la gloire de Dieu et pour la prospérité de tout être et de toute chose, non pas pour les humains aux dépens de la terre ou pour quelques personnes aux dépens d'autres.

La mention de notre Sauveur crucifié et ressuscité nous mène à un autre aspect du message mensonger de la prospérité. Les prédicateurs de la prospérité affirment souvent que le Christ a déjà souffert pour nous, ainsi les croyant-e-s ne doivent s'attendre à rien d'autre que le succès et la santé. C'est une lecture tout à fait erronée de tout le témoignage des Écritures, dont les deux Testaments témoignent de la réalité de la souffrance dans la vie des fidèles. Le Livre de Job est l'une des protestations bibliques les plus soutenues contre l'idée que les personnes qui souffrent seraient nécessairement impies – et s'érige tout autant contre l'idée que la droiture serait une garantie de bonheur. L'idée que Jésus est le sauveur choquait précisément parce qu'il a souffert sur la croix et que ses premiers disciples et apôtres ont payé de leur personne, allant même jusqu'à la mort, le fait d'avoir partagé la bonne nouvelle de ce sauveur. Le martyr a marqué les croyant-e-s à toutes les époques – et le siècle dernier a vu plus de martyrs chrétiens que n'importe quelle autre époque – mais nous les comprenons comme des témoignages de la fidélité de Dieu, non pas de son échec. Les épîtres aussi encouragent les Églises à rester fortes dans la persécution et les épreuves, dans la pauvreté et la maladie.

L'élément le plus destructeur du message de la prospérité est de convaincre les gens que s'ils ne reçoivent pas la guérison ou la fortune qu'ils réclament, ils en sont les seuls responsables. Dans ces cas-là, il n'est pas de réconfort pour les proches d'un défunt : ils ne peuvent que partir du principe que l'être aimé a failli et ainsi la maladie fut victorieuse. La prédication de la prospérité détruit la communauté : on considère les riches comme les vrais croyants et les pauvres comme ceux qui doutent, et ainsi on encourage les forts à chasser les faibles au nom de la sainteté. La prospérité ne supporte pas le scandale de la Croix. Elle ne peut souffrir Jésus, le sauveur crucifié du monde.

Rejeter le Fils crucifié, c'est aussi rejeter le Père qui l'a envoyé. Aussi inacceptable que cela soit, nous pouvons le comprendre : les êtres humains se sont toujours rebellés contre leur faiblesse et leur dépendance, leur vulnérabilité face à la souffrance et à la mort. Une partie des religions aujourd'hui et à travers les siècles est tout simplement de la magie, une tentative de découvrir les lois secrètes de l'univers pour les exploiter pour son propre gain. La prospérité est de la magie chrétienne du XXIe siècle. Elle veut le contrôle. Elle ne veut pas d'un Dieu qui est Seigneur sur tout, qui nous demandera peut-être de souffrir pour l'Évangile, qui ne peut être expliqué, anticipé ou soudoyé. La prospérité veut un Dieu que l'on peut acheter avec la « foi » ou en donnant généreusement dans l'espoir d'une récompense encore plus grande. Mais Dieu n'est pas à vendre, pas plus que le salut !

Le message chrétien ne fait pas disparaître l'agonie, la frustration ou les questions laissées sans réponses dans la vie d'un être humain. Il ne promet pas la victoire ou le succès dès maintenant. Au lieu de cela, il déclare que « les souffrances du temps présent ne sauraient être comparées à la gloire à venir qui sera révélée pour nous » (Rm 8,18). La justification de Jésus est survenue après sa mort sur la croix, lorsqu'il fut ressuscité d'entre les morts par le Père : ainsi en sera-t-il pour nous. Être chrétien-ne signifie participer à la mort et à la résurrection du Christ, non pas éviter la mort ou dédaigner la chair qui sera ressuscitée. Dans la vie et la mort et la vie nouvelle, nous pouvons faire confiance au Père qui remettra tout à sa juste place.

Une critique de la prospérité par la loi et l'Évangile

Que promet l'Évangile ? Ni la santé, ni la fortune, ni la réussite professionnelle, ni un mariage stable, ni un gouvernement juste, ni le bonheur. Toutes ces choses sont bonnes et ont leur place – mais dans la loi. La loi sacrée de Dieu est ce qui gouverne notre vie terrestre ici-bas, qui nous aiguille sur le sentier de la justice, qui résorbe nos péchés et nous rappelle notre besoin constant de la miséricorde et du pardon de Dieu, afin que nous retrouvions le droit chemin. La loi nous apprend à employer à bon escient les dons de la création et de la communauté.

Dans le royaume de la loi, la doctrine de la prospérité induit en erreur, n'étant qu'une demi-vérité. Il est vrai que le péché peut mener à la souffrance. Mais Dieu n'a nul besoin de punir le péché directement dans cette vie : celui-ci a tendance à infliger sa propre punition. Être idolâtre, c'est se rendre esclave d'une chose muette, morte, insensible, plutôt qu'entretenir une relation nourricière avec Dieu qui donne la vie. De même, ainsi que l'a dit Jésus la nuit de son arrestation, « tous ceux qui prendront l'épée périront par l'épée » (Mt 26,52) : la violence engendre davantage de violence. Les Proverbes en particulier mettent en garde contre les conséquences graves qu'auront l'avidité, l'abus des pauvres, la paresse et l'impiété. La loi de Dieu s'oppose au péché tout simplement parce que le péché détruit – les gens et toute la création.

Nous n'avons pas le droit, toutefois, d'inverser cette logique. Les choses mauvaises, la souffrance et les calamités ne sont pas toujours engendrées par le péché. On a parfois tendance à penser que la souffrance est toujours le résultat d'un acte mauvais, comme punition, mais Jésus nous interdit de tirer cette conclusion. Il dit clairement que celles et ceux qui ont péri dans l'effondrement de la tour de Siloé n'étaient pas plus mauvais-e-s que les autres ; leur mort ne fut donc pas la conséquence de leurs péchés (Lc 13,4). De même, l'homme était né aveugle, non pas parce qu'il avait péché ou parce que ces parents avaient péché ; Jésus a définitivement rejeté cette interprétation (Jn 9,3). Et enfin, la maltraitance aux mains d'autres êtres humains n'est pas la rétribution d'un péché : car Jésus sans péché a été livré à la mort sur la croix. Bien souvent, c'est la droiture, non pas l'impiété, qui mène à la souffrance. Ainsi, l'interprétation de la doctrine de la prospérité déforme de façon blasphématoire le but fondé de la loi, qui est de prévenir les actes mauvais, et son interprétation du succès ignore les méfaits qui souvent conduisent à la fortune.

Mais nous devons encore aller plus loin dans notre critique de la doctrine de la prospérité. L'Évangile ne représente ni les dons créés reçus de Dieu ni la loi qui les protège. Et l'Évangile ne découle pas de nos bonnes actions, que ce soit en obéissance à la loi de Dieu ou par la maîtrise des prétendues lois spirituelles. L'Évangile n'est rien d'autre que Dieu qui se donne à nous, pour notre salut, par pure bonté, purement et uniquement par le fait de sa nature – l'ami des pécheurs et celui qui aime ses ennemis. Comme l'écrit Martin Luther lorsqu'il résume les articles de foi dans Le Grand catéchisme :

> Mais, pour toi, tu peux facilement apprendre à connaître Dieu, car il s'est révélé lui-même à nous, et les trois articles du Symbole nous découvrent son cœur paternel et les profondeurs de son inexprimable amour ; il nous a accordé non seulement tout ce qui est dans le ciel et sur la terre, mais il nous a donné encore ce qu'il y a de plus précieux : son Fils et le Saint-Esprit, par lesquels il veut nous attirer à lui.[1]

L'Évangile est Dieu pour nous, avec nous et en nous : Père, Fils et Saint Esprit.

Il s'agit d'un Évangile qui nous permet de vivre avec force et de mourir avec espérance. Il nous soutient dans le doute, dans la persécution, dans l'échec et dans la souffrance. Il constitue une promesse qui ne trompe pas mais qui fortifie et ravive. Voici le témoignage de Tsehay Tolessa, une femme éthiopienne luthérienne, torturée et emprisonnée à cause de sa foi pendant dix ans sous un régime violent :

> La main de Dieu est immense ; elle s'étend si loin. Elle est là où ni les amis, ni les voisins, ni la famille ne peuvent atteindre. Il entre partout. Au milieu de la

[1] LUTHER, Martin, *Le Grand catéchisme*, Imprimerie de G. Silberman, Strasbourg, 1854.

> crasse, Il est là, dans l'humiliation, dans le sang, dans la puanteur. À travers tout, Il m'a accompagnée, si près de moi. J'ai senti Sa proximité pendant tout ce temps.

Avec un tel Dieu, nous sommes si riches qu'il n'est nul besoin de courir après de fausses promesses de prospérité !

QUESTIONS

Tout croyant chrétien demande à Dieu des bénédictions de toutes sortes, tant physiques que spirituelles. Quelle est la juste manière de demander ? Quelle est la juste manière de recevoir ? Quelle est la juste manière de réagir lorsque l'on ne reçoit pas ce que l'on demande ?

Pensez à la façon dont vous et les gens de votre communauté réagissez face aux riches et aux personnes qui réussissent, et face aux pauvres et aux personnes qui peinent. Ces attitudes reflètent-elles l'enseignement et l'exemple de Jésus ?

Imaginez comment vous pourriez réagir devant un-e autre chrétien-ne qui perçoit Dieu comme un moyen d'obtenir un succès matériel. Comment formuleriez-vous la vérité selon laquelle l'Évangile suffit, Dieu suffit, même au cœur de la lutte et de la souffrance ?

Que ta volonté soit faite

Chiropafadzo Moyo

La prière n'est pas un phénomène particulier au christianisme ; elle est pratiquée également dans la plupart des autres religions telles que l'islam, le judaïsme, les religions africaines traditionnelles et bien d'autres encore. Le terme désigne généralement l'acte de s'adresser à une divinité à différentes fins. Les chrétiens se servent aussi de la prière pour communiquer avec Dieu. D'après la foi chrétienne, c'est aussi l'un des canaux par lesquels Dieu communique avec les êtres humains. Pour les besoins de cet article, je limiterai mes propos à la prière chrétienne.

La prière est censée être intime et établir une relation réciproque entre Dieu et l'humanité, car nous avons reçu le commandement d'aimer Dieu de tout notre cœur. Cela signifie que la prière doit venir du cœur car nous lisons en Deutéronome 6,5 : « Tu aimeras l'Éternel, ton Dieu, de tout ton cœur, de toute ton âme et de toute ta force. » Dieu nous ordonne de prier. La prière peut s'effectuer de façon verbale ou non-verbale, par exemple par le sacrifice ou la danse.[1] En Genèse 3, nous lisons que Dieu est venu marcher sur la terre et commander à sa création. Après qu'ils ont péché, Adam et Ève se sont cachés de Dieu ; ils ne voulaient ni voir le voir ni communiquer avec Lui. Dieu a pris l'initiative de continuer à communiquer avec sa création car Dieu souhaite être et rester en communication avec nous.

L'appel d'Abraham (Gn 12) est un exemple de la communication directe de Dieu avec les êtres humains. Cette rencontre illustre une communica-

[1] WATSON, E. Mills (éd.), *Mercer Dictionary of the Bible*, Georgia, Mercer University Press, 1990, p. 706. Le sacrifice dans le christianisme ne peut se comprendre que comme une forme d'action de grâce. Il ne consiste jamais en sacrifices d'êtres vivants en vue d'obtenir la bienveillance de Dieu. Il s'agit d'une réponse lorsque la bienveillance de Dieu a été accordée.

tion à double sens. Dieu a appelé et Abraham a répondu à l'appel. Dieu a fait une promesse à Abraham et cette promesse fut un encouragement à poursuivre le dialogue. Dieu a initié le dialogue mais celui-ci est devenu de plus en plus réciproque, soutenu par la promesse de Dieu. Dieu promet à l'humanité son écoute et sa réponse. D'après la foi chrétienne, l'écoute et la réponse de Dieu sont devenus un être humain : Jésus-Christ.

Nous devons prier pour trois raisons :

- L'Ancien Testament déjà nous dit de prier, tout comme le fait Jésus, qui nous dit : « Veillez donc et priez en tout temps » (Lc 21,36). Les chrétiens prient pour Dieu.

- Nous prions car Dieu promet de nous écouter (Ps 50,15) et cherche à communiquer avec nous. Les chrétiens prient pour eux-mêmes.

- Nous prions pour que Dieu nous accorde la puissance de vaincre le mal et de guérir le monde. Les chrétiens prient pour le monde.

Tout ceci ne provient pas de ressources humaines de profonde spiritualité, d'un simple désir humain d'obtenir certaines choses et d'en éviter d'autres. L'auteur et le tuteur de la prière chrétienne n'est pas le chrétien lui-même mais, selon la compréhension chrétienne, c'est l'Esprit Saint qui nous pousse et nous aide à prier.[2]

Puisqu'il y a différentes raisons à la prière chez les chrétiens, il y a aussi une liberté formelle dans la manière de prier. Toutefois, la prière doit être entreprise avec humilité et un cœur repentant. La prière doit être constante. Comment peut-on y parvenir ? C'est à travers un mode de vie, une communication constante avec Dieu, souvent exprimée de manière non verbale. On peut la décrire comment le fait de vivre avec la connaissance consciente de la présence de Dieu. Cela constituerait en effet une vie de prière. Et une telle prière porte sa « récompense » en elle : c'est la fidélité de la présence certaine de Dieu qui nous donne de la force et nous permet de vaincre le mal en nous et autour de nous.

Le Nouveau Testament nous dit que nous pouvons prier partout (Mt 6,6 ; 1 Co 1,2), le temple étant un lieu possible de prière (Lc 24,53 ; Ac 3,1 ; 22,17). La prière peut être de nature personnelle ou communautaire ; on peut offrir une prière en privé ou au sein de la communauté de foi. Il est besoin de prier en communauté, car prier avec les autres enrichit spiri-

---

[2] Cf. « The Large Catechism », troisième partie : The Lord's Prayer, in Robert Kolb et Timothy Wengert (éds), *The Book of Concord. Confessions of the Evangelical Lutheran Church*, Minneapolis, Fortress Press, 2000, p. 440 sqq.

tuellement et prier ensemble en tant qu'Église rassemble tous les chrétiens dans leur recherche personnelle de la présence de Dieu. Il est important de remarquer que le Nouveau Testament invite clairement chacun à prier, quel que soit le statut social ou le sexe (cf. 1 Sm 1,10) et qu'il n'est nul besoin d'un médiateur externe entre Dieu et les êtres humains, qu'il s'agisse d'un prêtre ou d'une personne ayant un charisme particulier. Dans les prières tant juives que chrétiennes, les barrières causées par le sexe et le statut sont invalidées (cf. Lc 2,37 sq. ; 18,13 ; 1,46-55).

En Philippiens 4,6, nous apprenons que nous pouvons prier pour tout ce qui nous concerne sur terre et au ciel. Il existe différentes façons de réaliser une prière et différents types de prières. Dieu souhaite que nous exprimions nos besoins et que nous nous lamentions si nous sommes en peine. Dieu souhaite que nous apportions nos besoins et nos peines devant Lui. Mais Dieu souhaite aussi que nous exprimions notre gratitude et notre louange pour avoir été libérés de la mort et pour avoir reçu un sens et un but à nos vies.

Les psaumes de l'Ancien testament, qui constituaient aussi les prières de Jésus, offrent de magnifiques exemples de louange et de lamentation. Et ces psaumes nous parlent encore aujourd'hui ; les chrétien-ne-s se lamentent et louent Dieu encore de nos jours, créant de nouveaux hymnes et de nouveaux « psaumes » qui peuvent être dits ou chantés. Certain-e-s chrétien-ne-s louent Dieu dans un langage très poétique. Il faut louer Dieu pour ce qu'Il a fait pour son peuple. Certains préfèrent louer Dieu avant de soumettre leurs demandes. Les prières de louange suivent aussi un schéma général dans lequel le cœur de la prière donne les raisons de la louange. Parmi les psaumes traditionnels, les psaumes 8 et 13 sont de bons exemples pour ce type de prière.

Apprendre à prier – le Notre Père

Jésus-Christ nous dit de prier en son nom. Pour un chrétien, il n'est pas possible de prier autrement que dans le nom de Jésus, car Jésus nous a appris à appeler Dieu « Notre Père aux cieux » et c'est son Esprit qui nous fait prier. Ainsi, que nous citions ou non son nom, toute prière chrétienne honnête sera toujours faite au nom de Jésus.

Le troisième article du Grand catéchisme de Luther explique la signification du Notre Père, la prière que Jésus enseigna à ses disciples qui lui avaient demandé de leur apprendre comment prier (Lc 11,1). C'est la plus centrale de toutes les prières chrétiennes ; c'est l'essence même de la prière chrétienne. Nous pouvons observer en elle la réciprocité, la volonté de Dieu, nos besoins et la délivrance du mal : le Notre Père amène nos cœurs à Dieu, loue Dieu pour sa sainteté, pour son royaume qui est parmi nous et pour l'accomplissement de sa volonté, à la fois sur terre et au ciel. Puis la prière amène Dieu vers nous, permet à Dieu de répondre à nos besoins - tant physiques que spirituels. Le pardon et le salut sont demandés pour l'humanité toute entière.

La façon dont on s'adresse à Dieu dans le Notre Père, « Notre Père qui es aux cieux » est significative. Jésus nous enseigne que nous sommes invités à avoir un lien de la forme la plus intime qui soit avec Dieu. Le Grand catéchisme relève sept requêtes dans le Notre Père qui permettent d'identifier les caractéristiques fondamentales de la prière chrétienne.[3] La première requête, « Que ton nom soit sanctifié », se réfère à ce que Dieu demande dans le Deuxième Commandement : le nom de Dieu ne doit pas être profané par des jurements, des imprécations ou des tromperies, etc., mais doit être utilisé à la louange et à la gloire de Dieu. Le nom de Dieu ne doit donc pas être utilisé à mauvais escient, à des fins qui sont en fait motivées par des intérêts idéologiques, politiques et économiques, ou à des fins personnelles, qui sont faussement légitimées par l'emploi du nom de Dieu. La deuxième requête, « Que ton règne vienne », nous demande d'accepter la grâce de Dieu accordée en Jésus-Christ, et demande la réalisation de la Parole de Dieu en nous et en nos semblables. Expliquant la deuxième requête, Luther écrit :

> Nous devons [...] faire du royaume de Dieu la première chose pour laquelle nous prions. Ainsi, sûrement, nous aurons toutes les autres choses en abondance, comme nous l'enseigne le Christ, « Efforcez-vous d'abord d'atteindre le Royaume de Dieu et sa justice, et toutes ces choses vous seront données de surcroît »[4].

La troisième requête, « Que ta volonté soit faite sur la terre comme au ciel », poursuit la demande de la réalisation et l'accomplissement de la volonté de Dieu en nous. Luther ajoute la prière suivante à son explication sur la troisième requête dans le Notre Père :

> Cher Père, que ta volonté soit faite et non celle du diable ou de nos ennemis, ni celle de ceux qui voudraient persécuter et réprimer ta sainte Parole ou empêcher que ton règne vienne ; et fais en sorte que nous supportions patiemment et surmontions tout ce que nous devons souffrir de la part de ceux qui sont tes ennemis, pour que notre pauvre chair ne cède pas et ne rechute pas par faiblesse ou par paresse.[5]

---

[3] *Ibid.*, p. 445 sqq.
[4] *Ibid.*, p. 448.
[5] *Ibid.*, p. 449.

Les pétitions suivantes : « Donne-nous notre pain quotidien », « pardonne-nous nos offenses, comme nous pardonnons à ceux qui nous ont offensés » et « ne nous induit point en tentation » sont des requêtes qui relèvent des besoins humains. « Pain quotidien » se réfère à nos besoins d'êtres humains au sens le plus large, notamment la vie sur terre. « Pardonne-nous nos offenses » souligne l'importance du message central du christianisme, celui du pardon, dans nos vies quotidiennes. « Comme nous pardonnons à ceux qui nous ont offensés » exprime la nécessité de faire preuve de grâce et de miséricorde envers nos prochains, comme Dieu l'a fait avec nous. La requête de ne pas nous induire en tentation nous fait réfléchir aux différentes formes que prend la tentation dans nos vies, que ce soit « l'amour du luxe, des honneurs, de la gloire et du pouvoir » ou « l'incroyance, la fausse sécurité, l'entêtement »[6], etc. Le Grand catéchisme explique : « Ainsi, c'est cela que signifie “ne nous induit point en tentation” : lorsque Dieu nous donne puissance et force de résister, même si l'attaque ne cesse pas »[7].

La septième et dernière requête demande la délivrance de tout mal, et s'achève avec Amen : « Mais délivre-nous du mal, Amen ». « Amen » est l'affirmation de la foi, qui signifie que nous n'avons aucun doute que nos prières sont entendues. C'est un signe de l'affirmation personnelle de notre confiance en Dieu.

Avec le Notre Père, Jésus nous demande de ne pas tomber dans une compréhension faussée de la prière : il y a des prières en prose qui sont constituées de requêtes. La plupart des gens sont pris dans ce genre de prière en pensant que prier signifie constamment demander quelque chose. Certaines requêtes comprennent de longs développements, dans un langage coloré, avec l'intention de convaincre Dieu. Le développement est censé motiver Dieu. Or Jésus nous enseigne que de longues prières peuvent constituer une hypocrisie. En général, les longues prières servent à bénir, à guérir ou à commémorer. Quand les gens veulent obtenir quelque chose de Dieu, ils utilisent de longues prières qui implorent Dieu. Nous devons, cependant, garder à l'esprit que Dieu sait ce que nous voulons, avant même que nous l'ayons formulé et que notre prière pourrait être bien égoïste si elle se limitait aux sujets cités. Elle pourrait faire de Dieu un serviteur qui doit répondre à nos besoins.

---

[6] *Ibid.*, p. 454.

[7] *Ibid.*

Des prières exaucées – magie et prière

Les chrétiens croient que Dieu entend et répond à toutes leurs prières. Jésus promet que les prières d'imploration aussi sont entendues par Dieu, comme par un père aimant. Dieu nous donne ce qui est bon pour nous. Les requêtes sont parfois exaucées de manière différente que ce qu'avait imaginé la personne qui prie. Les moyens par lesquels Dieu entend nos prières et les exauce restent un miracle. On entend souvent la parole de Jésus, « Demandez, et l'on vous donnera » (Mt 7,7) d'une manière simplifiée, créant ainsi l'attente de réponses immédiates à nos prières. Certains tentent de forcer Dieu à écouter en déployant une énergie forcenée. D'autres émettent des ordres qui peuvent provoquer le blâme, quand ils « parlent » comme s'ils étaient Dieu. Dans de tels cas, nous voyons souvent qu'ils ont oublié de faire appel au nom de Jésus lorsqu'ils priaient. Ce n'est pas une prière que Jésus ferait.

Dans le Notre Père, on nous enseigne à demander la volonté de Dieu. C'est la volonté de Dieu qui devrait être faite sur la terre comme au ciel. Les chrétien-ne-s souhaitent bien sûr que les choses arrivent d'une certaine façon, mais la volonté de Dieu est peut-être différente. Nous demandons peut-être la guérison mais Dieu peut avoir une toute autre réponse. Si la mort suit une prière de guérison, Dieu n'a-t-il pas répondu à notre prière ? La Bible nous instruit de prier et demander avec foi et confiance, et d'attendre que Dieu réponde de la meilleure façon qui soit. Prier ne consiste pas à dicter à Dieu ce qu'il doit faire. Bien souvent, les réponses à nos prières sont très différentes de ce que nous avons effectivement demandé. Et il peut être très difficile de croire en une prière exaucée lorsqu'on est confronté à des signes très forts du mal.

Celles et ceux qui pratiquent la magie font se réaliser les choses immédiatement, et comme nous vivons dans un monde empli de magie et de réponses magiques à la vie, les gens s'attendent également à ce que la religion réponde magiquement. Les gens accusent d'énormes pressions dans leur vie et, ainsi, souhaitent des réponses immédiates à tout. Par conséquent, certains chrétiens, en Afrique par exemple, se servent d'éléments comme l'eau et les pierres pour « contenir » leurs prières. Dans certains cas, un véritable « marché de la prière » voit le jour, où de l'huile sainte, de l'eau bénite, etc. sont vendues avec la promesse qu'une prière sera plus efficace, que l'on est plus ou moins « garanti » que la prière sera entendue. Des signes extérieurs ou des éléments matériels qui accompagnent la prière peuvent parfois servir, mais on doit faire très attention de ne pas basculer dans l'idolâtrie. Le salut, tout comme la prière, n'est pas à vendre, car ce qui est essentiel à la prière chrétienne n'est pas dans les éléments magiques mais dans la foi et la disposition à remettre sa vie entre les mains de Dieu.

On encourage le ou la chrétien-ne à chercher le Seigneur de tout son cœur et à tout faire par la foi : « Vous m›invoquerez, et vous partirez ; vous me prierez, et je vous exaucerai. Vous me chercherez, et vous me trouverez, si vous me cherchez de tout votre cœur. » (Jr 29,12-13). Dieu sait ce qui est bon pour chacun-e de nous à tout moment. « Car mes pensées ne sont pas vos pensées, et vos voies ne sont pas mes voies, dit l›Éternel. » (Es 55,8).

Jésus dit que tout ce que l'on demande au Père en son nom sera accordé (Jn 15,7 ; 16,13). En même temps, la référence au nom de Jésus est une remarque essentielle sur l'objet de notre prière : cela ferait-il vraiment l'objet d'une prière de la part de Jésus aussi ? Un chrétien ne devrait pas seulement prier au nom de Jésus mais aussi lui faire confiance. Il faut avoir foi en Jésus lorsque l'on prie afin que la prière soit exaucée.

REMARQUES EN GUISE DE CONCLUSION

La prière chrétienne entretient la relation entre Dieu et le croyant. Ainsi, le chrétien ne peut connaître une croissance spirituelle sans la prière. Des formes de prière non-verbales, comme le silence, la musique et la danse peuvent nous aider à explorer et exprimer nos dimensions physique et émotionnelle en tant que personnes devant Dieu. Dieu souhaite être aimé et adoré pour lui-même, pour nous, pour le monde. Dieu nous guide dans la prière vers Dieu et vient à notre rencontre, nous accompagne dans le besoin et dans la peine, mais aussi dans la joie. Dieu nous a appelés à prier sans cesse, comme un mode de vie de foi en Dieu. Nous prions Dieu et Dieu répond ; nous ne nous prions pas nous-mêmes, ainsi nous ne devrions pas prescrire des réponses à nos prières, mais tout attendre de Dieu, qui est présent en Jésus-Christ et prie en nous par le Saint Esprit de Dieu. Nous avons appris de Jésus à nous adresser à Dieu en disant « Père ». Cela signifie que nous sommes invité-e-s à avoir avec Dieu un lien des plus intimes, par cette façon de l'appeler. Cette salutation est le signe de l'intimité de la relation à laquelle nous sommes appelés.[8] Si nous prenons cette intimité au sérieux, nous ne dicterons pas à Dieu ce qu'il doit faire dans nos prières et nous ne tenterons pas « d'acheter » les réponses à nos prières, mais nous ferons confiance à Dieu, tout simplement comme Jésus l'a fait.

[8] JEANROD, Werner G., *Call and Response: The Challenge of Christian Life*, Dublin/New York, Gill and Macmillan/New York, 1995, p. 120.

Questions

Quelles ont été vos expériences de prière puissante et transformative ?

Quels sont, selon vous, les emplois à tort les plus fréquents de la prière ?

Pourquoi les chrétiens doivent-ils prier et pourquoi la prière communautaire est-elle importante ?

« Je suis parce que je travaille » L'identification par le travail

Busi Suneel Bhanu

Introduction

Le dicton sanskrit Udyōgampurushalakshanam [le travail est l'identité/la caractéristique des êtres humains] est une affirmation populaire réflective de la perspective indienne sur le travail, sans tenir compte des castes, des croyances ou du genre. Dans sa compréhension indienne, le travail est un besoin humain, une expression religieuse, un reflet de l'existence humaine et une partie intégrante de l'identité d'une personne. Pour la personne moyenne, au sein du cadre culturel et religieux indien, le travail désigne aussi les relations humaines basées sur le pouvoir et l'autorité, ainsi que sur l'obéissance et la soumission. On peut comprendre le travail comme un canal positif et progressiste qui permet d'entrevoir le but et le sens de la vie, devenant ainsi une expérience enrichissante. Ou alors, on peut conclure négativement que le travail est un outil déshumanisant qui nie la vie, qui brise l'espoir et les aspirations de la vie elle-même. Ainsi, ce reflet tente de comprendre la dignité, l'identité et la capacité d'un être humain à travers le travail, d'une perspective socio religieuse indienne, à savoir la perspective et le mode de vie de celles et ceux plus couramment connu-e-s sous le nom d'intouchables/*harijans*/Dalits. Dans la recherche de l'identité à travers le travail, l'expérience suivante, d'un Dalit, illustre le combat mené.

Selfie 1. Un point de vue monochrome : « le travail comme dharma »

Depuis que je suis devenu chrétien, je réfléchis au sens et but de la vie humaine en général et de ma vie en particulier. En fait, je suis la première personne dans ma famille à recevoir et à accepter l'Évangile de Jésus-Christ et à commencer à faire l'expérience de la fidélité de Dieu en Jésus. Mes parents m'ont donné le prénom Raja (roi). Leur souhait et désir, je l'ai appris plus tard, était que je puisse mener la vie digne et confortable d'un roi. Pour ce qui est de mon travail, cependant, j'ai réalisé que je n'étais qu'une épave, physique et psychologique. Dans notre langue nationale, le hindi, le terme qui désigne mon travail est *safaikarmachari*, videur manuel ou « employé dans le sanitaire ». Le terme et le titre semblent si grandiloquents qu'on penserait qu'il s'agit d'un travail anoblissant sans aucune connotation déshumanisante.

Enfant, j'ai été envoyé à l'école primaire missionnaire (chrétienne), située là où nous vivions, avec les autres enfants de la communauté *safaikarmachari*. À la fin de ma primaire, et sur l'insistance de certains de mes professeurs, mes parents m'ont inscrit à contrecœur dans une école secondaire dirigée par la même organisation chrétienne et située au centre-ville où nous avions vécu pendant des générations.

Lorsque le moment est arrivé pour moi d'aller à l'université, je me souviens très bien que, malgré mes stratégies variées pour contrer leur décision, mes parents ont insisté sur le besoin et le *dharma* (devoir) pour moi de poursuivre la profession familiale. Ils ont soulevé deux raisons irréfutables. Premièrement, même si je devais obtenir un diplôme universitaire avec mérite, il ne serait pas facile pour moi, avec mon historique familial, de trouver du travail dans la société indienne hautement compétitive. Ainsi, pour éviter la frustration inutile d'être sans emploi, il serait plus sage de poursuivre la profession familiale (dans la même idée qu'un « tiens » vaut mieux que deux « tu l'auras »). Deuxièmement, et plus important encore, afin d'atteindre *mukti* (le salut/la libération) du *karma-samsara* (le cycle des naissances et morts basées sur le fruit des actions d'une personne pendant sa vie), nous devons réaliser le travail qui nous est assigné. De plus, nous sommes des « intouchables » dans cette incarnation-ci et la seule façon de naître dans une caste supérieure dans la prochaine incarnation est d'accomplir notre devoir imparti comme *safaikarmachari* sans plainte ou protestation et en complète soumission. Afin de chasser ma frustration et mon mécontentement devant la tournure des événements et pour combler mon ignorance des structures sociales soutenues par des philosophies religieuses, ils m'ont patiemment expliqué le mythe de création védique qui justifie notre sort en tant que personnes « rituellement impures » et ainsi « intouchables ». Pour mes parents, qui demeurent hindous, la possibilité de gravir l'échelle de la hiérarchie sociale, d'obtenir une identité honorable et, enfin, de s'affranchir des liens du *karma* et *samsara* n'est atteignable que par l'accomplissement du travail assigné (*dharma*).

Alors que l'expression *udyogampurushalakshanam* est devenue une réalité dans ma vie, le videur méprisable a brisé mes rêves de vie. Le travail qui m'est confié est odieux. Nous avons une double responsabilité : nous sommes les gardiens et les protecteurs de la propreté environnementale dans nos propres villes et villages. Nos communautés sont en charge du nettoyage des toilettes sèches de centaines et de milliers de foyers, et travaillent dur nuit et jour pour maintenir propres les canalisations d'eaux usagées qui sillonnent les villages, villes et cités de notre pays. Dans le travail traditionnellement assigné à ma caste, je dois ramasser dans un panier en bambou les souillures nocturnes (les fèces/excréments humains). Je le porte sur ma tête, le dépose dans un chariot à bœufs qui attend sur le côté de la route, et le vide loin du village ou de la ville. De plus, je dois descendre dans les bouches d'égout et évacuer de mes mains nues les immondices, afin que les eaux usagées puissent s'écouler librement et ne salissent pas les environs, évitant ainsi de provoquer ou de propager des maladies (contrôle des vecteurs). Mais en même temps, je suis trempé par l'eau des égouts, ce qui me donne une odeur nauséabonde et pousse les passants à détourner le regard avec mépris. De plus, je suis souvent malade. Je suis réellement un intouchable avec un tel travail comme *dharma*.

Les nettoyeurs de toilettes (charognards manuels) sont l'un des symboles vivants de la réalité déshumanisante des castes et de l'intouchabilité. À cause du travail odieux qu'ils sont obligés de faire, ils constituent la communauté la plus exploitée, la plus rejetée et la plus marginalisée de la société indienne. Malgré les statuts sous l'article 17 de la constitution (l'abolition de la pratique de l'intouchabilité) et plusieurs lois législatives telles que la loi sur la protection des droits civiques de 1955, celle sur la prévention des atrocités de 1989 et celle sur l'emploi des nettoyeurs manuels de toilettes et la construction des toilettes sèches (interdiction) de 1993, la pratique de la vidange manuelle continue sans relâche. Il est indéniable que « je suis parce que je travaille ». *Udyoga*, dans son sens populaire, signifie travail et quelque chose valant la peine d'être fait. Toutefois, du point de vue de la philosophie religieuse hindoue, cela signifie aussi *ud* (plus haut) et *yoga* (discipline spirituelle) dirigé vers la réalisation du but de la vie, à savoir la libération. Pour mes parents illettrés et candides, emprisonnés dans ce point de vue et cette conviction religieuse, on atteindra un jour, si ce n'est pas aujourd'hui, cette identité unique de l'« être humain parfait », peut-être une naissance plus tard ou plusieurs. Pour reprendre les paroles de notre lauréat du prix Nobel, Rabindranath Tagore, « Tes vêtements se déchirent et se souillent, qu'importe ? Va le joindre et tiens-toi près de lui dans le labeur et la sueur de ton front »[1]. Cette identité de charognard intouchable est seulement temporaire et non pas permanente. Pour eux, travailler ne consiste pas simplement à exécuter la tâche mais représente

[1] TAGORE, Rabindraath, *L'Offrande lyrique*, Trad. GIDE, André, NRF, 1917, pp. 179-185.

quelque chose d'unique qui extériorise la passion et offre un sens à la vie. Moi, au contraire, j'ai trouvé un nouveau lendemain ici et maintenant en Jésus et je ne souhaite pas que cette vie passe sans cette nouvelle compréhension du travail qui est devenu adoration et qui m'a offert une identité humaine authentique et source de libération. Aujourd'hui, je sors doucement et progressivement de mon identité stigmatisée d'« intouchable » et de « l'éthique de travail » qui y est associée, et je commence à me sentir fier de mon statut de Dalit et je chéris mon identité de Dalit chrétien.

Selfie 2. Un point de vue sépia : « Je suis un Dalit »

Dans la société indienne, certaines catégories de personnes qui n'étaient pas inclues dans le *catur-varna*, le système de castes qui comprend quatre divisions, sont historiquement connues comme *asprisya* (intouchables). Il existe différentes théories et points de vue sur l'origine du système de castes en Inde, la plus populaire étant l'arrivée des āryans à la peau claire dans la plaine indo-gangétique, qui marque le début de la pratique des *varnā* ou castes. Les colons āryans ont non seulement conçu et mis en place les quatre principales divisions des gens – *brāhmin* (prêtre), *kshatriya/rājanya* (roi/souverain/guerrier), *vaisya* (marchand) et *sūdra* (artisan/serviteur) – mais ils ont aussi doté le système d'un fort ancrage religieux, avec l'introduction d'un mythe de création dans le *rigveda* qui est aujourd'hui l'une des écritures révélées de l'hindouisme. Selon ce récit, lorsque des êtres divins ont sacrifié le *purusa* (l'être primitif) diverses catégories de personnes ont émergé de différentes parties de cet être divin : de sa bouche le *brāhmin* ; de ses deux bras, le *rājanya* ; de ses deux cuisses, le *vaisya* (marchand et agriculteur) ; et de ses pieds, le *sūdra* (la catégorie servile). De plus, les naissances physiques et spirituelles des trois castes hautes, les *brāhmins, kshatryias* et *vaisyas*, connues comme *dvija* (les deux fois nés) – avaient le privilège d'être parées du fil sacré, le signe religieux d'une naissance supérieure et une qualification pour apprendre les *vedas* sacrés. La dernière catégorie dans la hiérarchie des castes était le *sūdra*, la caste servile, dont le seul devoir était de servir les trois plus hautes castes mentionnées ci-dessus.

Tandis que ces quatre catégories entrent dans le système des castes dans la majorité des traditions religieuses hindoues, un grand pourcentage de personnes sont non seulement différenciées des quatre autres castes mais on souligne également le fait que leur statut social est tout en bas de l'échelle. Leur ségrégation et leur pollution rituelle ont comme résultat de mener progressivement à leur intouchabilité. De plus, Manu, le législateur *brāhmin*, par l'imposition stricte de certaines règles et certains règlements, déshumanise les gens connus sous le nom de *candālās*. Par conséquent, leurs logements doivent se situer uniquement hors de l'enceinte du village, ils doivent être rendus *apapātrās* (inéligibles) à tous égards et n'ont le droit de posséder que des chiens et des ânes. Leurs vêtements doivent être ceux des morts et ils ne doivent utiliser que des récipients cassés pour manger. Seuls les ornements en fer noir leur sont autorisés et ils doivent continuellement errer de lieu en lieu. De plus, il est entendu qu'ils n'entretiennent de relations et ne mènent de transactions qu'entre eux et n'épousent que leurs semblables. Si un-e membre d'une autre caste désire leur donner de la nourriture, alors ce doit être fait dans un plat cassé ; la nuit, il leur est interdit de se promener dans les villages et les villes. Ils peuvent, cependant, entrer de jour dans la ville ou le village pour y travailler. Dans une tentative de commettre un génocide psychologique, les hautes castes religieusement et numériquement dominantes continuent d'employer plusieurs termes dénigrants et humiliants pour les désigner, notamment : *amānusya* (non-personne/non-humain) ; *antyaja* (dernière caste/castes extérieures) ; *asprisya/achūta* (intouchable) ; *asura/rākshasa* (démon) ; *avarna* (sans caste) ; *chandāla* (inculte) ; *dāsa/dāsyu* (serviteur) ; *mleccha* (indigènes) ; *nisāda* (peuple de chasseurs-cueilleurs) ; *panchama* (cinquième caste) ; *svapāka* (personne qui cuisine la chair d'animaux morts) ; etc., et d'autres termes modernes tels que « scheduled castes » (groupes indicatifs – gouvernement britannique colonial) ; classes déprimées (*babasahebambedkar*) ; *harijan* (enfants de Dieu – Mahatma Gandhi) ; et Dalit (les masses intouchables).

Dans ce contexte, les intouchables se sont choisi une identité en s'attribuant consciemment le terme Dalit. Étymologiquement, la racine de Dalit, *dal*, signifie des choses ou des personnes qui sont coupées, fendues, cassées ou déchirées, éparpillées ou écrasées et détruites. Le terme Dalit reflète la réalité existentielle et la détresse sans fin de ces communautés qui souffrent de l'oppression (sociale et religieuse) du système des castes et la pauvreté (économique et politique) qui en résulte, tout en signifiant également le besoin de se révolter contre la double oppression d'une dégradation rituelle et d'une privation socioéconomique et politique. Pour les Dalit Panthers (« panthères Dalit »), qui ont popularisé le concept de « dalitude », le terme Dalit est devenu le symbole d'une fierté et d'une résistance affirmées, ainsi que du rejet d'une oppression incessante perpétrée par le système des castes. De plus, il implique l'idée de changement et de révolution plutôt que de rester assujettis à perpétuité au système des castes et à sa servitude. Le terme choisi par les Dalits eux-mêmes est devenu une identité reflet de la réalité et, en tant que telle, la caractéristique principale de l'estime de soi, de l'identité propre et de l'affirmation de soi des communautés d'intouchables et leur étendard de bataille contre l'oppression déshumanisante des castes. En d'autres mots, le terme Dalit pointe du doigt les oppresseurs des castes supérieures qui sont la cause de cette déshumanisation et reflète la conscience qu'ont les Dalits de leur existence non-libre et de leur expérience d'exclu-e-s. Cette prise de conscience constitue le fondement d'une nouvelle unité culturelle et d'une idéologie dalit, et également d'un certain esprit militant. Le nom Dalit est le symbole du changement, de la confrontation et de la révolution. Cependant, malgré cette identité qui se respecte volontairement choisie, les Dalits sont dans une large mesure forcés de poursuivre et d'accepter le travail qui leur est assigné par un système de castes néfaste.

Trois millénaires de soumission et d'acceptation de la discrimination et de la déshumanisation, sans élever la voix en protestation, sont la caractéristique du comportement typique des Dalits. Cette capitulation silencieuse d'une identité propre fait que les Dalits sacrifient volontairement leurs vies-mêmes sur l'autel du respect de soi, de la dignité et de l'individualité, au seul bénéfice des castes supérieures, devenant ainsi des « non personnes ». En d'autres termes, on peut observer dans la psyché même des Dalits l'internalisation d'une mauvaise estime de soi, d'une confusion sur son identité perçue, d'une haine envers soi-même, que l'on peut résumer par le terme « psyché blessée ». Ainsi, les Dalits ont fortement ressenti le besoin de reprendre la véritable identité que les soi-disant castes supérieures leur ont volée et confisquée sous le déguisement complexe et sacrosaint d'enseignements, de dogmes et de doctrines religieux sur la pureté rituelle opposée à l'impureté rituelle et la nécessité d'éviter le contact avec des gens rituellement impurs, afin de maintenir l'ordre moral cosmique.

Selfie 3. Une vue panoramique : « Je suis chrétien et luthérien »

À travers ses dimensions et ses nuances aux facettes multiples – ses subtilités philosophiques, ses mystères mythiques, ses réflexions sur l'art et l'architecture et les énigmes culturels – l'hindouisme véhicule, pour la majorité des Dalits, un message irrévocable : « acceptez le système des castes ou périssez ». Ainsi, cette identité immuable qui est imposée aux Dalits, de leur réalité existentielle même comme peuple rituellement impur, l'acceptation forcée de la victimisation par un discours religieux soutenu et la recherche déterminée d'une spiritualité qui permette de s'extirper de ces situations de vie désespérées, ont marqué le début de la recherche par les Dalits d'une autre forme de religion, une religion offrant une transformation libératrice et une identité émancipatrice qui humanise. La majorité des Dalits ont trouvé des courants libérateurs dans d'autres traditions religieuses comme le bouddhisme, le christianisme, l'islam et le sikhisme. Contrairement à l'hindouisme, ces traditions religieuses, dont la vision égalitaire est reflétée dans les enseignements et les pratiques, offraient la possibilité de briser les structures oppressives de la société et de déraciner les distinctions et les inégalités des castes.

Aujourd'hui, ces intouchables, qui sont fiers de se dire Dalits et qui suivent des traditions religieuses autres que l'hindouisme, constituent environ 16,6 % de la population indienne totale de 1,22 milliards d'individus. Il n'y a aucun consensus sur la population totale actuelle d'intouchables, puisque les estimations publiques et privées varient entre 225 et 250 millions. Aux fins de nos propos présents, il serait avisé de prendre en compte l'estimation prudente de 225 millions. Ces chiffres seraient sensiblement plus élevés si l'on prenait en compte les Dalits qui ont adopté des religions non-hindoues telles que le bouddhisme, le sikhisme, l'islam et le christianisme. Le gouvernement indien, cependant, ne considère dans le recensement de la population que les Dalits intégré-e-s à la société hindoue et ignore toutes celles et ceux qui professent d'autres religions. Même si les estimations varient, sur les 2,34 % de la population indienne totale qui sont chrétiens, entre 50 et 80 % sont issus du milieu dalit.

Lorsqu'il a été implanté dans le creuset du sol socio-culturel indien, l'Évangile de Jésus-Christ s'est enraciné en profondeur et a fleuri pour offrir une identité *par excellence* aux Dalits. L'Évangile offre deux messages libérateurs puissants. Tout d'abord, les êtres humains sont créés à l'image de Dieu, ainsi la nature divine fait partie intégrante de leur être ; aucun être humain ne peut être déclaré rituellement impur et traité comme intouchable et paria. Ensuite, étant créés à l'image de Dieu, tous les êtres humains sont égaux, sans différence hiérarchique ou horizontale aucune. Ce double message puissant de l'Évangile a pénétré profondément la psyché blessée de certains Dalits qui cherchaient une religion qui les aiderait et les soutiendrait dans leur quête et dans leurs efforts pour regagner leur identité volée, privé-e-s qu'ils étaient de respect de soi et d'éveil spirituel. L'Inde a vu alors la conversion en masse au christianisme de certains groupes d'intouchables en quête d'une nouvelle identité et d'une libération des structures oppressives du système des castes. De fait, comme on le dit souvent, l'histoire du mouvement de libération dalit est entrecroisée avec l'histoire de l'Église en Inde. Alors que le christianisme en général offre aux gens le statut enviable d'enfants de Dieu créés à son image, les doctrines et les enseignements luthériens permettent une nouvelle compréhension de la vie à travers le travail, le témoignage et le culte.

Les premiers missionnaires luthériens en Inde, venant de Halle en Allemagne ou de Pennsylvanie aux États-Unis, ont apporté avec eux le message transformateur de l'Évangile, regorgeant de courants sous-jacents de piétisme. Le piétisme était un mouvement de réforme au sein de l'héritage confessionnel luthérien qui a submergé l'Église luthérienne en

Allemagne et qui a souligné le besoin d'un point de vue chrétien pratique et d'un mode de vie qui reflète la foi en Jésus-Christ. Ces missionnaires luthériens du milieu piétiste ont peu à peu amené les luthérien-ne-s indien-ne-s à s'efforcer non seulement d'atteindre un enrichissement spirituel et un renouveau religieux mais aussi de prendre conscience des enjeux sociaux et éducatifs. Ce genre de renouveau socioéconomique et religio-spirituel fut introduit par le biais des enseignements luthériens de *sola gratia, sola fide, sola scriptura, solus Christus, soli deo gloria, theologica crucis, deus absconditus, coram deo* et le sacerdoce de tout croyant, la servitude de la volonté, les deux royaumes, etc. Cette prédication unique et pragmatique de l'Évangile offrait une identité transformatrice à celles et ceux qui embrassaient le christianisme propagé par les missionnaires luthériens et, plus tard, les prédicateurs de l'Évangile. Aujourd'hui aussi, la même identité transformatrice se reflète dans le travail et le témoignage des membres de la communion luthérienne en Inde. Cette identité transformatrice continuellement réformatrice est évidente et est à l'œuvre dans les enseignements de l'Église luthérienne en Inde.

Le travail de Dieu : « Non pas par mon mérite mais par la grâce de Dieu »

L'Église en Inde existe au sein d'une pluralité de philosophies et idéologies religieuses, et d'un entremêlement de complexités sociales, culturelles, économiques et politiques. Comme résultat des enseignements et doctrines de la religion dominante, l'hindouisme, avec son affirmation des *caturvedas* comme étant *apauruseyas* (c'est-à-dire des œuvres non pas humaines mais révélées et de création divine), les masses croient que la pratique néfaste des castes est divinement ordonnée. Ainsi, le seul moyen d'atteindre *moksa* (libération du cycle sans fin des naissances et des morts) et de se libérer de ce statut rituellement impur se trouve dans la prochaine naissance, soit par *jnānamārga* (voie de la connaissance/sagesse), soit par *bhaktimārga* (voie de la dévotion), soit par *karmamārga* (voie du devoir). Suivre l'une de ces *mārgas* en vue de sa libération dépend du tempérament religio-spirituel et des capacités de la personne. Puisque les Dalits sont rituellement impur-e-s de naissance et ne sont pas suffisamment compétents pour choisir *jnānamārga* ou *bhaktimārga*, la seule *mārga* qui leur est disponible est *karmamārga*, c'est-à-dire la voie qui consiste à remplir le *dharma* assigné en complète obéissance, sans remise en question ni plainte. En d'autres termes, la libération n'est possible qu'à travers l'effort humain consistant à exercer le travail assigné.

Dans ce contexte de discrimination basée sur l'héritage, le christianisme en général et le luthéranisme en particulier offrent le *triratnās*, les trois joyaux : *sola gratia, sola scriptura* et *sola fide*. Cela signifie que la libération de toute force qui menace la vie est possible par la grâce vivifiante du seul Dieu Créateur, par la Parole éternelle et vivifiante de Dieu seul et par la foi en Jésus-Christ qui enrichit la vie, plutôt que par son propre mérite et ses propres actions. Cette identité réformatrice, d'une énergie et d'un dynamisme radicaux, consiste à rechercher l'amitié et la fraternité de Dieu par le travail et le témoignage en tant que chrétien pratiquant, plutôt que de dépendre du travail qui nous est assigné. Pour les Dalits chrétien-ne-s, cette identité se complète d'une identité de prêtre, qui était auparavant considérée comme le privilège et la prérogative des *brāhmin* seuls. Qu'un Dalit recherche ce statut était anathème pour les gens du système des castes et utopique pour les Dalits eux-mêmes.

Le sacerdoce de tous les croyants : « J'ai le privilège de travailler en tant que pujāri »

Dans la hiérarchie des castes et selon son échelle de pureté/pollution des quatre castes, les *brāhmin* non seulement se sont déclarés *bhūdevās* (dieux sur terre) mais se sont aussi placés à la tête des affaires à la fois spirituelles et temporelles de la société. L'accès à l'enseignement et au savoir leur était accordé comme droit de naissance. De plus, c'était leur privilège que de transmettre la connaissance acquise aux étudiants méritants des trois castes supérieures. Ils monopolisaient le droit de commander et d'exiger le respect, ainsi que celui de jouir d'une loyauté, d'un soutien et d'un service sans faille de toutes et de tous, sans exception. Même les rois devaient régner, et ne pouvaient régner, qu'en obéissant et en acceptant la conduite des prêtres *brāhmin*. Ainsi, les *brāhmin* se sont élevés au plus haut rang de la hiérarchie sociale et religieuse, tant comme chefs religieux que dirigeants temporels. On empêchait les personnes rituellement impures et polluantes, les Dalits, d'apprendre et de réaliser leurs aspirations religieuses en leur interdisant l'accès aux temples et aux lieux saints et en leur restreignant l'accès aux services religieux des prêtres.

Dans ce contexte de vie des Dalits, le luthéranisme est venu offrir une doctrine radicalement nouvelle du sacerdoce de tous les croyants, un enseignement et un concept jusqu'alors impensable pour les Indiens en général et les Dalits en particulier. Dans *De la liberté du chrétien*, Martin Luther espérait que le terme « prêtre » devienne populaire parce qu'il croyait que la justification par la grâce de Dieu par la foi signifiait que tout-e croyant-e chrétien-ne était un prêtre. Pour Luther, Dieu appelait chaque être humain, quelle que soit sa profession ou sa vocation, en fonction des dons qu'il pouvait exercer pour le bénéfice des autres – que l'on soit un cordonnier intouchable qui travaille la peau des animaux morts, une femme périodiquement impure à cause de sa menstruation, ou un intellectuel de caste supérieure qui se vante de dissiper l'obscurité de l'ignorance des autres par ses dons de connaissance et de sagesse. La vocation de chacun n'est rien d'autre qu'un appel au sacerdoce, en se dévouant aux autres. Dans cette identité de travail sacerdotal (*pujāri*) radicalement nouvelle, les différences entre homme et femme, sacré et profane, rituellement pur et rituellement polluant, gens des castes et masses sans caste – toutes ces choses sont clouées sur la croix de Jésus. En tant qu'enfant de Dieu, chaque être humain voit son statut de *pujāri* et sa dignité humaine restaurés. Pour les Dalits chrétien-ne-s, cette étape majeure est devenue une ancre dans leur prise de distance avec la souffrance institutionnalisée par le système des castes. La dignité du travail plutôt que la séparation des travailleurs est de fait devenue un cadeau pour les Dalits.

Le contexte dalit et l'espoir et les aspirations de la communauté se reflètent dans la théologie dalit. La théologie de la croix de Martin Luther offre une vision puissante de Dieu qui s'identifie au cri de souffrance des masses. Ainsi, le luthéranisme devient solidaire des Dalits dans leur quête d'humanité au cœur de leur souffrance.

La théologie de la croix

La théologie dalit et une théologie de riposte qui défie la théologie chrétienne indienne classique, celle qui se servait des catégories philosophiques de l'hindouisme. Les articulations métaphysiques qui sont endémiques dans la théologie chrétienne indienne classique ne sont pas à même d'offrir un quelconque soulagement aux Dalits. Pour les Dalits, le message de l'Évangile de Jésus-Christ, avec ses courants libérateurs dynamiques et toujours fluides, est devenu un canal authentique par lequel épancher leur soif spirituelle. Dieu en Jésus-Christ est toujours présent dans le pathos et la peine des Dalits, leur permettant de se libérer de la servitude des castes et de la déshumanisation qui l'accompagne. Ainsi, la théologie dalit, une théologie contextuelle qui émerge depuis le bas : elle est une théologie des Dalits, par les Dalits et pour les Dalits. Elle cherche à être pertinente pour eux, sur la base de la réalité existentielle de leur dalitude, et fait tout pour les habiliter dans leur lutte pour la restauration de leur dignité humaine, de leur respect de soi, de leur égalité et de leur libération : tout ce que la discrimination des castes, religieusement sanctionnée, leur a ôté.

Avant l'émergence de la théologie Dalit dans le contexte indien, les paroisses luthériennes étaient sensibilisées à la théologie de la croix de Luther. Qu'on l'admette ou non, la théologie de la croix de Luther offrait l'impulsion très nécessaire à la compréhension des Dalits de leur nouvelle foi en Dieu et à leur espérance d'un nouveau lendemain – non pas une idée eschatologique mais une réalité du moment présent, et le fait que Dieu est un Dieu qui souffre et qui libère. Dieu, dans son abaissement, à travers Jésus-Christ sur la croix, entend les cris de celles et ceux qui souffrent et s'identifie à eux et à elles. Dans la théologie de la croix, le ou la croyant-e considère l'Église comme le peuple de Dieu, se nourrit de la fidélité de Dieu et partage ses dons avec son prochain, entrant ainsi dans une communauté œcuménique plus large.

Conclusion : le salut n'est pas à vendre

Pour les Indiens en général et les Dalits en particulier, la religion est une force vivante, et pour l'Indien moyen, avec une orientation religieuse standard, le *dharma* est tout – la base même des traditions sociales et culturelles : la source régulatrice de la vie des valeurs éthiques, qui fournit et alimente une spiritualité enrichissante. Avec une telle compréhension, les Dalits en Inde, à qui l'on a refusé toute religion épanouissante, ont cherché activement une force métaphysique qui pouvait leur offrir une authentique dignité humaine, une force morale et un potentiel spirituel, une force qui pouvait leur donner les moyens de combattre efficacement l'oppression des castes et la discrimination qui en résulte et d'atteindre une libération holistique et une nouvelle identité humaine enrichissante.

Le préambule à la constitution indienne stipule :

> Nous, peuple de l'Inde, avons solennellement décidé de constituer l'Inde en République souveraine, socialiste, séculaire et démocratique et de garantir à tous ses citoyens la justice sociale, économique et politique ; la liberté de pensée, d'expression, de croyance, de religion et de culte , l'égalité de statut et d'opportunité ; et de promouvoir entre eux la fraternité qui assure la dignité de l'individu et l'unité et l'intégrité de la Nation.[2]

Mais les qualifications laïques de cette ancienne civilisation semblent être un mythe fragile. Dans un pays culturellement et religieusement pluraliste, on n'assied pas du jour au lendemain des fondations laïques solides. C'est dans le processus de développement, cependant, que cela se passe, souvent par pas hésitants, et que des compromis se font avec les

[2] PYLEE, M. V., *India's Constitution*, Bombay, Asia Publishing House Ltd. Édition révisée 1967, p. 51. **Traduction** : « Nous, peuple de l'Inde, ayant solennellement résolu de constituer l'Inde en une République démocratique souveraine, socialiste, laïque, et d'assurer la Justice à toutes ses citoyens – social, économique et politique ; liberté de pensée, d'expression, de croyance, de foi et de religion ; égalité de statut et d'opportunité ; et de promouvoir la fraternité entre eux assurant la dignité de l'individu et l'unité et l'intégrité de la Nation. »

croyances ou les institutions religieuses. En conséquence, la pratique des castes reste populaire et semble être une histoire sans fin.

Le christianisme est arrivé en Inde avec son Évangile d'amour universel et son message égalitaire. Des Dalits qui ont embrassé le christianisme n'ont jamais aucune raison de renoncer à cette foi porteuse de vie, car elle demeure un canal libérateur solide pour se construire une dignité et estime de soi, offrant plusieurs moyens de combattre un système de castes humiliant. La conversion au christianisme est devenue, en effet, une aubaine pour les Dalits, leur permettant de vivre enfin leurs droits humains, leurs espérances et leurs aspirations, si longtemps négligés et sciemment refusés. Le christianisme les aide dans leur combat pour se libérer des inconvénients hérités d'un complexe d'infériorité psychologiquement enraciné, d'un retard économique imposé par la force, d'une impuissance politique et de l'infamie religieuse de la pollution rituelle qui leur empêche de mener une vie digne de ce nom.

Le message de l'Évangile reflète de manière écrasante l'amour de Jésus, ses ministères de guérison et de compassion et son souci et son attention pour les pauvres, les opprimés et les parias de la société, ainsi que sa mort sacrificielle pour les personnes exclues. Quelques groupes de Dalits se sont rapidement identifiés comme sujets et objets de ce message de libération et de renouvellement de la vie qui leur a conféré une identité. En plus d'ouvrir des opportunités pour apprendre des vérités religieuses et nourrir leur foi, le christianisme est devenu une force avec laquelle il faut compter : elle a ouvert et établi de centres éducatifs et autres institutions associées, des écoles techniques professionalisantes, ainsi que des centres de soins médicaux et des projets sociaux au sein et à proximité de quartiers dalits. Elle offre aux intouchables une libération holistique et un canal insufflant une confiance et un courage nouveaux pour défier et combattre l'assignation par le système des castes de tâches déshumanisantes et polluantes, créant ainsi de nouvelles opportunités de travail et donnant un nouveau sens à la dignité du labeur. En d'autres mots, le message de l'Évangile aide et encourage les Dalits à élever la voix pour contester et combattre l'injustice perpétrée par le système des castes.

De plus, les enseignements de l'Église luthérienne enrichissent et améliorent aussi bien l'identité que le travail et le témoignage des Dalits chrétien-ne-s. Pour eux, le luthéranisme a offert sans aucun doute un espoir nouveau et solide de changement possible vers un nouveau mode de vie empli de liberté, de respect de soi, de dignité humaine et une identité qui renouvelle et transforme la vie. L'enseignement luthérien des trois *solas*, notamment le salut/la libération par la grâce de Dieu, révélé dans les Écritures et offert par la foi en Jésus-Christ, se reflète également dans une nouvelle identité. Le sacerdoce de tous les croyants aide les Dalits chrétien-ne-s à surmonter leur psyché blessée, leur personnalité rituellement polluée et l'expérience humiliante d'être en-dessous de tout en tant qu'intouchables dans la hiérarchie socio-religieuse, et ainsi à atteindre de nouveaux sommets avec une psyché guérie de leur travail et de leur témoignage comme prêtres de Dieu. Les attributions et appellations des rituellement pollué-e-s et intouchables qu'on leur a transmis par la force pendant plus de trois millénaires sont en train de s'effriter avec le puissant message de l'Évangile et les enseignements luthériens sur le salut/la libération par la grâce de Dieu. L'égalitarisme préconise et insiste que toute personne est créée à l'image de Dieu et est donc égale, dotée d'une nature divine et précieuse aux yeux de Dieu. De plus, dans la théologie de la croix, les Dalits font l'expérience d'une nouvelle *ekklesia* et, avec leur intériorisation de la *koinonia*, de nouvelles relations d'amitié et de communauté émergent pour former un œcuménisme visible. Ce point de vue et ce mode de vie, nouveaux et transformateurs, sont le résultat de leur compréhension de la réalité existentielle de leurs vies. En conséquence de leur reconnaissance de la présence libératrice de Dieu en Jésus-Christ dans leurs propres vies, les Dalits ne sont plus des « non personnes » mais sont des personnes qui appartiennent à Dieu.

Avec Jésus-Christ comme ancre, le message de l'Évangile comme fondation solide, et les enseignements de l'Église luthérienne comme canaux qui affinent et qui redéfinissent et réforment sans cesse leur propre compréhension du travail et du témoignage, les Dalits luthériens ont commencé à réécrire leur histoire et à apprécier et porter avec fierté leur identité transformée et transformatrice d'enfants de Dieu. C'est le christianisme et la perspective luthérienne qui offrent cette identité nouvelle et unique. Ainsi, les Dalits, chrétien-ne-s en général et luthérien-ne-s en particuliers, ne sont plus des intouchables rituellement pollués dont le contact et même l'ombre polluent les autres. Au lieu de cela, ce sont des êtres humains, créés à l'image de Dieu et donc rituellement purs. Comme tout autre être humain, les Dalits sont libéré-e-s par la grâce et sont appelé-e-s à servir les autres en tant que prêtres et à mettre en place une nouvelle ekklesia, koinonia et un œcuménisme plus large. Le salut/la libération ne s'acquiert pas au moyen d'un travail attribué d'avance qui ternit l'identité. C'est un don de Dieu. En d'autres termes, le salut/la libération n'est « pas à vendre » mais est offert par Dieu qui s'identifie aux Dalits, souffre avec eux et cloue leur souffrance sur la croix, offrant ainsi une spiritualité de la condition humaine à travers la résurrection de Dieu.

Questions

Pour une personne lambda, « travail » évoque des relations humaines basées sur le pouvoir et l'autorité, ainsi que sur la soumission et l'asservissement. Est-ce le cas dans votre région ?

Croyez-vous que la « religion » offre une transformation libératrice et une identité émancipatrice à celles et ceux qui, du fait de leurs activités traditionnelles, sont privés du respect de soi et de la dignité humaine ?

Êtes-vous d'accord avec l'idée que la théologie de la croix de Luther offre non seulement un espoir eschatologique mais également la réalité directe de Dieu qui entend les cris des souffrants, s'identifie aux discriminé-e-s et leur offre une libération holistique ?

La liberté de mouvement et la réalité des migrants, des personnes déplacées et des réfugié-e-s – un dialogue théologique basé sur Actes 27

Elaine Neuenfeldt

L'article 13 de la Déclaration universelle des droits de l'homme stipule :

> 1. Toute personne a le droit de circuler librement et de choisir sa résidence à l'intérieur d'un État.
> 2. Toute personne a le droit de quitter tout pays, y compris le sien, et de revenir dans son pays.[1]

Dans de nombreux endroits du monde, la migration et le déplacement forcé de personnes et de réfugié-e-s font partie de la réalité quotidienne. Ils ne constituent certes pas des phénomènes nouveaux, toutefois ces mouvements sont exposés à une vulnérabilité toujours plus grande. La vie des migrants, qui cherchent un lieu de vie meilleur, et des réfugié-e-s ou des personnes déplacées, qui fuient leurs propres pays à cause de guerres, de conflits et de dégradations écologiques, entre autres causes, est de plus en plus menacée. Le monde est choqué quotidiennement par les tragédies dont ces personnes sont victimes.

[1] www.un.org/fr/universal-declaration-human-rights/index.html

> Il est à craindre qu'au cours de la semaine passée au moins 750 migrants aient péri en tentant de traverser la Méditerranée. Plusieurs milliers d'autres ont risqué leur vie cette année, fuyant les conflits et l'instabilité en Afrique et au Moyen-Orient, à bord de petites embarcations souvent vétustes, dans l'espoir de gagner le territoire européen. Mais le nombre de morts a augmenté de façon dramatique en seulement quelques mois. Plus de 2 200 personnes ont perdu la vie depuis juin, selon l'UNHCR, l'agence des Nations-Unies pour les réfugiés. Cela s'explique par l'augmentation considérable du nombre de migrants qui traversent la Méditerranée. Alors qu'ils étaient 60 000 à avoir atteint les rives européennes en 2013, on en compte déjà plus de 130 000 pour 2014.[2]

> En avril 2015, au moins cinq bateaux qui se dirigeaient vers l'Europe avec près de deux mille migrants à bord ont coulé dans la Méditerranée. On compte au total plus de 1 200 morts.[3]

En général, la pauvreté, les conflits armés, l'agitation sociale et politique et des situations liées aux changements climatiques et/ou à des catastrophes naturelles constituent les causes profondes de la migration et du déplacement forcé de personnes.[4] Néanmoins, il est essentiel de distinguer le déplacement forcé et la migration des autres vagues de migration qui ont leur origine « dans la transformation sociale, économique et politique qui accompagne l'expansion des marchés capitalistes dans des sociétés non fondées sur une économie de marché ou qui n'en sont qu'aux balbutiements ».[5] Dans une économie mondiale :

> [...] les migrants internationaux ne viennent pas de lieux pauvres et isolés déconnectés des marchés mondiaux mais de régions et de nations qui sont soumises à des changements rapides résultant de leur intégration dans des réseaux mondiaux de commerce, d'information et de production.[6]

La réalité du mouvement massif de personnes, soit forcé, soit par recherche volontaire de nouveaux lieux de vie, est hautement complexe. On ne peut l'analyser de manière simpliste ou en observant le phénomène comme s'il ne s'agissait que de gens issus de pays pauvres et prétendument moins développés à la recherche de meilleures conditions de vie dans les pays

---

[2] *Mapping Mediterranean Migration*, 15/09/2014 : www.bbc.com/news/world-europe-24521614.

[3] *Mediterranean Sea Migrant Shipwrecks*, avril 2015 : en.wikipedia.org/wiki/April_2015_Mediterranean_Sea_migrant_shipwrecks.

[4] *Root Causes of Migration–Fact Sheet–An Age of Migration: Globalization and the Root Causes of Migration*, à : www.weareoneamerica.org/root-causes-migration-fact-sheet.

[5] MASSEY, Douglas, *The Political Economy of Migration in an Era of Globalization*, at www.ucpress.edu/content/chapters/11307.ch01.pdf, p. 26.

[6] *Ibid.*, p. 27.

dits hautement développés. Une approche critique de la migration doit remettre en question le modèle de développement social et économique qui engendre une vulnérabilité pour celles et ceux qui sont en mouvement. Quelles sont les dynamiques à l'œuvre dans une société qui expose au danger les migrants et les personnes en mouvement, notamment celles qui sont victimes de déplacement forcé ?

Ce n'est pas seulement le fait de quitter le foyer qui rend les migrant-e-s et les réfugié-e-s vulnérables. En arrivant ailleurs, ils et elles sont confronté-e-s à d'énormes défis. Être migrant est synonyme d'être étranger.

La présence d'étrangers perturbe la dichotomie entre intérieur et extérieur, entre amis et ennemis. Les ennemis restent de l'autre côté du front de bataille, mais les étrangers ne maintiennent pas la distance. Personne ne sait s'ils sont amis ou ennemis.[7]

Les femmes, le rôle des sexes et la migration

Si l'on réagit à la réalité de la migration et du déplacement forcé du point de vue d'une justice sensible à la spécificité des sexes, on doit se poser la question de savoir comment le fait d'être en mouvement affecte les femmes et les hommes selon les rôles particuliers à chaque sexe et les attentes culturelles.

> D'après les données des Nations-Unies, il y avait, en 2009, 213 millions de migrants internationaux dans le monde, soit 3,1 % de la population mondiale. La moitié de la population mondiale de migrants est constituée de femmes. Le motif de leur migration passe progressivement d'une tendance à la réunification familiale à une stratégie motivée davantage par des questions économiques et pour laquelle de plus en plus de femmes migrent seules dans le but de travailler à l'étranger.[8]

La réalité de la migration affecte les femmes selon les rôles qui sont attribués à leur sexe – tant dans le pays d'origine que dans le pays qui les accueille. De manière générale et globalement, les femmes sont moins éduquées que les hommes, ont moins accès aux formations pour acquérir de nouvelles compétences et, ainsi, obtiennent du travail moins qualifié et moins rémunéré. Elles sont donc davantage exposées aux situations de vulnérabilité lorsqu'elles migrent, ce qui augmente la possibilité qu'elles soient victimes d'actes de violence et du trafic d'êtres humains.

[7] PASSARELI, Alessia, "Reflecting on Migration in Europe," in *Migra-tion–Migration–Migración*, Student World 07, WSCF, 2008, p. 98.

[8] www.un.org/womenwatch/feature/trade/Labour-Mobility-and-Gender-Equality-Migration-and-Trade-in-Services.html.

> L'expérience des gens en matière de rôles des sexes est un élément central dans les schémas, les causes et les conséquences de la migration. Les rôles, les relations et les inégalités des sexes déterminent qui migre, comment, pourquoi et le point d'arrivée. Le fait de migrer peut déboucher sur une plus grande autonomie économique et/ou sociale pour les femmes et représente une occasion de remettre en question les rôles traditionnels ou restrictifs des sexes.[9]

Les femmes sont généralement celles qui tiennent le foyer : elles prennent la responsabilité des personnes âgées, des enfants et des malades, ce qui alourdit d'autant plus leur charge dans les camps de réfugiés et les désavantage par rapport aux migrants masculins.

De l'espoir et des bateaux : Actes 27, un texte biblique en dialogue avec la réalité des migrant-e-s qui cherchent asile/refuge en Europe

Un bateau : c'est là qu'a lieu notre dialogue entre le texte de la Bible et les migrant-e-s cherchant refuge en Europe. Le bateau est une image qui symbolise la migration, particulièrement le courant actuel de migration vers l'Europe. Dans chaque bateau, il y a des rêves, il y a de l'espoir. Des bateaux remplis de migrants tentent de traverser la Méditerranée, convoyant des gens qui cherchent une vie meilleure, fuyant le conflit, à la poursuite de cette minuscule étincelle d'espoir qui brille sur l'horizon.

Routes et géographies

Tandis que nous « voguons » à travers le texte biblique, nous pouvons facilement identifier des éléments liés aux réalités des migrant-e-s et des réfugiés, particulièrement celles et ceux qui encore maintenant tentent de traverser la Méditerranée. Un itinéraire de peur et de danger dans des eaux troubles est décrit dans le récit. Lorsque vous êtes piégé-e-s sur un bateau au milieu du vaste océan, affrontant tempêtes et vents violents, le danger et la vulnérabilité sont votre seule réalité.

Le texte décrit la réaction de Paul et des autres personnes à bord en ces instants. Il est des situations conflictuelles qui doivent être résolues ; chacun des personnages dans le récit réagit différemment, selon sa propre compréhension et circonstance. Des informations géographiques détaillées décrivent le périple. Pourtant, les lieux et les villes semblent être plus que

---

[9] www.bridge.ids.ac.uk/bridge-publications/cutting-edge-packs/gender-and-migration.

de simples espaces physiques où le bateau jette l'ancre : ce sont des endroits géographiques qui jouent un rôle essentiel dans l'histoire.

Le conflit, au cœur de la tempête (Ac 27,13-26)

> Une petite brise du sud s'était levée, et ils se sont imaginé que ce projet était réalisable ; ayant donc levé l'ancre, ils ont tenté de border la côte de Crète. Mais presque aussitôt, venant de l'île, un vent d'ouragan, qu'on appelle euraquilon, s'est abattu sur eux ; le bateau fut emporté, incapable de remonter au vent, et, laissant porter, nous allions à la dérive. Filant sous le couvert d'une petite île appelée Cauda, nous avons pourtant réussi, de justesse, à maîtriser le canot. Après l'avoir hissé à bord, on a eu recours aux moyens de fortune : ceinturer le bateau de cordages et, par crainte d'aller échouer sur la Syrte, filer l'ancre flottante ; et l'on a continué ainsi de dériver. Le lendemain, comme nous étions toujours violemment secoués par la tempête, on jetait du fret et, le troisième jour, de leurs propres mains les matelots ont affalé le gréement. Ni le soleil ni les étoiles ne se montraient depuis plusieurs jours ; la tempête, d'une violence peu commune, demeurait dangereuse : tout espoir d'être sauvés nous échappait désormais.
>
> On n'avait plus rien mangé depuis longtemps quand Paul, debout au milieu d'eux, leur a dit : « Vous voyez, mes amis, il aurait fallu suivre mon conseil, ne pas quitter la Crète et faire ainsi l'économie de ces dommages et de ces pertes. Mais, à présent, je vous invite à garder courage : car aucun d'entre vous n'y laissera la vie ; seul le bateau sera perdu. Cette nuit même, en effet, un ange du Dieu auquel j'appartiens et que je sers s'est présenté à moi et m'a dit : "Sois sans crainte, Paul ; il faut que tu comparaisses devant l'empereur et Dieu t'accorde aussi la vie de tous tes compagnons de traversée !" Courage donc, mes amis ! Je fais confiance à Dieu : il en sera comme il m'a dit. Nous devons échouer sur une île.

Être réfugié-e ou migrant-e implique normalement une condition de vulnérabilité et d'instabilité en raison du déracinement de la personne qui se trouve dans cette situation. Aujourd'hui, le cadre normatif d'obligations morales est encore basé sur une notion fixe et limitée de ce qui constitue un territoire et des frontières. Il est gouverné par une notion institutionnelle et restrictive de la souveraineté, qui est construite par et, en même temps, façonne un discours politique articulé autour des notions de « personne de l'intérieur » et « personne de l'extérieur ». La solidarité et l'accueil font rarement partie de ce vocabulaire politique.[10]

[10] NEWMAN, Edward, "Refugees, International Security and Human Vulnerability: Introduction and survey," in NEWMAN, Edward et VAN SELM, Joanne (éds), *Refugees and Forced Displacement. International Security, Human Vulnerability, and the State,* Tokyo/New York/Paris, United Nations University Press, 2003, p. 9. Chapitre-échantillon à : unu.edu/publications/books/refugees-and-forced-displacement-international-security-human-vulnerability-and-the-state.html#overview).

La théologie ainsi que les pratiques et le discours d'Églises et d'organisations d'inspiration religieuse peuvent ainsi jouer un rôle clé pour faire évoluer ce concept de souveraineté. Le travail de diaconat des Églises est basé sur la notion d'accueil et de solidarité.[11]

Montrant un voyage où la grâce de Dieu libère et affirmant que le salut, les êtres humains et la création ne sont pas à vendre, le récit d'Actes 27 nous donne un scénario à bord d'un bateau qui reproduit le contexte plus large de l'Empire romain.

Toute la réalité de l'Empire est reproduite à bord de ce vaisseau : il y a des soldats et un centurion, des prisonniers, des marins, des travailleurs et du blé.

Que fait le blé sur ce bateau ? D'où vient-il ? Le texte ne nous le dit pas, mais comme le bateau porte des prisonniers et se dirige vers Rome, le blé qui doit subvenir aux besoins de la cité provient probablement d'une forme d'impôt prélevé dans les provinces et est le produit d'un système oppressif de taxation.

Je voudrais suggérer que dans le contexte d'un voyage où la vie n'est pas à vendre, nous apprenons du récit biblique comment des conflits peuvent susciter différentes réactions. Il est possible de gérer des moments de conflit de différentes manières ; l'approche dépendra beaucoup de votre position qui fournira les indications nécessaires pour gérer de telles situations.

Quels sont les choix envisageables ? Qu'est-il possible de faire ? (Ac 27,21-22)

> On n'avait plus rien mangé depuis longtemps quand Paul, debout au milieu d'eux, leur a dit : « Vous voyez, mes amis, il aurait fallu suivre mon conseil, ne pas quitter la Crète et faire ainsi l'économie de ces dommages et de ces pertes. Mais, à présent, je vous invite à garder courage : car aucun d'entre vous n'y laissera la vie ; seul le bateau sera perdu. »

Il semblerait que le bateau ait poursuivi sa course dans une situation de vie certes particulière mais normale, jusqu'à ce que la tempête vienne briser cette normalité. La tempête est comme un interrupteur qui déclenche le conflit. La tempête ne constitue pas le conflit en lui-même mais plutôt une crise qui fait éclater le problème et exige que tous sur le bateau se mobilisent.

---

[11] Cf. *Welcoming the Stranger: Affirmations for Faith Leaders* (Genève : la Fédération luthérienne mondiale, 2013) à : www.lutheranworld.org/content/resource-welcoming-stranger ; NORDSTOKKE, Kjell (éd.), *Diakonia in Context | Transformation, Reconciliation, Empowerment* (Genève : la Fédération luthérienne mondiale, 2009), à : www.lutheranworld.org/content/resource-diakonia-context-transformation-reconciliation-empowerment.

Une étude plus attentive des actes posés par chaque personne ou chaque groupe dans ce moment de crise fournit des éléments pour analyser leurs différentes stratégies de résolution des conflits.

L'horreur du naufrage provoque des actes – attendus ou inattendus – de la part des passagers du navire. Analysons-les :

Paul implore tout le monde de se nourrir (Ac 27,33-35)

> En attendant le jour, Paul a engagé tout le monde à prendre de la nourriture : « C'est aujourd'hui le quatorzième jour que vous passez dans l'expectative sans manger, et vous ne prenez toujours rien. Je vous engage donc à reprendre de la nourriture, car il y va de votre salut. Encore une fois, aucun d'entre vous ne perdra un cheveu de sa tête. » Sur ces mots, il a pris du pain, a rendu grâce à Dieu en présence de tous, l'a rompu et s'est mis à manger.

Que signifie une invitation à partager un repas à ce moment très inopportun ? Qui voudrait manger quand le bateau lutte pour rester à flot, battu par des vagues puissantes ? Qu'est-ce donc qu'une telle proposition ? « Je vous engage donc à reprendre de la nourriture, car il y va de votre salut. Encore une fois, aucun d'entre vous ne perdra un cheveu de sa tête. » Comme s'il anticipait de nouvelles difficultés.

Tous alors, reprennent courage (Ac 27,36)

> Tous alors, reprenant courage, se sont alimentés à leur tour.

Le texte montre des similitudes avec le récit de l'Évangile de Jésus qui nourrit les multitudes (Mt 14,13-21 ; 15,32-39) ; le rituel de rompre le pain, rendre grâce et manger ressemble fortement à l'institution de la Cène (1 Co 11,23).

Mais tout de même, pourquoi manger dans une telle situation ? La tempête représentait encore un danger et le bateau était toujours balloté par les vagues. Manger pouvait rendre les passagers malades. Alors pourquoi insister sur la nécessité de manger ensemble ?

Regarder les relations sociales entre ceux qui partagent du pain, qui mangent ensemble, peut aider à trouver une réponse à cette question. Le rituel élaboré autour de la nourriture crée la communauté, la communion. Le mot « compagnon » porte dans sa racine latine l'idée de « manger du pain avec » : *con-pan*. Autrement dit, celles et ceux qui mangent du pain ensemble deviennent partenaires. Le pain crée un lien, des relations, un engagement. S'asseoir ensemble et partager du pain ou de la nourriture crée des alliances, des liens. Serait-ce ce lien qui produit la solidarité que recherche Paul ?

Ne pouvons-nous pas voir dans l'action de partager de la nourriture le fait de donner aux passagers du bateau la force de décider de la prochaine action à prendre ? Il s'agit de fait d'une action dangereuse : ils doivent choisir ce qui devra être sauvé. Leur action représente en pratique ce que nous affirmons aujourd'hui : que les êtres humains, les vies humaines, ont plus d'importance que les biens matériels ou la richesse. Les êtres humains ne sont pas à vendre.

Ce récit biblique fournit le socle sur lequel bâtir ce qui, du point de vue latino-américain exprimé ci-après, est décrit comme étant la mémoire collective de la passion et de la résurrection – le souvenir de la solidarité de Dieu avec l'humanité. Le partage du pain et du vin dans l'amitié.

> Seule la célébration de la vie et de la justice comme un don pour tous et pour toutes peut nous amener vers une communion d'égaux/égales. À la table de communion, la logique de l'exclusion n'a pas sa place. [...] Il est possible de célébrer le festival de Communion même si sa vie est menacée, car dans la justification, chagrin et lamentations laissent place à la confiance en Dieu comme un ami avec qui l'on vit en solidarité.[12]

Manger du pain au milieu de la tristesse et de la peur a le pouvoir symbolique de lier celles et ceux qui partagent ensemble le pain qui circule et la solidarité. Ils sont dans le même bateau. Ils doivent chercher ensemble des solutions à leurs problèmes. La solution viendra comme un acte collectif de survie. Mais toutes et tous n'apportent pas la même expérience à la situation. Leurs réactions à la peur et leurs besoins de survivre sont liés à leurs expériences de vie personnelles. Leurs décisions quant à ce qui est à valoriser et ce qui est à préserver sont étroitement liées aux situations dont ils et elles sont issues.

Que faut-il emporter ? Que faut-il jeter ? Pas à vendre (Ac 27,38)

> Une fois rassasiés, on a allégé le bateau en jetant le blé à la mer.

Jeter de la nourriture ? Pourquoi ? Quelle est la valeur économique, sociale, symbolique de ce blé ? Si l'on considère que le bateau est chargé de prisonniers et de produits à destination de Rome, le blé vient sûrement du système de taxation romain. C'est de la nourriture, mais pas pour la consommation par le peuple. Le blé n'est pas destiné à assurer la souveraineté alimentaire ; il ne représente pas un système collectif et autonome de distribution de nourriture pour tous, dans la justice. Il sert en revanche à garantir le système de sécurité alimentaire de l'Empire. La nourriture servant à contenter la faim vient d'être prise. Ce blé n'est pas destiné à rassasier la faim des

[12] TAMEZ, Elsa, *The Amnesty of Grace. Justification by Faith from a Latin American Perspective,* Nashville, Abingdon Press, 1993, p. 139.

gens mais bien la convoitise de l'Empire. Ainsi, évaluant ce qui doit être sauvé de la tempête après avoir partagé le pain, ils peuvent jeter le blé.

Ac 27,42

> Les soldats ont eu alors l'idée de tuer les prisonniers, de peur qu'il ne s'en échappe à la nage.

Il est difficile de renverser un système qui crée des privilèges et développe chez certains groupes l'idée qu'ils doivent préserver le système en maintenant l'ordre. La solution des soldats pour sauver le bateau découle de leur vision du monde dans laquelle la vie des prisonniers ne compte pas, n'a aucune valeur, peut être supprimée.

Ac 27,43

> Mais le centurion, décidé à sauver Paul, les a empêchés d'exécuter leur projet ; il a ordonné à ceux qui savaient nager de sauter à l'eau les premiers et de gagner la terre.

Au début du récit, nous avons appris que le centurion romain était bienveillant avec Paul. Une forme de solidarité était déjà établie. Pour le centurion, la solution réside dans la prise de responsabilité personnelle de chaque passager, car chacun est capable d'assurer sa propre survie.

Ac 28,1

> Une fois hors de danger, nous avons appris que l'île s'appelait Malte.

Il aurait pu s'agir de Lampedusa, ou toute autre île parsemant la Méditerranée, où les migrant-e-s cherchent refuge aujourd'hui.

Ac 28,2

> Les autochtones nous ont témoigné une humanité peu ordinaire. Allumant en effet un grand feu, ils nous en ont tous fait approcher, car la pluie s'était mise à tomber, et il faisait froid.

Mouvements dans l'économie de marché mondiale – le partage pour contrer une culture de la vente

Une société basée sur une économie de marché capitaliste produit une rupture radicale entre humanité et nature. Ceci a des répercussions considérables sur les relations humaines, qui se voient fragmentées et transformées en marchandises. L'importance des gens ne vient pas de leur condition d'êtres humains jouissant d'une dignité, mais de leur qualité de consommateurs. Leur valeur réside dans leur pouvoir d'achat et de possession. Le principe le plus sacré du marché est que les plus grands acheteurs sont les vainqueurs.[13]

Selon les perceptions engendrées par ce système, celles et ceux qui achètent et possèdent le plus « valent » plus. Un système économique qui est régulé par un marché capitaliste et mondialisé a donc des répercussions sur la valeur des gens. Les symboles de statut matériel ont une importance particulière non seulement dans les pays riches, mais également dans les pays à faible pouvoir économique.

Ce modèle d'économie de marché est orienté vers et mu par le désir – c'est là « l'esprit » du capitalisme – de consommer et, surtout, de montrer ostensiblement ce qui est consommé ; le pouvoir de consommer est souvent assimilé à la bénédiction divine ; la prospérité est comprise comme étant un signe de « salut ». Pour comprendre et critiquer cette construction idolâtre[14] – le système d'économie de marché néolibérale – il nous faut nous appuyer sur la grammaire religieuse. Dans un environnement où l'achat et le consumérisme sont hautement valorisés, il est dur d'accepter de vivre avec moins. Et pourtant, tant que les riches ne sont pas prêts,[15] tant à un niveau individuel que collectif,[16] à vivre avec moins, il sera difficile de faire advenir une coexistence pacifique et plus juste dans le monde d'aujourd'hui.

La foi, la religion et les pratiques spirituelles sont des domaines fondamentaux à prendre en compte lorsque l'on critique un système économique construit sur l'exclusion et l'oppression. Dans un système caractérisé par le déplacement ou la mobilité, ou encore par l'individualisme, une foi qui engendre un sentiment d'appartenance, de reconnaissance et de participation est hautement pertinente.[17]

---

[13] HERRY-PRIYONO, B., "Re-emebedding the Economy for the Common Good," in SINAGA, Martin L. (éd.), *A Common Word. Buddhists and Christians Engage Structural Greed*, Genève/Minneapolis, Lutheran University Press, 2012, p. 53, and available atwww.lutheranworld.org/sites/default/files/ DTS-Studies-201201-A_Common_Word_sm.pdf.

[14] MO SUNG, Jung, "Ethical Indignation and Economic Injustice," text presented at the seminar *Redeeming the Market: Theological Contributions to an Alternative Economics*, John Knox Centre, Genève, 31 mai – 1 juin 2013.

[15] *Ibid.*

[16] *Ibid.*

[17] COX, Harvey, *The Market as God*, at www.theatlantic.com/magazine/archive/1999/03/the-market-as-god/306397/

Un autre élément important que la théologie peut et doit apporter au débat sur l'injustice économique est de démontrer et de renforcer la dimension spirituelle de l'indignation éthique. La théologie chrétienne doit être une réflexion critique sur l'expérience spirituelle qui consiste à découvrir et à suivre Jésus crucifié et ressuscité dans le monde d'aujourd'hui. La spiritualité dont le monde a besoin aujourd'hui est une spiritualité née de et vécue conjointement avec l'indignation éthique contre l'injustice. C'est-à-dire une spiritualité qui conduit les gens à se préoccuper des questions économiques et sociales, et à se battre avec leurs moyens pour l'avènement d'une société plus juste.[18]

Justification, justice et dignité humaine

En tant que communion en mouvement, en pèlerinage, nous voyageons ensemble vers une vie de plénitude. Nous prions que Dieu nous guide et nous inspire, afin que notre pèlerinage nous ouvre les un-e-s aux autres à travers une interaction dynamique et créative pour la justice.

La justification par la foi seule radicalise le respect pour la dignité humaine en l'attribuant au libre arbitre de Dieu et non pas au marché d'une méritocratie qui, trop souvent, anime la société. La justification, dans ce sens, signifie la libération d'anxiétés et de l'auto-condamnation.

La révélation de la justice de Dieu et sa réalisation dans la justification proclame et apporte la bonne nouvelle du droit à la vie de toute personne. La vie accordée dans la justification est reconnue comme un don inaliénable, parce qu'elle procède de la solidarité de Dieu, en Jésus-Christ, avec celles et ceux qui sont exclu-e-s. Une telle vie de dignité rend les êtres humains sujets de leur propre histoire. Dieu « justifie » (rend et déclare juste) l'être humain, afin de transformer le monde injuste qui exclut, tue et déshumanise ce même être humain.[19]

---

[18] SUNG, *op. cit.* (note 14).

[19] TAMEZ, *op. cit.* (note 12), p. 14.

Questions

Comment les récits bibliques peuvent-ils être des guides sur notre route qui affirment que le salut n'est pas à vendre ?

Qu'apprenons-nous du récit biblique ?

Qu'apprenons-nous sur la solidarité et sur l'accueil des migrant-e-s et des réfugié-e-s ?

La doctrine catholique de la justification dans le contexte œcuménique

Wolfgang Thönissen

Après des siècles de querelles théologiques, le milieu du XXe siècle fut marqué par le début d'une recherche de compréhension œcuménique dans les disputes qui dataient de la Réforme. Au centre de ces efforts communs résidait l'essence même de la Réforme : la doctrine de la justification. Avec son livre sur Karl Barth, publié au début des années 1950, le théologien catholique suisse, Hans Urs von Balthasar, a déjà contribué à la compréhension commune de la doctrine de la grâce. Le livre de Hans Küng, *La Justification*, sur la théologie de la justification de Karl Barth, permit de faire un pas de plus vers un accord œcuménique. Le travail d'Otto Hermann Pesch, chercheur catholique, sur la théologie de la justification de Martin Luther et de Thomas d'Aquin, a nourri de manière importante le dialogue œcuménique sur la question de la justification. Le dialogue bilatéral luthérien-catholique sur la justification depuis la fin des années 1960 a aussi largement contribué à une compréhension commune. Une étude allemande en particulier, intitulée *The Condemnations of the Reformation Era: Do They Still Divide?* (« Les condamnations de l'ère de la Réforme : divisent-elles encore ? »)[1], qui plonge dans les différences doctrinales traditionnelles, mérite une mention spéciale à cet égard. La *Déclaration commune sur la*

[1] LEHMANN, Karl et PANNENBERG, Wolfhart (éds), *The Condemnations of the Reformation Era: do they still divide?*, Minneapolis, Fortress, 1990.

Doctrine de la Justification du 31 octobre 1999,[2] adoptée ensemble par la Fédération luthérienne mondiale et l'Église catholique romaine, peut ainsi être considérée à juste titre comme le produit de plusieurs décennies de travail théologique sur la doctrine de la justification. Ces compréhensions œcuméniques n'auraient pas été possibles, cependant, sans le renouveau et l'approfondissement de la doctrine catholique de la grâce et de la justification, que le Concile Vatican II a encouragés. Cette doctrine maintient le *proprium* (attribut propre) de la théologique catholique au sein d'une compréhension œcuménique.

Le traitement des controverses de l'ère de la Réforme

Très tôt, les querelles au sujet de la théologie de Martin Luther ont tourné autour de la compréhension de la justification. Celles-ci ont commencé avec le regard nouveau que Luther posait sur le sacrement de la pénitence. Aujourd'hui, nous pouvons mieux apprécier comment l'objection de Luther ne visait pas à éliminer le sacrement. Le problème principal pour Luther était en fait de savoir comment nous pouvons nous faire pardonner nos péchés. Au sein de la théologie de son époque, Luther devait avoir entendu que Dieu pardonne aux gens leurs péchés lorsqu'ils se repentent par un acte d'amour sincère. Les prêtres avaient la tâche de déclarer et d'indiquer par l'absolution le pardon des péchés, un pardon qui avait déjà eu lieu par le plein repentir. Ici, nous pouvons identifier la théorie nominaliste selon laquelle Dieu ne refuse pas sa grâce à celles et ceux qui font ce dont ils sont capables. La justification des pécheurs apparaîtrait ainsi comme la conséquence de leur repentir, qui, en soi, en effet, est un don de Dieu et est déjà réalisé par le pardon des péchés. Dans son travail approfondi sur la doctrine du repentir du Bas Moyen-Âge, Luther commençait à comprendre que le repentir, à l'inverse, est ancré dans une promesse de Dieu que les croyants reçoivent et embrassent dans leur foi. Luther était considérablement influencé en ceci par Bernard de Clairvaux et, à travers lui, par Augustin. La foi est la seule réponse appropriée à la promesse de Dieu dans sa Parole. La justification ne s'opère que par la grâce de la foi dans les actes salvifiques de Jésus-Christ.

---

[2] *Joint Declaration on the Doctrine of Justification* (Grand Rapids, Michigan/Cambridge, UK: William B. Eerdmans Publishing Company, 2000). Pour le français: *La Doctrine de la justification, Déclaration commune de la Fédération luthérienne mondiale et de l'*Église *catholique*, éditions du Cerf, Paris, 1999.

Alors que les points de vue luthérien et catholique ont convergé, en fait, de manière significative au XVIe siècle, les théologiens catholiques ont trouvé l'appréciation de Luther troublante et ont critiqué son rejet de la responsabilité personnelle des gens pour leurs actes. Le Concile de Trente (1545-1563) a ainsi mis l'accent sur la responsabilité des individus et leur capacité à participer à la grâce de Dieu. Celles et ceux qui sont justifié-e-s doivent être impliqué-e-s dans le déploiement de la grâce dans leur vie.[3] Le Concile de Trente a clairement exprimé l'idée que les personnes ne peuvent pas être justifiées par leurs œuvres ou grâce à leur propre nature sans la grâce de Dieu. La seule source de notre justification est la justice de Dieu, par laquelle il nous rend justes. Le Concile a aussi insisté, cependant, sur le fait que si ni la foi ni les bonnes œuvres ne pouvaient faire mériter la justification, les personnes participent néanmoins par leur libre arbitre et leur consentement à se préparer à recevoir la grâce de la justification et à multiplier cette grâce par les bonnes œuvres. Avec le pardon des péchés, les personnes reçoivent des vertus qui découlent de la grâce . la foi, la charité et l'espérance.

Le conflit autour de ces questions s'est définitivement aggravé lorsque Luther et les autres réformateurs ont commencé à déclarer que la doctrine de la justification était « l'article premier et principal » et « le guide et juge de toutes les parties de la doctrine chrétienne ». « C'est pourquoi une division concernant ce point-là était si grave, et que les efforts pour surmonter cette division rupture devinrent une haute priorité dans les relations entre luthériens et catholiques »[4]. Cette controverse est devenue l'objet d'une recherche étendue de la part de théologiens à titre personnel et de nombreux dialogues catholico-luthériens à niveau national ou international, dans la seconde moitié du XXe siècle. Les résultats de ces études et de ces dialogues ont finalement été pris en compte par la *Déclaration commune sur la Doctrine de la Justification (DCDJ)* de l'Église catholique romaine et de la Fédération luthérienne mondiale.

Justification – l'événement central du salut dans la foi de l'Église

La compréhension de la foi et de la justification s'est considérablement développée grâce à la théologie catholique au cours des dernières décennies. Le Concile Vatican II (1962-1965) a constitué un point de démarcation

[3] *Du conflit à la communion: Commémoration commune luthérienne-catholique en 2017*, Rapport de la Commission luthéro-catholique romaine sur l'unité, éditions Olivétan, Lyon, 2014.
[4] *Ibid.*, § 122.

majeur dans ce processus. Le Concile a rendu possible une interprétation nouvelle de la doctrine classique de la grâce et de la justification formulée par le Concile de Trente et qui a perduré plusieurs siècles. On peut ainsi considérer le souci central de la théologie catholique comme étant les formes de la doctrine de la grâce en lien avec l'histoire du salut et le dialogue personnel. La justification apparaît ici comme étant le centre et l'apogée de l'événement de la grâce. La déclaration décisive sur la doctrine catholique de la justification se trouve dans le passage suivant de *Lumen Gentium (LG)*, Constitution dogmatique sur l'Église :

> Appelés par Dieu, non au titre de leurs œuvres mais au titre de son dessein gracieux, justifiés en Jésus notre Seigneur, les disciples du Christ sont véritablement devenus par le baptême de la foi, fils de Dieu, participants de la nature divine et, par là même, réellement saints. Cette sanctification qu'ils ont reçue, il leur faut donc, avec la grâce de Dieu, la conserver et l'achever par leur vie.[5]

Alors que le Concile Vatican II n'a pas présenté de version révisée de la doctrine de la justification en contraste avec celle du Concile de Trente, on reconnaît facilement la nouvelle orientation concernant l'événement central de la justification. Ce message central peut être articulé en plusieurs parties :

Seul Christ est saint

Ce point christologique central s'élabore dans le contexte de l'ecclésiologie et particulièrement ici en lien avec le chapitre sur l'appel universel à la sainteté dans l'Église. L'idée principale de cette partie est que le Christ est celui qui sanctifie l'Église dans son ensemble et qui l'appelle à la sainteté. Le Christ s'est livré pour son peuple afin de le sanctifier. Le Christ est la seule voie vers le salut. Dans ce cadre, l'appel universel à la sainteté signifie qu'il ne s'agit pas de perfection morale ou d'héroïsme éthique, et que ce n'est pas ainsi que l'on atteint la sanctification, mais que le fondement de la sanctification est la sainteté, qui est Dieu, et qui est accordée à celles et ceux qui sont sauvé-e-s sans qu'ils l'aient mérité. La volonté de réconciliation de Dieu constitue la base pour la grâce de la sanctification que le Christ accorde dans sa mort et sa résurrection. La plénitude de la grâce est le Christ lui-même. La grâce est liée inconditionnellement à l'acte de réconciliation du Christ. La *DCDJ* s'exprime ainsi de manière exacte en disant : « Nous sommes justifiés en lui seul [Christ] lorsque nous recevons

---

[5] *Lumen Gentium* : www.vatican.va/archive/hist_councils/ii_vatican_council/documents/vat-ii_const_19641121_lumen-gentium_fr.html

ce salut dans la foi »[6]. Toutes les affirmations sur la doctrine de la grâce et de la justification tiennent sur ce point central et très clair de la christologie.

La grâce est l'éternelle œuvre de Dieu, la volonté universelle de Dieu pour le salut qu'il offre à l'individu

Nous lisons dans la Constitution dogmatique sur la Révélation divine, *Dei Verbum* (*DV*)[7], que Dieu invisible parle aux hommes et aux femmes par abondance d'amour. Dieu veut le salut des personnes, le pardon de leurs péchés et leur renouveau. Dieu seul est la source miséricordieuse de la volonté de salut. La grâce est Dieu dans la volonté de salut de Dieu qu'il communique aux personnes. La grâce est Dieu qui, en Christ, se penche avec miséricorde et amour vers les pécheurs et les pécheresses. Alors qu'une distinction émerge ici, en effet, entre la grâce et la justification, il faut relever que la grâce, en accord avec la doctrine catholique classique, doit toujours être comprise comme un don. Ce don, cependant, ne peut jamais être séparé du donateur : la grâce ne peut jamais être séparée et rendue indépendante de Dieu. C'est à partir de la grâce que Dieu agit en faveur du salut des êtres humains. Cette disposition de Dieu envers les gens est centrée sur l'individu, à qui Dieu parle comme son destinataire. Pleinement ancrée dans le cadre de cette compréhension catholique, la *DCDJ* déclare :

> Cette nouvelle relation personnelle à Dieu est exclusivement fondée dans la miséricorde de Dieu et demeure toujours dépendante de l'œuvre créatrice et salvatrice du Dieu miséricordieux [...]. Il en résulte que la grâce justifiante ne devient jamais une possession de la personne dont cette dernière pourrait se réclamer face à Dieu.[8]

La justification a lieu à travers la foi dans le baptême

Dans le langage classique de la théologie catholique, il s'agit d'une grâce justifiante qui agit pour sanctifier les personnes. Ceci s'articule autour de l'événement même de la justification, c'est-à-dire le pardon des péchés qui a lieu dans l'acte de rédemption du Christ et le transport subséquent dans un état de grâce salvifique, que l'on nomme simplement ici – en contraste avec le langage classique de la doctrine de la grâce – la simple sanctification. Ce que l'on veut dire par là, c'est que la sanctification est un don. Elle vise à faire participer à la nature et à l'essence de Dieu. La foi

---

[6] *Op. cit.* (note 2), p. 16.
[7] *Dei Verbum* à : www.vatican.va/archive/hist_councils/ii_vatican_council/documents/vat-ii_const_19651118_dei-verbum_fr.html
[8] *Op. cit.* (note 3), p. 27.

et le baptême sont des éléments essentiels pour cela. Le baptême est clairement le sacrement de la foi et non pas un accomplissement humain. La foi et le baptême renvoient à la parole de Dieu : « eux, en effet, qui croient au Christ [...] sont 're-nés' [...] de la parole du Dieu vivant (cf. 1 P 1,23) [...] de l'eau et de l'Esprit Saint »[9]. Le baptême est une confession de foi. Il est, en effet, destiné à faire croître la foi. La théologie catholique parle, à cet égard, d'un accroissement de grâce dans la foi, ce qui signifie garder la grâce de Dieu et la laisser s'épanouir dans nos vies. Dans le cadre d'une compréhension catholique, la *DCDJ* déclare : « Auditrice de la parole et croyante, la personne humaine est justifiée par son baptême »[10].

La foi est une décision personnelle

énonce ici son message central : « À Dieu qui révèle est due "l'obéissance de la foi" »[11]. Il s'agit ici de souligner le caractère holistique de la foi. Le texte lui-même se réfère à l'idée biblique de faire advenir « l'obéissance de la foi » (Rm 16,26 ; 1,5). L'obéissance est un terme issu du langage de la mission primitive, décrivant la conversion comme une soumission à l'Évangile. Obéissance et foi sont juxtaposées, et ce n'est pas le message de la foi mais l'accomplissement de la foi qui a ici la priorité. L'obéissance de la foi se réfère à la révélation du Christ et implique la réception du message du salut. Le court texte dans *DV* fait partie, bien-sûr, de la tradition de la doctrine de l'Église, dans laquelle la foi représente l'accord avec les vérités de la foi établies par l'Église. On ne peut pas démonter le lien ici :

> L'Église catholique professe que c'est une vertu surnaturelle, par laquelle, avec l›aide de la grâce de Dieu aspirante, nous croyons vraies les choses révélées.[12]

Dei Verbum applique alors cette compréhension à la nouvelle conception de la révélation, en plaçant le regard principalement sur ce qu'accomplit la foi, sans éliminer la tradition. La réponse de la foi à la révélation de Dieu par Dieu n'est donc pas uniquement ou principalement un accord avec les articles de foi mais une ouverture à Dieu lui-même.

> Pour exister, cette foi requiert la grâce prévenante et adjuvante de Dieu, ainsi que les secours intérieurs du Saint-Esprit qui touche le cœur et le tourne vers

[9] *Op. cit.* (note 5), p. 9.
[10] *Op. cit.* (note 2), p. 5.
[11] *Op. cit.* (note 7), p. 5.
[12] Premier Concile du Vatican, *Constitution dogmatique sur la foi catholique, Dei Filius*, à lesbonstextes.awardspace.com/videifilius.htm.

> Dieu, ouvre les yeux de l'esprit et donne « à tous la douce joie de consentir et de croire à la vérité »[13].

La foi est ainsi une question de dévouement personnel, accompli dans l'amour. La foi est notre « oui » personnel à Dieu. Dans la *DCDJ*, nous lisons à ce sujet que « croire signifie se confier pleinement à Dieu »[14]. L'acceptation des vérités de la révélation est incorporée à cette foi. De nouveau, nous voyons ici la relation nouvellement établie entre la Parole de Dieu et la foi : la Parole de Dieu est sa puissance pour le salut de toutes celles et ceux qui croient. La proclamation de l'Évangile est orientée vers l'intention de faire naître la foi en Jésus, le Christ. La foi en Christ est nourrie par la Parole.

La foi devient efficace à travers la charité

« Il est donc bien évident pour tous que l'appel à la plénitude de la vie chrétienne et à la perfection de la charité s'adresse à tous ceux qui croient au Christ, quel que soit leur état ou leur forme de vie ».[15] La foi précède la charité et c'est seulement dans la charité qu'elle devient efficace. « Chacun doit inlassablement avancer, selon ses propres dons et fonctions, par la voie d'une foi vivante, génératrice d'espérance et ouvrière de charité. »[16] L'amour n'est donc pas une contribution humaine à l'œuvre de la rédemption mais une forme de la grâce justifiante de Dieu elle-même. Dans le jeu réciproque entre grâce divine et participation humaine, on accorde toujours la primauté à la grâce de Dieu. La charité elle-même est un don de Dieu qui prend forme chez les êtres humains. Si les gens « reçoivent avec foi toutes choses de la main du Père céleste »,[17] ils ou elles proclament ainsi leur amour. Comprise en ce sens, la théologie catholique peut parler de coopération avec la volonté de Dieu. Mais la relation entre cause et effet reste ici préservée : Dieu est amour, Dieu déverse son amour dans nos cœurs par le Saint Esprit. Toute personne de foi doit vouloir entendre la Parole de Dieu pour que la charité puisse germer comme une graine. La charité est intimement liée à la justification par la foi. La *DCDJ* explique la distinction catholique disant que la grâce clémente de Dieu est toujours liée au don d'une vie nouvelle, dont la preuve apparaît dans la charité active, avec l'implication du Saint Esprit. La charité est reçue et réalisée à travers la foi. C'est la raison pour laquelle toute personne de foi doit d'abord vouloir entendre la Parole de Dieu. La

13 *Op. cit.* (note 7), p. 5.
14 *Op. cit.* (note 2), p. 36.
15 *Op. cit.* (note 5), p. 40.
16 *Ibid.*, p. 41.
17 *Ibid.*, p. 41.

foi est ainsi première et fournit les fondations. La charité est ensuite une façon ultérieure d'exprimer la foi. C'est à travers ce don de la charité que les gens peuvent eux-mêmes vivre dans la justification et la rédemption. La charité de Dieu leur permet d'aimer Dieu plus que tout et d'aimer leur prochain. Nous lisons ainsi dans la *DCDJ* :

> Selon la conception catholique, les bonnes œuvres qui sont réalisées par la grâce et l'action du Saint-Esprit contribuent à une croissance dans la grâce afin que la justice reçue de Dieu soit préservée et la communion avec le Christ approfondie.[18]

Comment pouvons-nous parler ici de coopération ? D'un point de vue catholique, la foi est un acte de soumission et de foi, qui comprend aussi la raison et la volonté humaines. La foi résulte de la grâce de Dieu. La réponse humaine, même en étant un don de Dieu, reste un mouvement vers Dieu et un consentement personnel, et n'est pas une action humaine sous la seule impulsion de la puissance personnelle. Les textes du Concile cités parlent clairement de consentement personnel. Ceci est un acte de l'Esprit Saint, qui agit sur les cœurs pour les tourner vers Dieu et qui ouvre les yeux de l'esprit : « l'on ne cesse, par ses dons, de rendre la foi plus parfaite ».[19]

La communion qui advient par la participation en Dieu est la conséquence de l'action justifiante de Dieu

Voilà le but de l'événement de la justification et voilà pourquoi la constitution de l'Église place le sujet de la justification dans la sphère de l'ecclésiologie. Les croyances personnelles de chacun et de chacune peuvent seulement trouver leur aboutissement dans la communauté, car les justifié-e-s sont incorporé-e-s au corps du Christ. L'idée fondamentale que la communauté émerge par la participation en Jésus-Christ ne se déploie, bien-sûr, que dans le contexte du sacrement de l'Eucharistie. Par l'Eucharistie, les fidèles justifié-e-s se rassemblent en communion avec le Christ et les uns avec les autres. Une ecclésiologie de communion doit être développée à cet égard. L'Église est la communauté des pécheurs et pécheresses justifié-e-s. Le *DCDJ* le dit ainsi : « Notre consensus dans des vérités fondamentales de la doctrine de la justification doit avoir des conséquences et trouver sa confirmation dans la vie et l'enseignement des Églises ».[20]

---

[18] *Op. cit.* (note 4), p. 38.
[19] *Op. cit.* (note 7), p. 5.
[20] *Op. cit.* (note 2), p. 43.

Un bref résumé de la théologie de la justification catholique

La théologie de la justification représente une clé pour l'Évangile de Jésus-Christ. La droiture est un terme central dans les Saintes Écritures et, en tant que tel, elle vise la relation salvifique de Dieu avec les personnes. L'amour de Dieu réalise sa volonté universelle de salut par Jésus-Christ et par le pouvoir du Saint Esprit. Le message de la justification confère une expression à l'acceptation inconditionnelle des hommes et des femmes par la grâce de Dieu. C'est la foi en Christ qui fait advenir et constitue la base d'une pleine participation à l'acte de révélation de Dieu. Ce message est universel et s'adresse à toutes et tous, car tout le monde est appelé à la communion avec Dieu. La foi en l'acte de salut du Christ ne peut, cependant, être vraiment vécue que dans la communion de l'Église. On peut constater la pleine nécessité de la grâce et de la justification de Dieu dans l'incapacité des gens à restaurer leur communion brisée avec Dieu. L'Église est ainsi un signe et un instrument dans l'œuvre de salut de Jésus-Christ, et conduit les gens au royaume de Dieu. Comme norme et mesure de la foi chrétienne, la doctrine de la justification ramène au premier plan la qualité de don de la foi chrétienne. Ceci a des conséquences pour la proclamation, la doctrine et le travail pastoral de l'Église. Alors que les gens sont justifiés sans les œuvres de la loi, la foi implique toujours une activité humaine également. La foi en Christ nous encourage et nous permet d'accomplir de bonnes œuvres, réalisées dans la charité et l'espérance.

Un consensus sur les vérités fondamentales de la doctrine de la justification

Le consensus de la *DCDJ* en ce qui concerne les vérités fondamentales de la doctrine de la justification est ainsi exprimé : « c'est seulement par la grâce au moyen de la foi en l'action salvifique du Christ, et non sur la base de notre mérite, que nous sommes acceptés par Dieu et que nous recevons l'Esprit Saint qui renouvelle nos cœurs, nous habilite et nous appelle à accomplir des œuvres bonnes »[21]. L'expression « seulement par la grâce » est, de surcroît, expliquée par le fait que « le message de la justification [...] nous dit que, pécheurs, nous ne devons notre vie nouvelle qu'à la miséricorde de Dieu qui nous pardonne et fait toute chose nouvelle, une miséricorde qui nous est offerte et est reçue dans la foi et que nous ne

[21] *Ibid.*, p. 15.

pouvons jamais mériter sous quelque forme que ce soit »[22]. Dans ce cadre seulement peut-on établir les limites et la dignité de la liberté humaine. L'expression « seulement par la grâce » s'interprète comme signifiant que « la personne humaine est pour son salut entièrement dépendante de la grâce salvatrice de Dieu. La liberté qui est la sienne face aux personnes et aux choses de ce monde n'est pas une liberté vis-à-vis de son salut »[23]. Concernant le salut, la relation de cause à effet entre droiture et grâce de Dieu, justification et sanctification, est ainsi clairement établie. Ce n'est qu'au sein de cet ordre divinement arrangé que la liberté et la participation des personnes peuvent être correctement déterminées. Le consensus fondamental établi ici comprend l'idée que les dénonciations autrefois énoncées envers les doctrines d'autres confessions ne sont plus valables. Il s'agit d'un consensus sur des *vérités fondamentales qui permet d'autres préoccupations et acc*entuations. La querelle du XVIe siècle est ainsi maintenant arrivée à son terme. Les raisons de se dénoncer les uns les autres n'existent plus.

Questions

Qu'est-ce que les théologiens catholiques perçoivent comme irritant et quelque peu déroutant dans la théologie de la justification de Luther ?

Comment la théologie catholique comprend-elle la foi dans la justification qui a déjà eu lieu en Dieu ?

En quoi consiste le consensus fondamental entre les enseignements luthérien et catholique à propos de la doctrine de la justification ?

[22] *Ibid.*, p. 17.
[23] *Ibid.*, p. 19.

Étude biblique : Éphésiens 2,4-10

Cristina Grenholm

Martin Luther croyait fermement que le message libérateur de l'Évangile ne pouvait être livré une fois pour toutes mais, au contraire, devait être répété. Il y a deux raisons à cela.

Premièrement, on ne le comprend jamais complètement. La logique dominante de la vie semble être que l'on doive travailler, lutter et se mobiliser constamment. La vie a tendance à masquer les idées profondes de l'Évangile. La vie est toujours un don que personne ne peut mériter en travaillant dur. La vie n'est pas le résultat de l'énergie qu'on lui consacre. Cela ne signifie pas que nos efforts ne peuvent pas rendre le monde meilleur – c'est d'ailleurs notre vocation. Au final, cependant, tout ce que l'on obtient n'a néanmoins pas été réalisé par nous. Peut-être l'avons-nous développé et peut-être avons-nous même aidé les gens et le monde végétal à s'épanouir, mais tout nous a en fait été donné. Ceci est à la fois une surprise permanente et une grande consolation. C'est Dieu qui fait nos jours. La vie nous est donnée, à nous et à toute la création, par grâce.

La deuxième raison est que non seulement nous nous efforçons d'accomplir les choses, mais nous échouons constamment. Nous n'atteignons pas ce que nous avions prévu ou ce que nous nous sentions appelés à faire. Parfois, ceci est dû à nos propres failles et parfois, aux structures qui régissent notre monde. Nous avons besoin que l'on nous pardonne régulièrement. Nous avons besoin d'être relevés de notre état de résignation lorsque nous sommes confrontés à toutes ces choses que nous ne pouvons changer.

Le salut n'est pas à vendre. Aussi, nous ne pouvons pas l'acheter, quelle que soit la monnaie – de l'argent, du sang, de la sueur ou des larmes. Le salut n'est pas obtenu par un effort physique ou spirituel, en observant des priorités stratégiques ou en participant à des conférences exaltantes. Le salut n'est pas à vendre. Les modèles d'analyse coûts-bénéfices ne s'appliquent pas. Le mécanisme donnant-donnant n'est pas pertinent. Le salut est basé sur un modèle de donner-recevoir, et nous sommes toujours celles et ceux qui reçoivent. Le salut n'est pas à vendre. Il est donné gratuitement.

Le message doit constamment être répété, mais comment ? Devons-nous toujours nous efforcer de nous souvenir des mots ? Non, le message du don du salut lui-même doit être offert comme un cadeau, d'une personne à une autre. Ce n'est pas le genre d'information qui est à connaître par cœur. C'est la réponse à un besoin, à une question ; un chuchotement à quelqu'un qui n'arrive pas à exprimer son besoin. L'Évangile est toujours une surprise – il est toujours inattendu. Ainsi, le besoin n'a peut-être pas encore été formulé, la question pas encore posée, et celles et ceux qui ne peuvent pas exprimer leur besoin n'ont peut-être pas encore imaginé que puisse leur parvenir le chuchotement d'autrui.

Cela fait partie de notre vocation comme disciples du Christ baptisés, de notre sacerdoce partagé, que de percevoir les moments où l'Évangile doit être annoncé. Le salut n'est pas à vendre, il fait partie d'un épanchement constant de l'amour de Dieu qui ne peut être tari, pas même par la mort. Il y a de l'espoir, de la lumière et un nouveau commencement pour toute personne qui en a besoin et nous sommes envoyé-e-s les un-e-s aux autres comme prédicateurs de cette grâce libératrice. Nous devons étudier les textes bibliques qui nous donnent ce message, et prier que cela nous aide à devenir les instruments de la grâce divine. La bonne nouvelle ne peut être achetée ou vendue – elle doit être annoncée et partagée.

Tournons-nous donc vers l'un des textes fondamentaux sur la grâce, Éphésiens 2,4-10.

> Mais Dieu est riche en miséricorde ; à cause du grand amour dont il nous a aimés, nous qui étions des morts par suite de nos fautes, il nous a donné la vie avec le Christ : c'est bien par grâce que vous êtes sauvés. Avec lui, il nous a ressuscités et il nous a fait siéger aux cieux, dans le Christ Jésus. Il a voulu ainsi montrer, au long des âges futurs, la richesse surabondante de sa grâce, par sa bonté pour nous dans le Christ Jésus. C'est bien par la grâce que vous êtes sauvés, et par le moyen de la foi. Cela ne vient pas de vous, c'est le don de Dieu. Cela ne vient pas des actes : personne ne peut en tirer orgueil. C'est Dieu qui nous a faits, il nous a créés dans le Christ Jésus, en vue de la réalisation d'œuvres bonnes qu'il a préparées d'avance pour que nous les pratiquions.

Une étude biblique en trois étapes

Ce texte est rempli de mots qui sont chers à notre tradition : miséricorde, amour, vie, grâce, don. Dans cette étude biblique, nous prendrons comme point de départ la conviction des réformateurs que Dieu parle à chacun-e d'entre nous. Dieu nous aborde toutes et tous. Dieu ne s'adresse pas qu'aux experts. Nous avons tous quelque chose à partager à autrui. Nous recevons constamment miséricorde, amour, vie et grâce. Chacun-e d'entre nous a été frappé-e par cette réalisation à des moments essentiels, même si nous ne l'avons pas pensé en ces termes. Chacun-e d'entre nous a eu, à un moment, désespérément besoin des dons de Dieu, sans pouvoir peut-être l'exprimer. Et tous, nous pouvons nous rappeler de ces moments où la lumière est revenue, où le fardeau s'est allégé. Nous nous souviendrons peut-être aussi par qui ou par quoi cela est arrivé. Faisons prendre chair à la parole en partageant ceci les un-e-s avec les autres.

Commencez par lire le texte à haute voix ensemble. Vous pouvez vous asseoir en cercle et lire un verset à tour de rôle. Laissez la parole circuler plusieurs fois et écoutez le texte deux ou trois fois. Ou bien que différentes voix le lisent dans son intégralité. Puis prenez quelques minutes pour permettre à chacun de choisir son mot-clé pour ouvrir le texte. Que chaque personne se laisse guider par son soi intérieur. Il n'y a pas de mot-clé « juste ». Une personne choisira un mot qui lui est important depuis longtemps. Une autre choisira un mot qui l'a frappée pendant les lectures. Une autre encore choisira peut-être un mot au hasard.

Quand tout le monde a identifié son mot-clé, partagez-les. Si vous êtes un petit groupe, tout le groupe peut écouter les choix de chacun-e et entendre une brève explication des raisons qui ont poussé la personne à choisir ce mot en particulier. Attention à ne pas juger les choix. Écoutez-vous les un-e-s les autres. Si vous êtes plus nombreux, choisissez de former des groupes de quatre ou cinq. Peut-être découvrirez-vous que le texte biblique est amplifié et élargi dans votre groupe. Il y a tant de mots avec lesquels ouvrir un texte – on peut l'aborder d'une multitude d'angles différents.

Reprenez le silence et laissez votre mot-clé vous guider à travers le texte. Qu'est-ce qui s'ouvre grâce à ce mot-clé ? Qu'est-ce qui devient difficile ou problématique ? Celles et ceux qui préfèrent écrire peuvent le faire. Vous devez assurer une atmosphère de tranquillité propice à la réflexion mais le temps consacré à la contemplation ne doit pas être exigeant ou stressant. Trois minutes suffisent généralement.

Alors, chacun peut parler à son voisin/sa voisine et se raconter, en binôme, ses découvertes. Si vous avez le temps, partagez ce à quoi le partage de l'autre vous a fait penser ou ce qu'il vous a fait réaliser.

Enfin vient le moment d'aborder les grandes questions du jour. Faites une recherche Google, parcourez l'actualité internationale ou trouvez une autre façon d'intégrer le monde dans votre étude biblique. Mettez-vous d'accord sur quelque chose qui vous appelle à agir, en vous mettant au défi ou en vous provoquant. Le monde n'est pas qu'un marché où l'on achète et où l'on vend. Le salut dans toutes ses dimensions de libération, de pardon et de responsabilisation est constamment donné, mais il y a aussi tant de choses dans ce monde qui empêchent la grâce de se répandre. À la fois, c'est précisément pour cela que nous avons besoin du salut.

Ajoutez au mot-clé et au texte la grande question du jour sur laquelle vous vous êtes mis-e-s d'accord. Il est possible qu'un retour à un moment de réflexion personnelle ne soit pas la façon la plus simple ou la plus productive de procéder. Reformez plutôt les binômes dans lesquels vous vous étiez servi des mots-clés pour parcourir le texte. Et que chacun partage ce qu'a révélé le triangle constitué du texte, du mot-clé et de la question urgente du jour soulevée par l'autre.

Terminez votre étude biblique en partageant quelques-unes des découvertes que vous avez faites avec l'ensemble du groupe. Une simple phrase de chaque participant-e vous fournira toute une gamme d'expressions du salut de Dieu, qui n'est jamais à vendre mais qui résonne constamment dans nos vies.

Liste des contributeurs et contributrices

Busi, Suneel Bhanu, pasteur, évêque émérite, Église évangélique luthérienne Andhra (Inde), doyen du département de recherche et d'études de doctorat de l'Institut de recherches théologiques luthérien de Gurukul, Inde

Grenholm, Cristina, pasteure, secrétaire ecclésiale, siège de l'Église de Suède, Suède

Hinlicky Wilson, Sarah, chercheuse adjointe, Centre d'études œcuméniques de Strasbourg, France

Lahe, Jaan, pasteur, professeur adjoint en études religieuses, Université de Tallinn, Estonie

Moyo, Chiropafadzo, doyen du doyenné Martin Luther et directeur du Centre d'études luthériennes de l'Église évangélique luthérienne du Zimbabwe, Zimbabwe

Neuenfeld, Elaine, pasteure, secrétaire de Femmes dans l'Église et la société, Fédération luthérienne mondiale, Genève, Suisse

Oberdorfer, Bernd, professeur de théologie systématique, Université d'Augsbourg, Allemagne

Thönissen, Wolfgang, directeur de l'Institut catholique Johann-Adam-Möhler, Paderborn, Allemagne

Les êtres humains ne sont pas à vendre

Sous la direction d'Anne Burghardt

EVANGELISCHE VERLAGSANSTALT
Leipzig

Informations bibliographiques publiées par la Bibliothèque nationale d'Allemagne

La présente publication est inscrite au catalogue de la Bibliothèque nationale d'Allemagne sous l'intitulé Deutsche Nationalbibliografie ; les données bibliographiques détaillées sont disponibles sur internet à l'adresse dnd.dnd.de

Imprimé en Allemagne

Cet exemplaire a été imprimé sur du papier certifié FSC.

Assistance rédactionnelle : Département de théologie et de témoignage public
Mise en page : Département de théologie et de témoignage public
Conception : Bureau des services de communication de la FLM

Impression et reliure : druckhaus köthen GmbH & Co. KG

Publié par Evangelische Verlangsanstalt GmbH, Leipzig, Allemagne, sous les auspices de
La Fédération luthérienne mondiale
150, route de Ferney, BP 2100
CH-1211 Genève 2, Suisse

Éditions parallèles en anglais, allemand et espagnol

ISBN 978-3-374-04300-2

Table des matières

Introduction

Anne Burghardt

Ce recueil fait partie d'une collection limitée, publiée par la Fédération luthérienne mondiale à l'occasion du 500e anniversaire de la Réforme en 2017. « Les êtres humains ne sont pas à vendre » constitue l'une des trois déclinaisons du thème central du cinq-centenaire « Libres par la grâce de Dieu ». Les essais de vulgarisation figurant dans ce recueil ont été rédigés par des auteurs venant de toutes les régions constitutives de la Fédération luthérienne mondiale ; la voix œcuménique est représentée ici par un théologien réformé.

La relation entre Dieu et les êtres humains, renouvelée en Christ, exprimée par la doctrine de la justification, fournit inévitablement un aperçu plus intense de la création des êtres humains à l'image de Dieu, et la prise de conscience du renouvellement des êtres humains par la grâce de Dieu. Par conséquent, les êtres humains ne peuvent être considérés comme des marchandises dont la valeur est à mesurer exclusivement en termes de profit. Cette publication examine différentes facettes du thème « Les êtres humains ne sont pas à vendre », allant d'une interprétation de l'anthropologie luthérienne, au trafic des êtres humains, au phénomène migratoire et aux modes durables du vivre ensemble. La liste des sujets traités ici est loin d'être exhaustive. Nous espérons néanmoins offrir ici une incitation à des discussions théologiquement informées, sur la dignité de tous les êtres humains.

La condition humaine – une perspective luthérienne

Friederike Nüssel

« Les êtres humains ne sont pas à vendre » Pourquoi et comment les luthériens et les luthériennes peuvent-ils se rallier à une telle affirmation ? Il conviendra dans cet article d'examiner les points saillants de l'anthropologie chrétienne, vue sous l'angle luthérien. Avant d'entrer dans les détails, une brève étude sera faite de quelques changements significatifs intervenus au cours de la Réforme du XVIe siècle. Les réformateurs profitèrent de diverses façons du développement de l'humanisme de la Renaissance et de la nouvelle attention portée aux accomplissements des êtres humains dans les domaines de la philosophie, la philologie, l'architecture, les beaux arts, l'ingénierie, etc. Durant cette ère de progrès, l'Église occidentale ne sut répondre au besoin toujours plus pressant de réforme. Au lieu de cela, la préoccupation principale de l'Église romaine fut de protéger son influence politique et de préserver et renforcer le rôle de la hiérarchie ecclésiale dans la société du Bas Moyen-Âge, particulièrement par la pratique de la pénitence et des indulgences.

La découverte de Luther : la grâce de Dieu n'est pas à vendre

C'est dans ce contexte précisément que le jeune Martin Luther (1483-1546) a promis de consacrer sa vie entière à Dieu et de porter la bure. Il s'évertua en toute sincérité à mener une vie monastique pure. Il recherchait en permanence la volonté de Dieu et tentait sans cesse d'accumuler les mérites en compensation pour ses péchés. Même si la pratique de la pénitence et des indulgences offrait des moyens de compenser tout manquement, Luther, qui triturait constamment sa conscience, estimait que ses efforts pour aimer Dieu restaient insuffisants pour mériter la justification accordée par Dieu. Ses luttes intérieures finirent par se muer en une lutte avec Dieu et lui firent se poser la question de savoir : « Quel était donc ce Dieu qui exigeait des humains un amour suprême sans pour autant les doter de la capacité de l'accomplir et qui, à la fin des temps, choisit l'un et rejette l'autre ? »[1]. Plus il posait cette question et moins il était capable d'aimer Dieu de tout son cœur. Luther se retrouva pris dans un cercle vicieux, se sentant en esclavage.

Grâce au soutien pastoral de Johann de Staupitz, son supérieur dans l'ordre des émérites de saint Augustin, et grâce à des années d'étude intense de la Bible, Luther apprit à discerner la justice et la droiture de Dieu sous un éclairage nouveau. Il comprit que selon la Bible, Dieu n'était pas juste en punissant les fautes et en récompensant l'obédience des humains, mais plutôt en accordant la droiture par le don de la vie, de la mort et de la résurrection de son Fils Jésus-Christ. Dans les éléments biographiques de sa préface aux Œuvres *latines* (1545), Luther décrit le profond impact qu'a eu sur lui cette découverte théologique. Bien que ce document tardif ne soit pas une source fiable qui permette de reconstruire le développement de Luther en tant que réformateur, ou encore son intuition réformée originale, il offre néanmoins un aperçu de la façon dont sa découverte de la véritable justice de Dieu a changé sa vie et son attitude envers Dieu. Luther s'est senti né de nouveau. Il pouvait maintenant avoir confiance en Dieu et l'aimer pour sa miséricorde et son amour inconditionnel. Et de là, ne se sentait plus esclave de la loi divine.

De plus, il comprit que les pratiques ecclésiales de la pénitence et des indulgences trahissaient Dieu car elles négligeaient la grâce pure de Dieu et sa miséricorde inconditionnelle réalisées en Jésus-Christ et promises par l'Évangile. Luther critiqua donc la pratique ecclésiale de représenter Dieu comme un négociant vendant sa grâce à ceux qui se préparaient par les œuvres. Car, selon la Bible, la grâce de Dieu n'est pas à vendre. La justification accordée par Dieu ne s'acquiert pas par les œuvres. Au contraire, Dieu accorde la justification par la foi seule, à ceux qui ont confiance dans la grâce de Dieu révélée en Jésus-Christ.

La doctrine de la justification par la foi seule devint le fondement sur lequel Luther et le mouvement de la Réforme de Wittenberg édifièrent leur théologie. Dans les *Articles de Smalkalde* de 1537, Luther écrit :

> Sur cet article, aucun écart ou concession n'est possible ; le ciel et la terre ou tout ce qui est périssable dussent-ils crouler. « Car il n'y a pas d'autre nom qui ait été

---

[1] LOHSE, Bernhard, *Martin Luther's Theology: Its Historical and Systematic Development*, Minneapolis, Fortress Press, 1999, p. 33.

> donné aux hommes par lequel nous puissions être sauvés », dit saint Pierre (Actes 4,12). « Et par ses meurtrissures nous avons la guérison » (Esaïe 53,5).
>
> Et c'est sur cet article que repose tout ce qui fait notre vie, tout ce que nous enseignons contre le pape, le diable et le monde. Aussi devons-nous en avoir une certitude entière et n'en point douter. Sinon, tout est perdu et le pape et le diable et tout ce qui s'oppose à nous seront vainqueurs et auront raison.[2]

Ainsi, selon l'enseignement luthérien, l'article sur la justification devint l'article de foi fondamental et essentiel par lequel l'Église résiste ou croule. Cet article façonne aussi l'interprétation luthérienne de la création de Dieu et de la condition humaine.

Vers une compréhension réaliste de la condition humaine

En même temps que Luther découvrait la véritable justice de Dieu, il parvenait à la pleine compréhension de la nature radicale du péché. Si les êtres humains avaient été capables de se détourner du péché et de vivre une vie conforme à la volonté de Dieu, il eut été inutile que Dieu envoie son Fils pour le salut de l'humanité. De même, seul Dieu pouvait vaincre la puissance du péché. La grâce toute puissante de Dieu culmine dans ce que Dieu crée les conditions nécessaires à la régénération des êtres humains et à leur réconciliation avec Dieu. Ainsi, Dieu n'est pas passif dans la satisfaction qu'il éprouve de la mort méritoire de Jésus-Christ. C'est plutôt par l'incarnation que Dieu participe à toute l'œuvre de salut. Selon Luther, Jésus-Christ ne ressent pas la douleur et la mort uniquement par sa nature humaine, mais Dieu souffre avec le Fils de Dieu et, par sa résurrection, est vainqueur de la puissance du péché et de la mort. Dans *Sur les Conciles et l'*Église (1539), Luther explique la relation étroite entre christologie et sotériologie :

> [...] Christ est Dieu et homme en une personne car tout ce qui est dit de lui comme homme doit aussi être dit de lui comme Dieu, c'est-à-dire, Christ est mort et Christ est Dieu ; ainsi Dieu est mort – pas le Dieu séparé, mais le Dieu uni avec l'humanité. [...] Nous devons toujours nous réjouir dans la foi véritable [...] et remercier Dieu le Père pour sa miséricorde expressive au point qu'il laissa son Fils bien-aimé devenir comme nous, un homme et notre frère ! [...] Nous chrétiens, devrions savoir que si Dieu n'est pas dans la balance pour lui donner du poids, nous de notre côté, nous affaissons jusqu'au sol. Voilà ce que je veux dire : si l'on ne peut pas dire que c'est

[2] Cf. Martin Luther, « Articles de Smalkalde, 1537 », dans le Tome XII des Œuvres de Martin Luther, 1er article, p. 228, édition 1962, Genève.

> Dieu est mort pour nous, mais seulement un homme, nous sommes perdus ; mais si la mort de Dieu et un Dieu mort sont sur le plateau de la balance, alors son côté s'abaisse et le nôtre monte comme un plateau léger et vide. Mais il peut cependant aisément remonter, ou sauter hors de la balance ! Mais il ne pourrait se placer sur la balance à moins de devenir un homme comme nous pour que l'on puisse appeler cela le trépas de Dieu, le martyr de Dieu, le sang de Dieu et la mort de Dieu. Car Dieu, dans sa propre nature, ne peut mourir ; mais maintenant que Dieu et l'être humain sont unis en une personne, il s'agit de la mort de Dieu lorsque l'homme meurt, lui qui est une substance unique ou une personne unique avec Dieu.[3]

Éclairés par cette révélation de la grâce de Dieu, les êtres humains peuvent apprendre à discerner leur véritable condition d'un œil neuf. C'est la loi de Dieu inscrite dans les Dix Commandements qui permet de reconnaître les péchés individuels, et de même, la vie et la mort de Jésus-Christ, Dieu incarné, nous permettent de reconnaître le caractère radical du péché et de l'abandon des humains. Selon Luther, ceci culmine en un effort pour devenir juste devant Dieu par les œuvres, car c'est par cet effort précisément, que les êtres humains méconnaissent la grâce inconditionnelle de Dieu. Cette incapacité de l'être humain d'avoir pleinement confiance en la bonté et en la grâce de Dieu l'empêche de mettre en œuvre le premier commandement de Dieu, le commandement fondamental qui, selon l'interprétation de Luther dans le *Petit catéchisme*, nous commande « de craindre et aimer Dieu par-dessus toute chose »[4]. Dans la *Controverse tenue à Heidelberg en 1518*, Luther déclare :

> L'homme qui pense qu'il a la volonté de parvenir à la grâce en faisant ce qui est en lui-même ajoute le péché au péché, de telle sorte qu'il est rendu doublement coupable.[5]

L'interprétation du péché par Luther se fonde sur sa perception de la justice et du salut de Dieu tout autant que sur sa propre expérience et sur son intuition. D'expérience, Luther avait identifié que l'être humain « transgresse constamment le premier commandement en ne faisant pas pleinement confiance à Dieu »[6]. Pourquoi ? À cause de la nature même du

---

[3] Cf. le passage dans Martin Luther, « Sur les Conciles et l'Église, 1539 », dans Helmut T. Lehmann (éd.), *Luther's Works*, vol. 41, Philadelphia, Fortress Press, 1966, p. 103 sq.

[4] LUTHER, Martin, *Le Petit catéchisme*, 1529, dans *op. cit.* (note 2), p. 351.

[5] LUTHER, Martin, article XVI de la Controverse tenue à Heidelberg, *Œuvres de Luther*, édition Gallimard 1999, la Pléiade.

[6] ALTHAUS, Paul, *The Theology of Martin Luther*, Philadelphia, Fortress Press, 1996, p. 145 sq.

péché qui, comme le pensait également Augustin, réside en une perversion de la volonté par laquelle les êtres humains sont égocentriques. Sans foi en Dieu, ceux-ci recherchent en permanence leur propre avantage et leur propre honneur plutôt que ceux de Dieu et de leur prochain. Ils utilisent non seulement leurs dons physiques mais aussi leurs dons spirituels pour leurs propres fins puisqu'ils pensent pouvoir gagner la justice de Dieu par leurs œuvres. Luther ne juge pas mauvais que les êtres humains souhaitent faire le bien et accomplir la loi. Mais lorsque les œuvres humaines sont effectuées à des fins d'autojustification, elles ne peuvent glorifier Dieu car l'amour et la grâce inconditionnelle de celui-ci seraient ignorés. De plus, en essayant de se justifier, les êtres humains se trompent profondément sur les limites de leurs capacités intellectuelles et morales et ignorent combien ils sont fondamentalement dépendants de la puissance de l'Esprit de Dieu.

La doctrine du péché présentée par Luther peut sembler transmettre une idée extrêmement pessimiste de la condition humaine. De fait, une vision aussi radicale du péché n'apparaît dans quasiment aucune autre dénomination. La majorité des traditions chrétiennes considère que le péché est un manque de foi et engendre un égocentrisme selon lequel l'être humain tend à rechercher sa propre reconnaissance et sa propre compensation plutôt que de se concentrer sur les besoins de son prochain de façon altruiste. À l'opposé, la théologie luthérienne voit la nature inéluctable du péché par laquelle l'être humain est enchevêtré dans un faisceau d'auto-illusions sur son autonomie, ce qui se traduit par de multiples tentatives d'autojustification, non seulement dans sa relation avec Dieu, mais aussi dans celle avec son prochain.

Dans le contexte actuel de laïcisation, il est évident que la notion théologique du péché n'est plus prisée. En conséquence, l'utilisation du mot « péché » s'est banalisée dans le langage quotidien. Même si les luthériens seraient tentés de dire que le développement de la nature trompeuse du péché a, par cela, simplement atteint un autre niveau, il est plus productif de réfléchir aux conséquences émanant de la perte de cette notion radicale de péché au sens théologique. La théologie luthérienne voit cette intuition de la nature radicale du péché comme liée à l'intuition de la puissance débordante de la grâce de Dieu. Tous les êtres humains sans exception dépendent de la grâce et de la providence de Dieu pour s'affranchir de leur égocentrisme en se confiant véritablement à Dieu et en se tournant vers leur prochain. Et donc « afin qu'aucune créature ne puisse tirer quelque fierté devant Dieu » (1 Co 1,29). La doctrine du péché n'est pas dans l'air du temps précisément parce qu'elle souligne le côté négatif de l'égalité entre êtres humains. Cependant, reconnaître le péché à la lumière de la grâce offerte par Dieu aide à avoir un regard réaliste sur ses propres capacités et offre une raison incontestable de pardonner aux autres et d'être généreux envers eux.

Les êtres humains – créés pour endosser des responsabilités

L'interprétation de Luther de la *conditio humana* est réaliste dans sa déconstruction des égarements sur la capacité humaine à aimer Dieu à la perfection et à vivre une vie parfaite aux yeux de Dieu. La théologie luthérienne a été en conséquence souvent accusée de saper le rôle de l'éthique, du comportement humain et des œuvres, même jusqu'à apparaître défaitiste. Mais la perception qu'a Luther de l'incapacité humaine par rapport à Dieu n'est qu'un pan de sa réflexion sur la condition humaine. Éclairé par sa découverte de la justice de Dieu et de sa grâce pure, il est amené à apprécier la bonne création de Dieu et sa providence. Dans le *Petit catéchisme*, Luther enseigne au croyant de se laisser guider par l'article premier du Symbole des apôtres.

> Je crois que Dieu m'a créé ainsi que toutes les autres créatures. Il m'a donné et me conserve mon corps avec ses organes, mon âme avec ses facultés ; il me donne tous les jours libéralement la nourriture, le vêtement, la demeure, la famille et toutes les choses nécessaires à l'entretien de cette vie ; il me protège dans tous les dangers, me préserve et me délivre de tout mal ; et cela, sans que j'en sois digne, par sa pure bonté et sa miséricorde paternelle. Je dois, pour ces bienfaits, le bénir et lui rendre grâces, le servir et lui obéir. C'est ce que je crois fermement.[7]

Ainsi équipés et protégés, les êtres humains sont appelés à coopérer avec Dieu, créateur de toutes créatures et en particulier des êtres humains, pour servir Dieu et toujours lutter contre le mal.[8] La responsabilité spécifique des êtres humains est d'œuvrer au bien dans ce monde et de promouvoir la justice et la paix, ce qui est rendu possible parce qu'ils sont créés à l'image de Dieu (cf. Gn 1,26 sqq.). Alors que l'enseignement scholastique du Bas Moyen-Âge expliquait l'image de Dieu par des catégories psychologiques et particulièrement les capacités de la raison, Luther voyait l'essence de l'*imago Dei* dans la relation particulière avec Dieu par laquelle les êtres humains sont créés pour participer à la justice de Dieu, à sa sainteté et à sa vérité. Voilà ce qui distingue les êtres humains de toutes les autres créatures et les dotent de cette dignité humaine caractéristique qui inclut essentiellement cette responsabilité les uns envers les autres et envers les autres créatures.

Mais quel est l'effet du péché sur l'*imago Dei* ? À ce propos, on peut discerner comment, dans les premiers développements de la théologie luthérienne, il exista un conflit entre la terminologie philosophique d'une

---

[7] LUTHER, Martin, *Le Petit catéchisme*, 1529 (www.egliselutherienne.org/bibliotheque/PC/#2).

[8] Cf. *L'enseignement de Luther sur le livre de la Genèse*, édition de Weimar, 42, 56, 30 sq.

part, et l'exégèse philologique de l'autre. Selon une lecture patristique et médiévale de Genèse 1,26, l'image de Dieu était la substance constitutive des êtres humains. Ainsi, le péché pouvait détruire uniquement la similitude ou la ressemblance divine mais certainement pas l'image divine elle-même. Luther identifia cependant que philologiquement dans Genèse 1,26, ces deux termes « image » et « ressemblance » ont la même signification. Il conclut alors que le péché originel devait résulter dans la perte de l'*imago Dei*. Par conséquent, Luther et la théologie luthérienne identifièrent la portée du salut dans la restauration de *l'imago Dei*. Néanmoins, selon la terminologie aristotélicienne, le concept de perte puis restauration de *l'imago Dei* est aporétique, car une perte de *l'imago Dei* signifierait une perte de substance humaine. Luther ne se préoccupait pas outre mesure de la cohérence philosophique de la terminologie. Même en affirmant que si les êtres humains se détournaient de Dieu dans le péché, ils ne cessaient pas pour autant d'être les créatures de Dieu, Luther insistait néanmoins sur le fait que le péché était une perversion radicale de la volonté et que par sa nature même, il était irréversible sans l'aide de Dieu. Les théologiens qui lui succédèrent tentèrent de réconcilier théologie et terminologie philosophique en introduisant un certain nombre de distinctions. Puis, la venue des Lumières s'appliqua à la philosophie et conduisit à une critique générale de la philosophie aristotélicienne. Par conséquent, la théologie luthérienne moderne interprète la ressemblance des êtres humains à Dieu autrement que par des catégories ontologiques.

Ainsi, la signification de cette ressemblance avec Dieu ne peut être comprise qu'en se tournant vers Jésus-Christ, qui est décrit par l'apôtre Paul comme le second Adam. Jésus-Christ fut véritablement à l'image de Dieu en vouant sa vie toute entière à la proclamation de l'Évangile de Dieu qui annonçait le royaume à venir. Il n'agissait jamais selon son propre intérêt mais dans l'intérêt de ses semblables, particulièrement en faveur des exclu-e-s de la société de l'époque. Il en assuma la responsabilité, il souffrit et mourut pour elles et pour eux sur la croix, révélant ainsi ce que l'amour peut accomplir. Il nous est ainsi donné de percevoir la véritable nature de *l'imago Dei*. Il ne s'agit aucunement d'une qualité ontologique possédée par les êtres humains mais plutôt de la capacité à développer une relation de confiance avec Dieu, par laquelle les êtres humains pourront rendre justice à Dieu et seront libre de se concentrer sur les besoins de leur prochain. La foi en Jésus-Christ aide donc à réaliser pleinement la condition humaine pour laquelle les êtres humains sont créés.

Luther perçoit la condition humaine de façon réaliste dans le sens où il reconnaît pleinement la puissance du péché et le fait qu'il dépend totalement de la grâce de Dieu, porteuse de vie. Ceci n'est pas pessimiste et ne nourrit aucunement une attitude défaitiste. Les êtres humains sont les créatures de Dieu et bénéficient des largesses divines en toutes circonstances. Ils sont créés à l'image de Dieu et seront régénérés par la grâce de Dieu. La grâce de Dieu n'est pas à vendre, pas plus que ne le sont les êtres humains. Qu'ils croient ou non en Dieu, ils ne présentent aucune valeur mesurable ou comparable à vue humaine. Bien que par nature, le péché corrompe toute relation ajustée avec Dieu et toute attitude adéquate envers lui, selon Luther, le péché ne détruit ni la composante intellectuelle, ni la composante émotionnelle des êtres humains, ni leur capacité à promouvoir la rencontre civile et le bien-être social. Les êtres humains disposent à la fois de la capacité et du devoir de contribuer à la vie de la communauté et à la rencontre pacifique au sein de la société civile, à leur manière, selon l'appel qu'ils auront reçu et selon leur charisme. Il est tout à fait possible d'agir ainsi sans avoir la foi en Jésus-Christ, étant donné qu'il est possible de reconnaître la dignité humaine et les droits de la personne sans pratiquer une religion. Reconnaître que les êtres humains ne sont pas à vendre ne nécessite pas d'avoir la foi. Néanmoins, par l'intuition que nous avons de la nature de la grâce divine, nous avons la possibilité d'être plus réalistes quant à la condition humaine. Pouvant être plus honnêtes sur nos propres intentions, nous pouvons ainsi être plus disposés à pardonner aux autres. Et en étudiant la vie et la mort désintéressées de Jésus-Christ, l'on s'aperçoit que la responsabilité véritable culmine dans l'amour véritable des autres et dans une attention prêtée aux besoins d'autrui.

Questions

De nos jours, la notion de péché est mal vue. Même dans le langage chrétien, il existe une tendance à diminuer la nature radicale du péché qui joua un rôle crucial dans la tradition luthérienne. Comment percevez-vous ceci actuellement ? Quelle responsabilité avons-nous lorsque nous parlons du péché ?

La théologie luthérienne est complexe car elle combine un sentiment fort du péché avec un sens aigu des responsabilités. Éclairé-e-s par la grâce de Dieu, nous pouvons être plus réalistes et, en même temps, l'Évangile ouvre notre sens de la responsabilité pour le bien d'autrui. Comment ceci revêt-il une signification pour vous, là où vous êtes ?

La dignité humaine figure comme un fondamental dans le discours moderne politique, philosophique, et théologique. Il n'est pas certain qu'aux cours des siècles, le christianisme ait été un bon défenseur de la dignité humaine et des droits humains. Quelle pourrait être ou devrait être la contribution spécifiquement chrétienne ou luthérienne à la promotion de l'idée de dignité humaine dans le monde actuel ?

La traite des êtres humains

Ebise Dibisa Ayana

L'Article 3 du Protocole additionnel à la Convention des Nations Unies contre la criminalité transnationale organisée visant à prévenir, réprimer et punir la traite d'êtres humains, en particulier des femmes et des enfants, adopté et ouvert à signature et à ratification en vue d'une entrée en vigueur par la Résolution 55/25 de l'Assemblée générale du 15 novembre 2000 du Bureau du Haut Commissariat aux droits de l'homme, a défini la traite des êtres humains de la façon suivante :

> Désigne le recrutement, le transport, le transfert, l'hébergement ou l'accueil de personnes, par la menace de recours ou le recours à la force ou à d'autres formes de contrainte, par enlèvement, fraude, tromperie, abus d'autorité ou d'une situation de vulnérabilité, ou par l'offre ou l'acceptation de paiements ou d'avantages pour obtenir le consentement d'une personne ayant autorité sur une autre aux fins d'exploitation. L'exploitation comprend, au minimum, l'exploitation de la prostitution d'autrui ou d'autres formes d'exploitation sexuelle, le travail ou les services forcés, l'esclavage ou les pratiques analogues à l'esclavage, la servitude ou le prélèvement d'organe.[1]

Ce protocole est entré en vigueur le 29 septembre 2003[2] et de nombreux pays l'utilisent pour combattre la traite des êtres humains. Les objectifs de ce protocole sont les suivants : prévention et lutte contre le trafic de personnes, tout particulièrement celui des femmes et des enfants ; protection et assistance apportées aux victimes de cette traite, dans le complet respect de leurs

---

[1] Consulter www.unodc.org/documents/treaties/UNTOC/Publications/TOC%20 Convention/TOCebook-f.pdf

[2] Consulter www.unodc.org/unodc/fr/treaties/CTOC/index.html

droits en tant que personnes ; et promotion de la coopération entre acteurs étatiques afin d'atteindre ces objectifs.[3] Le protocole aide à la mise en œuvre des lois luttant contre la traite des êtres humains et à établir des principes de droit interne pour contrer le crime organisé. Il présente les grandes lignes de toutes les méthodes possibles utilisées pour la traite des êtres humains.

Je souhaite ici analyser le problème des victimes de la traite et le disséquer grâce à une approche théologique. L'objet de cette étude est de fournir une réflexion complémentaire sur l'étendue et la nature de la traite des femmes éthiopiennes. Elle doit également permettre aux Églises et aux communautés d'avoir un aperçu de cette réalité éthiopienne. La traite des femmes en Éthiopie est une réalité en nette augmentation. Une des questions principales pour les Églises et les théologien-ne-s est de déterminer quelle réponse théologique peut être apportée face à cette réalité et quelles actions peuvent être déployées pour constituer une réponse à ce problème et aider les victimes.

L'ampleur de la traite des humains

Dans le monde entier, la traite des êtres humains, et notamment la traite des femmes et des enfants, est très répandue. Il s'agit d'un crime contre l'humanité impliquant des actes de recrutement, transport, transfert, hébergement et acquisition de personnes à des fins d'exploitation par la force, la duperie ou tous autres moyens. Des milliers d'hommes, de femmes et d'enfants tombent entre les mains de trafiquants dans leurs propres pays ou à l'étranger. Bien des pays du globe sont touchés par ce trafic, qu'ils soient pays source, de transit ou de destination des victimes.

Le rapport mondial sur la traite (ONUDC) met en évidence que la traite humaine est en augmentation dans le monde entier. Selon le rapport de 2009 traitant des années 2003 à 2007, 155 pays sont touchés par le trafic de personnes, que soit comme pays source, pays de transit ou pays destinataire.[4] La majorité des victimes, dont 98 % sont des femmes et des jeunes filles, a entre 18 et 24 ans.[5] Selon l'Organisation internationale pour les migrations (OIM) :

> ... bien qu'il soit difficile de quantifier l'ampleur mondiale de la traite des êtres humains, le nombre des personnes que l'on force à traverser des frontières internationales chaque année pourrait atteindre 800 000, ainsi qu'un nombre conséquent d'autres personnes faisant l'objet d'un trafic dans leur propre pays. La Finlande

[3] *Ibid.*
[4] www.unodc.org/documents/human-trafficking/Global_Report_on_TIP.pdf
[5] *Ibid.*

est à la fois un pays de transit et un pays destinataire pour des dizaines, voire des centaines de victimes de la traite chaque année.[6]

Ceci démontre qu'il ne s'agit pas uniquement d'un problème de pays pauvres ou sous-développés. Par exemple, mon pays, l'Éthiopie, est un pays source fournisseur d'hommes, de femmes et d'enfants utilisés principalement pour le travail forcé et, dans une moindre mesure, pour une exploitation sexuelle.

> L'Éthiopie est un pays source pour des hommes, des femmes et des enfants faisant l'objet d'un trafic avant tout à des fins de travail forcé et, dans une moindre mesure, pour une exploitation sexuelle marchande. Les enfants issus du monde rural éthiopien font l'objet d'un trafic d'esclavage domestique et, plus rarement, d'exploitation sexuelle marchande et de travail forcé dans le milieu agricole, les filatures traditionnelles, les mines d'or, la vente à la sauvette et la mendicité. Les jeunes femmes de toute l'Éthiopie sont envoyées en esclavage domestique principalement au Liban, en Arabie Saoudite et aux Émirats Arabes Unis [...].[7]

La traite des êtres humains a atteint des proportions comparables à celles des autres commerces illégaux, par exemple celui du trafic de drogues. Les êtres humains sont exploités de diverses manières, notamment par l'abus sexuel, le travail forcé, de faibles rémunérations et une charge de travail considérable. Partout dans le monde, des femmes et des enfants sont contraints au travail forcé et à la prostitution et sont exploités.

Les articles 3, 4 et 5 de la Déclaration universelle des droits de l'homme stipulent :

> Article 3
> Tout individu a droit à la vie, à la liberté et à la sûreté de sa personne.
>
> Article 4
> Nul ne sera tenu en esclavage ni en servitude ; l'esclavage et la traite des esclaves sont interdits sous toutes leurs formes.
>
> Article 5
> Nul ne sera soumis à la torture, ni à des peines ou traitements cruels, inhumains ou dégradants.[8]

---

[6] Consulter www.iom.fi/index.php?option=com_content&view=article&id=93&Itemid=109

[7] www.state.gov/j/tip/rls/tiprpt/2009/123136.htm

[8] Consulter www.ohchr.org/EN/UDHR/Documents/UDHR_Translations/frn.pdf

Bien que plusieurs pays aient voté des lois concernant les principales formes de trafic (exploitation sexuelle et travail forcé), nombreux sont les pays, en Afrique par exemple, qui ne possèdent aucune législation sur le trafic des êtres humains ou disposent d'une législation entraînant uniquement la pénalisation de certains aspects du trafic des personnes, comme la traite des enfants.[9] Dans certains pays, cette question du trafic est un phénomène très récent.

Les impacts de la traite sur les êtres humains

La traite des êtres humains a un impact sur le bien-être des personnes ainsi que des conséquences émotionnelles, psychologiques, physiques et sociales graves.

> Les sévices et autres atteintes que subissent généralement les victimes de la traite sont le viol, la torture, le servage pour dette, la détention illégale, les menaces à l'encontre de leur famille ou de personnes qui leur sont proches, ainsi que d'autres formes de violence physique, sexuelle et psychologique.[10]

La personne toute entière et sa perception d'elle-même en sont affectées. Le trafic ne permet pas une vie de liberté mais aboutit à une vie de bouleversements et à terme, à la mort.

Les conditions dangereuses rencontrées lors des déplacements eux-mêmes font que les victimes du trafic peuvent tomber malades ou être blessées. À leur point d'arrivée, les femmes souffrent souvent de problèmes de santé (affections psychologiques, cardiaques, hépatiques et rénales).[11] Les taux de blessures les plus élevés parmi les femmes éthiopiennes concernent les fractures osseuses, traumatismes crâniens et blessures corporelles pouvant entraîner la mort.[12]

> La majorité des blessures et maladies déclarées par les femmes sont le résultat d'abus sexuels et physiques [...] les femmes étaient battues, violées et privées de sommeil, de nourriture et autres besoins de base, entrainant un épuisement, une perte de poids et une vulnérabilité à l'infection.[13]

---

[9] *Op. cit.* (note 4).

[10] Consulter www.iom.int/jahia/webdav/site/myjahiasite/shared/shared/mainsite/projects/documents/ct_brochure_fr.pdf

[11] *Ibid.*

[12] *Ibid.*

[13] *Ibid.*

Dans le cadre de ce type de trafic, les abus sexuels et la violence entraînent généralement des risques pour la santé sexuelle et les capacités d'enfantement. Les femmes prises dans les filets de ce trafic sont utilisées comme des marchandises à des fins sexuelles et souffrent fréquemment de diverses maladies sexuellement transmissibles, notamment le VIH. Les femmes qui se retrouvent enceintes suite à un viol ou à des relations sexuelles forcées sont susceptibles de subir un avortement pratiqué dans des conditions peu sûres.

À cause de cette altération de leur dignité, les femmes migrantes victimes de la traite développent souvent une haine envers elles-mêmes, diverses phobies, des sentiments anormaux de honte, un isolement auto-imposé au point de ne plus sortir de chez elles. Il y a parfois même perte de sa conscience de soi.[14]

Les femmes victimes de trafic souffrent d'aliénation sociale dans le pays hôte aussi bien que dans leur pays d'origine. L'absence de soutien émotionnel et social a un impact très conséquent sur la capacité de ces femmes à résister et à gérer le stress engendré par leur situation. Elles peuvent facilement se sentir dévalorisées aux yeux de leur société. Le manque de liens interpersonnels proches fait que les victimes se sentent souvent isolées, ce qui renforce encore leur conviction que toute assistance ou évasion reste inefficace.

MODE OPÉRATOIRE DES TRAFIQUANTS

Les trafiquants emploient diverses techniques. Les recruteurs promettent aux jeunes femmes de bons emplois avec des salaires élevés, dans d'autres provinces ou pays. Ainsi piégées par les fausses promesses des recruteurs ou des intermédiaires, elles se retrouvent généralement entraînées vers la prostitution.[15] Il existe une différence dans la terminologie à employer. En effet, les femmes trompées et contraintes au travail forcé sont appelées des victimes de la traite, tandis que les femmes qui ont volontairement émigré par le biais d'un intermédiaire et travaillent dans des conditions d'exploitation, sont généralement considérées comme victimes de « contrebande »[16]. Les femmes faisant l'objet de contrebande entrent illégalement

[14] *The Health Risks and Consequences of Trafficking in Women and Adolescents. Findings from a European Study, Including: Human Rights Analysis of Health and Trafficking and Principles for Promoting the Health Rights of Trafficked Women*, consulter www.lshtm.ac.uk/hpu/docs/trafficking final.PDF

[15] Cf. www.oit.org/wcmsp5/groups/public/---ed_emp/documents/publication/wcms_117931.pdf

[16] www.unodc.org/unodc/fr/human-trafficking/index.html?ref=menuside

dans leur pays de destination. « La contrebande de migrants est un crime qui implique l›assistance à entrée illégale d›une personne sur le territoire d›un État duquel cette personne n›est ni un ressortissant ni un résident, en vue d›obtenir une contrepartie financière ou tout autre bénéfice matériel »[17]. Ces femmes ne disposent d'aucune protection. Si elles sont prises par la police, elles sont battues, ont une amende à payer et/ou sont emprisonnées. De tels exemples vécus par les travailleurs domestiques éthiopiens au Liban sont légions. La duplicité est une des méthodes utilisées par les trafiquants pour fournir aux rabatteurs de nombreuses femmes.

Les causes de la traite des êtres humains

Les causes fondamentales de ce trafic des êtres humains peuvent résider dans les réalités socio-économiques, les inégalités entre les femmes et les hommes et l'instabilité. Les femmes voient souvent l'offre qui leur est faite par les recruteurs comme une opportunité de devenir financièrement indépendantes de leurs parents ou de leur compagnon, et/ou de soutenir financièrement leur famille. La plupart des jeunes filles exposées au trafic sont des orphelines et celles qui ont la responsabilité de leur fratrie plus jeune. D'autres ont des parents malades dans l'incapacité de nourrir leur famille ou vivent dans un foyer monoparental. Dans la majorité des cas, il existe un manque avéré de ressources. Ce sont souvent les familles elles-mêmes qui forcent les jeunes filles à s'engager comme employée de maison afin d'améliorer les conditions de vie de la famille. La propension de certaines familles à s'ouvrir au trafic de leurs filles est symptomatique de la crainte de ces familles devant leurs difficultés à survivre. En outre, cela est accentué si la famille porte un regard « normalisé » sur l'esclavage, ce qui reste profondément ancré dans certains pays.

Du point de vue ecclésial et spirituel, les enseignements moraux traditionnels de la théologie chrétienne ont des conséquences profondes sur les personnes, particulièrement dans l'hémisphère sud. L'altruisme est un idéal et la « théologie de la souffrance » joue un rôle majeur dans les convictions religieuses de nombreux chrétien-ne-s qui tombent entre les mains de trafiquants.

La « théologie de la souffrance » est liée à la souffrance du Christ. La mort sacrificielle du Christ a servi de rédemption pour sortir les humains de l'esclavage du péché, de la mort et de Satan. Cette théologie forme le socle sur lequel s'est édifiée l'Église. Jésus a souffert pour les hommes et les femmes. Sa souffrance est devenue un modèle de souffrance pour les êtres humains.

---

[17] *Ibid.*

On observe dans bien des lieux que les femmes d'origine chrétienne se soumettent à cette vie de souffrance car elles la considèrent comme une souffrance rédemptrice. Dans ce contexte, elles acceptent la souffrance comme positive car porteuse de rédemption pour quelqu'un[18] et vivent selon le concept de « vivre pour son prochain ». Les femmes se sentent de fait responsables des autres et en particulier de leurs parents et de leur famille, parfois même de leur communauté. Même si plusieurs membres d'une famille partagent cette responsabilité, les femmes la ressentent particulièrement intensément. Cela implique de se laisser submerger par l'identité de l'autre, par ses besoins et son intérêt au point d'en perdre sa propre identité. En conséquence, « le potentiel d'autoréalisation d'une femme s'en trouve souvent engourdi. On lui enseigne d'attendre que quelqu'un vienne la trouver [...] »[19].

Parmi les vertus morales habituellement mises en avant par la tradition chrétienne, la tolérance et l'obéissance, par exemple, peuvent être interprétées de façon à participer de l'oppression des femmes et à obtenir qu'elles se soumettent à ce trafic des personnes. La tolérance se définit par la capacité à accepter la torture.[20] À terme, les femmes en viennent à tolérer leurs difficultés et à perdre leur estime d'elles-mêmes. Elles se soumettent docilement au trafic d'employés de maison tout en sachant qu'elles seront opprimées. Le mot « obéissance », dans le sens de capacité à faire ce que l'on vous dicte de faire, sous-entend « soumission », ce qui en soi peut également être utilisé à mauvais escient. Obéir à quelqu'un signifie être soumise à cette personne. La suprématie patriarcale de l'Église sous-entend que les femmes sont soumises à l'autorité des hommes sur tous les plans. Si les enseignements moraux de l'Église sont déséquilibrés, il est alors plus facile aux hommes de dominer les femmes car l'identité de celles-ci disparaît et elles ne disposent d'aucune capacité à prendre en main leur vie, à s'affirmer elles-mêmes, ni à être autosuffisantes.

Dans de nombreuses régions du monde, l'utilisation abusive par l'Église des enseignements moraux contribue à la discrimination envers les femmes, à la ségrégation sociale, à la discrimination raciale et ethnique, aux différences culturelles et religieuses, à l'exploitation par le travail et la violence économique, à l'exploitation sexuelle et aux abus sexuels.

---

[18] CRUZ, Gemma T., *Into the Deep, A Theological Exploration of the Struggle of the Filipina Domestic Workers in Hong Kong*, Manille, UST Publishing House, 2006, p. 70.
[19] WOLSKI CONN, Joanne (éd.), *Women's Spirituality. Resources for Christian Development*, Mahawi, Paulist, 1986, 1992, p. 11.
[20] TIRUNEH, Haddis, *The Works of St. Yarde In the Light of the Holy Bible*, Éthiopie, Addis Ababa, 1999, p. 8.

Bien des femmes croient que Dieu est à leurs côtés et leur accorde la force et la patience dont elles ont besoin dans leurs souffrances. Dans les faits, cette force et cette patience leur seraient utiles pour résister à l'oppression plutôt que de se soumettre à l'exploitation. Le Dieu chrétien est un Dieu libérateur.

La théologie de la résistance comme solution

> « Élargis l'espace de ta tente, les toiles de tes demeures, qu'on les distende ! Ne ménage rien ! Allonge tes cordages et tes piquets, fais-les tenir. » (Es 54,2).

La théologie de la résistance est une théologie qui aide les êtres humains à prendre conscience d'eux-mêmes et à lutter contre le trafic, c'est-à-dire la vente et l'achat de personnes comme des objets, au profit des trafiquants et des employeurs. Les êtres humains doivent oser se faire confiance, c'est-à-dire ne plus se retenir, à attendre que d'autres s'expriment à leur place. Il est temps de « faire tenir ses piquets » pour résister à ce trafic. Chacun doit être pleinement conscient de sa propre dignité en tant que personne, de ce à quoi il ou elle est soumis-e – que ce soit au sens positif ou au sens négatif. Chacun doit agir en conséquence plutôt que se laisser simplement faire. La théologie de la résistance doit permettre à chacun de rechercher sa pleine humanité et sa libération plutôt que limiter son horizon à une réalité spécifique à laquelle il ou elle serait asservi-e.

Le chemin de la résistance conduit :

- Du manque d'estime de soi à la définition de soi-même : la prise de conscience de sa réification déclenche une réaction inverse en développant son estime de soi.

- De la soumission à la colère : la colère est mieux perçue lorsqu'elle est vue comme un sentiment qui nous signale que tout n'est pas pour le mieux dans notre relation à nous-même, ni avec les groupes ou le monde autour de nous. La colère doit être perçue comme la reconnaissance que notre être a besoin d'amour et de compassion en dépit des difficultés. Dans ce contexte, il faut percevoir la colère comme la volonté de changer les circonstances opprimantes dans lesquelles on est forcé de vivre.

- De la honte et de la culpabilité à l'acceptation de soi : les femmes naissent avec une dignité. Développer la fierté de soi signifie sauver les femmes des sentiments de culpabilité et de honte qui les habitent et leur permettre de résister aux blessures, traumatismes et rejet de soi engendrés par l'expérience qu'elles font de la maltraitance en leur qualité d'être humain.

Une manière novatrice de résister à la soumission à la traite des êtres humains serait pour les Églises de trouver une nouvelle façon de communiquer les enseignements moraux qui permettent aux êtres humains une pleine prise de conscience d'eux-mêmes. Les femmes font le lien entre la souffrance de Jésus et leur propre expérience de la souffrance puis l'acceptent à cause de l'accent très fort mis par les enseignements de l'Église sur la souffrance. La souffrance devient ainsi normale ; elle devient intégrée dans la vie des êtres humains de façon tout à fait acceptable. La mort sacrificielle du Christ est interprétée comme un modèle permettant le sacrifice des personnes et en particulier celui des femmes. La puissance libératrice de Dieu n'est pas annoncée et la souffrance devient la destinée ultime de la vie. Au prétexte de ce qui fait une bonne chrétienne, silencieuse et obéissante, cet enseignement n'encourage les femmes ni à s'exprimer sur leurs souffrances, ni à dénoncer la violence dont elles font l'objet.

Il faut par conséquent :

- Revoir la théologie de la souffrance en considérant notamment l'image victorieuse du Divin dans les enseignements des Églises et le soutien qu'elles dispensent. Dieu est un Dieu libérateur. La souffrance est une lutte de la transformation vers la libération. La souffrance n'est pas une finalité pour les êtres humains.

- Revoir les enseignements bibliques sur la crucifixion. Ainsi les femmes seront encouragées à considérer la mort comme autre chose que le message ultime de l'Évangile. Une interprétation de la théologie de la croix peut nous encourager à considérer Jésus comme un modèle de dépassement de la souffrance.

- Réviser les enseignements moraux des Églises qui forcent les personnes à se soumettre à la traite.

Les enseignements moraux des Églises ont des conséquences dans la vie des femmes. Parce que certaines sociétés sont enclines à adopter une attitude positive envers le trafic des êtres humains, il est urgent de modifier cette attitude. Des études sociologiques sur la traite des êtres humains ont démontré que les facteurs socio-économiques amènent certaines sociétés et les familles des victimes à fermer les yeux sur le trafic de leurs filles, sœurs, frères et épouses.

À cause de leurs positions sociales inégales, les stéréotypes fondés sur le genre présentent les hommes comme puissants et en charge et les femmes comme passives et reléguées à la sphère privée. Ces stéréotypes ont nourri les idées préconçues de nombreuses sociétés dans lesquelles les femmes sont formées pour assumer les tâches ménagères. De tels stéréotypes participent de la traite des femmes, élevées à être obéissantes et à obéir à leur mari/conjoint sans un mot.

Il est de la responsabilité de l'Église de s'assurer que les jeunes filles et les jeunes garçons, les hommes et les femmes reçoivent une éducation. L'éducation peut être un formidable outil pour dépasser les stéréotypes de genre qui maintiennent les femmes dans un rôle de subordonnée. Augmenter la prise de conscience dans une paroisse inclut entre autres identifier les ressources disponibles, les services et les organisations qui peuvent fournir du soutien aux victimes tant pour leur sécurité physique (abri, nourriture, médicaments et hygiène) que leur bien-être psychologique. Il faut également plaider pour un traitement équitable des femmes et des hommes. Ceci contribuera alors à mieux comprendre ce que signifie la dignité de chaque être humain et à percevoir que Dieu n'a pas créé les êtres humains pour qu'ils soient mis en vente.

Conclusion

Il devrait aller de soi que l'Église, en tant que communauté de croyant-e-s, devrait se sentir mal à l'aise devant la traite des êtres humains et les conséquences effroyables qu'elle a sur les droits des individus. La violation d'un être humain constitue une violation du temple de Dieu. Lorsqu'une personne est opprimée, la famille humaine toute entière est diminuée. L'analyse de la traite des êtres humains et de ses effets nous montre de façon flagrante qu'il est crucial qu'un changement intervienne. Ainsi, il faut renverser certaines attitudes toujours répandues dans de nombreuses sociétés et Églises : par exemple ne plus associer les hommes aux particularités humaines définies comme supérieures et dominantes, ni associer les femmes à celles considérées comme inférieures et passives. La domination patriarcale est en contradiction avec le message libérateur de la grâce de Dieu qui nous parvient en Jésus-Christ.

Au cours des siècles, les Églises ont parfois adopté des enseignements moraux d'origines non chrétiennes, comme par exemple ceux d'Aristote sur le rôle des femmes. Les enseignements des Églises qui imposent aux femmes souffrance et oppression peuvent être remis en question en enseignant l'égalité entre les femmes et les hommes qui sont créés à l'image de Dieu et en présentant la puissance libératrice de Dieu. Il est également important de créer un environnement dans lequel chacun puisse trouver un travail pérenne et vivre de ses revenus. En adoptant véritablement le principe d'égalité et en évitant toutes fausses idées, nous discernerons une lueur au bout du tunnel.

Questions

Que savez-vous de la traite des êtres humains dans votre propre environnement actuellement ?

Comment la manière dont nous comprenons que nous « sommes créés à l'image de Dieu » peut-elle influer notre manière de vivre aujourd'hui ?

Quels sont les défis que l'Église doit relever lorsqu'elle met en œuvre cette compréhension de notre création à l'image de Dieu ? Comment pouvons-nous interpréter ceci au regard de la traite des êtres humains ?

Église, politique et utilisation du pouvoir : quelques exemples hongrois

Tamás Fabiny

Contexte historique

Après 1945, la Hongrie a été intégrée dans la sphère des intérêts soviétiques. Durant les années qui suivirent, le peuple profita d'une relative liberté sous le gouvernement hongrois de coalition. En 1947, les communistes prirent le pouvoir de force grâce à une fraude électorale généralisée. Utilisant la tactique du salami[1], ils divisèrent puis détruisirent les autres partis politiques et, dans certains cas, en absorbèrent les sympathisants de gauche. Avec une aide soviétique conséquente, ils nationalisèrent les usines et forcèrent les agriculteurs à travailler dans des fermes collectives, les kolkhozes. Au cours de cette même période, les écoles confessionnelles furent laïcisées. Historiquement, les Églises géraient un nombre important d'écoles privées en Hongrie. À part quelques exceptions, les écoles confessionnelles durent fermer et l'Église évangélique luthérienne ne put en conserver aucune. Même l'école luthérienne de Fasor, de réputation mondiale, finit également par être récupérée. Les ordres religieux et les associations de diaconesses furent dissouts et de nombreux membres du corps pastoral furent emprisonnés. Au cours du règne du parti unique, les médias furent censurés et de fait, paralysés. L'idéologie obligatoire du « socialisme réel » eut un impact sur les Arts et la propagande soviétique athée infiltra les cercles intellectuels

[1] Note du traducteur: expression inventée par Mátyás Rákosi1, chef du Parti communiste hongrois, pour décrire l'élimination progressive des pouvoirs extérieurs au communisme (Église, autres partis, etc.), « tranche après tranche, jusqu›à ce qu›il ne reste plus rien » (fr.wikipedia.org/wiki/Tactique_du_salami).

de l'époque. Une expression émergea à cette époque, la « panique du coup de sonnette », faisant référence à la paralysie qui cloue sur place des innocents, terrifiés de peur lorsque la sonnette de la porte d'entrée retentit tard le soir car il pouvait s'agir de la police venant rafler des personnes sans donner aucun motif. À cette époque, être pasteur signifiait courir un risque réel. L'évêque le plus connu de mon Église, Lajos Ordass, fut emprisonné et nombre de ses collègues furent transférés vers d'autres lieux, ou forcés d'abandonner leur ministère et de travailler comme ouvriers. Il n'y avait à cette époque aucun avenir pour les pasteurs. Mais la vocation eut raison des circonstances. Voici un exemple tiré de ma propre famille. Mon père reçut un appel très fort de Dieu et malgré son excellent poste d'avocat, il souhaita devenir pasteur parce que le Saint Esprit l'avait touché. Le fait qu'au mieux, il risquait d'exercer son ministère dans un village perdu, ne l'inquiétait pas outre mesure. Il était prêt à faire face à la souffrance. Alors qu'il était étudiant en théologie, quelques condisciples et lui avaient pris part à une campagne d'évangélisation et distribué sur la voie publique des brochures contenant l'Évangile de Jean. Comme on pouvait lire sur ces livrets « imprimé aux États-Unis d'Amérique », les étudiants furent tous arrêtés par la police. Mon père nous racontait que tous avaient passé la nuit en prière, comme Paul et Silas avant eux. Le matin suivant, ils furent réprimandés et renvoyés chez eux. Et l'officier qui les avaient interrogés leur dit : « Donnez-moi un exemplaire, mon épouse aime bien lire ce genre d'écrits ».

La révolution de 1956, également qualifiée de soulèvement, fut une tentative de mettre fin à cette situation de totalitarisme. La liberté régna quelques jours seulement, jusqu'à ce que les soviétiques occupent le pays et étouffent la révolution. Suivit alors une période de dictature douce. On parle souvent de « socialisme du goulash »[2] ou du « baraquement le plus joyeux du camp socialiste ». En effet, comparé aux autres pays socialistes, le niveau de vie en Hongrie était relativement élevé. Nous réalisons actuellement que ces décennies débouchèrent sur une détérioration encore plus grave de la vie des Églises qu'une dictature affichée ne l'aurait produit. Dans une dictature affichée, la différence entre le bien et le mal est clairement définie et les chrétien-ne-s engagé-e-s sont prêt-e-s à souffrir. Dans une dictature douce, les limites sont loin d'être claires et bien des personnes, notamment des dirigeants d'Églises, tombèrent dans le compromis sans scrupule, à des fins de survie.

[2] Note du traducteur : L'expression « socialisme du goulash » désigne le régime politique en œuvre en République populaire de Hongrie durant la Guerre froide. Elle désigne la politique instaurée dans la deuxième moitié des années 1950, après la fin du régime stalinien de Mátyás Rákosi et la répression de l'insurrection de Budapest. Cette politique, menée sous l›impulsion de János Kádár, est considérée comme plus tolérante que celle en vigueur dans les autres pays du bloc soviétique. (fr.wikipedia.org/wiki/Socialisme_du_goulash)

Cette situation eut des répercussions sur les serviteurs de l'Église : plus personne n'avait besoin de risquer sa vie. Avec des limites définies, il était possible, et parfois même trop facile, de trouver un *modus vivendi.* La relation entre l'Église et l'État ressemblait à celle d'un patron et de son client : il était possible d'obtenir des faveurs plus ou moins grandes grâce à la coopération qui existait entre certains dirigeants d'Églises loyaux et le ministère des affaires ecclésiales, celui-là-même qui, à l'origine, avait été créé afin de persécuter l'Église. À condition que tous acceptent de suivre les règles du prétendu socialisme réel, on pouvait par exemple obtenir un meilleur emploi, l'autorisation de voyager à l'étranger, ou encore avoir accès aux études universitaires lorsque l'on était enfant de pasteur. On peut imaginer l'influence pernicieuse que ceci put produire sur la personnalité de certains pasteurs. Pour plusieurs d'entre eux, être pasteur signifiait s'adapter au cadre extérieur, devoir souvent prendre des décisions à l'encontre de sa propre conscience et ne pas toucher à certains tabous (1956, la présence soviétique, le système unipartite). En échange, il était possible d'exercer sa vocation comme un banni de la société mais à l'intérieur de l'Église sous la forme d'un « christianisme de sacristie ».

Il est par conséquent peu surprenant qu'en 1989, lors du changement de régime, les Églises n'étaient pas prêtes. Au cours de ces mois, l'expression « les dernières 40 années » fut souvent utilisée. Cette métaphore, qui faisait un parallèle entre l'ère d'oppression et de maintien à l'intérieur de limites et les 40 années d'errance du peuple juif dans le désert, paraissait particulièrement appropriée à l'époque. Nous y trouvions une image séduisante car nous pouvions évoquer l'esclavage et les plaies d'Égypte ainsi que le fait que le peuple de Dieu avait eu à traverser la mer Rouge. Il était possible de faire référence à différents types d'idolâtrie et d'infidélité et enfin, de nous tourner vers la nouvelle génération. Cependant nous ne pouvions discerner devant nous ni un Moïse, ni un Aaron, ni même un Josué parmi cette nouvelle génération, et encore moins le pays de Canaan.

Si nous voulons vraiment utiliser une métaphore biblique, alors il semble plus approprié, pour décrire la situation des Églises de l'époque, de faire référence à une série d'événements qui eut lieu quelques siècles après l'errance : je veux parler de la fin de la captivité du peuple juif à Babylone. Au cours du VIe siècle av. J.-C., la situation politique et sociale que les superpuissances croyaient extrêmement stable et inébranlable, changea si radicalement que le peuple juif, qui avait été retenu en captivité quelques décennies plus tôt, à l'époque de Nabuchodonosor, put rentrer au pays. Il existe un parallèle évident sur deux points au moins. D'abord, ce n'est nullement la lutte héroïque du peuple élu qui lui a permis de recouvrir sa liberté avec ses prophètes désespérés et ses membres d'une nation fidèle jusqu'à la fin, mais simplement un changement de la « constellation de la politique mondiale », de « la structure des grandes puissances » et de la « réalité historique ». On ne peut évidemment pas nier que le Dieu de l'histoire soit un Dieu caché. Dieu peut également diriger la vie de son peuple sur des chemins très séculiers. Avec une certaine confiance, nous osons même supposer que le témoignage de certains aura contribué à la chute d'une grande puissance à l'époque de la captivité babylonienne et au changement de système intervenu dans les pays satellites après l'occupation soviétique.

L'autre parallèle que nous pouvons faire entre cet événement historique et le changement de régime en Hongrie concerne le retour des juifs dans leur pays, pays qu'ils trouvèrent dans un grand désordre – une situation peu susceptible de permettre un travail paisible. Ils trouvèrent des ruines, des ruines partout. Ezra et Néhémie s'attelèrent à la tâche en déblayant les décombres et en reconstruisant le temple. Les changements politiques en 1989 et 1990 intervinrent à un moment où les Églises étaient également en ruine et il fallut démarrer un long processus harassant de reconstruction. Il était impossible de reprendre là où le peuple de Dieu en était avant de partir en captivité ou avant la fin de la liberté religieuse. Grâce à un auteur hongrois, une métaphore biblique de plus fut introduite dans le langage quotidien : « une foule immense s'avance sur le chemin de Damas ». Il s'agissait en l'occurrence d'une expression plutôt narquoise faisant référence à la conformité politique et non pas une indication du nombre de fidèles se pressant pour intégrer les Églises. Les difficultés de reprendre à zéro sont bien décrites dans ce poème de quatre lignes écrit par la poétesse Ágnes Nemes Nagy. Elle le composa après une période de silence forcé, lorsque ses poèmes furent à nouveau publiés :

> Alors qu'il se redressa lentement, autour de son épaule gauche,
> Les muscles de toute une vie lui faisaient mal.
> En arrachant sa mort comme la gaze
> Ressusciter est aussi difficile.[3]

Situation actuelle

Vingt-cinq ans se sont depuis écoulés. Les relations entre les gouvernements élus et les Églises ont subi une série de changements. Il y avait et il y a toujours des partis politiques qui considèrent que le rôle des Églises doit se limiter à la sphère du spirituel plutôt que de participer à la vie publique. C'est ce que j'appelle un « christianisme de sacristie ». En d'autres termes, les communautés religieuses sont forcées à rester à l'intérieur des murs de l'Église. Les communautés ecclésiales conservatrices n'élèvent aucune

[3] Traduction du hongrois en français par Nora Dessauge.

objection à cette interprétation car elles estiment que les Églises doivent se limiter à traiter des affaires spirituelles dans ce « monde pécheur ».

Il existe cependant certains partis politiques qui considèrent les Églises (ou, plus exactement, leurs Églises préférées) comme des « partenaires naturels », comme s'il s'agissait de les dédommager de la perte de leurs propriétés, de leur prestige et de leur influence intellectuelle.

Je trouve ces deux attitudes plutôt dangereuses. Lors d'une interview radiophonique à l'époque du gouvernement socialiste (et pratiquement post-communiste) en Hongrie, j'ai décrit ma position en disant : « Vivement que je puisse critiquer un gouvernement conservateur ». Je disais en fait deux choses : d'une part, que le gouvernement socialiste ne me satisfaisait pas et que j'appelais de mes vœux le changement, et d'autre part, que la présence de l'Église dans la société doit se caractériser par son regard critique envers le pouvoir politique. L'Église a un rôle prophétique à accomplir, comme l'ont fait Ésaïe, Jérémie ou Jésus. L'Église n'a pas à suivre le pouvoir politique en place sans critiquer. Depuis le changement de régime, et particulièrement depuis les années 1990 à 1994, il plane la suspicion que la politique tente d'influencer les Églises : ils veulent nous dirent comment pratiquer notre foi.

En 1997, afin de traiter d'anciens conflits, le gouvernement hongrois négocia un accord en commençant par l'Église catholique romaine, puis avec les autres Églises. Le système de soutien qualifié de normatif, qui causa de grandes tensions par la suite, avait pour objectif de « domestiquer » les Églises. Certains des gouvernements suivants menèrent des tentatives similaires. Les relations étaient parfois amicales, parfois moins. Durant ces dernières années, plusieurs questions ont émergé, par exemple la nouvelle législation ecclésiale et la criminalisation du sans-abrisme. Il a fallu que l'Église se positionne sur ces points. Il m'a été impossible de me taire devant l'insertion du nom de Dieu dans la constitution et il a fallu que je m'inscrive en faux contre la popularité grandissante de l'extrême droite. Je vis ceci au quotidien en ma qualité d'évêque d'un district situé pour sa plus grande partie au nord-est de la Hongrie, là où le parti radical de droite est particulièrement fort depuis quatre ans.

Actuellement, on parle souvent des risques d'un christianisme politique lorsque l'on fait référence à une situation où le pouvoir en place tente d'exploiter les Églises et d'atteindre ses propres objectifs par une approche paternaliste envers elles et en les instrumentalisant. Aucun parti ne doit agir ainsi, ni même un maire qui souhaite traiter les Églises comme des « partenaires naturels » et exige leur soutien politique. Nous pouvons coopérer avec de multiples partenaires et créer un fond commun de valeurs mais nous ne sommes le « partenaire naturel » de personne. Les Églises ont suffisamment souffert durant la dictature quand il était attendu d'elles qu'elles soutiennent l'État sans exercer aucune forme de critique quelle qu'elle soit. Par bonheur, même à cette époque, il y eu des personnes pour entrer en résistance. Ne perdons pas de vue que les Églises vécurent aussi des graves humiliations et des exclusions injustes lorsque les partis qui sont actuellement d'opposition, étaient au pouvoir.

Nous ne pouvons cependant pas nier qu'à certaines époques, les Églises elles-mêmes ont flirté avec le pouvoir. Si le système financier hongrois était sain, ce qui n'est pas le cas actuellement, les Églises ne seraient pas forcées de mener en permanence des négociations financières avec le gouvernement. J'appelle de mes vœux un système de financement des Églises transparent et fiable, qui resterait inchangé lors de bouleversements gouvernementaux. Il serait fondé sur le fait que les Églises sont perçues d'une part comme parties prenantes des activités relevant de l'éducation et de la sphère sociale, et d'autre part que leur travail spirituel produit potentiellement un effet thérapeutique sur la société.

Nous essayons, dans l'Église évangélique luthérienne de Hongrie, de promouvoir la fibre sociale de nombreuses manières. Dans notre parution pédagogique, nous mettons fortement l'accent sur l'enseignement de la tolérance et l'acceptation les uns des autres dans nos écoles, afin que nous ne soyons pas tolérant-e-s seulement en paroles mais aussi en actes (par ex. l'inclusion des Roms, des juifs, des homosexuels, des handicapés). Nous devons affirmer que l'Église pratique la tolérance zéro de l'intolérance : les directeurs et directrices de nos écoles confessionnelles ont reçu la consigne de réagir immédiatement lorsqu'ils ou elles entendent des propos antisémites, anti-Roms ou homophobes.

Actuellement, l'intolérance n'est pas seulement une caractéristique des partis politiques, mais une tendance que l'on retrouve dans la société hongroise qui ne semble pas en mesure de gérer ceux qui sont « différents », qu'il s'agisse d'un aveugle et sa canne blanche ou de quelqu'un en fauteuil roulant. Le renouveau de la société pourrait peut-être commencer par des actes mineurs, comme remarquer son prochain dans le besoin et ne pas se sentir honteux de l'aider, ou organiser des petites associations et fournir des programmes à valeur ajoutée, ou encore offrir quelque chose par pur altruisme et sans en attendre un dédommagement, etc. Ou encore en découvrant que l'amour véritable ne recherche pas la valeur mais la génère. Mon souhait serait que chacun puisse trouver une telle communauté au sein de nos Églises.

CONCLUSION

L'ÊTRE HUMAIN N'EST PAS À VENDRE

La FLM a choisi, pour célébrer le 500e anniversaire de la Réforme, le sous-thème suivant : « Les êtres humains ne sont pas à vendre ». J'ai intégré dans cet article des exemples tirés de ma propre vie. Je fais aussi référence à des moments de l'histoire où les gens furent privés de liberté, tant individuelle que collective. La dignité des personnes et de certains groupes de la société a été violée. L'honorabilité était à vendre et pouvait se monnayer. Parfois la police secrète exerçait un chantage sur les jeunes et les personnes âgées, ou leur causait un préjudice direct, avec la collaboration de gens tout à fait ordinaires ou de ceux travaillant dans certaines strates de la classe dirigeante du système unipartite. Il existe malgré tout des exemples positifs de la façon dont certains purent conserver leur liberté intérieure nonobstant les entraves extérieures qui les limitaient. On peut concevoir qu'ils furent guidés par les paroles de l'apôtre Paul : « Vous n'avez pas reçu un esprit qui vous rende esclaves et vous ramène à la peur, mais un Esprit qui fait de vous des fils adoptifs et par lequel nous crions : *Abba*, Père » (Rm 8,15). Nous connaissons une forme d'esclavage qui est de fait une liberté. Tout comme l'apôtre Paul conserva sa liberté en prison et se déclara fièrement « esclave de Jésus-Christ », de nombreux confessants résistèrent à la vente de leur indépendance. Luther, qui était prêt à remettre en question l'autorité de l'État et de l'Église, déclarait joyeusement que sa conscience était « captive de la Parole de Dieu ». Voilà pourquoi il pouvait être véritablement libre !

Application pratique de l'enseignement des deux royaumes

En plus de l'enseignement sur la liberté, l'interprétation des deux royaumes par Luther peut également s'appliquer à notre situation. Sous le régime totalitaire, il fallait rester sur ses gardes et savoir discerner quand il s'agissait du pouvoir oppresseur qui formulait des exigences sur le peuple et quand il s'agissait de l'intention directrice de Dieu. La hiérarchie de l'Église – et d'une certaine façon tous les chrétien-ne-s, pouvait être tentée d'associer ces deux intentions. Dans la vie des Églises protestantes de Hongrie au cours du socialisme réel, un vaste courant acceptait que Dieu punisse les Églises pour leurs fautes sous le nazisme et pour leur collaboration avec le pouvoir politique de l'époque. Selon cette interprétation, les Églises devaient accepter la colère de Dieu, même si les décisions prises par l'État communiste allaient totalement à l'encontre de la nature-même de Dieu. En conséquence, la « théologie de la diaconie » de l'époque se refusait à critiquer le pouvoir en place et ne se permettait d'en suggérer le moindre changement de trajectoire.

Après le changement de régime, les Églises se trouvèrent brusquement du côté des bénéficiaires, ce qui les a même surprises elles-mêmes parfois. Plusieurs pasteurs ressentirent le besoin de féliciter le nouveau système en place depuis la chaire, voyant la volonté directe de Dieu dans une liberté politique retrouvée. « Dieu est le Dieu de l'histoire » devint la façon de justifier la présence de l'Église sur la scène publique – et parfois même dans un parti politique. La situation dans laquelle les Églises purent partager des positions de pouvoir ne fut pas toujours en cohérence avec la doctrine des deux royaumes.

Certains signes indiquent que l'on confondait le Royaume de Dieu avec le monde terrestre. La prière « Que ton règne vienne » était mise sur le même plan que l'accomplissement d'une nation temporelle assurant la liberté. La déviance théologique était associée aux efforts blasphématoires du pouvoir politique, cherchant à s'assurer une légitimité en utilisant des métaphores bibliques. Certains politiciens clôturaient leurs discours par les paroles *soli Deo gloria*, ou d'autres revendiquaient que nous, Hongrois, étions le peuple élu. Il s'agissait d'autant de déclarations mal venues dans la sphère publique.

La théologie de la croix

Le troisième pilier de la théologie de Luther, la théologie de la croix, peut nous guider. Notons le paradoxe intéressant suivant : alors que l'Église souffrait d'une réelle oppression, il était impossible, du moins en public, d'évoquer l'importance de « l'Église inspirée par la croix ». Plutôt que d'en parler, beaucoup le vécurent. Lorsque le temps de la libération arriva, l'Église succomba à la tentation de se placer du côté éblouissant, du côté de la gloire et du pouvoir, délaissant alors un mode de vie christique et inspiré par la croix. Une Église bien nourrie et réconfortée, s'adaptant à la société de consommation, est bien loin de la théologie de la croix. Dans un monde où « tout est monnayable », il est facile pour les Églises de s'intégrer à la mentalité consumériste. À notre époque donc, les Églises doivent être vigilantes et s'assurer qu'elles continuent de porter la croix sans faire aucun compromis dangereux.

Je suis convaincu que le thème de l'Assemblée de 2017, un thème authentiquement biblique et réformant, nous aidera à retrouver notre chemin jusqu'à la croix. On ne peut comparer ce qui arriva lors de la crucifixion de Jésus-Christ à aucune action humaine, ni à aucune entreprise commerciale. Le Dieu agissant est présent à la croix. Nous confessons par conséquent que nous sommes « libres par la grâce de Dieu ».

Questions

Connaissez-vous des exemples semblables de cheminement d'une oppression politique vers la liberté ?

Selon les différents contextes politiques, quelle peut être la pertinence de l'enseignement de Luther sur les deux royaumes ?

Comment change l'accent entre les deux éléments de la « solidarité critique » ?

Vivre avec autrui : migration, déplacement et justice du genre

Munib A. Younan

Alors que nous cheminons vers 2017 et la commémoration des 500 ans de la Réforme de Luther, je suis reconnaissant pour ce thème que nous explorons : Pas à vendre ! Le message d'espoir et d'amour proclamé depuis le début de notre tradition évangélique et jusqu'à ce jour, est véritablement la Bonne Nouvelle. Comme l'a écrit l'apôtre Paul dans sa lettre aux Romains : « Si en effet, quand nous étions ennemis de Dieu, nous avons été réconciliés avec lui par la mort de son Fils, à plus forte raison, réconciliés, serons-nous sauvés par sa vie » (Rm 5,10). Comme Paul nous en donne l'assurance, ce salut est un don gratuit. Il n'est pas à vendre !

Les trois thèmes traités dans le cadre de ce qui n'est « pas à vendre » – le salut, les êtres humains et la création – sont intimement liés. Parce que Dieu a créé les cieux et la terre et parce que « c'était Dieu qui en Christ réconciliait le monde avec lui-même » (2 Co 5,19), toute la création a été sanctifiée grâce à l'amour rédempteur de Dieu. Et parce que « c'est par la grâce, en effet, que vous êtes sauvés, par le moyen de la foi ; vous n'y êtes pour rien, c'est le don de Dieu » (Ep 2,8), la valeur et la dignité inhérentes de chaque être humain ont été confirmées. Le prophète Ésaïe a proclamé l'invitation de Dieu : « Ô vous tous qui êtes assoiffés, venez vers les eaux, même celui qui n'a pas d'argent, venez ! Demandez du grain, et mangez ; venez et buvez ! – sans argent, sans paiement – du vin et du lait » (Es 55,1). Le message du salut de Dieu en Jésus-Christ est un message de profonde égalité devant Dieu, où tout est accordé gratuitement, où rien n'est à vendre. La création est gratuite. La rédemption est accordée gratuitement par la croix.

Ce message est en porte-à-faux dans un monde où tout, des êtres humains et des dons de la terre jusqu'à la promesse du salut, tout est toujours offert contre de l'argent et des biens. Depuis l'exploitation des ressources naturelles et les efforts officiels pour enrayer les changements climatiques, jusqu'au trafic des êtres humains, et même la terre et tout ce qu'elle contient, tout est monnayé. Même si tout se passe actuellement à une échelle bien plus vaste, déjà à l'époque de Jésus et celle de Martin Luther, on pouvait discerner la même dynamique. À leurs époques, la terre et les êtres humains étaient traités de façon dégradante. Ils étaient tous deux déjà confrontés à des systèmes de croyances religieuses erronées qui revendiquaient au nom de Dieu certains sacrifices pour faciliter la transition vers le salut. Chacun de nous est libre à cause de l'offrande sacrificielle du sang du Christ sur la croix qui continue, maintenant encore, à nous rendre libre. Le message de l'Évangile était aussi clair à l'époque qu'il l'est maintenant : ni le salut, ni les êtres humains, ni même la création ne peuvent être achetés. Tous sont des expressions du don précieux et généreux de Dieu.

La crise des refugiés

Dans le monde actuel, les conflits sont toujours plus exacerbés par la concurrence entre les êtres humains pour la jouissance des ressources naturelles. En conséquence, les individus sont déplacés et poussés au désespoir. À la fin de l'année 2013, le Haut Commissariat des Nations Unies pour les réfugiés (HCR) estimait que dans le monde, plus de 51,2 millions de personnes avaient été déplacées de force, dont 11,7 millions vivant sous mandat HCR et 5 millions de réfugiés palestiniens enregistrés auprès de l'Office de secours et de travaux des Nations Unies pour les réfugiés de Palestine dans le Proche-Orient (UNRWA).

Il existe à la Fédération luthérienne mondiale (FLM) une longue tradition de travail auprès des réfugiés. Notre communion mondiale a été créée dans le but d'apporter aide et soutien aux individus en Europe qui souffraient de pauvreté et avaient été déracinés après la Deuxième Guerre mondiale. À la suite de ce conflit, un luthérien sur six était soit un réfugié, soit avait été déplacé à l'intérieur de son propre pays. Nous avons depuis construit sur cet héritage et élargi notre témoignage de service auprès des personnes vulnérables et des nécessiteux. Nous offrons nos services et nos ressources à tous ceux et celles qui sont dans le besoin, quelle que soit leur religion, croyance ou identité nationale ou tribale.

Je suis palestinien et chrétien. Je suis de Jérusalem. Ma langue maternelle est l'arabe. Nous, chrétiens palestiniens, vivons en Terre Sainte depuis la Pentecôte, date qui marque le tout début du christianisme. Nous sommes actuellement bien moins nombreux qu'avant, mais malgré cela, nous faisons partie intégrante de la culture palestinienne. Ma famille a fait partie de la vague de réfugiés de 1948. Je détiens toujours une carte de réfugié délivrée par l'UNRWA. J'habite à Beit Safafa, près de la colonie de Gilo construite sur des terres palestiniennes confisquées. Avec d'autres Palestiniennes et Palestiniens, j'aspire à l'établissement équitable d'un État palestinien à l'intérieur des frontières de 1967, où l'on vivrait aux côtés d'Israël dans la paix, la justice et la réconciliation. Cet objectif sous-entend la clarification les frontières reconnues par la communauté internationale, une résolution équitable de la question du statut des colonies israéliennes et la juste résolution de la crise chronique des réfugiés palestiniens. Je le souhaite non pas parce que ceci est inscrit dans un programme politique mais parce que je souhaite que mon peuple et mon prochain retrouvent leur dignité.

La première fois que j'ai entendu parler de la FLM, c'était grâce à un chocolat chaud qui nous avait été servi à l'École Martin Luther dans la vieille ville de Jérusalem. Je me rappelle m'être demandé : « Pourquoi ces luthériens nous aiment-ils et nous soutiennent-ils en nous offrant à manger et à boire ? ». Aujourd'hui, je sais que l'Église luthérienne mondiale m'accueillait comme réfugié palestinien. Cet amour a touché mon cœur ; je me suis senti appelé à rendre aux luthériens tout le bien qu'ils m'avaient fait, à moi, à ma famille et aux autres Palestiniens. J'ai compris plus tard que la théologie luthérienne de la justification par la foi seule nous pousse, en tant que chrétien-ne-s, à servir librement tout en recevant avec gratitude. Nous avons tout reçu par l'amour rempli de bonté de Dieu. C'est un don gratuit qui ne pourra jamais être remboursé.

La FLM, active en Palestine depuis 1948, a permis à terme à notre Église de prendre forme à partir de l'héritage d'une mission allemande. J'admire la façon dont la FLM nous a encouragés vers l'autonomie sans instaurer de moyens pour nous contrôler. Elle encouragea l'Église évangélique luthérienne à trouver son chemin et à devenir une Église indépendante et pérenne. Nous avons une dette envers la communion luthérienne mondiale pour sa participation à la mission de Dieu au Moyen-Orient.

Étant moi-même réfugié depuis 1948 à cause de la guerre entre l'État nouvellement créé d'Israël et ses voisins, je sais ce que signifie vivre dans une incertitude profonde et dans la peur. Je connais la réalité de la pauvreté. Et surtout, je sais ce que signifie vivre une situation dans laquelle les circonstances et parfois d'autres humains, cherchent à voler à quelqu'un sa dignité.

Nous n'honorons pas cette dignité lorsque nous considérons le réfugié comme le bénéficiaire d'une action caritative. Les réfugié-e-s n'existent pas dans le but que nous les secourions et nous en sentions satisfaits. Il est plutôt demandé au disciple chrétien de reconnaître le visage du Christ reflété dans celui du réfugié, tout comme nous voyons le visage de Dieu dans les membres de nos familles et de nos paroisses. Je peux attester du fait que lorsque nous sommes au plus bas et sans plus aucun espoir, alors nous sommes le plus conscient de nous tenir devant Dieu. Avec et par le réfugié, nous sommes invités dans le cercle de la présence de Dieu. Cette présence nous régénère et nous encourage dans notre élan à offrir plus que la nourriture, le vêtement et autres nécessités, en nous attaquant aux inégalités et aux injustices structurelles qui forcent tant de personnes à vivre dans la précarité et la peur.

L'engagement de notre communion luthérienne à ne pas se limiter à la diaconie, nourrit notre engagement à alléger la souffrance et à s'attaquer aux causes fondamentales de l'oppression. Au-delà de cet engagement à servir, nous pratiquons également la diaconie prophétique. La nature prophétique de notre approche se situe dans notre engagement à encourager réfugiés, migrants et tous ceux qui luttent pour la justice, en entérinant et en décuplant leurs voix dans les efforts qu'ils déploient pour transformer leur propre condition et le contexte dans lequel ils vivent. Il s'agit bien là de la diaconie prophétique que notre communion mondiale est si à même de prodiguer.

La FLM est largement présente au Moyen-Orient. L'héritage du service offert par notre communion à Jérusalem-Est est enraciné dans le témoignage de l'Église évangélique luthérienne de Jordanie et de Terre Sainte (ELCJHL) et dans la diaconie pratiquée à l'hôpital Augusta Victoria, dirigé depuis de nombreuses années par un directeur palestinien chrétien. Cet héritage s'étend jusqu'en Jordanie où la FLM aide actuellement à établir et à gérer le camp pour réfugié-e-s syrien-ne-s de Za'atari. Ces réfugié-e-s fuient la guerre civile dans leur pays. Ce conflit persistant nous a forcé à étendre la portée de notre action encore plus loin, en l'occurrence jusqu'en Irak.

Dans notre communion luthérienne mondiale, j'ai toujours rencontré des sœurs et des frères en Christ, à l'œuvre pour aider les réfugié-e-s et tous ceux qui cherchaient à sauvegarder leur dignité d'être humain et d'enfant de Dieu. Seul Dieu peut nous offrir notre dignité d'être humain. Chaque individu se voit accorder la bénédiction d'être à l'image de Dieu, image à partir de laquelle l'humanité a été créée. Chacun et chacune de nous a une valeur inestimable aux yeux de Dieu. Aucun être humain ne sera jamais à vendre !

Les disciples du Christ accueillent l'autre

La FLM sert actuellement environ 2 millions de réfugiés dans le monde, ce qui se traduit par un ratio de 70 luthérien-ne-s pour répondre aux besoins d'un-e réfugié-e. Nous servons à Dadaab au Kenya, en Syrie, en Irak, en Jordanie, au Soudan, au Pérou, au Népal, en Mauritanie et dans bien d'autres lieux encore. Où que nous soyons, nous nous concentrons d'une part sur les besoins matériels nécessaires au développement et d'autre part sur l'appel prophétique à encourager les personnes vers l'autonomisation.

Encourager les réfugiés vers l'autonomisation dépasse largement la fourniture de biens de première nécessité. Contribuer à l'éducation des enfants et des adultes, fournir des activités pleines de sens et soutenir les réfugiés pour qu'ils soient en mesure de protéger leurs propres droits sont autant d'actions qui nous mènent au-delà de la simple charité, vers une autonomie de chacun.

En 2012, le Haut Commissaire des Nations Unies pour les réfugiés, António Guterres, a invité des dirigeants religieux pour discuter des fondements religieux de l'accueil des réfugiés. Il a posé la question suivante : « Comment pouvons-nous au mieux nous occuper de celles et ceux qui ont besoin de notre aide ? ». J'ai proposé l'idée de développer un code de conduite fondé sur nos nombreux écrits et traditions. Monsieur Guterres a pris cette idée très au sérieux. Nous avons alors rédigé un texte intitulé « Accueillir l'étranger : affirmations des chefs religieux »[1]. Il donne les fondements religieux en matière d'accueil des réfugié-e-s. Personnellement, je considère que les chrétien-ne-s y sont appelé-e-s pour deux raisons précises : premièrement parce que le Christ lui-même, avec la Sainte Famille, a été un réfugié au pays d'Égypte et, deuxièmement, à cause de l'appel de Jésus à Nazareth, lorsqu'il a déclaré : « L'Esprit du Seigneur est sur moi parce qu'il m'a conféré l'onction pour annoncer la Bonne Nouvelle aux pauvres. Il m'a envoyé proclamer aux captifs la libération et aux aveugles le retour à la vue, renvoyer les opprimés en liberté » (Lc 4,18). Voilà donc comment Jésus comprenait l'appel qu'il avait lui-même reçu.

Ce document intitulé « Accueillir l'étranger » commence par la simple affirmation « J'accueillerai l'étranger. » et se conclut avec les mêmes mots. Le texte reconnaît qu'un tel engagement exige parfois du courage. Mais chaque tradition de foi place une action fondamentale au cœur de ses engagements. « Ma foi m'enseigne que la compassion, la miséricorde, l'amour et l'hospitalité visent chacun : le compatriote ainsi que l'étranger, le membre de ma communauté ainsi que le nouveau venu »[2].

Cette dignité et cette égalité que nous partageons avec ceux qui sont des réfugiés et avec d'autres personnes vivant dans un dénuement extrême, nous les partageons également au sein de notre communion mondiale. Ensemble, nous sommes des exemples vivants de ce que signifie vivre tous sur un pied d'égalité devant Dieu, nous acceptant les uns les autres avec nos forces et nos faiblesses intactes. Il est évident qu'il existe aussi de nombreuses formes d'inégalité dans notre communion mondiale. Certaines de nos Églises viennent de pays très riches. D'autres, comme ma propre Église, l'ELCJHL, viennent de lieux que d'aucuns interdisent de qualifier de pays !

---

[1] Voir www.lutheranworld.org/content/resource-welcoming-stranger et www.unhcr.org/51b6de419.html

[2] *Ibid.*

Ces inégalités matérielles ne modifient aucunement notre rapport de membres à part égale de la communion mondiale, pas plus que la pauvreté ou la santé d'une personne n'influe sur sa condition d'enfant de Dieu. Comme aimait le dire feu l'évêque Josiah Kibira, l'un de mes prédécesseurs au poste de président de la Fédération luthérienne mondiale, il n'existe aucune Église si petite, si pauvre ou si récemment créée qu'elle n'ait rien à apporter aux autres ; et parallèlement, il n'existe aucune Église trop ancienne, trop riche ou trop vénérable par sa tradition et son histoire, pour avoir besoin de ces dons offerts par les autres.

Du point de vue luthérien, c'est un non-sens de déclarer qu'un croyant soit plus fort ou meilleur qu'un autre. Chacun de nous est *simul iustus et peccator*, ni plus, ni moins, chacun à égalité devant Dieu, par Jésus-Christ. Le danger de ces deux formes d'inégalité réside dans le risque d'une division de notre communion. Une réponse constructive à ces défis, facteurs de division, serait de mettre l'accent sur le fait qu'en tant que disciples, nous sommes égaux.

Dans la tradition chrétienne, les signes essentiels de notre profonde égalité devant Dieu se retrouvent dans nos saints sacrements. Le saint baptême est le fondement de notre témoignage partagé. Notre tendance humaine, tant dans l'Église que dans les relations politiques, est de mettre l'accent sur ce qui nous divise plutôt que sur ce qui nous rassemble. Par l'eau et par la Parole, nous sommes ancrés dans l'Église qui est le corps du Christ. Par le baptême, nous sommes envoyés dans le monde ensemble pour la mission holistique de Dieu, à des fins diaconales. En 1984, notre communion mondiale a accepté le principe de communion de chaire et d'autel. Le sacrement de l'autel nous envoie dans le monde en notre qualité de membres baptisés ancrés dans le corps du Christ, afin de proclamer la Bonne Nouvelle de l'amour de Dieu donné librement, par la parole et par les actes. Notre espérance sacramentelle nous envoie dans le monde en tant que disciples du Christ engagés dans la diaconie prophétique pour notre prochain.

Nous ne devons pas oublier que notre prochain, qui vit dans la précarité et le besoin, ne se trouve pas toujours aux confins de la terre. Il peut également y avoir des réfugiés et des migrants démunis dans nos propres communautés. En simplifiant à outrance, on pourrait dire que les problèmes aujourd'hui liés à la migration présentent une double caractéristique. La première est le fait que les migrants fuient des problèmes politiques souvent générés par les expériences postcoloniales de leurs pays d'origine. Les problèmes auxquels ils sont confrontés ont été hérités de la colonisation occidentale. Les situations que les migrants fuient, notamment l'extrémisme, l'occupation, les menaces pesant sur leur vie et leur dignité, et le défaut d'optimisme économique, ces situations-là les poussent souvent vers les pays-mêmes qui ont contribué à créer leur dénuement.

Même si souvent, les migrant-e-s peuvent habiter dans ces pays hôtes, il existe une deuxième caractéristique de cette migration : c'est l'impossibilité de s'intégrer normalement dans les cultures de ces pays hôtes. On identifie, en Europe en particulier, des difficultés à accepter et à recevoir pleinement les populations migrantes. Bien des facteurs concourent à ces difficultés. Le défi que doit relever notre communion mondiale est non seulement de se pencher sur les causes fondamentales de l'immigration économique, mais également de prêter assistance aux migrants et aux réfugiés qui bataillent pour s'intégrer dans leurs pays hôtes. Une conséquence grave de ce manque d'intégration juridique, économique et culturelle, se traduit par les déplacements incessants des migrants dans le monde entier pour servir les riches. Il en découle l'exploitation de ces travailleurs sans défense. Si les êtres humains ne sont pas à vendre, alors ils doivent être respectés dans toutes les situations. L'exploitation de la main d'œuvre est inacceptable aux yeux de notre Seigneur.

Ancrés dans le baptême et affermis par l'eucharistie, nous sommes envoyés pour servir. Depuis des siècles, des chrétien-ne-s de toutes confessions sont engagés dans un ministère essentiel et holistique à travers le monde. Il est temps que nous examinions les moyens concrets de faire ce travail ensemble. Il est impossible de séparer l'appel au service de l'appel à la mission. Si déjà nous répondons à l'un de ces appels ensemble, *de facto*, nous répondons aux deux. La lettre aux Éphésiens nous appelle à supporter : « supportez-vous les uns les autres dans l'amour ; appliquez-vous à garder l'unité de l'esprit par le lien de la paix. Il y a un seul corps et un seul Esprit, de même que votre vocation vous a appelés à une seule espérance ; un seul Seigneur, une seule foi, un seul baptême ; un seul Dieu et Père de tous, qui règne sur tous, agit par tous, et demeure en tous. (Ep 4,2-6).

La caractéristique luthérienne, que nous partageons avec bien d'autres Églises et communions, met l'accent sur le fait que la grâce que nous recevons dans nos sacrements est un don gratuit qui nous est donné par un Dieu généreux et aimant. Et comme nous le rappelle un autre des thèmes de notre commémoration de la Réforme, le salut n'est pas à vendre. L'offre gratuite de la grâce de Dieu dans les sacrements confirme notre égalité fondamentale devant Dieu. Aucun de nous n'a plus de valeur qu'un autre. Notre valeur à tous est inestimable. Il est impossible d'envisager qu'un être humain puisse être à vendre.

Travailler pour une justice de genre

Je suis très fier que le Conseil de la FLM ait adopté à l'unanimité, en 2013, la Politique de la FLM relative à la justice de genre.[3] Nous avons franchi là une étape importante pour notre communion mondiale. Cette politique

[3] Consulter www.lutheranworld.org/content/resource-lwf-gender-justice-policy

souligne le fondement théologique luthérien qui établit l'égalité de chacun de nous dans la création et dans la rédemption. Chacun a le droit à l'égalité et à la justice, que l'on soit femme ou homme.

Si ce document est important, nous devons toutefois nous poser la question de sa signification pratique. Comment pouvons-nous introduire et mettre en œuvre la Politique de la FLM relative à la justice de genre dans toutes nos Églises membres ? Telle qu'elle se présente, celle-ci offre un excellent fondement. Elle peut servir d'exemple à nombre d'autres Églises et communions mondiales. Elle ne doit cependant pas rester une déclaration d'ordre général sans contextualisation de ses engagements. La contextualisation ne peut aboutir que par l'étude de ce document relative à chaque contexte spécifique.

Afin de mettre en œuvre cette vision de la justice de genre dans tous les contextes, nous devons nous engager les uns envers les autres à ne pas nous cacher derrière la culture, la tradition ou derrière certaines interprétations de la Bible qui nous permettraient de justifier le maintien d'une inégalité entre les sexes. Celles et ceux qui utilisent de tels arguments pour pratiquer la discrimination adoptent une approche réductrice de la tradition biblique et de la politique d'égalité de Dieu, ou encore y appliquent une interprétation erronée. Une culture est façonnée par des êtres humains, mais jamais exclusivement par des hommes. Ceux qui se cachent derrière la culture dans des échanges sur la justice de genre et sur l'ordination des femmes ne font que rendre plus flagrante leur attitude chauvine. Pour remettre en question ces points de vue, j'ai bon espoir que chaque Église de notre communion mondiale étudie la Politique de la FLM relative à la justice de genre et prenne les mesures nécessaires pour l'adapter à son contexte propre.

Notre souci de la dignité et de l'égale valeur de chaque être humain s'exprime de façon positive dans le travail effectué par notre communion en soutien à la justice de genre. Au-delà des discours vertueux, il faut mettre en pratique ces engagements dans notre gouvernance et nos organes directeurs. Nous avons espoir que chacune de nos Églises membres le fasse pour le bien cette condition humaine que nous partageons. Ce travail est important au Moyen-Orient, où la justice de genre sera une étape majeure vers la guérison des maux de nos sociétés. Au Moyen-Orient, la croissance de l'extrémisme a eu des effets négatifs immédiats sur les femmes dans toute la région.

L'Église évangélique luthérienne de Jordanie et de Terre Sainte est engagée dans la promotion du rôle des femmes dans l'Église et dans la société. De nombreux projets ont été menés par son Secrétariat des femmes, dirigé par une femme et un comité de femmes dirigeantes. Le comité a commencé par animer, en Palestine et en Jordanie, de nombreux ateliers et rencontres sur le sujet de la violence au foyer. Notre société a vu une augmentation notable de la violence domestique, un sujet cependant rarement discuté ouvertement. Le comité a demandé comment il pouvait aider les femmes à combattre ce problème, même si elles sont elles-mêmes victimes de violence conjugale. L'objectif visé par le comité était d'édifier une communauté de femmes autonomisées qui ne se tairaient pas, afin d'arriver, à terme, à vivre leur vie sans crainte. Le comité reste néanmoins conscient du fait que traiter la question de l'autonomisation des femmes ne peut se faire uniquement au travers d'individus. C'est pour cela que le Secrétariat des femmes tient un rôle de coordonnateur des efforts en cours pour inclure dans les constitutions de la Jordanie et de la Palestine des politiques relatives à la justice de genre. Le service a donc organisé plusieurs ateliers avec des dirigeants de la société civile et pilote les efforts en ce sens dans les deux pays.

Sur la base de ces succès, le Secrétariat des femmes a pu passer à une troisième étape. En coopération avec la secrétaire du Programme des femmes dans l'Église et la société de la FLM, un travail de contextualisation de la Politique de la FLM relative à la justice de genre dans les réalités palestinienne et jordanienne a été lancé. La traduction du document en langue arabe en constitue la première étape. Cette stratégie de contextualisation va nous permettre de mettre la politique efficacement en œuvre dans notre environnement. Je tiens aussi à signifier mon soutien à la mise en œuvre de ce processus dans toutes les Églises membres de la FLM. Si on ne replaçait pas la Politique de la FLM relative à la justice de genre dans les contextes spécifiques de la Palestine, du Brésil, de l'Indonésie et des autres régions de la FLM, elle resterait un document archivé sur une étagère. La justice de genre est cependant bien trop importante pour que nous le permettions.

Dans de nombreuses cultures, il faudra longtemps avant d'obtenir une adhésion massive aux principes de justice de genre prônés par la FLM. C'est le cas dans mon contexte, la Palestine. Mais ceci n'empêche nullement l'ELCJHL et ses ministères et programmes de créer dès à présent les structures requises. Nous progressons à grands pas vers la mise en œuvre de la justice de genre. Il faut cependant admettre que chez nous, les politiciennes sont les porte-paroles les plus efficaces pour aboutir à une solution équitable et pérenne.

La question de la justice de genre représente aujourd'hui un défi primordial pour les Églises. Les personnes, qu'elles soient homme ou femme, garçon ou fille et quelle que soit leur identité de genre, sont égales devant Dieu. Toutes ont la même valeur. Les êtres humains ne sont pas à vendre. Et à l'heure où nous commémorons la Réforme en 2017, j'espère que nous nous réunirons autour de la table avec toutes nos Églises membres qui auront appliqué à leur contexte la Politique de la FLM relative à la justice de genre et que nous pourrons ainsi lancer ensemble à la face du monde que « les êtres humains ne sont pas à vendre » !

Conclusion

Notre monde lutte actuellement pour que soit honorée l'égalité de chaque être humain devant Dieu. L'égalité et la dignité que Dieu nous a accordées signifient qu'on ne peut jamais accepter qu'un être humain soit mis en vente. Aucune forme de trafic des êtres humains, aucune exploitation sexuelle ni aucun système de travail injuste ne pourra jamais échapper au jugement de Dieu manifesté à travers l'engagement crucial de son Église. Les crises de réfugiés et les guerres qui génèrent ces situations d'urgence ne sont jamais acceptables aux yeux de Dieu.

Nous vivons dans un monde déchu et brisé, dans lequel les êtres humains et leurs conditions de vie font l'objet de négoce au quotidien. Notre avenir commun est vendu au profit des entreprises qui polluent notre atmosphère et accélèrent les changements du climat que nous partageons. L'Église doit adopter une position ferme et rejeter tout calcul abject fondé strictement sur le profit.

Notre dignité, et de fait la dignité de la création elle-même, se trouve dans l'image de Dieu. Parce que le Fils de Dieu, Jésus-Christ, s'est incarné dans la Vierge Marie, nous savons que l'image de Dieu ne se trouve pas uniquement dans la force, mais également dans la faiblesse et la vulnérabilité. Parce que Jésus est mort sur la croix en versant son sang, nous savons qu'il nous a tous rendus libres et égaux, quels que soient notre genre, notre ethnie, notre race, notre religion, notre talent ou autre caractéristique humaine. Nous nous efforçons donc de préserver la dignité de chacun des êtres humains que nous rencontrons. La Réforme n'est pas encore achevée. L'Église a aussi besoin d'être purifiée. Elle doit également être ramenée vers une meilleure concordance avec le don de Dieu en Christ Jésus.

Questions

Y a-t-il des réfugié-e-s dans votre communauté ? Comment est-ce que les services publics ou ceux de l'Église réagissent à leurs besoins ?

Que signifie pour vous le fait que le président de notre Communion luthérienne mondiale soit un réfugié ?

La mission d'origine de la Fédération luthérienne mondiale a été de s'occuper de réfugiés touchés par les guerres en Europe. Quelles conséquences cela a-t-il sur votre interprétation de ce qu'est notre mission commune pour le bien du monde ?

Des équipes dirigeantes capables de répondre à l'appel de Dieu

Gustavo Driau

Entre 2010 et 2013, le programme de la Fédération luthérienne mondiale pour le développement durable en Amérique latine et aux Caraïbes a soutenu plusieurs Églises luthériennes de cette région qui avaient sollicité une aide pour travailler à pérenniser leur propre organisation. Au cours de cette période, une quarantaine d'activités de soutien furent organisées, notamment des ateliers, rencontres, réunions de groupe, entretiens personnels en binômes, rédaction de rapports et de documents, transcription d'expériences, etc.[1]

Cet article se fonde largement sur la présentation faite en août 2014 à São Leopoldo, au Brésil, lors de la rencontre/séminaire des correspondants sur le thème « Gestion et équipes dirigeantes dans les Églises durables », organisée conjointement par le programme de la Fédération luthérienne mondiale pour le développement durable en Amérique latine et aux Caraïbes et l'Institut pour le développement durable d'Amérique latine et des Caraïbes.

Modèles et changements

Laissez-moi commencer par poser la question suivante : pourquoi certaines organisations, certaines Églises et certains groupes confessionnels sont-ils capables de surmonter les défis posés par l'environnement dans lesquels ils vivent et réussissent-ils à aller de l'avant dans leur mission, alors que d'autres sont incapables de réagir face aux changements et mettent à mal leur propre survie ?

[1] Voir issuu.com/programasustentabilidad/stacks.

Les Églises et leurs structures comptent sur une équipe dirigeante expérimentée, sur des compagnons de route pour les conseiller et un accompagnement par des organismes et des Églises partenaires. Malgré cela, plusieurs traversent des périodes de déclin et de crise. Nous constatons que certaines sont en mesure de renverser la situation, alors que d'autres trouvent difficiles de reprendre pied.

Un des éléments cruciaux pour pouvoir réagir à la situation consiste en la capacité à percevoir les problèmes. Tout environnement change, est incertain, complexe, interconnecté et diversifié. D'où la nécessité de pouvoir discerner le contexte local, comme le précise *Mission en contexte*[2], un document de la FLM publié en 2004 :

> Pour une mission contextuelle et holistique efficace, l'Église est mise au défi de s'engager dans le discernement contextuel et l'analyse aux niveaux local et national, en gardant à l'esprit l'effet des facteurs mondiaux et régionaux sur les contextes locaux.

Il convient donc de comprendre, de noter et d'interpréter tout changement dans son environnement, afin d'élaborer des réponses axées sur une mission contextualisée.

À la lumière des processus de pérennisation mis en place dans les Églises, nous devons évaluer si nos dirigeants sont en mesure de percevoir les défis de leur environnement ou, au contraire, si nos paradigmes, nos modèles mentaux et nos jugements antérieurs nuisent ou ralentissent notre perception et les actions que nous devons mener.

L'immensité qui nous entoure est incommensurable, comme l'attestent les Psaumes (par ex. les Psaumes 8, 96, 144), et les êtres humains sont limités dans leur capacité à traiter les faits saillants de leur environnement. On ne peut ni tout savoir, ni tout percevoir. Pour rendre intelligible notre monde, il nous faut disposer d'images plus simples de notre situation. Ces images simplifiées, que certains appellent des modèles mentaux, sont autant de suppositions et de représentations profondément enracinées en nous. Elles influent sur notre façon de comprendre le monde et de prendre des décisions.

Cette représentation de la réalité fonctionne comme la rétine de l'œil qui, tout en nous transmettant des informations sur certains faits saillants de notre situation, nous empêche d'en percevoir d'autres.

Compte tenu des limites de perception et de traitement de tout ce qui se passe autour de nous, ces représentations permettent aux individus et aux organisations de donner sens à leur environnement (de le comprendre), ce

---

[2] *Mission en contexte*, voir www.lutheranworld.org/sites/default/files/dmd-mission-low-f.pdf, p. 12.

qui leur permet alors de décider de leurs actions dans ce contexte particulier. Ainsi, certains de ces « regards filtrants» ou de ces modèles mentaux aident à discerner, à disposer d'une vue panoramique de son contexte et à le comprendre, alors que d'autres font barrière.

Lorsque l'on poursuit une réflexion sur les détenteurs de l'autorité dans les Églises pérennes, il faut d'abord être conscient du regard filtrant à travers lequel la réalité est interprétée. Il faut aussi savoir que certains modèles mentaux spécifiques font partie inhérente des êtres humains.

À l'évidence, si l'on était en mesure d'identifier ces regards filtrants au travers desquels on lit la réalité, on pourrait alors décider de changer de filtre.

Dans l'expérience biblique du peuple de Dieu, les changements sont initiés grâce à une vision inspirée par Dieu. Moïse lors de son déplacement vers la terre promise, Paul dans son travail missionnaire et Jésus lui-même, tous trois furent guidés par des visions qui n'étaient pas simplement humaines, mais inspirées par Dieu.

Comme il a été déclaré en 2007 :

> L'Église est nourrie avant tout par l'action rédemptrice et à la constante action créatrice de Dieu à travers le temps. Forts de cette confiance, femmes et hommes à travers les âges ont osé assumer leur rôle et leurs responsabilités dans les diverses facettes de la vie ecclésiale, répondant ainsi à l'appel de Dieu à devenir une nouvelle communauté (baptême), à édifier cette communauté et par cela même, à prendre part à la mission de Dieu en mettant leurs propres dons au service de cette œuvre.[3]

En tant qu'êtres humains, nous sommes confrontés à un paradoxe ; celui d'être à la fois dépendants et responsables. Parfois, nous avons tendance à simplement nous défausser de nos responsabilités, laissant Dieu tout faire à notre place et par voie de conséquence, n'agissant plus nous-mêmes. À d'autres moments, nous tendons à oublier notre dépendance et nous assumons des responsabilités sans Dieu.

L'activité de l'Église est un paradoxe en ce que, tout en contribuant de fait à la mission de Dieu, elle est appelée à souligner à la fois notre dépendance à Dieu et notre responsabilité humaine d'être les exécutants de la tâche.

Les processus de changement, l'autonomisation et la réconciliation sont des expériences essentielles dans la vie des personnes, de la société et de l'Église. Dieu est celui qui insuffle la vision du changement et qui guide et donne les forces pour mener à bien le processus de transformation.

---

[3] Con Confianza en el Porvenir [Avoir confiance en l'avenir], document sur le programme « pérennité », COL, 2007. Consulter www.est.edu.br/sustentabilidad/pdfs/Con-confianza-en-el-porvenir-extenso.pdf et sustentabilidad.files.wordpress.com/2010/08/trusting-in-the-future-eng.doc

La grâce de Dieu, qui encourage les processus de changement, d'autonomisation et de réconciliation, n'est pas dispensée à l'Église seulement, mais elle est disponible pour toutes et tous. Cependant, en tant que baptisé-e-s, nous avons reçu la responsabilité d'être des intendant-e-s de Dieu et de mettre en œuvre ces processus de changement. Dans toute la Bible, Dieu confie régulièrement à des individus la tâche d'instruire un changement, tâche qui peut prendre toute une vie, ou faire appel à une ou plusieurs générations. Le changement, l'autonomisation et la réconciliation ne peuvent intervenir en un instant car il s'agit de processus onéreux s'étalant sur le long terme.

Contextes

Les Églises sont situées dans des lieux précis qui évoluent, notamment par des transformations de la vie sociale, de la culture, de l'économie, des sciences, de la politique et aussi de certains aspects de la foi et de la spiritualité. Nous vivons dans une communauté planétaire qui fait preuve de peu de solidarité et dont les plus démunis souffrent d'exploitation, d'oppression et de guerres ou, pire encore, d'exclusion. Des individus et des groupes sociaux entiers sont traités comme des consommables, jugés inaptes au travail, considérés comme des non-citoyens.

Dans un système mondial où les intérêts extrêmes de la finance et des marchés prévalent, vie humaine, justice, dignité et droits parviennent avec difficulté à se hisser parmi les priorités de l'ordre du jour international et les questions concernant la finalité de la vie humaine n'obtiennent que très peu de considération.

Nous vivons au cœur d'une culture abusivement utilisée pour obtenir satisfaction immédiate, divertissements et loisirs excessifs qui tentent de combler la vie entière de chacun. C'est une culture du succès, de celui qui se hisse au plus haut, par la corruption et le crime si nécessaire, une culture qui célèbre le prestige, le pouvoir et le statut social. L'individualisme prédominant affaiblit les liens communautaires car dans un environnement urbain, les nombreux styles de vie, organisations et valeurs cohabitent sans aucun lien entre eux. L'urbanisation et la migration causées par la pauvreté entraînent une détérioration de l'identité, de la solidarité et des relations saines.

Face à ces défis, **Dieu est en mission** :

> Ce Dieu en mission, qui crée et pérennise l'univers, qui néanmoins devient vulnérable dans sa propre création et par sa propre création, ce Dieu est un Dieu trinitaire. La trinité décrit toujours « Dieu en mission » comme un Dieu pour les autres, c'est-à-dire un Dieu pour l'ensemble de l'humanité, pour le monde, pour la création toute entière.[4]

---

[4] *Op. cit.* (note 2), p. 24.

Face à ces défis, **Dieu n'est pas inactif** :

> Le Saint Esprit transforme les paroles humaines qui proclament la Bonne Nouvelle, l'eau du baptême, le pain et le vin de l'eucharistie en des signes de la présence du Christ dans l'Église, autonomisant l'Église en vue de la mission pour Dieu. Le Saint Esprit dote les chrétiens et toute l'Église d'une multitude de dons (1 Corinthiens 12, Romains 12, Éphésiens 4). Dotés de ces dons spirituels (charismata), ils sont en mesure de proclamer l'Évangile et de partager la vie qui y est décrite avec tous les peuples dans le monde entier. Tous les dons de l'Esprit – prédication, enseignement, guérison, prophétie, gérance, etc., accordés aux femmes et aux hommes – ont pour but de fortifier les communautés des peuples de Dieu rassemblés, les paroisses, pour un épanouissement intérieur et une mission universelle.[5]

> Par le baptême, chacun est inclus dans la nouvelle alliance du peuple de Dieu. Chacun est transformé et fortifié par les dons de l'Esprit (charismata), devenant des instruments du projet d'amour de Dieu pour toute la création. Luther lie ainsi très directement sa théologie du sacerdoce universel de tous les croyants avec la 'missio Dei', la mission de Dieu spécifiquement exprimée dans les œuvres et les mérites du Christ. Par le baptême et par les dons de l'Esprit, chacun participe à cette mission, née de Dieu et incarnée dans le monde en Christ.[6]

Une des contributions à la mission de Dieu consiste en un travail de pérennisation des groupes confessionnels et des Églises. Pour cela, il faut pouvoir compter sur des équipes dirigeantes capables de percevoir les défis contextuels par-delà les filtres qui obstruent et restreignent la vision. L'appel que Dieu nous fait nécessite des dirigeants capables de discerner des scénarios prospectifs, d'analyser des problèmes et des possibilités à moyen et à long terme, de construire des réseaux, de développer des ressources et d'animer des processus ; en d'autres termes, capables d'aller au delà de la gestion au quotidien de problèmes.

Les environnements changeants posent aux communautés et aux Églises une série de nouveaux problèmes complexes et corrélés. Dans une telle situation, l'autorité ne peut évoluer si les personnes ou les groupes constituant les équipes de direction travaillent en vase clos, c'est-à-dire agissent comme autant d'espaces clos connectés de l'intérieur et uniquement entre eux. Pour devenir une équipe dirigeante pérenne, il faut identifier les différents secteurs et strates des Églises, les rendre

---

[5] *Ibid.*, p. 27.

[6] JUNGE, Martin, *Baptism, Universal Priesthood and Ordained Ministry*, 2007, consulter issuu.com/programasustentabilidad/docs/baptism__universal_priesthood__and_/1

visibles et les relier à leurs différentes organisations. Il existe une incompatibilité criante entre l'idée de l'Église vue comme le corps du Christ (telle que décrite par Paul en 1 Co 12) et le développement d'une équipe dirigeante qui se fonde sur des individus, des équipes ou des groupes agissant tous en vase clos.

Ce terme de vase clos est une métaphore qui suggère que le contenu du vase reste totalement séparé d'un autre vase et du monde extérieur. Certaines factions de l'Église déploient des efforts immenses pour rester séparés et isolés des autres. Dans une organisation souffrant du syndrome du vase clos, chaque partie agit principalement à « l'intérieur du vase », en évitant tout contact avec d'autres groupes de la même organisation, avec le monde extérieur, et de fait avec son contexte.

Ce syndrome du vase clos empêche toute relation entre paroisses, districts, synodes, programmes, projets, société civile, etc. de générer une croissance saine dans l'Église. Il s'agit cependant d'une des constructions mentales que nous portons en nous : chaque partie est isolée et se considère plus importante que le tout.

Une autre construction mentale que nous portons en nous consiste à voir toute autorité sous la forme des traits d'une personne en particulier, ou comme le cahier des charges d'un poste spécifique. Ce biais impose un filtre à notre vision lorsque nous pensons « autorité» car, de fait, nous pensons « dirigeant ». Nous préjugeons d'une idée d'autorité incarnée par une seule personne qui dirige et coordonne une activité ou un ministère dans l'Église, ou qui a été nommée par un ou plusieurs groupes de personnes pour tenir ce rôle. Ce dirigeant est certain de l'approbation de l'Église, jusqu'à ce qu'un problème émerge. Son travail est alors critiqué et une rivalité et des luttes de pouvoir apparaissent.

Faire Église dans le difficile contexte actuel exige une équipe de direction, l'implication d'un groupe et un travail de collaboration avec l'engagement et la participation de tous les groupes et de toutes les associations constituant l'Église. Tous contribueront ainsi au processus de changement qui appelle à un partage de vision, de mission et de valeurs.

L'expression de l'autorité dans les Églises pérennes signifie toute une série de processus motivant l'action de nombreux individus afin de répondre à l'appel de Dieu dans ce contexte précis. Les équipes dirigeantes vivent par conséquent un processus interactif dynamique à l'œuvre au sein d'un groupe, d'une organisation, ou d'un réseau d'organisations. Ainsi, ces dirigeants sont conscients de l'ampleur des rapports, perspectives, limites, encouragements, découragements, collaborations et conflits au milieu desquels s'effectue le travail.

Dans les Églises pérennes, l'autorité s'exerce principalement de façon collaborative et collective, en disposant d'une série de compétences pour encourager, aider et organiser, animer les processus, motiver les membres baptisés et créer des réseaux à l'intérieur comme à l'extérieur de l'Église.

Ainsi, au regard de la pérennité de l'Église, lorsque l'on pense « autorité », on ne se limite pas exclusivement à des dirigeants individuels. On inclut l'efficience de ces dirigeants dans leur ensemble, c'est-à-dire, leur capacité à mettre sur pied des groupes, équipes, cellules et rencontres en gardant présents à l'esprit les nombreux baptisés qui font partie de la communauté – qu'il s'agisse d'une paroisse, d'une Église ou d'une communion mondiale.

Il existe sans nul doute le besoin d'aider les dirigeants, ou dirigeants potentiels, à développer leurs propres capacités. Il faut néanmoins tenir compte d'un réel danger : celui de définir la formation des dirigeants exclusivement ou principalement en termes de compétences individuelles. Lorsqu'il s'agit de pérennité organisationnelle, on doit réfléchir en termes de développement des capacités à exercer une autorité dans des groupes de travail, des conseils d'administration, des comités et conseils, et dans des groupes pastoraux et ministériels, etc.

Jésus et l'autorité

En réfléchissant au développement des compétences des équipes dirigeantes afin de constituer une Église pérenne, il convient d'aller bien au-delà de la formation à la direction d'Église, ou de la formation aux ministères. Il s'agit d'un processus dans la vie d'une communauté. Il implique le partage des responsabilités et des prises de décisions, et le soutien des membres baptisés dans leurs engagements.

Le concept hiérarchique d'autorité produit un organigramme de positions. Ainsi, ancien, prophète, évêque et pasteur sont autant de titres faisant référence à des postes dans l'Eglise. Pourtant, c'est une vision focalisée sur les fonctions qui ressort du Nouveau Testament. L'autorité est donnée par le Saint Esprit au travers des dons, de la maturité spirituelle et du service offert par chaque membre. Savoir diriger est vu comme un service qui s'attache aux fonctions plutôt qu'aux positions hiérarchiques. Il se focalise sur les tâches à accomplir et ne se fonde ni sur des titres, ni sur des responsabilités. L'accent est mis sur la tâche, par exemple le catéchèse, la cure d'âme, la prédication, et non pas sur la personne responsable, c'est-à-dire le catéchète, le pasteur, le prédicateur. Le concept hiérarchique de direction emploie des noms, alors que l'autorité vue comme fonction emploie des verbes.

Après que les disciples Jacques et Jean eurent demandé à Jésus de leur accorder les places les plus importantes à côté de son trône, il leur répondit : « Il ne doit pas en être ainsi parmi vous ».

> Mais Jésus les appela et leur dit : « Vous le savez, les chefs des nations les tiennent sous leur pouvoir et les grands sous leur domination. Il ne doit pas en être ainsi parmi vous. Au contraire, si quelqu'un veut être grand parmi vous, qu'il soit votre serviteur, et si quelqu'un veut être le premier parmi vous, qu'il soit votre esclave. C'est ainsi que le Fils de l'homme est venu non pour être servi, mais pour servir et donner sa vie en rançon pour la multitude. » (Mt 20,25-28)

> Il leur dit : « Les rois des nations agissent avec elles en seigneurs, et ceux qui dominent sur elles se font appeler bienfaiteurs. Pour vous, rien de tel. Mais que le plus grand parmi vous prenne la place du plus jeune et celui qui commande, la place de celui qui sert. Lequel est en effet le plus grand, celui qui est à table ou celui qui sert ? N'est-ce pas celui qui est à table ? Or, moi, je suis au milieu de vous à la place de celui qui sert. (Lc 22,25-27)

Les paroles de Jésus remettent en question non seulement les chefs des nations en leur qualité de chef, mais également la forme hiérarchique de l'autorité qui s'y rattache. Jésus rejette cette autorité en arguant du pouvoir et de l'exercice de l'autorité qui provient d'en haut.

« Il ne doit pas en être ainsi parmi vous » souligne que la communauté est responsable.

La communauté des fidèles, c'est-à-dire l'Église, est appelée à s'organiser. « Les uns les autres » est une expression récurrente dans le Nouveau Testament : « aimez-vous les uns les autres », « soutenez-vous les uns les autres », « priez les uns pour les autres », « pardonnez-vous les uns aux autres », « portez les fardeaux les uns des autres ». « Les uns les autres » est une expression qui reflète le Dieu trinitaire. C'est l'image que Jésus a choisi d'utiliser pour la constitution de l'Église. Cette image que Jésus nous a laissée, illustre le fait que l'exercice de l'autorité consiste en une relation mutuelle, réciproque et interdépendante des uns envers les autres.

Dans les Églises pérennes, le pouvoir et la direction incombent à chaque membre baptisé de la communauté et non pas à une personne ou à un groupe distinct. Dans les Églises pérennes, le pouvoir et la direction reposent sur une relation de mutualité, de compagnonnage, de participation et d'appartenance, d'obligations accomplies, d'autorité, de célébration et de réciprocité dans le don et la réception.

Dans les Églises pérennes, le pouvoir et la direction sous-entendent laïcs, ministres, femmes, jeunes, seniors, personnes disposant d'un seul talent et d'autres aux talents multiples, tous en lien les uns avec les autres et mutualisant le partage des tâches, tâches qui d'ailleurs ne seront jamais parfaites. Ils tomberont d'accord, planifieront, exécuteront ensemble des activités, ils se rendront mutuellement des comptes et ensemble rendront grâce, les uns avec les autres.

L'aptitude à exercer l'autorité dans le cadre du Programme de pérennisation en Amérique latine et aux Caraïbes

L'aptitude à exercer l'autorité est une composante du développement et de la pérennisation des Églises qui mériterait une réflexion bien plus approfondie et une étude biblique, théologique et organisationnelle. Avant cela, dans le cadre du Programme de pérennisation en Amérique latine et aux Caraïbes, nous avons identifié, par une approche tout à fait pratique, je vous l'accorde, quelques caractéristiques et marques de cette aptitude à diriger qui jouent un rôle prépondérant dans la pérennisation des Églises. Ce que nous sommes actuellement en mesure de communiquer se résume à des connaissances empiriques, fondées sur notre expérience amassée entre 2010 et 2013 lorsque nous avons accompagné les Églises luthériennes d'Amérique latine et des Caraïbes qui l'avaient souhaité, dans le cadre du Programme de pérennisation en Amérique latine et aux Caraïbes.

Aptitudes et compétences

Dans le cadre du Programme de pérennisation, nous avons été en mesure d'identifier des éléments caractéristiques de la façon dont l'exercice de la charge directionnelle contribue aux processus de pérennisation dans les Églises. Nous les avons classés en deux groupes :

- Aptitudes : penchant, tendance ou aptitude spirituelle et perception (mentale) permettant de voir, percevoir, distinguer et porter le souci des différents éléments qui rendent l'organisation de son Église pérenne.

- Compétences : les ressources dont disposent les personnes et l'Église leur permettant d'exécuter une tâche et d'accomplir certaines activités.

Aptitudes

Toute équipe dirigeante d'une Église qui aurait mis en œuvre un processus de changement et de développement afin de pérenniser son organisation possède des aptitudes, prédispositions, tendances et qualités proactives dans des domaines précis. Cette équipe est en mesure de :

- **Décoder son contexte (l'immédiat et le lointain) et y réfléchir.** Ces dirigeants ne craignent pas de scruter et d'accepter le contexte mouvant dans lequel existent une complexité et une interdépendance croissantes entre acteurs et enjeux. C'est en groupe qu'ils réfléchissent à ces défis, sans se limiter à des situations générales (vues de loin) mais en incluant aussi des situations de proximité (leur propre voisinage et leur propre communauté religieuse, donc la vie de leur paroisse). L'inverse de cette aptitude à décoder la situation environnante consiste à garder la tête baissée, à se tourner vers soi-même, à rester en vase clos. L'aptitude à décoder l'environnement aide à percevoir l'appel que Dieu nous fait ici et maintenant. Elle permet de visualiser et d'analyser la situation de la communauté au regard des enjeux du contexte.

- **Discerner grâce à la conscience que l'on a de sa propre identité.** Cette catégorie de dirigeants cherche à discerner son environnement en y appliquant le prisme de son identité confessionnelle, œcuménique et culturelle. Elle peut ainsi participer à une vision et à des valeurs partagées qui permettent la cohésion au sein des organisations. Elle fournit aussi orientation et discernement. Elle replacera son identité dans un contexte par intégrité morale et encouragera la mise en place de modèles organisationnels robustes et fiables. Elle réfléchit de façon critique afin de raisonner à partir de son identité, avec une conscience aigue de son rôle et de l'instant présent. De toute évidence, elle cherche à percevoir comment l'Église peut contribuer à la mission de Dieu.

- **Percevoir comment s'inscrire dans le long terme et sentir que le corps de l'Église forme un tout.** Ces dirigeants disposent d'une vision à long terme et d'un sens de la continuité. Ils scrutent l'histoire de la communauté ecclésiale, de l'Église et de la Communion (le passé) et en même temps, réfléchissent à long terme (le futur). Ils ne restent pas piégés dans le quotidien. Ils se caractérisent par leur vision à long-terme, un objectif commun, des procédures décentralisées et la transmission des responsabilités à leurs successeurs. Ce type de dirigeant ne réfléchit pas seulement en termes d'individus ou de groupes (ma paroisse, mon travail pastoral, mes ministères), mais nourrit l'espoir d'influer sur l'ensemble de l'Église. Il ne réfléchit pas seulement en termes de parties constitutives de l'Église mais d'Église dans son entièreté. Il permet aux autres de travailler ensemble, d'échanger des informations, de combiner connaissances et compétences et de prendre des décisions en équipe, afin de réagir aux difficultés stratégiques rencontrées dans leur travail de construction d'une résilience organisationnelle et de consolidation sur le long terme. Il travaille à développer l'autorité dans l'Église toute entière (sans se limiter aux ministres ordonnés ni aux laïcs rémunérés), recherchant le développement de capacités d'enseignement et de soutien mutuelles et réciproques (les uns envers les autres). Il est conscient que se concentrer sur une mutation de l'ensemble (d'après 1 Co 12) produit des efforts et des changements pérennes.

Ces capacités fonctionnent comme une prédisposition, une collection d'idées et d'attitudes généralement fondées sur des expériences antérieures, que chacun met dans le pot commun pour permettre l'interprétation d'une situation. Ces équipes de dirigeants les utilisent pour apposer le regard filtrant nécessaire qui donne une signification à leur situation.

Capacités

Trois capacités significatives ont été identifiées comme remarquables à cause de leurs contributions dans le domaine de la mission contextualisée. En effet, lorsque les dirigeants de l'Église disposent de ces capacités et les utilisent en synergie, elles génèrent une percée évidente et un saut qualitatif. Il s'agit des capacités suivantes :

- **Développer les liens, gérer les réseaux et animer les processus** : il s'agit d'identifier les autres acteurs qui ont des objectifs similaires, de dialoguer et de collaborer de façon efficace pour rassembler des personnes, temporairement le plus souvent, afin d'atteindre des objectifs communs. Il s'agit aussi de travailler en lien avec des réseaux et des systèmes au sein de la communion luthérienne, de l'œcuménisme et de la société civile locale et mondiale. Les équipes de dirigeants capables d'être en lien avec d'autres, sont conscientes du fait que toute organisation pérenne est édifiée sur une collaboration au travers d'alliances et de réseaux, et nécessite une vision formée et modelée par de nombreux acteurs, groupes et parties prenantes. Ces dirigeants sont capables d'identifier des liens existant entre les segments des systèmes et sous-systèmes et de voir comment ceux-ci se combinent afin de faire émerger un sentiment d'appartenance au tout. Ils animent des processus participatifs exemplaires, qui augmentent la prise de conscience et stimulent l'autonomisation. Développer la capacité de travailler avec les autres signifie que l'on a pris conscience du concept que représente la mission de Dieu et qu'on le met en pratique.

- **Travailler de façon créative et innovante** : la créativité et l'innovation signifient la capacité à identifier des solutions créatives et originales pour résoudre des problèmes, en utilisant les dons et les talents, la sagesse, le courage et la prudence que Dieu nous accorde pour trouver des solutions de façon innovante. Une équipe créative de dirigeants, en prise sur l'innovation, refond de manière durable les services que toute Église est appelée à fournir : diakonia, liturgia, kerygma. Le profil de ce type d'équipe dirigeante est à même de susciter le développement de compétences et une réflexion innovatrice, non seulement parmi les dirigeants ordonnés traditionnels, mais aussi parmi les équipes de dirigeants et les salariés. Ce type de dirigeant met en œuvre à la fois des initiatives de gestion locales et des initiatives pour développer des systèmes qui renforceront la pérennité structurelle. Il ne perd pas de vue la composante « changement », est prêt à prendre des risques et à utiliser pleinement toutes les ressources disponibles. Une telle équipe est en mesure de s'adapter et de faire preuve de résilience.

- **Planifier, exécuter et rendre des comptes** : il est important d'anticiper ce qui est à faire et comment l'exécuter afin d'atteindre les objectifs escomptés. Afin que les projets réussissent il faut prévoir des plans stratégiques élaborés de façon participative, un plan de charge annuel, un accompagnement puis un suivi et une évaluation. Ensemble, ils permettent d'inscrire une orientation et de multiplier les dons, capacités et compétences dans les groupes confessionnels, de susciter des niveaux de participation plus élevés, d'utiliser de façon optimale des ressources limitées et d'assurer un suivi. Dans la phase de planification, on gardera en tête les facteurs internes et externes qui pourraient interférer avec les buts visés. Les projets sont mis en œuvre de façon réaliste, en prévoyant une série d'étapes successives sur le court terme. Ces autorités dirigeantes sont conscientes de ce que rendre des comptes signifie : l'obligation d'informer, de justifier et d'accepter la responsabilité de l'utilisation des ressources mises à leur disposition ainsi que des décisions et actions prises, que leurs impacts aient été positifs ou négatifs. La présentation des comptes sous-entend les notions de responsabilité, transparence, légalité et vérification budgétaire ainsi qu'audit.

Résumé

Dans le cadre du Programme de pérennisation en Amérique latine et aux Caraïbes, nous avons été en mesure d'identifier, bien que de façon empirique, certains attributs et certaines caractéristiques propres aux équipes dirigeantes, qui contribueraient fortement à la pérennisation des Églises. Nous avons ainsi débouché sur une répartition avec d'un côté les aptitudes, c'est-à-dire les compétences qu'ont les personnes de scruter leur environnement pour distinguer certains faits, et de l'autre les capacités et les talents. Bien que fondés sur l'expérience spécifique de l'Amérique latine et des Caraïbes, nous ne doutons pas que ces mêmes compétences et ces mêmes talents puissent jouer un rôle crucial dans d'autres contextes également.

Les capacités des dirigeants qui contribuent à la pérennisation des Églises incluent les ressources et les comportements leur permettant d'exécuter les tâches nécessaires à la gestion de communautés d'Églises et d'organisations confessionnelles. Ces capacités requises sont nombreuses et variées. Néanmoins, trois d'entres elles jouent un rôle crucial : la première consiste en savoir développer et gérer des réseaux et animer des processus ; la deuxième permet de travailler de façon créative et innovante ; la troisième concerne la capacité à planifier, à exécuter des plans et à rendre compte de ses actions. Lorsque ces trois capacités, identifiées dans la présente analyse, sont utilisées en synergie, elles produisent une percée évidente ou un saut qualitatif.

Elles présupposent certaines aptitudes. Nous en avons identifiées trois : premièrement la capacité à décoder son environnement (immédiat et plus lointain) et à l'intégrer dans sa réflexion ; deuxièmement disposer d'un discernement fondé sur la conscience de son identité propre ; et troisièmement posséder un sens de la continuité à long terme et un sens du corps de l'Église comme un tout.

Comme indiqué précédemment, les expériences que nous avons analysées nous ont permis de dresser uniquement une liste des enseignements empiriques, c'est-à-dire une connaissance fondée sur l'expérience et la pratique, donc sur nos observations. Cette liste n'est pas le résultat d'une recherche scientifique et des recherches complémentaires seront nécessaires pour analyser les caractéristiques que possèdent les dirigeants des Églises participant à un processus de pérennisation en Amérique latine et aux Caraïbes.

Le prochain objectif, un objectif à moyen-terme, serait que les Églises elles-mêmes considèrent ces caractéristiques comme nécessaires en vue du développement des équipes dirigeantes de leurs propres organisations et afin de contribuer à leur pérennisation. Ainsi, les facultés, centre d'études et séminaires qui forment les dirigeants d'Églises devraient inclure dans leurs formations et leurs programmes des cours traitant de ces caractéristiques nécessaires à l'exercice de l'autorité et à la gestion.

Questions

Comment pourriez-vous décrire le rôle des dirigeant-e-s de votre Église dans votre propre environnement ?

Comment les laïcs pourraient-ils s'inscrire dans une approche participative de la gestion de l'Église ? De quelles compétences et capacités doivent-ils alors disposer ?

Selon l'interprétation luthérienne, pourquoi est-il important que l'Église dispose d'une structure de gouvernance de type synodale, qui inclut les laïcs ?

La convivialité : une valeur essentielle de la diaconie

Ulla Siirto

Introduction

La mondialisation et le principe de maximisation des bénéfices constituent un défi planétaire auquel l'Église luthérienne mondiale tente de répondre. Concrètement, tout, y compris un être humain, semble être à vendre. Que peut-on faire pour protester contre cette réalité féroce ?

Dès ses débuts, l'Église luthérienne a été une Église protestante. En d'autres termes, l'Église luthérienne fait partie de celles qui ne se contentent pas de l'expérience de cet « ordre » du monde défendu verbalement par les agents dudit ordre ou, lorsque cela ne suffit pas, par l'usage de la force.

« Protestant » ne sous-entend pas seulement « opposition ». Le mot dérive du latin « pro-testare » qui signifie « témoigner en faveur de quelque chose ou de quelqu'un ». Le Nouveau Testament est le témoignage de l'amour de Dieu pour son peuple qui se manifeste dans les paroles et les actes de Jésus-Christ. Dans une large mesure, les actes du Christ sont des actes de compassion. Son être tout entier peut être perçu en termes de *kenosis*, c'est-à-dire que le Christ quitte les cieux afin de partager, dans sa miséricorde, l'existence terrestre des êtres humains. Il devient l'un d'eux avec tout ce que cela implique (cf. Ph 2). Par sa résurrection, il accorde aux hommes et aux femmes une nouvelle existence et des relations renouvelées avec leur prochain.

La « convivialité » est un concept de la diaconie qui se réfère au mode de vie chrétien revivifié et évangélique. Mon propos sera de préciser certains aspects de la convivialité au travers de l'interprétation actuelle du concept par les chercheurs en diaconie et sciences sociales.

La diaconie à l'aune de diverses réalités

Les acteurs de la diaconie de toute l'Europe participent aux préparatifs de la célébration du 500e anniversaire de la Réforme. Sous l'égide de la Fédération luthérienne mondiale et grâce à un processus participatif, un groupe de praticiens de la diaconie appelé groupe de solidarité, a réfléchi au travail diaconal dans le cadre d'une Europe en plein bouleversement. Ce groupe a travaillé sur le thème suivant : « Rechercher la convivialité : re-former la diaconie de communauté en Europe »[1].

En cartographiant le contexte changeant de l'Europe actuelle, le groupe de solidarité a mis en évidence que les transformations sociales, économiques et politiques ont une portée de plus en plus mondiale et affectent par conséquent tous les pays européens d'une façon ou d'une autre. Par exemple, certaines de ces transformations ont mené des pays entiers au bord de la faillite, ont créé de nouveaux flux migratoires, ou encore ont résulté en une inégalité croissante des revenus. En parallèle, des personnes arrivant de contextes culturels très différents sont venues s'installer dans des municipalités et leurs quartiers.

À partir des récits émanant de différents contextes professionnels, par ses lectures et ses recherches de fond, le groupe de solidarité a pu examiner les réalités en mutation de l'Europe. Il a aussi été amené à envisager sa tâche sous différents angles. D'abord, il a défini les bouleversements économiques, sociaux et politiques (y compris les crises) comme autant de défis contextuels jouant sur la vie quotidienne de chacun. Deuxièmement, le groupe a noté que ce sont les jeunes et les seniors qui payent le plus lourd tribut pour ces mutations. Troisièmement, le groupe a reconnu l'impact majeur joué par la migration à l'échelle planétaire et le fait que certaines personnes soient forcées de vivre dans des conditions extrêmes. Enfin, dernier constat et non des moindres, un nombre croissant de personnes sont exclues et, de fait, restent « dissimulées » aux yeux de la société dominante et des organismes sociaux.

Après un examen approfondi et analytique des différents contextes, le groupe de solidarité a identifié des thèmes communs aux diverses réalités. Il en a sélectionné quatre essentiels : la vocation, la justice, la dignité et la convivialité. À travers ces quatre thèmes, le groupe a lancé une étude sur la diaconie dans une société en transformation et parmi différentes communautés. Les trois premiers thèmes sont très souvent liés à la diaconie. Quant au dernier, il offre une perspective nouvelle lorsque l'on étudie la

[1] ADDY, Tony (éd.) *Seeking Conviviality–Reforming Community Diakonia in Europe*, Genève, Fédération luthérienne mondiale, 2013, consulter www.lutheranworld.org/sites/default/files/DMD-Seeking_Conviviality_Diakonia_Europe.pdf

diaconie en profondeur. La signification de « convivialité » se rapproche de celle du mot espagnol *convivencia* et du mot allemand *Konvivenz.*

La convivialité a été mentionnée pour la première fois en français par Ivan Illich dans son livre *La Convivialité.*[2] Illich souligne que ce concept décrit la communication autonome et créative entre personnes et entre les personnes et leur environnement. Le groupe de solidarité a développé un peu plus le concept de convivialité en le définissant comme l'art et la manière de vivre ensemble en solidarité. L'art et la manière de vivre ensemble a mis en évidence un nouveau défi, particulièrement compte tenu de la diversité croissante des quartiers.

De l'hospitalité à la convivialité

Bien que le concept d'hospitalité ait été régulièrement évoqué lors du débat sur les étrangers et l'immigration, on peut aussi le concevoir comme ayant trait aux relations avec autrui, c'est-à-dire avec des gens « insolites » et « différents ». Un exemple serait la façon dont l'interprétation que l'on donne au mot « convivialité » peut remettre en question le concept d'hospitalité dans le contexte de la migration. L'hospitalité joue un rôle prépondérant dans la tradition biblique, selon laquelle on devait traiter les invités et les étrangers mieux que son propre peuple ou sa propre famille (cf Gn 18-19 et He 13,2). Ce concept introduit aussi des éléments pour comprendre la façon dont on traite les autres.

En 1997, le philosophe Jacques Derrida, lui-même immigrant, a publié un ouvrage intitulé *De l'Hospitalité.*[3] Pour Derrida, le concept d'hospitalité est problématique. Il explique que, d'une part, lorsque les visiteurs ont été intégrés au point de devenir semblables à la population, ils cessent d'être des visiteurs et l'hospitalité disparaît. Derrida ajoute que, d'autre part, l'hospitalité disparaît également lorsque la population « autochtone » n'impose aucune condition aux nouveaux venus et les laisse vivre leur vie comme ils l'entendent.

Le concept d'hospitalité contient une connotation problématique supplémentaire, celle de présumer que le visiteur est simplement de passage et partira un jour vers une autre destination. Mais qu'en est-il lorsque le visiteur est venu pour rester ? Ne devient-il pas un co-résident ? Et dans ce cas, le concept d'hospitalité reste-t-il valable ?

---

[2] ILLICH, Ivan, *La Convivialité* (1973), réedition au Seuil Points Essais, 2003.

[3] DERRIDA, Jacques (avec DUFOURMANTELLE Anne), *De l'Hospitalité*, Calmann-Lévy, 1997. Ou, *Of Hospitality*, transl. Rachel Bowlby, Stanford, Standford University Press, 2000, à www.clas.ufl.edu/users/burt/shipwreck/derridahospitality.pdf

Contrairement au concept d'hospitalité, celui de convivialité sous-entend que, d'une façon ou d'une autre, toutes les communautés sont diversifiées et que les résidents doivent apprendre l'art et la manière de vivre ensemble et de respecter les différences de chacun. Dans une société conviviale, non seulement chacun tolère les différences, mais en plus les accepte et fait preuve de respect réciproque. Le partage au quotidien permet d'apprendre les uns des autres. En exposant son identité à d'autres identités, il devient possible de construire des relations de réciprocité avec ceux qui sont différents de soi.[4]

Plusieurs études ont mis en évidence que les individus apprécient être avec ceux qui leur ressemblent. Il suffit de constater la ségrégation dans les quartiers, la façon dont les amitiés se forgent et ce à quoi les gens consacrent leur temps libre. L'art de vivre ensemble requiert cependant un processus conscient d'apprentissage. Les membres d'une communauté doivent transcender les barrières qu'ils ont érigées là où les gens sont différents et où les visions du monde diffèrent. Ce qui demande souvent de sortir de sa zone de confort.

Il convient également de remettre en question l'idée que les individus sont trop différents les uns des autres pour pouvoir vivre ensemble. Dans les sociétés actuelles en mutation, il faut apprendre l'art et la manière de vivre ensemble. Les gens ne peuvent continuer à ériger des barrières : nous avons déjà constaté qu'il s'agit d'un moyen assuré pour aboutir à une catastrophe. La convivialité fait partie intégrante de chaque être humain. Toutes et tous ont été créés à la mesure de la pleine diversité de l'image de Dieu. Ainsi, en apprenant à se connaître les uns les autres et à agir de concert, les êtres humains prennent part à l'œuvre créatrice de Dieu. L'art et la manière de vivre ensemble exigent néanmoins une dose de curiosité et la volonté d'apprendre les uns des autres. La recherche scientifique a démontré que les personnes vivant côte à côte sont généralement plus tolérantes que les populations qui ne bénéficient pas de cette expérience de mixité. Cette constatation pointerait dans le sens d'une convivialité acquise avec le temps.[5]

---

[4] Cf. SUNDERMEIER, Theo, « Konvivenz als Grundstruktur ökumenischer Existenz heute », dans *Missionswissenschaftliche Forschungen*, Neue Folge 3, 1995.

[5] Cf. BUNTING, Madeleine, « If you don't think multiculturalism is working, look at your street corner », dans *The Guardian*, 16 mars 2014, en consultant timeli.info/item/1227726/The_Guardian_Comments/If_you_don_t_think_multiculturalism_is_working__look_at_your_street_corner___Madeleine_Bunting___...

Convivialité : vivre ensemble en solidarité

Le mot « solidarité » ajoute une dimension complémentaire au concept de convivialité. Solidarité signifie partage et abandon de son propre égocentrisme. Mais ce n'est pas cela la charité. La charité peut facilement laisser sous-entendre une notion de contrôle. La solidarité implique des efforts mutuels en vue de créer un meilleur environnement de vie commune et par extension, créer un monde meilleur. La solidarité sous-entend des activités conjointes pour contribuer au bien commun. Elle sous-entend aussi que chacun essaye de mieux comprendre ses propres motivations et ses espoirs, autant que ceux des autres. De tels processus conjoints d'apprentissage peuvent aider à identifier ce que l'on comprend de la même façon ou différemment. Par voie de conséquence, ceci aidera à construire la localité et à susciter une prise de conscience des sujets pertinents.

Dans sa conférence *Pourquoi ne pouvons-nous pas vivre ensemble ?* (*Why can't we live together?*)[6], le professeur de psychologie Miles Hewstone, lauréat de plusieurs distinctions et qui a étudié les zones de conflits, fait la distinction entre les possibilités de rencontres et les rencontres significatives. Il estime que les possibilités de faire des rencontres ne constituent pas « un point commun » entre personnes. Ce sont plutôt les rencontres pleines de sens qui s'avèrent significatives parce qu'elles évitent les préjugés et créent l'empathie. Le fait de connaître une seule personne « différente » suffit à augmenter son entente avec ceux qui sont différents et à les accepter.

Quant à Paul Gilroy, il suggère que le concept de convivialité introduit une nouvelle composante dans la discussion sur la diversité. Selon Paul Gilroy, la convivialité est associée à l'expérience de processus interactifs. Il soutient que l'on peut résoudre de nombreux problèmes grâce à des rencontres qui aident à produire un sentiment de « similitude ». Lorsque l'on est uni par une cause commune, il devient possible de dépasser d'autres différences. On peut identifier le type de cause commune et de problème commun qui existent dans les quartiers : par exemple lorsque des personnes entreprennent de travailler et de lutter ensemble pour améliorer leurs conditions de vie.

En parallèle, il est important de noter que « la convivialité » sous-entend une atmosphère et des émotions entre personnes.[7] Partager et apprendre ensemble mène invariablement à des célébrations partagées dans ces lieux de vie.

---

[6] Conférence en anglais : www.youtube.com/watch?v=ZunC2u7pUd4

[7] WISE, Amanda 2005 : Hope and Belonging in a Multicultural Suburb, *Journal of Intercultural Studies* 26(1) : p. 171-186. WISE, Amanda & VELAYUTHAM, Selvaraj, 2013 : Conviviality in everyday multiculturalism : Singapore and Sydney compared, *European Journal of Cultural Studies*, www.academia.edu/4391937/Conviviality_in_everyday_multiculturalism_Singapore_and_Sydney_compared, consulté le 13.03.2014.

Une diaconie conviviale

Au fur et à mesure que les sociétés changent, les Églises sont confrontées à de nouvelles donnes et les problèmes sociaux deviennent de plus en plus aigus. Le travail diaconal (et l'ensemble du travail des Églises) doit être ouvert aux réalités sociales telles la pauvreté et la marginalisation qui ont un impact sur de nombreuses personnes et dans certains cas, sur des collectivités et des territoires entiers. Les paroissiens devraient vivre leur vie d'Église au milieu de tous et travailler avec eux afin d'obtenir des transformations sociales.

Une transformation est possible dans l'Église dont les activités diaconales créent des ponts entre les communautés locales et des personnes d'origines très diverses. Une Église qui pratique la diaconie peut intégrer un espace d'apprentissage et des processus pour mettre cet apprentissage en œuvre. De plus, elle peut également encourager les chômeurs à participer à la construction de leur lieu de vie et effectuer du travail bénévole dans le quartier. Une Église qui pratique la diaconie est construite sur un socle de motivations, de présence et de participation tirées de l'expérience, des relations et de la foi.

Le groupe de solidarité a noté que dans la diaconie, toute réflexion et toute action se fondent sur les quatre thèmes cités ci-dessus : vocation, justice, dignité et convivialité. D'une part, l'appel vient de Dieu et de l'autre, il émane de ceux qui souffrent. Pour discerner son prochain et les différents types de réalités, il faut disposer d'une prise de conscience qui nous pousse à mettre en route un travail avec les populations locales afin de générer une transformation. Savoir vivre ensemble en solidarité avec son prochain se fonde sur une interaction et une réciprocité pleines de respect.

Au travers des activités diaconales, les salariés engagés par la paroisse et les paroissiens bénévoles rencontrent de nombreuses personnes qui paient le prix fort de l'injustice sociale. Tendre vers l'égalité et la justice représente un des objectifs de la diaconie. De même, les chargés du ministère diaconal doivent s'appliquer à ne pas faire preuve de discrimination dans leurs rapports avec les personnes dans le besoin et à être attentifs à ne pas utiliser leur pouvoir à mauvais escient dans leurs relations ou leurs prises de décision. Pratiquer les valeurs diaconales signifie que pour qu'une vie soit décente, il faut appliquer à toute relation et toute structure les droits fondamentaux de la personne. La diaconie mise en œuvre est en contraste complet avec la société de consommation et l'économie de marché, car elle exprime ses valeurs par l'action et en promouvant des alternatives pour satisfaire les besoins. La diaconie se place toujours du côté des plus vulnérables. Ce faisant, cette diaconie met l'accent sur le fait que personne n'est à vendre.

Vers le 500e anniversaire de la Réforme

C'est au niveau local que l'on trouve le point de départ de toute refonte d'une diaconie enracinée dans la proximité. La vocation diaconale s'appuie sur l'Église locale et la vie de la communauté. En travaillant avec ceux qui ont la charge d'identifier des activités diaconales dans le cadre développé à la suite du processus de « recherche de la convivialité », il devient possible de créer des quartiers qui intégreront également tous les exclus. L'art et la manière de vivre ensemble en solidarité représentent le socle sur lequel s'édifie une paroisse tournée vers la diaconie et la pratique diaconale de proximité. La recherche de la justice est fondée sur une communauté pratiquant la diaconie et toute entière à la recherche de la justice. Les êtres humains dans leur diversité sont créés à l'image de Dieu et de ce fait possèdent une dignité qui leur est accordée par Dieu. De plus, l'existence du Christ, incarnée en sa kénose, nous encourage à devenir nous-mêmes aimants et compatissants et à nous élever contre la commercialisation des êtres humains, nos frères et nos sœurs. « Christ nous a libérés pour la liberté. Soyez fermes, donc, et ne vous soumettez pas au joug de l'esclavage » (Ga 5,1). Par conséquent, nous sommes tous précieux. La « ré-forme » de la diaconie exige aussi que les actions locales soient encouragées. Il est important de dispenser une formation à chacun pour que toutes et tous soient en mesure de s'exercer dans ce nouveau contexte et ultérieurement et deviennent capables eux aussi d'être les défenseurs de cette cause.

Le processus de la « ré-forme » de la diaconie se poursuit. Il s'intègre bien dans le cadre du thème principal de l'anniversaire de la Réforme : « Libres par la grâce de Dieu ». La convivialité ne décrit qu'un seul aspect de cette libération. Le groupe européen en charge de la solidarité a été divisé en trois zones thématiques, reflétant ainsi son travail sur le salut, l'être humain et la création. Tous sont des sous-thèmes de la célébration du 500e anniversaire, et tous soulignent que ni le salut, ni les êtres humains, ni la création ne sont à vendre. L'un des groupes thématiques étudie des mesures concrètes en lien avec la convivialité. Un second étudie l'interprétation de ce qui est nécessaire pour une économie conviviale. Le troisième travaille sur la théologie conviviale, portée par la kénose du Christ et la libération qu'il a apportée aux femmes et aux hommes. Dans les années précédant la célébration, le groupe solidarité travaillera ces trois aspects concrets qui appuieront les activités diaconales des Églises.

Questions

Que signifie la convivialité dans votre contexte local et que pouvez-vous faire avec d'autres pour la renforcer ?

Quels problèmes pourraient menacer la convivialité dans votre contexte local ?

Quelle est la valeur ajoutée que le concept de convivialité apporte à la théologie et à la spiritualité?

La repentance de Dieu – les êtres humains ne sont pas des marchandises interchangeables

Douwe Visser

> Le SEIGNEUR adressa la parole à Moïse : « Descends donc, car ton peuple s’est corrompu, ce peuple que tu as fait monter du pays d’Égypte. Ils n’ont pas tardé à s’écarter du chemin que je leur avais prescrit ; ils se sont fait une statue de veau, ils se sont prosternés devant elle, ils lui ont sacrifié et ils ont dit : Voici tes dieux, Israël, ceux qui t’ont fait monter du pays d’Égypte. » Et le SEIGNEUR dit à Moïse : « Je vois ce peuple : eh bien ! C’est un peuple à la nuque raide ! Et maintenant, laisse-moi faire : que ma colère s’enflamme contre eux, je vais les supprimer et je ferai de toi une grande nation. » Mais Moïse apaisa la face du SEIGNEUR, son Dieu, en disant : « Pourquoi, SEIGNEUR, ta colère veut-elle s’enflammer contre ton peuple que tu as fait sortir du pays d’Égypte, à grande puissance et à main forte ? Pourquoi les égyptiens diraient-ils . “C’est par méchanceté qu’il les a fait sortir ! Pour les tuer dans les montagnes ! Pour les supprimer de la surface de la terre !” Reviens de l’ardeur de ta colère et renonce à faire du mal à ton peuple. Souviens-toi d’Abraham, d’Isaac et d’Israël, tes serviteurs, auxquels tu as juré par toi-même, auxquels tu as adressé cette parole : Je multiplierai votre descendance comme les étoiles du ciel et, tout ce pays que j’ai dit, je le donnerai à votre descendance, et ils le recevront comme patrimoine pour toujours ». Et le SEIGNEUR renonça au mal qu’il avait dit vouloir faire à son peuple. » (Ex 32,7-14).

Moïse en dialogue avec Dieu

Dans ce passage, nous suivons l’échange entre Dieu et Moïse : il se situe à la limite de ce qui peut être dit sur Dieu et à Dieu. La traduction adoucit considérablement le propos mais Dieu prononce des paroles qu'il regrette et qu'il retire dans ce même passage. Les paroles « le Seigneur renonça » sont une traduction émoussée de l'original en hébreux qui implique clairement combien Dieu regrette les paroles prononcées. On se situe totalement à l'opposé du courant théologique selon lequel il est impossible à Dieu de regretter quoi que ce soit à cause de son omnipotence et de son omniscience. D'aucuns soutiennent par conséquent que ce passage illustre une façon anthropomorphique plutôt primitive de parler de Dieu. C'est une manière de placer la sphère de la réflexion théologique à part. Pourtant, comme certains autres, je préfère lire ce passage dans sa version brute et « primitive ». On lit des paroles terribles prononcées par Dieu et on voit Moïse tout tenter pour empêcher Dieu d'être parjure à la promesse de salut qu'il avait faite. Dieu semble considérer le peuple d'Israël comme interchangeable. Non seulement les israélites seront détruits (à l'exception de Moïse), mais Dieu créera ensuite une nation nouvelle et même meilleure. S'il n'est peut-être pas possible d'appliquer ici les mots « à vendre » littéralement, la notion d'une marchandise interchangeable demeure. Dieu peut se passer d'Israël.

Dieu se repent

Vu sous l'angle de l'alliance, ce qu'a fait Israël est inacceptable. Les israélites voyaient Dieu comme une marchandise. Pour eux, Dieu était à vendre. Ils considéraient le veau d'or comme quelque chose de mieux. Dieu n'aurait-il pas droit à ce *quid pro quo* ? La réponse est non, Dieu n'y a pas droit. Dans Matthieu 7,11, Jésus dit à propos de Dieu : « Si donc vous, qui êtes mauvais, savez donner de bonnes choses à vos enfants, combien plus votre Père qui est aux cieux donnera-t-il de bonnes choses à ceux qui le lui demandent. » Existe-t-il un parent qui souhaite détruire son enfant ? Effectivement, cela peut arriver et même cela arrive. Mais est-ce que détruire son propre enfant n'est pas la pire chose qui soit ? Les enfants rendent parfois la vie de leurs parents très difficile mais le mot destruction ne figure pas dans le vocabulaire des parents lorsqu'ils parlent de leurs enfants. Les parents sont la source de vie des enfants. Comment pourraient-ils jamais retirer cette vie volontairement ? Quoi que fasse l'enfant, lui ôter la vie est interdit. Un enfant n'est pas une marchandise que l'on peut simplement détruire.

Dieu est la source de vie du peuple de l'alliance, Israël. De fait, Dieu est la source de vie de la terre et de tous ceux qui la peuplent. Chaque personne est un être unique pour Dieu. Les paroles d'Ésaïe s'appliquent parfaitement : « Je t'ai appelé par ton nom, tu es à moi » (Es 43,1). Parce que Dieu est la source de leur vie, il ne peut pas s'affranchir d'eux sans aller totalement à l'encontre de l'essence même de qui Il est.

Moïse doit « corriger » Dieu, même s'il semble totalement hors limite qu'un être humain corrige Dieu. Dans la Bible, il s'agit d'habitude de la situation inverse, conforme à la perception générale de la relation entre Dieu et les êtres humains. Néanmoins, dans ce passage, il est clair que Dieu doit être corrigé. C'est bien ce que Moïse fait et, suite à son plaidoyer, il y a la réaction décrite au verset 14 : « Et le SEIGNEUR renonça au mal qu'il avait dit vouloir faire à son peuple. »

Évidemment, l'expression « renoncer au mal », bien qu'une traduction littérale de l'hébreu, reste une expression plus forte que les mots « changer d'avis ». Cependant une telle déclaration va déjà à l'encontre du concept de Dieu, l'être parfait et sacro-saint. L'article 1 de la Confession belge, une confession réformée du XVIe siècle, déclare clairement que Dieu est « invariable ». Il est impossible que Dieu change d'avis. Mais le conflit entre le concept « d'invariabilité » de Dieu et ce passage dans lequel Dieu change clairement d'avis est, de fait, moins important que le conflit entre la promesse faite par Dieu à Israël d'être son Dieu pour toujours et l'inversion de la position de Dieu qui veut détruire Israël et créer un peuple nouveau. Il existe donc toujours un conflit entre l'invariabilité et l'inconstance de Dieu. Paul dit de Dieu : «. si nous manquons de foi, lui demeure digne de foi, car il ne peut se renier lui-même. » (2 Tm 2,13). La destruction des israélites aurait rendu Dieu infidèle, ce qui est inacceptable.

Signification de la repentance de Dieu

À moins de considérer ce passage comme « humain, bien trop humain » pour citer Nietzsche (« Menschliches, Allzumenschliches »), le message de la repentance de Dieu résonne très fort et véhicule une signification profonde. Personne ne peut nier que, même si cette repentance est difficile à comprendre, elle cause presque la chute de Dieu par cet épisode unique. À terme, quelque chose de très significatif est énoncé ici. Le mot « repentance » ou « renoncer au mal » associé à Dieu ne peut signifier qu'une seule chose : que quelque chose est hors de question.

Les mots tels que « repentance » ou « regret » ne sont pas les plus appréciés dans une société qui préfère les personnes très sûres d'elles-mêmes. Les responsables n'ont pas le droit de se repentir publiquement. Par exemple, lorsque les effets les plus terribles de la crise des crédits immobiliers à risque ont été rendus publics (les *subprimes*), il a été rarissime d'entendre un banquier se repentir ouvertement du mal qu'il avait causé. Et à l'époque, l'ancien archevêque de Cantorbéry, Rowan Williams a dit : « Il n'y a pas eu ce que moi, en tant que chrétien, j'appellerais une repentance. Nous n'avons entendu personne dire “Finalement, nous nous sommes trompés et le principe de base selon lequel nous avons fonctionné était irréel, était vide" »[1].

Même la repentance dans un contexte plus privé reste difficile. Il est même difficile de « se repentir » ouvertement devant son épouse, son époux et par-dessus tout, devant ses enfants. Mais le fait de se repentir n'est aucunement un échec. L'échec intervient lorsque l'on ne regrette pas ses échecs. Lorsque le mal n'est plus considéré comme le mal et que l'on n'appelle plus péché ce qui ne peut s'appeler autrement. On ne doit donc jamais oublier de réfléchir en termes de péché et des conséquences de ce péché. La conséquence biblique en est la repentance, mais également le pardon. Et par-dessus tout, une nouvelle direction à donner à sa vie. Tout comme Dieu a eu une nouvelle direction à prendre vis-à-vis du peuple d'Israël et cette nouvelle direction devait forcément émerger. Car, même pour Dieu, les êtres humains ne sont pas « jetables ». Ils ne sont pas à vendre ! Jamais ils n'atteindront le stade où ils seraient bons pour le rebus ; ils ne sont pas des marchandises interchangeables. Ce qu'a fait Moïse est, de fait, ce que doit accomplir chaque personne dans la prière : obtenir de Dieu qu'il reste fidèle à sa promesse ! Nos prières à Dieu doivent être fortes. Nous devons nous rapprocher de Dieu. Lorsque nos prières sont prononcées avec le désir de sauver la terre et celles et ceux qui la peuplent, alors ne soyons pas trop modestes. Le livre des Psaumes peut offrir une source d'inspiration en nous montrant comment être très directs dans nos prières.

Ayant pour fondement la conviction inébranlable que Dieu ne nous considèrera jamais comme une marchandise jetable, nous pouvons affirmer que Dieu non plus n'est pas à vendre. Le fait que Dieu nous aime ne signifie pas que le mal ne sera pas exposé pour ce qu'il est. Dieu est « corrigé » par Moïse à cause de la menace que Dieu a formulée de détruire le peuple d'Israël. Ce n'est pas la colère de Dieu qui est corrigée, car les israélites sont inexcusables pour ce qu'ils ont fait.

Ce passage affirme clairement que Dieu ne peut pas être échangé. Cette affirmation émane de la réaction de Dieu qui veut détruire Israël, nonobstant le fait que Dieu est appelé à se repentir pour ce qu'il avait dit. On voit là que les israélites étaient allés trop loin, et aussi que les êtres humains ne sont pas à vendre : tout cela parce que Dieu regrette la menace qu'il a formulée. Cette façon de parler de Dieu peut effectivement être presque trop anthropomorphique mais le message est clairement le suivant : Dieu ne voit pas les êtres humains comme des marchandises, ils ne sont pas à vendre. Le conflit ressenti par Dieu mène à ce message percutant.

---

[1] www.telegraph.co.uk

Repentance et souveraineté de Dieu

De nombreuses discussions exégétiques ont lieu autour de ces paroles de Dieu qui a fait preuve de repentance. Bien entendu, pour ceux qui lisent la Bible avec un regard plus traditionnel, c'est-à-dire plus littéral, mais aussi avec une vision de Dieu plus dogmatique, il est difficile de comprendre que Dieu puisse se repentir. Cela semble si contraire à ce que Dieu ferait ! Néanmoins selon cette tradition, le fait que Dieu se soit repenti ne peut pas simplement être passé sous silence. Dans la tradition réformée, l'interprétation traditionnelle a longtemps été l'interprétation couramment acceptée. Après d'âpres débats sur ce passage, l'interprétation finalement acceptée est celle d'un signe puissant de l'amour de Dieu pour le peuple de l'alliance de Dieu. Dieu ne peut pas se passer d'eux et s'il semble que Dieu va passer à l'acte, Il peut même être corrigé et être appelé à se repentir du mal contenu dans ses paroles. Mais est-ce que ceci ne serait pas en contradiction avec ce que la théologie réformée considère comme fondamental, c'est-à-dire, la souveraineté de Dieu sur toute vie ? Cela ne signifie-t-il pas que Dieu est libre de faire ce qu'Il veut ?

Selon la pensée réformée, le principe de la souveraineté de Dieu allait de pair avec celui de l'élection divine, lié également au concept de la grâce irrésistible. Il est certain que ces concepts ont fait l'objet d'incompréhensions graves et ont même été détournés de leur signification première. D'où un certain degré de fatalisme et un sentiment que nous, les humains, n'avons aucun rôle à jouer. Dieu souverain est bien au-dessus de nous et fait de nous selon sa volonté. En concordance avec le dialogue entre Dieu et Moïse, la souveraineté est avant tout la fidélité inébranlable de Dieu à tenir sa promesse de salut. Dieu la tiendra et nous ne pouvons donc pas perdre notre foi en Dieu qui est la source ultime de la vie pour la terre et tous ceux qui l'habitent. Et ceci n'est pas à vendre.

La terre et tout ce qui y vit, appartiennent à Dieu. Dieu ne peut, ni ne veut, s'en défaire. Il en est incapable. Pour les chrétiens réformés, il est fondamental de mettre l'accent sur ce message. Il est essentiel de le clamer dans les situations où des êtres humains sont proposés à la vente. Si Dieu lui-même ne peut le faire, nous d'autant moins – voilà le message qu'il est crucial de proclamer. Il s'agit d'un mal devant lequel on ne peut se taire, d'une situation de grande injustice. Elle est la négation même de la souveraineté de Dieu sur toute vie. C'est la raison pour laquelle les chrétiens de tradition réformée se sentent si fortement engagés à plaider pour que justice soit faite. Cet engagement envers la justice se trouve dans les gènes des chrétiens réformés, si vous me permettez de le formuler ainsi. Il convient néanmoins de préciser que les chrétiens réformés n'en ont pas l'apanage, ni ne l'expriment le mieux au sein de la tradition réformée.

Dieu sanctifie la vie

Cet engagement envers la justice doit s'ancrer dans la conscience de la justification par Dieu, le fondement de notre vie devant Dieu, de la vie sanctifiée et dans la prise de conscience de la sanctification devenue visible uniquement par une vie pratiquant la justice. La justice humaine – *iustitia humana* – est une question qui relève du divin. Lorsqu'une Église, ou une organisation d'Églises, réclame la justice, ce cri en faveur de la justice ne peut être intelligible que s'il est fondé sur l'hypothèse qu'il relève du divin. Un document traitant d'un appel en faveur de la justice se doit donc toujours de commencer par le fondement biblique et théologique de cet appel à la justice, pour montrer clairement qu'il fait partie de l'œuvre de Dieu. Dieu nous a sanctifié-e-s afin que nous puissions lancer notre cri et réclamer la justice. Seul ce fondement biblique et théologique donne du poids à cet appel en faveur de la justice émis par une organisation d'Églises. Aucun appel ne doit commencer par une analyse économique ou politique, ou, pire encore, s'y limiter. Aucune analyse laïque ne peut accroître la portée d'une déclaration d'Église ; seul un fondement biblique et théologique approfondi le peut. Si, en matière d'engagement pour la justice, les chrétien-ne-s réformé-e-s trouvent leur inspiration chez Calvin, ils ne pourront lui faire référence qu'au travers de cette perspective élargie. Sinon, leur perception de Calvin reste très limitée.

Il y a peu à dire des positions souvent critiques et négatives à l'encontre de Calvin et de sa théologie. Sur plusieurs points, il est difficile de suivre Calvin sans un regard critique et il ne faut certainement pas faire de lui un saint. Mais c'est aller trop loin que de considérer Calvin comme un penseur négatif. L'objectif ultime de la théologie de Calvin est d'être au service de la vie toute entière.

Engagé envers la justice

La Communion mondiale d'Églises réformées (CMER) a fait entendre sa voix prophétique pour dénoncer des situations d'injustice. Qui pourrait remettre en cause la légitimité d'une telle action ? Il existe néanmoins le risque que ceci devienne un processus répétitif, raison pour laquelle il nous incombe de rechercher des alternatives et des solutions différentes. « Que tous aient la vie en plénitude » fut le thème de l'Assemblée générale de 2004 de l'Alliance réformée mondiale, prédécesseur de la CMER. Ce thème est extrait de Jean 10 où Jésus se présente comme le bon berger. Il est évident que la vie en plénitude donnée par le bon berger à ses brebis consiste à leur assurer des pâturages. Ils ne vivront pas une vie sans épreuve. Le voleur, l'homme de main, le loup – tous se présenteront. On peut les considérer comme les symboles de l'injustice contre laquelle il faut résister. Et les pâturages symbolisent la vie. À l'instar de Jésus, sa communauté va chercher à résister à l'injustice. Mais elle recherchera aussi les pâturages. Ces deux aspects font partie du ministère porteur de vie de l'Église. Il convient également ici de comprendre que tout commence par la grâce. Dieu est celui qui donne la vie. Inutile pour nous d'être stressés dans notre recherche de la vie. La grâce de Dieu nous libère mais « la grâce qui libère est aussi la grâce qui modèle »[2]. Il est important de développer des pratiques qui formeront un socle pour ce que l'on appelle déjà ailleurs un ministère porteur de vie. Nombre de ces pratiques sont également identifiables ailleurs que dans la communauté chrétienne. Cependant, au sein de cette communauté, ces pratiques ne peuvent être développées sans discernement théologique : « Toute pratique doit aller au-delà de la recherche du bien en tant que tel, en réponse à la dynamique désintéressée de la grâce créatrice, rédemptrice et vivifiante de Dieu lui-même et en l'incarnant »[3]. Néanmoins, ceci ne doit pas signifier que les pratiques chrétiennes sont à séparer des autres pratiques humaines, ou que la communauté chrétienne doive vivre en marge des communautés non-chrétiennes. Dieu est présent dans le monde et ne se confine pas à l'Église. Il est évident que, sans Dieu, la communauté chrétienne ne pourra jamais participer à un ministère porteur de vie. Le ministère porteur de vie de la communauté chrétienne ne se limite pas à un programme politique mais sera un ministère dont découleront des conséquences politiques majeures.

On ne peut nier le fait que mettre des êtres humains en vente est inique. La voix prophétique doit s'élever contre cette pratique. Le conflit singulier qui existe en ce Dieu qui voulait se défaire de son peuple et à la fois s'est repenti, ce conflit ne peut qu'aboutir à la ferme conviction que les êtres humains ne sont jamais des marchandises jetables. Nos voix doivent s'élever contre ce mal avec la même conviction qui fut celle de Moïse lorsqu'il plaida auprès de Dieu la cause du peuple d'Israël pour qu'il ne soit pas vendu, car Dieu lui-même se repentit de ce mal.

---

[2] Cf. BASS, Dorothy C., « Ways of Life Abundant », dans BASS, Dorothy C. (éd.), *For Life Abundant: Practical Theology, Theological Education, and Christian Ministry*, Grand Rapids, Wm. B. Eerdmans Publishing Co., 2008, p. 28.

[3] *Ibid.*, p. 30.

Questions

Est-il possible de dire que « Dieu regrette ce qu'il a menacé de faire » ?

Devrait-on utiliser plus souvent des mots comme « péché, repentance et pardon » ?

Est-ce avant tout la tâche de l'Église de donner un fondement théologique et biblique à l'engagement envers la justice ?

Étude biblique : Galates 3,25-29

Susan Johnson

Prière d'introduction

Prions ensemble :

Dieu miséricordieux, nous nous préparons à lire et à méditer ta Parole. Ouvre nos yeux pour que nous voyions, nos oreilles pour que nous entendions, nos esprits pour que nous méditions et nos cœurs pour que nous ressentions. Aide-nous à discerner ta voix dans notre lecture et dans notre écoute les uns des autres. Nous t'en prions au nom de Jésus. Amen.

Texte

Lire à voix haute Galates 3,25-29

> Maintenant que le temps de la foi est venu, nous ne dépendons plus de ce surveillant. Car vous êtes tous enfants de Dieu par la foi qui vous lie à Jésus-Christ. Vous tous, en effet, avez été unis au Christ dans le baptême et vous vous êtes ainsi revêtus de tout ce qu'il nous offre. Il n'importe donc plus que l'on soit juif ou non juif, esclave ou libre, homme ou femme ; en effet, vous êtes tous un dans la communion avec Jésus-Christ. Si vous appartenez au Christ, vous êtes alors les descendants d'Abraham et vous recevrez l'héritage que Dieu a promis.

Discussion : Quelles sont vos premières réflexions à la lecture de ce texte ? Quels mots ou quelles idées vous frappent ?

La Fédération luthérienne mondiale et le 500e anniversaire de la Réforme de Luther

Les 72 millions de membres de la Fédération luthérienne mondiale, et les 144 Églises membres qui la composent, se préparent à commémorer ensemble le 500e anniversaire de la Réforme de Luther. C'est ensemble que nous le faisons et rassemblés avec nos partenaires œcuméniques sous le thème « Libres par la grâce de Dieu ». Cette étude biblique nous permet de développer l'un des sous-thèmes : « Les êtres humains ne sont pas à vendre ».

Lorsque l'on réfléchit à cette proclamation, « Les êtres humains ne sont pas à vendre », l'esclavage est l'une des premières choses à laquelle l'on pense. Certaines personnes pensent que l'esclavage n'existe plus dans notre monde, mais elles se trompent. L'esclavage existe encore et revêt des formes différentes selon les régions du monde.

D'après l'Organisation internationale du Travail (OIT), 20,9 millions d'hommes, de femmes et d'enfants dans le monde vivent en esclavage. Un esclave est une personne forcée de travailler sous la menace, qu'elle soit physique ou mentale. Elle est la propriété d'un « employeur » ou contrôlée par lui/elle. Elle est déshumanisée, traitée comme une marchandise ou achetée et vendue comme un « bien ». Elle vit sous des contraintes physiques ou est limitée dans sa liberté de mouvement. L'esclavage existe de nos jours même s'il est illégal dans tous les pays où il est pratiqué.[1]

Les différentes formes d'esclavage incluent le servage pour dette, l'esclavage des enfants, le mariage précoce et le mariage forcé, le travail forcé, l'esclavage fondé sur l'ascendance et le trafic des êtres humains.

Discussion : Réfléchissez à votre propre contexte. Quelles formes d'esclavage existent dans votre région ?

Relire Galates 3,25-29

> Maintenant que le temps de la foi est venu, nous ne dépendons plus de ce surveillant. Car vous êtes tous enfants de Dieu par la foi qui vous lie à Jésus-Christ. Vous tous, en effet, avez été unis au Christ dans le baptême et vous vous êtes ainsi revêtus de tout ce qu'il nous offre. Il n'importe donc plus que l'on soit juif ou non juif, esclave ou libre, homme ou femme ; en effet, vous êtes tous un dans la communion avec Jésus-Christ. Si vous appartenez au Christ, vous êtes alors les descendants d'Abraham et vous recevrez l'héritage que Dieu a promis.

---

[1] Définition en anglais : www.antislavery.org/english/slavery_today/what_is_modern_slavery.aspx

Discussion : Que vous dit ce passage dans le contexte où vous vivez, au regard des formes d'esclavage qu'on y trouve ?

Notre baptême nous définit

En 1519 et en 1535, Martin Luther a enseigné sur l'épître aux Galates. Dans son étude des versets de notre texte, il s'est concentré sur la façon dont notre baptême en Christ devient ce qui nous définit par excellence. Notre baptême nous rend égaux les uns envers les autres, quelles que soient les façons dont les autres pourraient essayer de nous définir et de nous rabaisser. Luther précise :

> C'est pourquoi Paul nous enseigne que le baptême n'est pas un (simple) signe, mais c'est revêtir Christ. Que dis-je ? Il nous enseigne que Christ est lui-même notre vêtement. C'est donc une chose très efficace et très puissante que le baptême. Mais lorsque nous avons revêtu Christ, notre vêtement de justice et de salut, nous nous revêtons alors aussi de l'imitation du Christ.[2]
>
> Il est caractéristique que des justices humaines et légalistes se divisent en sectes, et pour des distinctions de se faire selon les œuvres. Certains professent, plaident et poursuivent ceci ; d'autres cela. En Christ cependant, tout est commun pour tous ; toutes choses sont une chose et une chose est toutes choses... Il n'y a donc ni riche, ni pauvre, ni beau, ni laid, ni citoyen, ni paysan, ni bénédictin, ni chartreux, ni frère mineur, ni augustinien.[3]

Discussion : Si nous sommes un en Christ, égaux aux yeux de Dieu à cause de la miséricorde du Christ que nous revêtons, alors quelle différence cela fait-il dans la façon dont nous nous considérons et nous traitons les uns les autres ?

Plaidoyer mondial

Dans son *Petit catéchisme* publié en 1535, Martin Luther explique la quatrième demande du Notre Père et élargit la définition du « pain quotidien »

[2] Œuvres de Martin Luther, livre 16, « Commentaire de l'Épitre aux Galates », éd. Labor et Fides, Genève, 1972, p. 63, Bibliothèque nationale de France : gallica.bnf.fr/ark:/12148/bpt6k3763v/f63.image.r=œuvres,+martin+luther.langEN.

[3] LUTHER, Martin, « Lectures on Galatians », 1519, in PELIKAN, Jaroslav (éd.), *Luther's Works*, vol. 27, Saint Louis, Concordia Publishing House, 1964, p. 280-281.

jusqu'à y inclure « en général toutes les choses nécessaires à l'entretien de cette vie ».

Pareillement, notre interprétation de ce que les « êtres humains ne sont pas à vendre » pourrait être élargie jusqu'à y inclure tout ce qui nuit aux « choses nécessaires à l'entretien de cette vie ». Selon où l'on vit, ce qui nuit pourrait inclure la pauvreté, la guerre, le fait d'être un réfugié ou déplacé à l'intérieur de son propre pays, la mutilation des organes génitaux féminins, la violence domestique, le viol, le crime d'honneur, les épidémies incontrôlées, ainsi que le servage pour dette, l'esclavage des enfants, le mariage précoce et le mariage forcé, le travail forcé, l'esclavage fondé sur l'ascendance et le trafic des êtres humains.

Voici quelques-unes des actions de la FLM pour satisfaire les besoins de certaines populations. Les thèmes prioritaires du plaidoyer mondial de la stratégie 2012-2017 de la FLM incluent les dossiers suivants : liberté religieuse et relations interreligieuses ; changements climatiques et protection de l'environnement ; justice de genre; réfugié-e-s, personnes déplacées dans leur propre pays et personnes forcées à émigrer ; populations minoritaires et autochtones opprimées ; justice économique ; VIH et sida.

Discussion : Quels sont les liens entre ces dossiers prioritaires, le texte de Galates 3,25-29 et « Les êtres humains ne sont pas à vendre » ?

Justice de genre

La FLM a adopté une politique sur la justice de genre et en encourage la mise en œuvre dans toute la communion luthérienne et dans toutes ses Églises membres. Le texte précise :

> « En tant que communauté de personnes égales fondée sur le baptême, l'Église est appelée à annoncer prophétiquement et à pratiquer l'inclusivité. Comme nous le lisons en Galates 3,27-28 : Oui, vous tous qui avez été baptisés en Christ, vous avez revêtu Christ. Il n'y a plus ni juif, ni Grec ; il n'y a plus ni esclave, ni homme libre ; il n'y a plus l'homme et la femme ; car tous, vous n'êtes qu'un en Jésus-Christ »[4].

et,

> « L'humanité, sans considération de genre, de biologie ou d'autres conditions, est transformée dans la grâce, le pardon et la nouvelle vie donnés par Jésus. Les

[4] Voir www.lutheranworld.org/sites/default/files/DTPW-WICAS_Gender_Justice-FR-pdf, p. 4.

> différences de pouvoir basées sur l'ethnie, la classe et le genre sont changées et transformées par le baptême. Toutes et tous sont un en Christ »[5].

Dans un précédent document publié par la FLM, *Les Églises disent « Non » à la Violence envers les Femmes,* nous sommes encouragés à « mettre l'accent sur l'éloge par Paul des femmes comme collaboratrices et sur Galates 3,28, qui met en évidence le fait que les différences n'existent plus et que tous sont un en Christ ».[6]

Relire le texte à nouveau. Comment pourrait-il vous interpeller à entreprendre des actions en faveur de la justice et de la dignité humaine dans votre propre environnement ? En discuter.

Prière de conclusion

Clore l'étude biblique par la prière suivante qui vient des États-Unis, ou par une autre prière de votre choix.

Jésus nous guérit[7]

Officiant :

Jésus, toi qui aimes l'humanité, tu as guéri la fille de la femme cananéenne, une étrangère qui est venue à toi, un maître juif. Par ton don de vie, tu nous montres que nous sommes un seul peuple, tous et toutes dignes d'être aimés. Nous venons à toi à présent, en tant que mères en esprit, prier pour la guérison du monde et nous disons :

Tous : Jésus, guéris-nous.

Pour ce pays qui souffre des plaies du racisme, de la cupidité, du génocide de sa population autochtone et de l'oppression des pauvres, qu'il s'est infligé lui-même, enseigne-nous que la grandeur ne se trouve que dans la justice, la générosité et la compassion. Prions :

[5] *Ibid.*, p. 26.

[6] www.lutheranworld.org/sites/default/files/Les%20Eglises%20disent%20Non%20a%20la%20violence%20envers%20les%20femmes.pdf, p. 39.

[7] Par Irene St Onge, San Francisco, Californie, USA, dans *ibid.* pp. 56-57.

Jésus, guéris-nous.

Pour la paix dans toutes les nations, que les ossements desséchés trouvés sur les champs de bataille et les fosses creusées par les tyrans se redressent en tant qu'humanité ressuscitée, engagée pour la paix et le bien-être de toute la terre. Prions :

Jésus, guéris-nous.

Pour ton Église divisée, maladroite, souvent intolérante, nous nous frottons les yeux pour éclaircir notre vue et garder les yeux fixés sur toi. Nous nous égarons dans les brumes de nos illusions, craintes et doutes. Envoie-nous la lumière de ton esprit de sagesse qu'elle nous guide et ton amour qu'il nous guérisse. Prions :

Jésus, guéris-nous.

Pour tous ceux et celles dans cette assemblée qui ont besoin de guérison et de nos prières, et nous les nommons *(on nomme des personnes.).*

Et, en ce jour, où nous célébrons la fête de la rédemption, nous te présentons tous et toutes pour que tu leur accordes ta miséricorde, et nous te rendons grâce pour la vie de tous ceux et celles que nous aimons et qui célèbrent maintenant ta gloire dans les cieux.

Tous : Amen.

Liste des contributeurs et contributrices

Ayana, Ebise, enseignante en théologie, Séminaire Mekane Yesus de l'Église évangélique éthiopienne Mekane Yesus, Éthiopie

Driau, Gustavo, animateur du Programme perennité LAC, Église évangélique luthérienne unie (IELU), Argentine

Fabiny, Tamás, pasteur, évêque, Église évangélique luthérienne de Hongrie, diocèse du Nord, vice-président pour l'Europe centrale occidentale de la Fédération luthérienne mondiale, Hongrie

Johnson, Susan, pasteure, évêque nationale, Église évangélique luthérienne du Canada, Canada

Nüssel, Friederike, directrice de l'Institut œcuménique, Université de Heidelberg, Allemagne

Siirto, Ulla, maître de conférence, Université diaconale des sciences appliquées, Järvenpää, Finlande

Visser, Douwe, pasteur, secrétaire exécutif du bureau Théologie et communion, Communion mondiale d'Églises réformées, Allemagne

Younan, Munib, A., pasteur, évêque, Église evangélique luthérienne de Jordanie et de Terre Sainte, président de la FLM, Jordanie

La création n'est pas à vendre

Sous la direction d'Anne Burghardt

EVANGELISCHE VERLAGSANSTALT
Leipzig

Informations bibliographiques publiées par la Bibliothèque nationale d'Allemagne

La présente publication est inscrite au catalogue de la Bibliothèque nationale d'Allemagne sous l'intitulé Deutsche Nationalbibliografie ; les données bibliographiques détaillées sont disponibles sur internet à l'adresse dnd.dnd.de

Imprimé en Allemagne

Cet exemplaire a été imprimé sur du papier certifié FSC.

Assistance rédactionnelle : Département de théologie et de témoignage public
Mise en page : Département de théologie et de témoignage public
Conception : Bureau des services de communication de la FLM

Impression et reliure : druckhaus köthen GmbH & Co. KG

Publié par Evangelische Verlangsanstalt GmbH, Leipzig, Allemagne, sous les auspices de
La Fédération luthérienne mondiale
150, route de Ferney, BP 2100
CH-1211 Genève 2, Suisse

Éditions parallèles en anglais, allemand et espagnol

ISBN 978-3-374-04300-2

Table des matières

Introduction

Anne Burghardt

Ce recueil fait partie d'une collection limitée, publiée par la Fédération luthérienne mondiale à l'occasion du 500e anniversaire de la Réforme en 2017. « La création n'est pas à vendre » constitue l'une des trois déclinaisons du thème central du cinq-centenaire, « Libres par la grâce de Dieu ». Les essais de vulgarisation figurant dans ce recueil ont été rédigés par des auteurs venant de toutes les régions constitutives de la Fédération luthérienne mondiale ; la voix œcuménique est représentée ici par un théologien orthodoxe grec.

À la lumière de l'exploitation massive des ressources naturelles, il est crucial que nous nous penchions sur la création de Dieu toute entière. Nous lisons dans la Genèse que Dieu considéra la création comme « bonne » et la confia aux soins des humains. La notion de « domination » en Genèse 1,26 a fréquemment été mal utilisée et, trop souvent, on ignore le fait que Dieu déclare toute la création « bonne », en dehors de toute référence à son utilité pour les êtres humains. Par voie de conséquence, la relation renouvelée entre Dieu et les êtres humains a des répercussions sur la façon dont les humains voient leur rapport avec le reste de la création, puisque la création appartient avant tout à Dieu et n'est que confiée à leurs bons soins. Les contributions figurant dans cette publication examinent différentes facettes du thème « La création n'est pas à vendre », allant du génie génétique en posant la question de savoir « à qui appartenons-nous » plutôt que « qui sommes-nous », aux questions de changements climatiques et de justice climatique, en passant par l'accaparement des terres, etc. La liste des sujets traités ici est loin d'être exhaustive. Nous espérons néanmoins offrir une incitation à des discussions théologiquement informées sur ce que signifie être créé par Dieu et sur l'intégrité de la création.

Et Dieu vit que cela était bon : réflexions sur la théologie de la création

Barbara R. Rossing

Le caractère sacré et bienfaisant de la création est une conviction affirmée dans les Écritures et dans les fondamentaux théologiques luthériens.

Le refrain poétique « Et Dieu vit que cela était bon » ancre le récit de la création dans le livre de la Genèse au chapitre premier. Ce refrain, répété six fois avec des variantes, culmine dans la déclaration « très bon » du sixième jour (Gn 1,31). La conjonction *ki* en hébreu peut également être traduite par l'adverbe « combien » : « Dieu vit tout ce qu'il avait fait. Voilà, c'était très bon », ou « combien (*ki*) c'était bon ». *ki* évoque le plaisir qu'a Dieu à découvrir chaque composante du monde comme étant bonne. Dieu trouve de la joie dans la création.

« Bon » est le mot clé – la bienfaisance du tout, quand Dieu examine chaque partie du monde. *Tov* en hébreu exprime la joie et la relation, ainsi que la beauté. Un commentaire rabbinique traduit *tov* par « beau »[1].

Genèse 1 est un poème liturgique nous décrivant la beauté de chaque composante de la création. Le soleil, la terre, l'atmosphère (« firmament »), les océans et tous les organismes biologiques, notamment les êtres humains et toutes les races d'animaux et toutes les espèces de plantes : chacun dispose de sa niche écologique et chacun est déclaré beau et bon aux yeux de Dieu.

[1] BERNSTEIN, Ellen, "Creation Theology: A Jewish Perspective", dans *The Green Bible*, New York, HarperCollins, 2008, pp. 1-53.

Voir la terre

La première réaction de Dieu – voir – peut servir de point de départ à notre réflexion aujourd'hui. Le premier chapitre de la Genèse positionne les humains à l'intérieur de l'immensité du cosmos. Grâce aux photos de la terre prises depuis l'espace, il nous est maintenant donné de voir la terre comme nos ancêtres n'ont jamais eu l'occasion de la voir. La photo emblématique de la terre, prise en 1972 par l'équipage de la fusée américaine Apollo, la photo la plus diffusée de tous les temps, révèle la beauté de la terre, une planète marbrée de bleu, faite d'océans et de continents vivants. Nous pouvons voir ce que les astronautes ont vu : la beauté sublime de la terre, sa vulnérabilité, de même que la place de l'humanité sur la planète perçue de manière inédite, le tout imprégné d'un sentiment immense d'émerveillement. L'astronaute Michael Collins l'a décrite en ces mots :

> Je garde un souvenir très vivace de ce que j'ai vu lorsque j'ai tourné les yeux vers mon « chez moi » si fragile – une balise brillante et attrayante, d'un bleu et d'un blanc gracieux, un minuscule avant-poste suspendu dans l'infinie obscurité. La terre doit être chérie et sustentée ; précieuse, elle doit perdurer.[2]

Comme l'a dit l'astronaute Bill Anders à propos du voyage autour de la lune en 1968 : « Nous avons effectué ce long trajet pour explorer la lune, mais l'essentiel reste que nous avons découvert la terre ».

Voir la terre, actuellement, signifie ouvrir les yeux sur sa beauté tout autant que sur sa vulnérabilité, c'est-à-dire sur la dévastation que les êtres humains sont en train d'infliger à la création bienfaisante de Dieu. Les astronautes font état du choc qu'ils ressentent en constatant les modifications de la planète telles que la fonte de la calotte glacière des pôles. Le commandant Ellen Collins, la première femme à diriger une mission spatiale pour les États-Unis, raconte ce qu'elle a discerné en voyant l'île de Madagascar : « Nous avons constaté la déforestation (...). Les rivières et les fleuves, qui sont d'ordinaire d'une couleur bleu-gris, apparaissaient maintenant marron à cause de l'érosion du sol qui s'écoule vers l'océan »[3].

Les astronautes perçoivent également la finesse et la vulnérabilité de l'atmosphère terrestre par rapport au reste de la planète. Depuis l'espace, l'atmosphère de la terre ressemble à une « fine ligne bleue », plus mince que la pelure d'une pomme sur le fruit. La Genèse qualifie cette couche protectrice de « firmament ».

---

[2] COLLINS, Michael, "Foreword", dans Roy A. Gallant, *Our Universe*, Washington, D.C., National Geographic Society, 1980, p. 6.

[3] Cité par MAATHAI, Wangari dans *Replenishing the Earth: Spiritual Values for Healing Ourselves and the World*, New York, Doubleday, 2010, p. 57.

Le dioxyde de carbone n'a aucune couleur et l'accumulation de ce gaz et des autres gaz à effet de serre dans l'atmosphère ne peut être vue depuis l'espace. Ce sont les effets des concentrations de plus en plus importantes de dioxyde de carbone sur la planète qui sont visibles : assèchement de grands lacs comme le lac Tchad en Afrique, inondations catastrophiques en Asie, déforestation dans le bassin des rivières Amazone et Congo, fonte des glaciers des chaînes de montage de la planète, fumées provenant de feux incontrôlés sans précédent, tempêtes de poussière causées par des sécheresses. Le surplus de chaleur produit par les gaz à effet de serre (en grande majorité le dioxyde de carbone) tue les écosystèmes dont les humains ont besoin pour leur survie.

Bon, très bon

Dieu voit chaque créature comme « bonne ». En qualifiant chaque créature de bonne, Dieu entame une relation d'amour permanente avec la terre et avec chacune des créatures qui y habitent. Dieu « est *touché* par ce qui est visible »[4]. Comme le remarque Norman Habel, une expression semblable est utilisée par la mère de Moïse pour exprimer « bon », lorsque l'enfant naît. Sa mère « vit qu'il était beau » (Ex 2,2). De la même façon, dans Genèse 1, « Dieu regarda la Terre émerger des eaux inférieures et Dieu "vit que cela était bon" »[5]. La terre est l'enfant vivant de Dieu.

Cette capacité de la terre à créer en permanence, que les spécialistes de la biologie évolutive décrivent comme sa capacité à produire de nouvelles espèces, Dieu la voit comme « bonne ». Avec une perspicacité scientifique étonnante, la Genèse décrit la terre comme un partenaire de Dieu dans la création de nouvelles formes de vie. Rédigée avant notre vision scientifique du monde, la Genèse diffère de notre cosmologie moderne. Cependant, en reconnaissant la capacité de la terre à créer en permanence, le livre est cohérent avec notre compréhension des processus biologiques de l'évolution et du processus de spéciation. À partir de la création des plantes le troisième jour, la terre devient elle-même co-créatrice avec Dieu, produisant ses propres créatures : « La terre produisit de la verdure » (Gn 1,12). Ce processus se répète le sixième jour avec l'apparition des animaux : « Dieu dit : "Que la terre produise des êtres vivants selon leur espèce" » (Gn 1,24). La création est un processus qui émane de la base, dans lequel les créatures deviennent co-créatrices,

---

[4] FRETHEIM, Terrence, *God and World in the Old Testament: A Relational Theology of Creation*, Nashville, Abingdon Press, 2005, p. 40.
[5] HABEL, Norman, *The Birth, the Curse and the Greening of Earth: An Ecological Reading of Genesis 1-11*, Sheffield Phoenix Press, 2011, p. 42.

engendrant elles-mêmes toujours plus de créatures dans l'abondance de la vie et de la création. Dieu décrit tout ce processus comme bon.

Que signifie pour nous actuellement la bonté ou la beauté de la création ? Il est de fait plusieurs réponses possibles. Les créatures sont bonnes à consommer par les êtres humains, comme Martin Luther le souligne dans son commentaire de la Genèse. Le fait que Dieu nourrisse les affamés avec les bontés de la création devient de plus en plus important en temps de famine.

Cependant, le fait d'être utile aux humains n'est pas l'acception première du mot « bon ». « Bon pour les êtres humains » n'est pas ce que Dieu dit. Ce point est important car le fait de dépouiller la terre de ses ressources par extraction minière, forage, cultures et activités industrielles a été justifié en mettant en avant la « domination » de la création donnée par Dieu aux humains dans Genèse 1,26. Mais en examinant de plus près la création de chaque jour dans la Genèse, on constate que Dieu déclare les créatures bonnes pour elles-mêmes, séparément de leur utilité pour le genre humain. On retrouve ce point dans le discours de Dieu à Job, du milieu de l'ouragan, dans les chapitres 38 à 41 du livre de Job.

Encore plus important peut-être, bonté signifie également interdépendance – un véritable principe écologique. Dieu déclare au sujet de la création toute entière : « Voilà, c'était très bon » (*tov ma'ov*, Gn 1,31). Ce superlatif utilisé le sixième jour n'est pas réservé au genre humain uniquement, comme le déclarent certaines interprétations anthropocentristes. C'est plutôt lorsque Dieu a vu la totalité de la création et la façon dont toute la création fonctionnait ensemble comme un système écologique vivant et interdépendant, que Dieu a déclaré : « Voilà, c'était très bon ».

Le bien vu comme un bien commun

Le « bon » ou le « bien » de la création pose des questions éthiques à notre époque.

Le mot « bien » peut devenir un substantif pour indiquer une propriété privée ou ses propres possessions (« mes biens ») en français comme en grec : *ta agatha*. L'histoire que raconte Jésus, de l'homme qui construit des greniers plus grands pour y rassembler tous ses « biens » (Lc 12,18;19), contient une mise en garde pressante contre le danger d'amasser des biens pour son profit exclusif. La vision corrompue de cet homme faisait qu'il se considérait comme le générateur de ses biens personnels. Il ne parvenait pas à voir que la terre était à l'origine de ses abondantes récoltes. L'homme perd son âme. Martin Luther donne à ce thésauriseur le nom de « Mammon »[6].

[6] KASSMANN, Margot, "Covenant, Praise and Justice in Creation: Five Bible Studies," dans David G. Hallman (éd.), *Ecotheology: Voices from South and North*, Genève/Maryknoll, WCC/Orbis, 1994, p. 42.

Si le mot « bien » est perçu avant tout en terme de gain privé, sans prendre en compte les conséquences sur son prochain, sur les générations futures ou sur les écosystèmes, alors nous sommes tous en danger. Dieu nous appelle à percevoir la bonté de la création en accordant aux relations interpersonnelles une valeur suprême.

Le 500e anniversaire de la Réforme en 2017 intervient à un moment de grande urgence pour la création. Il est temps qu'intervienne une nouvelle réforme, disent l'éthicien Larry Rasmussen et d'autres théologiens : « Ce dont nous avons besoin, c'est d'une réforme écologique qui encourage l'Église à se pencher sur la guérison de la terre et le bien collectif »[7]. En précisant les contours de ce qui pourrait ressembler à une éco-réforme, Rasmussen souligne le besoin d'une économie qui génère un bien collectif, afin que « les biens primaires des communs – terre, air, feu, eau et lumière – soient les requis dorlotés d'un bien partagé, un bien pour les générations présentes et futures de l'humanité et autres "-ités" »[8].

Nous vivons à une époque où les biens sont des marchandises, mais la nature et l'atmosphère sont encore trop souvent traitées comme des égouts ou comme une ressource sans valeur ni prix. La majorité des pays du monde n'ont toujours pas fixé un prix pour la pollution au dioxyde de carbone. Les industries disposent de l'autorisation de brûler du combustible d'origine fossile sans payer pour les conséquences de leur pollution. Le gagne-pain des plus pauvres est menacé par un développement non durable. La Bible enseigne une économie politique pourvoyant « assez pour toutes et tous » et fondée sur le partage de ce qui est donné pour le bien commun de tous (Ex 16). L'amour du prochain, y compris des générations futures considérées comme notre prochain, est au cœur de la Bible et de la théologie luthérienne.

La théologie de Luther à propos de la création et de la croix

« La grâce de Dieu n'est pas à vendre », soutenait Martin Luther il y a cinq cents ans. La critique économique osée de Luther appelait une réforme de l'Église tout autant que du système de la dette pratiqué par la société, car il appauvrissait le peuple.[9] Nous pouvons maintenant étendre les affirmations de la Réforme de

[7] RASMUSSEN, Larry, "Waiting for the Lutherans," dans *Currents in Theology and Mission* 37, 2010, pp. 86-98.

[8] *Ibid.*, p. 78.

[9] HANSEN, Guillermo, "Money, Religion, and Tyranny: God and the Demonic in Luther's Antifragile Theology," dans Wanda Deifelt (éd.), *Market and Margins: Lutheran Perspectives*, Minneapolis, Lutheran University Press, 2014, pp. 31-68.

Luther sur la gratuité de la grâce et de la vie elle-même à d'autres domaines, notamment celui de la création. La création et les générations futures sont mon prochain et j'ai reçu le commandement de les aimer. Elles ne sont pas à vendre.

On peut s'appuyer sur la théologie de l'incarnation et du sacrement qui discerne Dieu dans toutes les formes de vie. Dans les écrits sur la sainte cène rédigés par Luther contre les calvinistes, il insistait sur le fait que le fini peut réellement contenir l'infini : *finitum capax infiniti.* « L'incarnation profonde » est une expression créée par le luthérien danois Nils Gregerson pour exprimer l'idée de l'incarnation radicale de Dieu en toutes choses. La théologie de l'incarnation et du sacrement insiste sur la présence de Dieu « dans chaque petite graine, complète et entière... Christ est présent dans toutes les créatures et je pourrais trouver [Christ] dans le roc, le feu, l'eau et même dans une corde, car [Christ] s'y trouve »[10], dit Luther. Rasmussen et d'autres nomment ceci le « joyeux panenthéisme » de Luther. Et actuellement donc, même si la création est dénaturée, nous pouvons faire nôtre cette insistance joyeuse de Luther sur la présence de Dieu.

> Dans absolument chaque créature, à l'extérieur et à l'intérieur de son être, de tous côtés et de part en part, au-dessus et au-dessous, devant et derrière, afin que rien ne puisse être plus présent et en toutes créatures que Dieu lui-même et sa puissance.[11]

La théologie luthérienne de la croix, c'est-à-dire l'insistance sur le fait que la présence de Dieu est aussi et avant tout dans la fragilité et la souffrance, cette théologie peut aussi nous aider à faire face au péché de la dévastation écologique, à l'injustice des effets des changements climatiques sur les plus pauvres parmi les pauvres et nous permettre de formuler une analyse du péché et de la rédemption qui nous permettrait de nous pencher sur la crise environnementale.[12]

La spiritualité des communautés autochtones peut également nous aider à remettre l'accent mis sur la bonté de la création. Le théologien luthérien sami, Tore Johnson, souligne la nature communautaire de la création, dans laquelle tous les êtres vivants sont perçus comme liés les uns aux autres dans le cercle de la vie. « La tradition sami reflète l'idée que la création dispose d'une voix qui doit être écoutée »[13]. Johnson réclame un

---

[10] Cité par Larry Rasmussen, *op. cit.* (note 7).

[11] LUTHER, Martin, "That These Words of Christ, 'This Is My Body,' etc., Still Stand Firm Against the Fanatics", 1527, dans Helmut T. Lehmann (éd.), *Luther's Works*, vol. 37, Philadelphia, Muhlenberg Press, 1961, p. 58.

[12] DEIFELT, Wanda, "From Cross to Tree of Life: Creation as God's Mask," dans Karla Bombach et Shauna Hannan (éds), *Eco-Lutheranism: Lutheran Perspectives on Ecology*, Minneapolis, Lutheran University Press, 2013, pp. 169-176.

[13] JOHNSON, Tore, "Listen to the Voice of Nature: Indigenous Perspectives," dans Karen Bloomquist (éd.), *God, Creation and Climate Change: Spiritual and Ethical*

point de départ éco-théologique qui commence par la création et pratique la « théologie à partir du cercle de la vie »[14].

Les combustibles fossiles sont-ils « bons » ? L'énergie et le bien commun

Pour pouvoir traiter de la crise climatique sous l'angle théologique, il convient également de poser la question du bien et des risques posés par les combustibles fossiles car ces éléments participent de la création de Dieu. L'énergie soulève la question des biens concurrents. Le premier acte de création de Dieu rapporté en Genèse 1 concerne la lumière, l'énergie qui alimente notre vie. La lumière du soleil fournit de l'énergie en abondance, qui nourrit tout sur terre. Chaque heure de chaque jour, le soleil fournit plus d'énergie à la terre que les humains ne peuvent en consommer en une année entière.[15] Les humains ont récemment découvert comment profiter de la lumière du soleil d'autrefois : en brûlant l'énergie solaire accumulée dans les profondeurs de la terre sous la forme de charbon, pétrole et gaz naturel enfouis durant des millions d'années.

L'énergie est essentielle pour l'épanouissement humain. Mais comment trouver le bon équilibre entre le besoin de développer des énergies fossiles bon marché d'une part et les risques d'une pollution au dioxyde de carbone, de l'autre ? Les scientifiques climatologues indiquent qu'il faudrait laisser dans le sol les trois-quarts des ressources en pétrole identifiées, afin de prévenir les dangereuses transformations de la planète. L'engagement envers le bien commun, envers les générations futures, demande une transition énergétique des combustibles fossiles vers les énergies renouvelables.

L'évêque Mark Narum, du Dakota du Nord (États-Unis), suggère que la question posée dans le catéchisme de Luther – « Que signifie cela ? » – est une question que nous pourrions également poser au sujet de la politique énergétique. De nombreux résident-e-s du Synode occidental du Dakota du Nord, de l'Église évangélique luthérienne en Amérique (ELCA), auquel l'évêque Narum est rattaché, ont profité de l'énorme ruée vers l'exploitation du schiste bitumineux, rendue possible grâce au développement de la technologie de fracturation hydraulique et de forage horizontal. L'évêque souligne le bien apporté par le pétrole aux propriétaires terriens et au bassin d'emploi. Le pétrole pose des questions pastorales complexes dans les

Perspectives, LWF Studies 02/09, Minneapolis/Geneva, Lutheran University Press/ The Lutheran World Federation, 2009, p. 101.

[14] *Ibid.*, p. 106

[15] MARTIN-SCHRAMM, James B., *Climate Justice. Ethics, Energy, and Public Policy*, Minneapolis, Fortress Press, 2010, p. 3.

paroisses, exigeant une écoute des différents points de vue. Mark Narum demande : « Si Dieu est le créateur de toutes choses et qu'il dit "Cela est bon", qu'en est-il du pétrole ? »[16].

Puisqu'il fait partie de la bonne création de Dieu, le pétrole est certainement « bon ». Mais est-ce que cela signifie que nous devons tout extraire et tout brûler sous forme de combustible fossile ? Ou bien le pétrole pourrait-il de nos jours servir un intérêt de beaucoup supérieur, en restant enfoui dans le sol ? Peut-être que Dieu séquestre le carbone en toute sécurité dans les couches sédimentaires rocheuses depuis des millions d'années, afin de maintenir la température de l'atmosphère de la terre à un niveau idéal pour la vie. Alors qu'aux XVIIIe et XIXe siècles, le « bien » des formations rocheuses gorgées de pétrole avait été discerné comme l'énergie qui fournirait aux humains de quoi alimenter leur croissance économique, ces formations pourraient devenir dépositaires d'un bien encore supérieur en devenant des lieux de stockage souterrain du carbone séquestré.

L'amour de Dieu pour la création que l'on lit en Genèse 1 nous invite à explorer des questions éthiques complexes, à nous écouter les uns les autres et à agir prophétiquement et de façon audacieuse afin de prendre soin de la création toute entière comme de notre prochain. Comme les astronautes le constatent, la création est mise en danger à cause du péché de l'humanité. « Dieu vit que cela était bon » exprime l'amour de Dieu pour chaque composante de la création. Cet amour qui voit la terre dans toute sa fragilité et sa beauté est le même amour qui nous pousse à agir aujourd'hui. La vision de Luther de l'incarnation profonde nous appelle à prendre soin de la terre et de toutes les communautés de vie qui l'habitent.

Questions

Quel sens cela a-t-il de dire de la création de Dieu « Voilà, c'était très bon » à une époque où tout peut être vendu ? Existe-t-il une chose qui n'ait pas de prix ?

Quelles démarches d'éco-Réforme seraient nécessaires et sont possibles à mettre en œuvre dans le contexte de votre Église ?

Doit-on déterminer le prix de la création et des écosystèmes pour leur accorder une valeur ?

---

[16] NARUM, Mark, "Prairie, Petroleum, Pondering: What Does this Mean?" dans Karla Bombach et Shauna Hannan (éds), *Eco-Lutheranism: Lutheran Perspectives on Ecology*, Lutheran University Press 2013, p. 150.

Répondre à la parole de Dieu et à la création. Réflexions éthiques sur le génie génétique et les sciences réceptives

Ulrik Becker Nissen

Alors que nous célébrons le cinq-centenaire de la Réforme, deux leçons marquantes et évidentes apparaissent. Nous restons en admiration devant des stipulations merveilleuses et inaltérables. Premièrement, le discernement capital de la Réforme sur le salut par la foi seule et sur la miséricorde qui nous est accordée simplement par la grâce de Dieu ; ces éléments n'ont pas changé durant les derniers 500 ans et il est bon de le rappeler aujourd'hui encore. Deuxièmement, en lisant les écrits de Martin Luther et des autres réformateurs, on est immédiatement frappé par la gigantesque mutation dans certains des défis qui sont à relever à notre époque. Alors que certaines questions sociétales et éthiques ont des similitudes avec celles du XVIIe siècle, il est des sujets actuels radicalement nouveaux, comme le génie génétique, à propos duquel on cherchera en vain des réflexions concrètes dans les écrits de Luther. Même si de telles matières soulèvent de nouvelles questions de morale, il convient de puiser dans les ressources offertes par nos traditions vivantes pour traiter de ces thèmes. Pour maintenir la tradition luthérienne ardente et passionnée, il faut revenir à ses sources. Ainsi la Réforme continuera de vivre au milieu de nouveaux défis, nous obligeant à réfléchir sur ce que notre héritage luthérien sous-entend à propos de nouveaux sujets politiques, idéologiques, culturels et scientifiques. Notre propos se concentrera sur plusieurs questions. Premièrement : à la lumière de la Réforme luthérienne, quelle répercussion la théologie de la création a-t-elle sur la théologie luthérienne contemporaine ?

Cette question sera traitée en puisant dans les éclairages capitaux apportés par la théologie de Luther sur la création et sur la signification à accorder au fait que le monde ait été créé par la parole de Dieu. Deuxièmement : que sous-entend la théologie luthérienne de la création lorsqu'il s'agit de comprendre « à qui » nous appartenons ? En étudiant des sujets comme le génie génétique, la question la plus cruciale est-elle vraiment « qui » sommes-nous, ou serait-elle plutôt « à qui » appartenons-nous ? Troisièmement, nous clorons notre réflexion en nous concentrant sur le génie génétique. Grâce à la contribution apportée par les deux questions précédentes, comment convient-il d'évaluer le génie génétique ? Que signifierait le fait de réfléchir à la science en termes de concept réceptif ?

La théologie luthérienne de la création et la Parole de Dieu

En étudiant les dossiers actuels, comme le génie génétique par exemple, le défi qui nous interpelle n'est en rien différent des autres questions fondamentales auxquelles la théologie a toujours été confrontée. Vers quoi nous tournons-nous donc dans la quête de réponses à ces questions difficiles ? Une approche serait de se tourner vers les sciences naturelles, ou d'adopter une approche philosophique plus élargie. À l'évidence, une telle approche permet d'apprendre beaucoup, mais cela conduit-il à une véritable compréhension théologique ? Pour qu'une approche soit qualifiée de théologique au sens courant du terme, il faut insister sur des références théologiques authentiques. Le point de départ de cette réflexion doit s'enraciner dans une herméneutique façonnée et informée par l'Église et par les Écritures. Les autres références ne sont pas à négliger pour autant, mais il faut rester indubitablement conscient de l'origine de la théologie. La théologie est une vision qui émane de quelque part.

Réfléchir sur les fondements de la théologie reste particulièrement pertinent au vu de l'accent que Luther mettait sur la centralité des Écritures pour la foi et la théologie chrétiennes. *Sola scriptura* signifie que la théologie luthérienne ne peut jamais ignorer le rôle normatif des Écritures. Si une Église luthérienne oublie ce rôle, elle abandonne sa qualité d'Église au sens protestant du terme. En prenant cet éclairage luthérien comme point de départ, il devient impératif de se tourner d'abord vers le *Commentaire du livre de la Genèse* de Luther, pour réfléchir à la façon dont on doit comprendre la création actuellement. Dans ce commentaire, deux points attirent immédiatement l'attention : a) c'est la Parole de Dieu qui génère la création, et b) à l'origine, la création était une expression de la bienfaisance de Dieu.

Dans ses remarques sur les premiers versets de la Genèse, Luther souligne que Dieu crée les cieux et la terre par la Parole. « Par le Fils, que Moïse appelle le Verbe, le Père crée du néant le ciel et la terre... »[1]. Le monde est créé par le Verbe de Dieu, qui est le Christ lui-même. Pour Luther, le Christ est présent et à l'œuvre dans le travail créateur de Dieu depuis l'origine. Il développe cette idée dans son exégèse de Genèse 1,3, où la Parole est présentée comme le moyen et l'instrument du travail créateur de Dieu, un précurseur de l'interprétation johannique (cf. Jn 1,1) du Christ comme Verbe de Dieu.[2] Le lien intime entre la création par la parole de Dieu et le Christ qui est cette parole, est marquant pour la signification théologique de la création. Par Sa parole, Dieu appelle la terre à être, il attire l'humain vers une relation vivante et à double sens. Il nourrit l'être humain spirituellement par Sa parole. Oswald Bayer se sent fondé à dire que pour Luther, la création est avant tout l'établissement et la préservation d'une communauté.[3] La création montre la voie vers la justification par la foi et tout comme le pécheur justifié réagit avec gratitude, Luther perçoit la création comme une expression de la bienfaisance de Dieu, montrant la voie vers le bien ultime, la justification par la foi en Christ.

L'expression de la sollicitude et de la bienveillance de Dieu représente l'autre motif central que l'on identifie dans la théologie de la création de Luther. On retrouve cette interprétation dans la réflexion de Luther sur la première fois où Dieu dit que la création est bonne (cf. Gn 1,10). Luther donne une clef de lecture de ce verset : Dieu a créé un bon lieu de vie pour l'être humain (même si ce dernier n'est pas encore créé) ; Dieu espère que l'être humain réagira en faisant preuve de gratitude.[4] Cette même clef de lecture s'applique aux versets qui suivent Genèse 1,11, quand Luther fait valoir que lorsque les êtres humains seront créés, ils trouveront un merveilleux lieu de vie, déjà totalement pourvu. Dieu prend soin des êtres humains et leur donne tout ce dont ils ont besoin. Il est intéressant de noter qu'ici également, Luther tire un parallèle avec la bienfaisance de Dieu et les dons spirituels : là aussi, Dieu nous donne tout ce dont nous avons besoin. Il s'agit ici « ... du souci, du soin, de la générosité et de la bienfaisance de Dieu » que l'on retrouve dès ces premières pages de la Genèse et qui doivent être vus comme l'enseignement le plus prégnant de ces versets.[5]

Par conséquent, si l'on tente d'identifier des points clefs de la théologie de la création telle que Luther la comprend, nous pouvons en toute confiance avancer que Luther ne se limite pas à voir la création comme l'origine de la matière. Il s'agit plutôt de la relation avec Dieu et nos semblables, d'une com-

[1] *Œuvres de Martin Luther*, Labor et Fides, 1985, Tome 17, p. 24.
[2] *Ibid.*, p. 16 sqq.
[3] BAYER, Oswald, *Martin Luthers Theologie: Eine Vergegenwärtigung*, Tübingen, Mohr Siebeck, 2003, p. 88 sqq.
[4] *Op. cit.* (note 1), p. 35.
[5] *Ibid.*, p. 39.

munauté avec Dieu et nos semblables. L'accent que Luther met sur la Parole et la bienfaisance de Dieu est une manifestation de l'appel que Dieu lance à la création pour développer une communion vivante et réceptive. Vu sous cet angle, il est alors possible d'être d'accord avec Dietrich Bonhoeffer quand il affirme que la signification de la création ne peut être perçue que du point de vue de l'Église. Il ne sera jamais possible de réfléchir à la signification de la création d'un point de vue neutre, car on ne peut envisager la signification de la création que depuis un lieu précis, celui où l'on a rencontré la bienfaisance de Dieu. Bonhoeffer avance donc qu'il est sans espoir de formuler des hypothèses à propos des origines si l'on ne comprend pas d'où l'on vient. On ne peut avoir la connaissance des origines que si l'on vit en procédant du Christ.

> La tentative est sans espoir, de faire un gigantesque bond en arrière dans le monde de l'origine déchu, avec en tête l'origine et la nature de l'humanité, afin de chercher à comprendre pour nous-mêmes à quoi ressemblait l'humanité dans son état originel et d'identifier notre propre idéal d'humanité avec ce que Dieu a de fait créé ... Ce n'est qu'au milieu et parce que nous vivons du Christ, que nous pouvons avoir connaissance du début.[6]

À qui appartenons-nous ? Répondre à la création et à la volonté de Dieu

L'accent mis par Luther et par Bonhoeffer sur la Parole de Dieu et la réponse à cette Parole, déplace le curseur de notre compréhension de « **qui** nous sommes » vers « **à qui** nous appartenons ». Nous ne sommes pas seuls. Mais plutôt, nous vivons au sein d'une communauté vivante et réceptive, avec le Dieu trinitaire, notre créateur, rédempteur et sanctificateur. Et nous sommes appelés à répondre à cette communauté vivante où se trouve Dieu et à obéir à sa parole et à sa volonté.

La réceptivité, comme caractéristique définissant ce que signifie être un humain, sous-entend également que nous ne sommes pas livrés à nous-mêmes. Il ne suffit pas d'adopter l'appréciation moderniste de l'individu perçu comme un être autonome. Il faut plutôt préciser que nous devons maintenir le centre de notre être au-delà de nous-même et par là même, nous sommes des êtres « ex-centriques ». Nous vivons toute notre vie grâce à de « l'air en sursis », nous ne sommes pas nos propres créateurs. David Kesley défend longuement cette thèse dans son anthropologie théologique, dans laquelle il soutient que l'être humain est correctement perçu comme créé, accompli

[6] BONHOEFFER, Dietrich, "Creation and Fall: A Theological Exposition of Genesis 1-3," dans Martin Rüter, Ilse Tödt, and John W. De Gruchy (éds), *Dietrich Bonhoeffer Works*, vol. 3, transl. Douglas Stephen Bax, Minneapolis, MN, Fortress Press, 1997, p. 62.

et réconcilié. Comme êtres créés, nous vivons grâce à de « l'air en sursis », comme êtres accomplis, nous vivons une vie « en sursis » dans l'attente de l'espérance eschatologique et comme êtres réconciliés, nous vivons par la mort du Christ.[7] L'argument de Kelsey est vaste mais l'idée centrale de sa recherche porte sur l'interprétation d'une anthropologie théologique chrétienne qui doit être comprise dans le contexte des traditions chrétiennes, pour pouvoir apporter une contribution de poids dans ce contexte-là. La référence à une communauté spécifique ne doit pas exclure des discussions avec d'autres. Néanmoins, ce qui est plus clairement identifié, c'est la façon de comprendre ces questions selon un point de vue théologique chrétien.

Si l'on perçoit l'être humain comme un être fondamentalement ex-centrique, on éloigne le projecteur de nous-mêmes, pour chercher et réaliser la volonté de Dieu. Lorsque Bonhoeffer nous rappelle que l'on ne peut comprendre la création comme étant séparée du Christ, il nous rappelle en même temps la réalité de nos vies. Il n'existe aucune réalité en dehors du Christ et, par conséquent, la véritable signification de la réalité n'est révélée qu'en Christ. Pour le chrétien, cela signifie être appelé à vivre une vie de disciple. Nous ne sommes pas appelé-e-s à régir notre propre vie, ni celle des autres, mais à vivre notre vie en suivant le Christ et en recherchant la volonté de Dieu dans tous nos actes. Lorsque l'on se concentre sur **celui à qui nous appartenons**, nous affirmons en même temps que nous sommes serviteurs. Nous vivons notre vie selon un appel auquel nous devons répondre avec fidélité. En tant que chrétiens, nous avons un seigneur et nous sommes appelés à obéir à la volonté de Dieu. Bonhoeffer formule ceci succinctement, lorsqu'il déclare que le chrétien est appelé à être obéissant et qu'en même temps, cette obéissance est intimement liée à la responsabilité considérée comme un concept réceptif qui lie ensemble l'obéissance et la liberté.

> L'obéissance sans liberté est un esclavage, la liberté sans obéissance est un arbitraire. L'obéissance lie la liberté, la liberté anoblit l'obéissance. L'obéissance lie la créature au Créateur, la liberté place la créature, façonnée à l'image de Dieu, dans un face-à-face avec le Créateur... Dans la responsabilité, l'obéissance et la liberté se réalisent [realisieren sich].[8]

L'obédience à la volonté de Dieu émane de la réponse apportée à Dieu dans la foi et la gratitude. Comme Luther le démontre si brillamment, cette réponse

---

[7] KELSEY, David H., *Eccentric Existence: A Theological Anthropology*, vols 1 et 2, Louisville, Ky., Westminster John Knox Press, 2009.

[8] BONHOEFFER, Dietrich, "Ethics," dans Clifford J. Green (éd.), *Dietrich Bonhoeffer Works*, vol. 5, traduction. Reinhard Krauss, Charles C. West et Douglas W. Stott, Minneapolis, Fortress Press, 2005, p. 287 sqq.

fait partie intégrante de la vie vécue en tant qu'être créé, entouré de toutes les bonnes choses que Dieu a prévues pour nous par la création et avec les dons spirituels qui nous sont conférés en Christ. Et lorsque nous abordons une question comme celle du génie génétique, nous faisons plus que déterminer jusqu'où nous pouvons aller. L'approche chrétienne consiste plutôt à se poser la question de déterminer quelle serait l'approche responsable (c'est-à-dire le concept réceptif) au regard de cette technologie. L'approche responsable nous rappellera que, *in fine*, nous ne sommes pas lâché-e-s seuls pour nous débrouiller. *In fine*, nous sommes appelé-e-s à vivre nos vies en une communauté réceptive, avec Dieu et avec nos semblables. Il s'agit d'une adaptabilité qui nous rappelle à notre nature de créature, tout autant qu'elle nous avertit de vivre nos vies en recherchant la volonté du Seigneur et le meilleur pour nos semblables.

Le génie génétique à la lumière des sciences réceptives

Le concept de l'être humain comme être réceptif contient une réserve liée au concept de la co-création. Dans *The Human Factor* (le Facteur humain) de Philip Hefner[9], les êtres humains sont perçus comme « ... des co-créateurs créés, par le truchement desquels, agissant en pleine liberté, naîtra l'avenir le plus sain pour la nature qui nous a enfantés »[10]. Hefner appuie sa thèse sur trois éléments fondamentaux : a) l'être humain créé par Dieu pour être co-créateur, b) le processus d'évolution comme matrice de conditionnement et c) la liberté comme clef du dessein de Dieu. Par un juste équilibre de ces trois éléments, Hefner cherche à fournir une interprétation de Dieu comme Créateur et de l'être humain comme créé, au regard des observations scientifiques et évolutionnaires contemporaines.[11]

La position de Hefner a suscité de vastes débats. Une des critiques formulées estime que Hefner va trop loin en élaborant son concept d'être humain perçu comme un « co-créateur » et suggère d'utiliser à la place l'expression de « créatures inventives ». Hefner rejette cette suggestion car elle ne borde pas suffisamment la double nature de l'être humain « ...une créature dont l'existence est le résultat des transformations de la nature, ayant reçu de cette même nature le rôle de co-créateur libre au sein de ces mêmes transformations »[12]. Certes, la nature double de l'être humain,

[9] HEFNER, Philip, *The Human Factor: Evolution, Culture, and Religion*, Minneapolis, MN, Fortress Press, 1993.

[10] *Ibid.*, p. 27.

[11] *Ibid.*, p. 31 sqq.

[12] *Ibid.*, p. 39.

à la fois conditionné et libre, est une vision partagée par la plupart des théologiens et philosophes, car il est possible de l'affirmer à partir de la tradition et de nos expériences. Le problème principal dans la proposition de Hefner est lié à sa compréhension de Dieu, de l'être humain et de la relation entre les deux. Afin d'arguer dans le sens de son interprétation, il en minimise les effets sur son concept de Dieu[13], il limite le rôle de la tradition dans la construction de sa proposition[14] et positionne sa théorie dans le cadre d'une méthodologie qui relève des sciences naturelles.[15]

Même si l'on estime que le concept d'être humain co-créateur illustre une partie de la responsabilité scientifique que nous avons en tant qu'être humain dans le développement permanent des sciences et dans les possibilités offertes par les nouvelles technologies scientifiques, le problème fondamental posé par ce concept reste qu'il présume trop de l'être humain. Il tend à placer le centre de la vie humaine sur l'être humain lui-même, anéantissant ainsi totalement le caractère réceptif de la condition humaine. Ce danger est particulièrement pertinent lorsqu'on aborde la question du génie génétique, en particulier sous la forme de manipulation ou d'amélioration génétique des êtres humains.

Lorsqu'on aborde la question du génie génétique, il faut garder à l'esprit qu'il s'agit d'un concept très vaste couvrant une gamme de possibilités scientifiques et de questions éthiques. De fait, le génie génétique consiste en la tentative d'introduction d'un brin d'ADN dans la cellule d'un organisme vivant, avec l'intention de produire un nouvel attribut ou une nouvelle caractéristique. On peut le faire à des fins médicales, comme dans le cas du traitement de troubles génétiques par la thérapie génique. Des animaux peuvent être modifiés à des fins de recherche. Des récoltes peuvent être améliorées, soit pour une meilleure croissance, soit pour améliorer les conditions de vie d'enfants souffrant de malnutrition, etc. Il existe de nombreuses raisons nobles et vertueuses de recourir au génie génétique. Dans certains cas, ne pas le faire serait même discutable sur le plan éthique. Lorsque le génie génétique est employé pour construire des lymphocytes T en vue d'un traitement du cancer, on peut arguer moralement en faveur du développement de cette nouvelle technique. Lorsque l'on peut utiliser le génie génétique pour faire progresser les traitements de diverses maladies, il serait moralement incorrect d'arguer en sa défaveur, à moins d'avoir d'excellentes raisons de le faire. Cependant, en parallèle, il est certaines utilisations du génie génétique devant lesquelles nous devons faire preuve de grande précaution et dans le contexte desquelles nous devons probablement nous ériger contre l'utilisation de cette technologie. En particulier

[13] *Ibid.*, p. 32 sqq.
[14] *Ibid.*, p. 17 sqq.
[15] *Ibid.*, p. 23 sqq.

lorsque le génie génétique est mis en avant comme une technologie à utiliser pour introduire ou améliorer des traits héréditaires chez certaines personnes. Il convient généralement d'agir avec d'extrêmes précautions lorsque l'on utilise une technologie aussi radicale pour produire des modifications permanentes dans le profil génétique d'un organisme donné. Pour ce qui est des plantes, une vague d'inquiétude a été suscitée au sujet des cultures génétiquement modifiées et de la façon dont les nouveaux gènes hérités contenus dans les graines d'une plante pourraient se répandre de façon imprévisible parmi les plantes sauvages. Pour les êtres humains, il y a de vives inquiétudes à propos de modifications héréditaires et de recherches sur les gamètes qui pourraient aboutir à des modifications permanentes du génome humain. À nouveau, le souci ici est de savoir si l'on sera en mesure de prévoir les conséquences futures des modifications radicales et profondes que nous provoquons.

Au lieu de considérer l'être humain comme un co-créateur créé, je prétends que nous devrions percevoir l'être humain comme un être réceptif. Le concept d'adaptabilité est logé au plus profond de la tradition luthérienne, où il souligne le fait que l'être humain vit en solidarité réceptive avec Dieu et ses semblables. En tant qu'êtres créés, nous ne sommes pas des demi-dieux mais des créatures créées, vivant nos vies à la lumière de la volonté de Dieu. Mais en même temps, nous avons une responsabilité et recevons un appel. Nous sommes appelé-e-s à faire de notre mieux pour développer de nouvelles formes de biotechnologie et améliorer les façons d'aborder actuellement la science et la médecine. Nous avons pour tâche d'identifier un chemin entre Charybde et Scylla : le Charybde d'une soumission aux forces dégradantes agissant dans la création et le Scylla d'une surestimation de notre rôle d'êtres créés. Nous pourrons alors chercher à avoir à la fois une vision positive de la biotechnologie et, en même temps, soutenir que nous sommes des êtres finis, vivant grâce à de l'air en sursis.

Questions

Quel rôle peuvent jouer des textes luthériens vieux de 500 ans dans l'évaluation contemporaine des défis scientifiques et technologiques actuels ?

Est-ce que le concept de l'être humain vu comme un « être réceptif » a davantage de poids théologiquement que l'alternative d'un « co-créateur créé » ?

Quel type de génie génétique pouvons-nous accepter théologiquement et où devrions-nous être précautionneux ?

Les catastrophes naturelles et la création bonne de Dieu

Naoki Asano

La nature de Dieu

Qui est Dieu ? Qu'est-ce que Dieu ? Où est Dieu ? De nombreuses questions se posent lorsque l'on se met à réfléchir sur Dieu. Les réponses varient selon notre foi et notre culture. Même parmi les personnes d'une même foi, différents points de vue s'expriment. Chacun-e a tendance à « créer » Dieu à sa propre image. Même s'il est vrai que chacun a sa propre opinion de Dieu, la tendance générale penche pour un point de vue commun sur la nature de Dieu, celui de dire que Dieu est bon. Dieu est ce qui est bon. Tout ce qui est bon émane de Dieu. Dieu est la source de la bonté. Même s'il n'existe aucun lien étymologique entre les mots Dieu et bonté, théologiquement on peut déclarer que tout ce qui est bon procède de Dieu.

La création de Dieu

La création se mit en place lorsque Dieu dit : « Que la lumière soit ! » (Gn 1,3). Et « Dieu vit que la lumière était bonne » (Gn 1,4). Dieu créa le ciel, l'eau et la terre. Dieu les vit et dit que « cela était bon ». Dieu créa les plantes, les étoiles et les êtres vivants et dit que « cela était bon ». Et finalement, Dieu créa l'humanité. Et « Dieu vit tout ce qu'il avait fait. Voilà, c'était très bon » (Gn 1,31). Création accomplie.

L'humanité fut créée avec une attention et un soin particuliers. « Dieu créa l'homme à son image, à l'image de Dieu il le créa » (Gn 1,27). Et « Dieu les bénit » (Gn 1,28). Les êtres humains sont uniques à cause de l'image de Dieu enchâssée en eux et des bénédictions qui leur furent accordées et que

Dieu n'avait pas répandues sur les autres créatures. Il n'est donc pas surprenant que Dieu dise, en faisant référence aux êtres humains « Voilà, c'était très bon » (Gn 1,31). Dieu était satisfait de Son propre travail de création.

Il est important de remarquer que Dieu créa les êtres humains uniques pour une raison spécifique : Dieu voulait se créer un partenaire pour Lui-même. Dieu dit à l'homme et à la femme : « Soyez féconds et prolifiques, remplissez la terre et dominez-la. Soumettez les poissons de la mer, les oiseaux du ciel et toute bête qui remue sur la terre ! » (Gn 1,28). Dieu leur commanda de soigner la vie sur la planète. Les êtres humains reçurent l'ordre de contrôler toutes les créatures et la nature pour qu'elles aient la vie en abondance. Étant donné qu'ils avaient été créés à l'image de Dieu et que des bénédictions spécifiques leur avaient été accordées, les êtres humains auraient pu suivre l'injonction de Dieu. Ils auraient ainsi cultivé les plantes et élevé les animaux en sauvegardant leur environnement naturel sur terre, sous la mer et dans le ciel. Malheureusement, on constate 4,6 milliards d'années plus tard, que les choses ne se sont pas passées ainsi. Qu›est-ce qui a mal tourné ? Au regard de la détérioration croissante grave de l'environnement sur la planète, quelles sont les répercussions du péché originel commis par Adam et Ève lorsqu'ils ont mangé le fruit de l'arbre de la connaissance du bien et du mal ?

Deux expressions clefs du texte de la Genèse décrivent avec plus de précision ce que Dieu attendait des êtres humains : « soumettez » et « dominez ». À l'aune de l'être humain, ces deux termes peuvent aisément être mal interprétés car ils sous-entendent disposer d'une autorité puissante sur quelque chose ou sur quelqu'un. En discutant de questions comme la destruction de la nature et l'exploitation des ressources naturelles, les écologistes non-chrétiens accusent parfois les chrétiens de l'interprétation biblique de la création selon laquelle Dieu a dit aux êtres humains « soumettez » et « dominez » la création. Est-ce donc cette foi chrétienne que l'on doit tenir pour responsable de nos problèmes planétaires ? Et si tel n'est pas le cas, est-ce la Bible qui a occasionné une telle détérioration ? Ou encore, la responsabilité ultime échoit-elle à Dieu à cause de ce qu'il a laissé faire – Dieu qui a dit à ses créatures bénies : « soumettez » et « dominez » la création ? Étant donné que Dieu est éternellement bon, il serait insensé de mettre la faute sur Dieu pour ce qui est arrivé. Rien de mal ne peut procéder de la source de bonté.

Avant et après la Chute

Je vais maintenant examiner l'histoire de la création d'un point de vue plus large. Dieu vit que la création était très bonne. La création s'avéra parfaite. Tout se déroula correctement. « Soumettez » et « dominez » : ces deux termes trublions, utilisés par Dieu lors de la « passation » de la création à Adam et à

Ève, pourraient revêtir un autre sens lorsque l'on s'accorde à dire que sous la souveraineté de Dieu, même soumission et domination possèdent des connotations sensées. Selon le récit biblique, la Chute des ancêtres de l'humanité n'a pas seulement eu des répercussions sur leurs propres vies, mais également sur celles de la création toute entière, puisque la création toute entière avait été remise entre leurs mains. La Chute transforma tout le scénario de la création que Dieu était en train de concevoir. Les êtres humains modifièrent à la fois le sens des deux termes et leur mise en œuvre. Le règne et la domination de Dieu sont donc différents du règne et de la domination par les êtres humains, qui courent toujours le risque de devenir corrompus par le pouvoir.

Dieu a choisi en toute liberté de créer le monde et qu'il soit contrôlé par les êtres humains. Les êtres humains ont aussi reçu la bénédiction de pouvoir faire des choix librement. Nous tentons de choisir ce que nous croyons être juste en utilisant le libre arbitre accordé par Dieu mais nous échouons très fréquemment, malheureusement. La volonté humaine, tout en étant un don de Dieu, est asservie au péché comme Luther l'a exposé dans le *Traité du serf arbitre* (*De servo arbitrio*)[1].

Les catastrophes naturelles

Les catastrophes naturelles représentent une des questions théologiques les plus ardues. Elle est difficile à débattre car lorsqu'une catastrophe naturelle arrive, on ne peut s'empêcher de demander à Dieu pourquoi il a laissé faire. Il n'existe aucune réponse satisfaisante à ce dilemme et donc à la question de la théodicée, c'est-à-dire de la justification de la bonté de Dieu en dépit du mal et de la souffrance qui existent dans le monde.

Le livre de Job est souvent la référence utilisée lorsqu'il s'agit de théodicée. Les amis de Job ont essayé de lui expliquer pourquoi il devait endurer une telle calamité malgré sa fidélité et sa droiture devant Dieu. Eliphaz lui dit « qu'il a péché » (Jb 35,6). Bildad lui conseille de se repentir. Quant à Zophar, il avertit Job que sa culpabilité mérite punition. Aucun ne pouvait le réconforter dans sa peine et son agonie. Job n'arrivait pas à comprendre pourquoi il devait endurer la perte et ressentir la douleur malgré la fidélité de sa vie devant Dieu. Finalement, Dieu s'adresse à lui du sein de l'ouragan : « Où est-ce que tu étais quand je fondai la terre ? Dis-le-moi puisque tu es si savant. » (Jb 38,4). La parole de Dieu l'a submergé de la suprême autorité du Créateur et de la souveraineté du Tout-Puissant. Job répondit au Seigneur : « Je ne fais pas le poids, que te répliquerai-je ? Je mets la main sur ma bouche. » (Jb 40,4). Job vit Dieu comme l'être ultime, devant qui il n'avait rien à dire et aucun besoin de trouver des

[1] *Œuvres de Martin Luther*, Labor et Fides, Tome V, p. 8 – *De servo arbitrio* – 1525.

raisons à sa souffrance. Dieu était là comme l'ultime bonté. La bonté de Dieu ne peut se mesurer à l'aune du raisonnement humain. La souffrance ne devrait pas être un indicateur des mérites ou des péchés d'une personne. Cette vision classique du jugement de Dieu, appelée justice rétributive, qui considère la souffrance humaine comme méritée, est réfutée.

Tremblements de terre, tsunamis, inondations, ouragans et tornades touchent régulièrement des personnes et font des victimes. On les appelle catastrophes naturelles. Il s'agit des rouages de la nature dont nous faisons partie.

L'expérience de Job nous donne des indications sur la manière de considérer les calamités et les souffrances causées par les catastrophes naturelles. Avant tout, il ne s'agit pas de justice rétributive, mise en œuvre par Dieu pour punir les méchants. Ces catastrophes s'abattent sur n'importe qui, n'importe quand, qui que nous soyons. Jésus a été on ne peut plus clair sur ce point lorsqu'il a rencontré l'aveugle de naissance. Ses disciples lui ont demandé qui avait pêché pour que cet homme soit né aveugle. Jésus répondit : « Ni lui, ni ses parents. Mais c'est pour que les œuvres de Dieu se manifestent en lui » (Jn 9,3). Rappelons-nous l'enseignement du livre de Job. Dieu se révéla et révéla ses œuvres lorsque Job souffrit immensément. L'aveugle-né est donc un Job néotestamentaire. La justice rétributive n'est en aucun cas biblique.

11 mars 2011, 14h46

Un séisme violent, d'une magnitude de 9 sur l'échelle de Richter, secoua l'est du Japon. Il déclencha un tsunami puissant qui atteint des hauteurs de 40,5 mètres et s'abattit sur le littoral de Tohoku, au nord-est du Japon. C'est le moment qui modifia le cours de l'histoire du Japon. À Tokyo, à 300 kilomètres de l'épicentre, des secousses énormes déclenchèrent des explosions de citernes de gaz et la liquéfaction des sols, plongeant la ville dans le chaos. Les 12 et 14 mars, deux réacteurs nucléaires de la centrale nucléaire de Fukushima explosèrent et disséminèrent très largement des substances radioactives dans l'est du Japon. Le séisme le plus important jamais enregistré au Japon fit de nombreuses victimes et tua 18 000 personnes.

« Mon Dieu, mon Dieu, pourquoi m'as-tu abandonné ? » Takashi Yoshida, pasteur de l'Église réformée en poste dans la zone touchée, raconta que l'on entendit s'élever ce cri de Jésus dans les communautés chrétiennes du district de Tohoku. Elles ne pouvaient s'empêcher de demander : « Pourquoi Tohoku ? ». Takashi Yoshida avait entendu des personnes affirmer qu'il s'agissait de la punition de Dieu à l'encontre des Japonais avides. Il répondit ainsi : « J'ai pensé à ce moment-là qu'il ne s'agissait pas d'une punition pour ceux qui avaient été tués, mais plutôt que Dieu me punissait moi, parce que j'avais pris pour acquis la vie facile et agréable et la prospérité économique qui s'étaient édifiées sur le travail ardu de nombreuses victimes ». Sa réponse m'a rappelé celle de Job quand, tout à la fin, il dit au Seigneur : « Je ne te connaissais que par ouï-dire, maintenant, mes yeux t'ont vu. Aussi, j'ai horreur de moi et je me désavoue sur la poussière et sur la cendre » (Jb 42,5-6). Même si, précédemment, il a été précisé que théologiquement, la justice rétributive ne nous aide pas à comprendre une telle tragédie et à alléger la souffrance des victimes, il n'en reste pas moins que les gens qui ont souffert à cause de catastrophes naturelles ont tendance à interpréter leurs souffrances dans ce sens.

Le séisme s'est produit un vendredi, deux jours après le mercredi des Cendres, en 2011. Le jour suivant, des cendres mortelles retombaient sur le sol, sous forme de retombée radioactive. Lorsque la centrale nucléaire a explosé et que la substance radioactive s'est répandue à l'air libre, le pasteur Yoshida a pensé que le monde présent avait changé totalement, passant de la magnifique création de la terre de Dieu à un lieu de douleur et de souffrance où aucun être humain, ni aucune créature vivante, ne devrait avoir à vivre. Il convient de considérer ce tremblement de terre sous un autre angle. Le tremblement de terre et le tsunami sont effectivement naturels, mais il ne faut jamais perdre de vue que l'explosion d'une centrale nucléaire est une catastrophe d'origine humaine. Ce monstre d'origine humaine a irrémédiablement endommagé la terre, la laissant contaminée et désertique, et les populations locales dépossédées de leurs domiciles et de leurs biens.

Dieu nous a créé à son image et nous conservons cette image au fond de nous, sous différentes formes. La créativité humaine est une des facettes de cette image bénie de Dieu, qui produit des œuvres dans le domaine des arts, du design, de la musique, de l'industrie, de l'architecture, de la gastronomie, etc. Une telle créativité humaine enrichit la vie et la rend plaisante. Après la Chute d'Adam et Ève cependant, la créativité humaine n'a pas toujours réussi à révéler l'image du Créateur. Cette créativité a entrepris de prendre son indépendance, sans toujours savoir où s'exprimer, et tournant souvent le dos à Dieu. L'énergie nucléaire a été un aboutissement de la créativité humaine, principalement dans le but de gagner la deuxième guerre mondiale.

Immédiatement après le séisme, les quatre Églises luthériennes du Japon montèrent ensemble un programme d'aide. Japan Lutheran Emergency Relief (JLER), l'association de soutien de l'Église luthérienne du Japon, a envoyé un groupe de personnes pour un soutien humanitaire. Son ministère s'adresse aux victimes de la catastrophe qui ont souffert spirituellement, psychologiquement et physiquement. Sa mission consiste notamment à offrir une écoute et une assistance attentives aux victimes, en leur apportant le soutien nécessaire pour leur permettre de trouver une nouvelle vie d'espérance et de joie. En mars 2014, le programme triennal de l'association JLER s'est achevé. Malgré cela, l'Église évangélique luthérienne du Japon a décidé de poursuivre son intervention en se concentrant autant que possible sur les victimes des émissions radioactives de Fukushima par un accompagnement, à l'écoute de leur histoire et en les soutenant dans leurs besoins quotidiens. Nous savons qu'il ne s'agit pas d'un soutien ponctuel mais d'un soutien permanent sur le long-terme, qui doit durer plusieurs décennies. À l'avenir, servir notre prochain dans la souffrance en tant qu'Église sera un défi missionnaire différent. Ce ministère est devenu une nouvelle mission que Dieu nous a confiée, dans sa continuelle créativité.

Le théologien australien Frank Rees a vécu le séisme et le tsunami qui ont frappé la partie méridionale des Samoa occidentales le 29 septembre 2009. Il a ensuite rédigé une réflexion théologique sur la catastrophe, dans laquelle il cite deux théologiens marquants, Jürgen Moltmann et Dietrich Bonhoeffer. Tous deux ont en commun leur discernement théologique de Dieu à l'œuvre dans le monde en souffrance. Moltmann parle de « l'activité d'accompagnement de Dieu »[2] qui souffre, avec l'humanité en souffrance, de la réalité douloureuse du monde moderne. Dieu n'est pas seulement celui qui a créé tout l'univers, il est aussi celui qui accompagne en permanence l'humanité en souffrance par la création nouvelle.

Dietrich Bonhoeffer a écrit depuis sa prison : « seul le Dieu souffrant peut apporter une aide ». En citant Bonhoeffer, Rees affirme que seul Dieu, engagé activement et avec amour dans le monde en souffrance, peut nous aider :

> Dieu est pleinement un participant de la vie du monde. Souffrir, ici, signifie être soumis aux choix des autres. Souffrir signifie être capable de recevoir et d'accepter ce que les autres décident, autant que de disposer de ses propres capacités, souhaits et objectifs.[3]

Ces deux énoncés théologiques sur Dieu sont encourageants et nous inspirent dans la poursuite de notre mission chrétienne de service auprès des personnes dans le besoin et la souffrance. Les deux théologiens proclament un Dieu souffrant qui accompagne ceux qui souffrent. Dieu accompagne ceux qui s'efforcent de servir autant que ceux qui souffrent. Il convient également de noter que la souffrance et la douleur ne sont pas une malédic-

---

[2] MOLTMANN, Jürgen, *Dieu dans la création. Traité écologique de la création*, trad. M. Kleiber, Paris, Cerf, 1988, pp. 245-266 www.unige.ch/theologie/distance/cours/ats3/lecon7/moltmann.htm

[3] REES, Frank, "God of the tsunami: A theological reflection on the experience of disaster and some implications for how we live in the world", lien en français : www.google.ch/url?sa=t&rct=j&q=&esrc=s&frm=1&source=web&cd=2&ved=0CB8QFjAB&url=http%3A%2F%2Fwww.ttgst.ac.kr%2Fupload%2Fttgst_resources13%2F20124-270.pdf&ei=Lu_gU733F4Ws0QX414DgDQ&usg=AFQjCNGlzHPb2zChWuldDJ4q7xqV9yPQCw

tion et que Dieu ne les nie pas. Dieu accepte et vit ces souffrances de son plein gré avec nous, tout en continuant de créer une vie nouvelle, malgré la confusion et les ténèbres, causées parfois par la créativité humaine. Ce ministère de relation et de proximité avec les personnes affectées constitue notre participation à la *missio Dei*.

L'image de la prière

« Dieu créa l'homme à son image, à l'image de Dieu il le créa » (Gn 1,27). Selon le livre de la Genèse, être créé à l'image de Dieu n'a été accordé qu'aux êtres humains. Cette création présuppose notre capacité à penser à notre Créateur, à nous souvenir de lui et à croire en lui. Les êtres humains ont ainsi reçu la capacité de répondre à l'appel de Dieu et de créer une relation avec Dieu. La réponse à l'appel de Dieu peut s'exprimer dans le témoignage et la prière. La prière peut ainsi être perçue comme une indication que les êtres humains sont créés à l'image de Dieu. Seuls les êtres humains ont reçu ce privilège d'être faits à l'image de Dieu. La prière, outil qui nous permet de communiquer avec Dieu et de nouer des liens avec lui, est par conséquent quelque chose qui nous rend spécifiquement humain. Aucun autre être n'a reçu le don de la prière. Nous savons que la nature humaine a été dotée d'autres capacités comme celles de maîtriser les langues ou d'utiliser des outils. Mais les singes sont connus pour être dotés d'une intelligence suffisante leur permettant de comprendre quelques mots simples et de communiquer avec leurs éleveurs. Ils savent utiliser des bâtons pour attraper des bananes dans un arbre. Maîtriser les langues et utiliser des outils ne prouvent aucunement que les êtres humains soient exceptionnellement doués à l'image de Dieu.

La prière peut aussi signifier des lamentations. Dans les Psaumes vétérotestamentaires, on rencontre souvent des expressions de lamentation (Ps 22,1 : « Mon Dieu, mon Dieu, pourquoi m'as-tu abandonné ? », les paroles que le Christ a prononcées depuis la croix, selon Mc 15,34). Ce sont des questions désespérées qui demandent à Dieu : « Pourquoi ceci m'arrive-t-il ? ». La plupart du temps, il n'y a aucune réponse limpide et rapide à ces questions, mais les remettre à Dieu peut être le début d'un processus de guérison. Et un jour, qui sait, nous recevrons peut-être même une réponse à nos lamentations.

Il peut parfois être difficile de porter soi-même ces questions et ces lamentations devant Dieu. Au lendemain de cet épouvantable tsunami, quelques familles non-chrétiennes se présentèrent dans des Églises, en demandant de l'aide. La plupart du temps, elles venaient parce qu'elles avaient perdu un membre de leur famille. Un jour, un pasteur reçut un appel téléphonique d'une mère qui lui demanda : « Où se trouve mon fils maintenant ? Pourquoi lui ? Est-ce parce qu'il a fait quelque chose de mal ? Dîtes-moi, Monsieur le Pasteur, où se trouve mon fils maintenant ? Au ciel ou en enfer ? ». Au début, le pasteur ne pu rien répondre. La conversation dura environ une heure et vers la fin, il dit à la femme : « Je peux prier Dieu et c'est ce que je peux faire de mieux pour vous maintenant. Si vous me le permettez, puis-je prier pour vous et pour votre fils ? » Cette demande d'autorisation d'intercéder calma l'esprit torturé de la femme. Elle répliqua en larmes : « Oui, je vous en prie. S'il vous plaît, priez pour nous ». Qu'un pasteur intercède pour les autres n'a rien de surprenant en soi. Mais le pasteur se rappela de cette conversation plus tard et dit :

> Je n'avais jamais pensé jusque là que la prière était une méthode efficace de soutien pastoral. Je pensais que mon premier appel dans mon ministère serait la prédication et l'enseignement de la Bible à la paroisse. Mais je sais maintenant que la prière d'intercession pastorale est extrêmement puissante pour une guérison spirituelle.

La prière d'intercession n'est pas réservée aux pasteurs formés professionnellement et outillés théologiquement pour assurer le suivi d'un deuil. Il ne faut pas la cantonner à l'usage des pasteurs. Chaque chrétien-ne devrait la pratiquer lorsque des personnes parmi nous sont en deuil. Nous avons tous reçu le privilège qu'est la prière et sommes envoyés pour l'utiliser pour notre prochain. Dieu est celui qui a créé son image en nous. Cette image en nous a été créée afin que nous puissions être en lien avec notre Créateur qui veut que nous utilisions cette image par la prière pour l'objectif qu'il s'est fixé, pour sa mission.

Questions

Pensez-vous que l'interprétation classique de la théodicée (expliquer pourquoi un Dieu parfaitement bon, tout puissant et omniscient permet le mal) est porteuse de sens pour témoigner de Dieu dans le monde actuel ? Si oui, pourquoi et comment ?

À part la prière, y a-t-il d'autres moyens par lesquels l'image de Dieu dans les êtres humains s'exprime ?

Pourquoi est-il important pour nous, en notre qualité de citoyens de la terre, d'assurer l'entretien de la bonne création de Dieu ?

Des intendants responsables de la création de Dieu : un plaidoyer pour la justice climatique

Martin Kopp[1]

Respirez profondément – vraiment profondément, et avant de poursuivre la lecture. Vous avez senti l'air remplir vos poumons et être rejeté dans l'atmosphère. Il n'existe probablement aucune expérience aussi commune que celle-ci. Respirer est si normal que généralement, on n'y pense même pas. En fait, on oublie que l'on respire, c'est tellement normal.

Et pourtant, il y a une minute, quelque chose d'exceptionnel s'est passé. Vous n'en êtes peut-être pas conscient, mais vous appartenez à la première génération d'êtres humains qui ait jamais inhalé 400 parties par million (ppm) de dioxyde de carbone à chacune de vos respirations. Ce qui signifie que 400 sur un million de molécules qui ont pénétré dans vos poumons étaient des molécules de dioxyde de carbone. C'est une première dans l'histoire de l'humanité. En effet, depuis la naissance du premier *homo sapiens*, la concentration en dioxyde de carbone a oscillé entre 180 et 280 ppm.

Ce n'est pas le type de première que l'on fête. Le rapport le plus récent du Groupe d'experts intergouvernemental sur l'évolution du climat (GIEC) souligne que la réalité du changement climatique est « incontestable ». Il indique qu'il existe une probabilité de 95 à 100 % que, depuis le milieu du XXe siècle, l'activité humaine soit le facteur principal responsable des changements climatiques à cause de l'augmentation exponentielle des émissions de gaz à effet de serre (GES). Les sociétés humaines émettent des GES principalement en brûlant

---

[1] Martin Kopp est le délégué de la FLM aux conférences des Nations Unies sur le climat.

des combustibles fossiles qui sont, ou étaient, du carbone stocké dans le sol jusqu'à ce que les êtres humains le mettent dans des voitures, des centrales thermiques, des avions, etc., ce qui le répand à nouveau dans l'atmosphère.

Il ne s'agit aucunement d'un sujet anodin. L'augmentation des niveaux des GES augmente l'effet de serre. Il est vrai que cet effet est normalement tout à fait positif : il permet la vie sur terre telle que nous la connaissons. On peut comparer ce phénomène à une couverture qui emballerait la planète et sans laquelle la température moyenne à la surface de la terre serait de -18°C au lieu de +15°C. Le problème, c'est que nous sommes en train d'agrandir la couverture. L'atmosphère s'est déjà réchauffée de 0,85°C et si nous ne sommes pas capables de passer à des sociétés sobres en carbone d'ici le milieu de ce siècle, les températures à la surface de la terre pourraient très bien augmenter de 4 à 8°C.

Ceci n'a rien d'anodin. De telles augmentations auraient des conséquences considérables, notamment un accroissement de l'intensité et de la fréquence de phénomènes météorologiques extrêmes (vagues de chaleur, inondations, sécheresses, ouragans et typhons, incendies de forêts), l'élévation du niveau de la mer, l'acidification des océans, des modifications dans les régimes des pluies et la perte de la biodiversité. En d'autres termes, un bouleversement total de nos écosystèmes qui provoquerait la destruction de nos moyens de subsistance (habitations, champs, bétail), des famines, des pénuries d'eau, des crises économiques graves et des coûts importants, des milliers, voire même des millions de morts, une migration massive et des conflits sociaux et internationaux. Les changements climatiques pourraient se révéler être la menace la plus grave rencontrée actuellement par les sociétés humaines.

Ceci étant dit, pourquoi donc le climat relève-t-il d'une question de « justice » ? Et pourquoi les chrétien-ne-s doivent-ils se sentir concernés ? Existe-t-il un fondement théologique sérieux qui pousserait à l'action les croyant-e-s et les Églises ? Et si tel est le cas, comment peuvent-ils militer pour une justice climatique ?

Les changements climatiques : une question de justice

Les changements climatiques relèvent de la justice à trois niveaux : le niveau international, le niveau intergénérationnel et le niveau de la justice sociale. Je vous propose d'explorer ces trois aspects.

Justice internationale

La seconde partie du rapport du GIEC est dédiée à l'impact des changements climatiques sur les sociétés humaines, l'adaptation qu'ils exigent et la vulnérabilité qu'ils révèlent. Le plus récent rapport du GIEC souligne que même si tous les pays vont être affectés par les changements climatiques, les dommages les plus graves toucheront probablement les pays que l'on appelle « en cours de développement » et ceux appelés les « moins développés ».

Historiquement, les pays développés sont les émetteurs de la plus grande quantité de GES. Voilà pourquoi les changements climatiques sont une question de justice internationale : les pays les moins émetteurs de carbone seront les plus touchés. On se trouve confrontés aux questions évidentes de justice distributive et de justice réparatrice entre États. En d'autres termes, il ne s'agit pas seulement de justice écologique mais aussi de justice économique. Il ne faut pas oublier, par exemple, que certains pays pourraient disparaître complètement sous le niveau de la mer. Le président des îles Maldives, Mohamed Nasheed, est déjà en train de chercher à acheter des terrains pour la population de son pays.

Il convient cependant de préciser que les niveaux de GES émis par l'hémisphère sud depuis 1850 sont sur le point de rattraper les niveaux émis par l'hémisphère nord.[2] En 2010, l'hémisphère sud était responsable de 48 % des émissions et ce chiffre devrait atteindre 51 % vers 2020. La Chine, par exemple, est devenue le premier émetteur mondial de GES.

Reste à savoir si ceci résout la question de justice internationale. Je ne le pense pas car, d'abord, dans l'hémisphère sud, de nombreux pays producteurs de faibles niveaux d'émissions sont parmi les principales victimes des changements climatiques. Ensuite, et cela est bien plus grave, les pays du nord consomment une part considérable de ce que le sud produit, les industries polluantes ayant été tout simplement délocalisées vers les pays du sud. Il conviendra bientôt de reformuler la question : il ne s'agira plus de pays « développés » par rapport aux pays « en cours de développement », ou d'hémisphère nord par rapport à l'hémisphère sud, mais des émetteurs face à leurs victimes.

Justice intergénérationnelle

Les données en la matière sont claires comme de l'eau de roche. Les générations précédentes et actuelles ont émis des quantités de GES significatives et les générations à venir seront celles qui en souffriront le plus. Bien que les modèles et scénarios prospectifs s'arrêtent généralement en l'an 2100, Andrew Dessler déclare que « de nombreux scénarios indiquent des

---

[2] Den Elzen, Olivier, Höhne et Janssens Maenhout, "Countries' Contributions to Climate Change: Effect of Accounting for all Greenhouse Gases, Recent Trends, Basic Needs and Technological Progress," dans la publication *Climatic Change* 121/2, 2013.

émissions importantes et un réchauffement qui s'étend au XXIIe siècle et bien au-delà. »[3] Si notre génération échoue à réduire les émissions à temps, les changements climatiques anthropiques dureront durant des siècles et affecteront les vies de nombreuses générations à venir. Notre utilisation actuelle des combustibles fossiles et du foncier soulève de graves questions de justice intergénérationnelle.

Justice sociale

Les changements climatiques soulèvent des questions de justice sociale : ceux qui souffrent en premier lieu sont les plus pauvres et les plus vulnérables d'entre nous – chômeurs, migrants, femmes, enfants, personnes âgées et handicapés. Dans la majorité des cas, ils n'ont même pas accès aux activités qui génèrent la majorité des émissions de GES.

Deux raisons pour l'expliquer : comme indiqué précédemment, d'une part, ce sont les pays « en voie de développement » et « les moins développés » qui sont situés dans les zones géographiques exposées aux conséquences les plus graves des changements climatiques. Et d'autre part, il est aisé de comprendre que les pays et les populations pauvres sont moins en mesure de relever les défis posés par ces changements climatiques. Par exemple, les Pays-Bas sont suffisamment riches pour tenter de protéger leur littoral contre l'élévation du niveau de la mer. Mais ceci n'est pas le cas au Bangladesh, où la montée du niveau des mers provoquera le déplacement de millions de personnes, les transformant en « réfugiés climatiques ».

Bien que ces aspects soient plus qu'évidents dans le cas de l'hémisphère sud, ils s'appliquent à toute la planète. Lorsque les ouragans Rita et Katrina frappèrent la Nouvelle-Orléans, une ville dans un des pays les plus riches du monde, les plus pauvres furent ceux qui souffrirent le plus. Les gens riches n'habitaient pas dans les quartiers facilement inondables. Ils disposaient de suffisamment d'argent pour fuir la catastrophe. Ils avaient aussi les ressources nécessaires pour reprendre ailleurs le cours de leur vie. Les personnes démunies assistèrent à la destruction de leurs habitations, forcées de rester dans une ville vidée de ses habitants et dans l'incapacité de s'offrir un nouveau logement. Je suis intervenu à la Nouvelle-Orléans dans le cadre du service d'intervention luthérien de l'Église évangélique luthérienne d'Amérique. Notre groupe de 25 jeunes Français-es mit deux semaines pour nettoyer trois maisons. Je me souviens très clairement que la famille que nous avons aidée vivait depuis des mois dans une petite caravane placée dans le jardin, à côté de la maison en décomposition. Cette

---

[3] Voir DESSLER, Andrew, *Introduction to Modern Climate Change*, Cambridge, Cambridge University Press, 2011, p. 123.

expérience restera gravée dans mon esprit comme la preuve de la vulnérabilité des pays que l'on juge généralement comme étant « trop riches pour être défaillants ». N'oublions pas les inégalités parmi les populations.

Actuellement, il n'est plus possible de séparer la justice sociale de la justice environnementale. Il fut tout à fait opportun que le secrétaire général de l'ONU, Ban Ki-Moon, identifie, lors du vingtième anniversaire du GIEC, les changements climatiques comme une grave menace pesant sur la concrétisation des Objectifs du millénaire pour le développement.

Vert et juste : un fondement théologique pour aborder la question des changements climatiques

Au niveau théologique, la relation avec la création et l'importance extrême attribuée à la justice sont les deux piliers sur lesquels s'appuie toute prise de position chrétienne sur les changements climatiques. Ces deux aspects peuvent s'inscrire dans un cadre spirituel plus large de reconnaissance, de grâce et d'amour.

Une interprétation renouvelée de la théologie de la création

Au cours des quelques dernières décennies, les chercheurs ont exploré à nouveau les textes bibliques les plus connus et fondé une théologie renouvelée de la création. Les théologiens ont également redécouvert la richesse de la théologie des réformateurs et une tradition de dialogue, entre foi et sciences naturelles, longtemps sous-estimée.

Le monde est la création de Dieu (cf. Gn 1,1-2,25). Le premier article du Symbole des Apôtres confesse : « Je crois en Dieu, le Père tout-puissant, créateur du ciel et de la terre »[4]. On y confesse que toutes les formes de vie sont des créatures. Nous ne sommes pas des dieux. Nous ne pouvons pas établir notre relation avec le reste de la création comme si nous en étions les propriétaires. Dieu est le véritable propriétaire de la création. Et elle est confessée comme étant « très bonne » (Gn 1,31).

Nous sommes responsables de la création de Dieu. Notre relation avec les autres créatures est de fait définie par quatre verbes, aux chapitres 1 et 2 de la Genèse : « soumettre » et « dominer » (Gn 1,28) ; « cultiver » et « garder » (Gn 2,15). Les deux premiers verbes ont été mal interprétés comme correspondant à un ordre, celui d'exploiter la nature. Par exemple, le philosophe français René Descartes est connu pour avoir décrit l'être humain comme le maître et propriétaire de la nature. L'historien américain

---

[4] huguenotsweb.free.fr/credo.htm

Lynn White Jr., dans son article sur « Les racines historiques de notre crise écologique »[5] a même identifié la tradition occidentale judéo-chrétienne comme une des causes principales de la crise écologique actuelle. C'est perdre de vue la fin de son article, où il identifie également les ressources offertes par cette tradition qui aideraient à dépasser ce schéma de domination.

Quant aux verbes employés dans le livre de la Genèse pour illustrer notre relation aux autres créatures, nous reconnaissons maintenant que ces termes expriment de fait notre responsabilité lorsqu'il s'agit du destin de la création. En particulier le verbe « soumettre » qui, en hébreu, est le verbe utilisé pour décrire la relation d'un roi envers ses sujets et la vision vétérotestamentaire est celle de la gestion responsable. Les deux autres verbes, eux, expriment clairement qu'il nous revient d'être des intendants responsables de la création de Dieu.

La Bible offre donc un anthropocentrisme éclairé et bordé dans ses limites par la dignité des autres créatures. Elle n'offre pas un espace de liberté totale, mais un espace de responsabilité.

La théologie de la justice

La justice irrigue toutes les Écritures, depuis le cœur de la Loi jusqu'à l'essence même de l'Évangile. Elle est d'une importance capitale aux yeux de Dieu. Guillermo Kerber cite quelques versets pertinents dans son article *La justice climatique*.[6] Dans le monde de l'Ancien Testament, la veuve, l'orphelin et l'étranger incarnent l'individu vulnérable et sont l'objet de l'amour et des soins particuliers de Dieu : « Le SEIGNEUR protège les immigrés, il soutient l'orphelin et la veuve, mais déroute les pas des méchants. » (Ps 146,9). La paix véritable et durable n'est possible qu'en passant par la justice :

> La Vérité germe de la terre et la Justice se penche du ciel. Le SEIGNEUR lui-même donne le bonheur, et notre terre donne sa récolte. La Justice marche devant lui, et ses pas tracent le chemin. (Ps 85,12-14).

Dans le Nouveau Testament, le ministère de Jésus-Christ est interprété comme un accomplissement de la justice. Dans l'Évangile de Matthieu, Jésus déclare au début du sermon sur la montagne : « Heureux ceux qui ont faim et soif de la justice : ils seront rassasiés. » (Mt 5,6). À la fin de son ministère, Jésus partage une parabole qui est un appel à agir au nom des vulnérables de ce monde (cf. Mt 25,31-46).

---

[5] *Science* 3767, vol. 155 (1967).

[6] KERBER, Guillermo, "La justice climatique," dans *Sources*, janvier/février 2011.

De la reconnaissance à la grâce et à l'amour

Devant les changements climatiques, ces considérations théologiques tracent une position éthique sans équivoque. Les changements climatiques sont le résultat d'une relation corrompue avec la création toute entière, y compris avec nos semblables. Une minorité s'est placée dans une situation de péché en considérant la création comme un stock de ressources d'où extraire, exploiter et brûler jusqu'à la dernière molécule accessible restante, quel que soit le prix à payer pour les humains et pour la création. Pour reprendre la métaphore de Martin Luther, les grands émetteurs vivent tournés vers eux-mêmes (*incurvatus in se*). Quiconque a essayé de marcher en ville en regardant son nombril, tourné vers lui-même ou sur son corps tout replié, sait qu'inévitablement, il finira pas se cogner à quelqu'un d'autre : on ne peut voir ni les autres, ni son environnement que l'on finit irrémédiablement par meurtrir. L'ancien président de la Fédération luthérienne mondiale, Mark Hanson, a employé des mots très forts pour décrire cette situation générale en parlant de blasphème spirituel.

Cette position anthropologique est dangereuse et peut-être même mortelle. Nombreux sont les frères et les sœurs déjà décédés à cause de conditions météorologiques extrêmes et l'avenir de la vie quotidienne est menacé. Et c'est aussi une réalité pour bon nombre d'animaux et de plantes. La perte de biodiversité s'accroit régulièrement et Robert Barbault précise[7] que l'on se trouve au bord de la sixième grande extinction des espèces, dans laquelle les changements climatiques jouent un rôle majeur.

En tant que chrétien-ne-s, nous savons combien il est vital de savoir reconnaître son péché et se repentir. Cela aide à s'engager : Dieu pardonne et une fois libéré par la grâce de Dieu, on peut se tourner vers le monde et entreprendre de suivre un chemin d'action courageuse. On touche du doigt le cœur de ce que Luther considère comme l'engagement du chrétien. Cela est toujours autant d'actualité et nos actes peuvent ainsi jaillir de la réconciliation et de la paix générées par la grâce et la miséricorde de Dieu.

Je crains malheureusement que cela ne suffise pas pour placer les sociétés et styles de vie « carbonophages » sur une trajectoire durable. Celles et ceux qui vivent dans les pays qualifiés de développés doivent changer leur façon de voir le monde et celles et ceux qui vivent ailleurs doivent faire attention de ne pas adopter l'imaginaire social occidental. Il nous faut apprendre à prendre des pauses, méditer, être reconnaissants pour ce qui nous a été donné et aimer. Oui, nous devons aimer la création, y compris notre prochain. Nous protégeons ce que nous aimons mais négli-

[7] Voir BARBAULT, Robert, "Loss of Biodiversity. Overview," dans *Encyclopedia of Biodiversity*, Amsterdam, Elsevier, 2013, pp. 656-666.

geons ce qui nous laisse indifférents. Si la création se résume à des vidéos sur un écran plat ou à des chiffres dans un rapport du WWF, alors aucune conversion n'est possible et par conséquent, aucune pratique personnelle ni aucune politique publique ne sont efficaces. Mais l'amour a besoin de temps. Je suis convaincu que des progrès significatifs pourraient être accomplis si nous passions plus de temps dehors, au contact direct de la nature et émerveillés par l'œuvre magnifique de Dieu – et c'est d'autant plus pertinent que l'humanité vit de plus en plus dans des zones urbaines. Nous devons développer une relation réelle avec la création. Ce glissement est le prérequis pour un changement économique radical qui nous fera passer à une société frugale et, soyons optimistes, plus juste. Et nous touchons du doigt le cœur du problème : ce sont nos valeurs et nos opinions qui sont en jeu lorsqu'il s'agit de changements climatiques.

La création n'est pas à vendre ?

Malheureusement, l'imaginaire collectif dominant n'accorde de valeur que si un prix est attaché. Les mesures incitatives qui semblent les plus efficaces pour lutter contre les changements climatiques sont les mesures économiques. Actuellement, l'argent est le bien par excellence. La preuve en est qu'un des principaux outils politiques pour s'attaquer aux changements climatiques consiste à attacher un prix aux émissions carbones par une stratégie de plafonnement et d'échange. On voit un signe de l'hégémonie de l'économie dans le glissement qui s'opère actuellement au sein de la société civile dans le contenu des plaidoyers. Jusqu'à présent, l'accent avait été mis sur l'obligation morale des émetteurs vis-à-vis de ceux qui souffrent des conséquences de leurs émissions. Cette stratégie a été un échec. La tendance est d'introduire un changement dans le discours en disant aux États et aux entreprises qu'il y va de leur meilleur intérêt économique. Cette stratégie se place au niveau de l'individu. Par exemple, les gens sont bien plus enclins à isoler leurs habitations dans le but de réduire leur propre facture énergétique, plutôt que de le faire pour empêcher qu'un jour on ne déplace quelqu'un qui vit à l'autre bout de la planète.

Alors, la création n'est pas à vendre ? Et si la manière la plus efficace de sauver la création des changements climatiques graves et de leurs conséquences était de souligner les avantages financiers qui existent à adopter une ligne de conduite en la matière ? Et nous, en tant que chrétien-ne-s, devrions-nous utiliser des arguments économiques pour que les individus et les gouvernements fassent le bon choix moral ? Serions-nous fidèles à notre identité de communion d'Églises ? Quelle question difficile ! Au moment où je rédige ces lignes, la FLM n'a pas encore débattu cette question et je n'ai pas encore tranché personnellement. Néanmoins, comme la société civile change son discours, il faudra bien que cette question soit abordée et la FLM devra prendre position.

Personnellement, je me rends compte d'une part que l'échéance est très courte : le nouveau traité est attendu pour 2015 et les émissions mondiales devraient culminer en 2020 avant un début de déclin qui réduirait les émissions de 80 à 95 % en 2050. Un objectif très ambitieux. Mais l'urgence avec laquelle il convient d'agir, d'une part, et, de l'autre, les conséquences catastrophiques bien connues de l'emballement des changements climatiques feraient pencher en faveur d'un argument d'efficacité : nous n'avons pas le temps de nous défaire de l'imaginaire collectif et de le rendre plus sensible aux arguments moraux plutôt qu'économiques, si tant est que cela fut même possible. Voilà pourquoi il faut utiliser ce qui est à notre portée pour faire réagir le public visé.

Mais, d'autre part, je vois clairement qu'un plaidoyer chrétien fondé sur des incitations financières pourrait sembler contradictoire : n'utiliserions-nous pas comme outil ce qui a justement engendré la crise dans laquelle nous nous trouvons ? Est-ce qu'une communion d'Églises peut s'appuyer sur l'économie, alors que Jésus lui-même tenait un discours sévère sur la richesse et donnait personnellement l'exemple d'un style de vie frugal ? La communion peut-elle déclencher le réflexe de l'égoïste, alors que sa mission est d'être la voix des sans-voix, des pauvres et des vulnérables ?

À ce stade de notre réflexion, nous sommes clairement passés de la raison pour laquelle il faut se pencher sur le problème des changements climatiques à la façon dont on peut plaider pour une action, en posant la question clef. « Jeûne pour le climat » est une des initiatives actuelles de plaidoyer[8], à laquelle la FLM est totalement engagée. Depuis la COP 19, la 19e conférence des Nations Unies sur les changements climatiques, tenue à Varsovie en Pologne, des milliers de personnes dans le monde entier jeûnent le premier jour de chaque mois, en solidarité avec les victimes des changements climatiques et afin de faire pression sur les gouvernements pour obtenir la signature d'un traité ambitieux à Paris, en France, fin 2015.

Jeûner a changé ma vision du monde. Vivant dans un pays « développé », je ne m'étais jamais couché avec la faim au ventre. Maintenant, c'est le cas une fois par mois. J'ai compris que c'était l'expérience quotidienne de centaines de millions d'individus, certains à cause de phénomènes météorologiques extrêmes et d'autres à cause des changements de régime climatique intervenant sur le long-terme, décennie après décennie. Le jeûne a fait de ces changements climatiques une réalité pour moi, il m'a ouvert les yeux et m'a rendu plus proche de mon prochain. Une des raisons

[8] Voir www.fastfortheclimate.org

pour lesquelles jeûner une fois par mois présente un intérêt est que, vu depuis l'hémisphère nord, tout changement climatique semble être une réalité lointaine dans l'espace et dans le temps. Par la sensation concrète de la faim, cette distance entre les victimes et moi-même est gommée. Mon estomac vide me fait penser à elles tout au long de la journée et me fait ressentir une vraie compassion.

Et de plus, en revenant à l'aspect économique et notre approche du plaidoyer, jeûner devient un geste symbolique de modération. Dans les pays appelés développés, nous vivons dans des sociétés qui ne survivent que par la croissance, des sociétés fondées sur une production et une consommation en croissance permanente. Par le jeûne, nous indiquons symboliquement la voie vers un avenir durable et juste qui exige de nous un changement de paradigme sociétal. Comme le dit le fameux slogan : « Changeons le système, pas le climat ! ». En bref, comme Gandhi l'a exprimé très clairement : nous devons apprendre à vivre plus simplement pour que d'autres puissent simplement vivre. Il y a assez sur terre pour satisfaire les besoins de tous mais pas pour satisfaire l'avidité de tous.

Questions

Est-ce que votre pays vit déjà les conséquences des changements climatiques ?

Votre Église milite-t-elle pour cette question ? Comment pourrait-elle s'engager un peu plus pour la cause des changements climatiques ?

Quel serait votre point de vue quant au problème évoqué dans la dernière partie ? Si vous deviez rencontrer des membres de gouvernements et d'entreprises, votre plaidoyer luthérien se fonderait-il sur des arguments économiques ou sur des arguments moraux ?

La création n'est pas à vendre : comment partager la terre – les problèmes de propriété foncière en Tanzanie

Stephen I. Munga

Introduction

Il est évident que la création n'est pas à vendre et ne le sera jamais. Pour qu'elle soit à vendre, il faut un vendeur et un acquéreur. Qui possède la création ? Qui souhaiterait la posséder et donc l'acheter ? Dieu a fait don gratuitement de la création à toutes et tous. La création inclut la terre sur laquelle la plupart de la population du monde gagne sa vie. Nous sommes tous conscients du fait que la majorité des individus, et plus particulièrement dans l'hémisphère sud, dépend de la terre pour sa subsistance. Nous existons sur terre et c'est sur terre que nous avons le sentiment d'appartenir au monde et d'être partie prenante de la création. Nous savons aussi que certains veulent posséder la terre, du moins en détenir une part importante, ce qui en empêche d'autres de disposer d'un lieu d'existence et d'un moyen de gagner leur vie. Dieu nous a confié la création à nous tous et les 148 940 000 km^2 de terres sur la planète sont l'endroit où nous pouvons toutes et tous exister.

L'importance de la terre

Dans le récit biblique de la création, on rencontre Dieu qui confie à l'humanité le soin de s'occuper de la création. L'action de Dieu doit profiter à tous les êtres humains afin qu'ils puissent s'occuper de la création tout en l'utilisant pour leur subsistance. Nous constatons ici l'interdépendance qui existe entre l'humanité et la création ; nous ne sommes pas les propriétaires mais les simples intendants de la création. Dieu, le Créateur, reste l'auteur et le propriétaire de la création jusqu'à la fin des temps. Notre relation avec Dieu concernant la terre relève de l'alliance, c'est-à-dire d'un accord entre deux parties de poids différents. Dieu le Créateur aura toujours l'avantage et il nous revient de nous occuper de la création selon les commandements de Dieu.

En plus de l'histoire de la création, il existe le texte biblique du Lévitique, chapitre 25, qui fait aussi référence aux questions de propriété foncière et évoque l'année sabbatique, l'année du repos. Et la cinquantième année sabbatique s'appelle l'année du jubilé. Ce chapitre prend tout son sens au moment où, en 2017, la Fédération luthérienne mondiale (FLM) célèbre le 500e anniversaire de la Réforme. La FLM va célébrer cet événement historique en déclarant que nous sommes « libres par la grâce de Dieu ». Le texte du Lévitique nous permet montre non seulement la façon dont le jubilé est lié à la libération, mais aussi que la terre est au cœur de ce qui doit être libéré l'année du jubilé. La terre est synonyme de moyen de subsistance, ce qui est particulièrement pertinent dans le cas des démunis. La terre leur a été donnée par le Créateur et toute transaction foncière doit être juste, afin de plaire à Dieu qui est notre justice. L'année du jubilé est clairement marquée par la libération des habitants et des propriétés. Elle sert aussi d'année référence dans les calculs de prix, ou pour la vente et l'achat de terres et de biens. La loi prévoit que la terre ne sera pas vendue mais seulement louée jusqu'à l'année du jubilé. Elle est alors rendue à la famille qui en est propriétaire, ou à son descendantùù.

> Si vous faites du commerce – que tu vendes quelque chose à ton compatriote, ou que tu achètes quelque chose de lui –, que nul d'entre vous n'exploite son frère : tu achèteras à ton compatriote en tenant compte des années écoulées depuis le jubilé, et lui te vendra en tenant compte des années de récolte. Plus il restera d'années, plus ton prix d'achat sera grand ; moins il restera d'années, plus ton prix d'achat sera réduit : car c'est un certain nombre de récoltes qu'il te vend. Que nul d'entre vous n'exploite son compatriote ; c'est ainsi que tu auras la crainte de ton Dieu. Car c'est moi, le Seigneur, votre Dieu. (Lv 25,14-17)

L'année du jubilée, chacun retourne à sa propriété. C'est ainsi l'année de liberté et de réparation où les biens, y compris les terres, sont libérés et les entraves de l'esclavage et de la pauvreté sont dénouées. Les propriétés et les propriétaires sont à nouveau réunis. Cette loi permit aux gens de préserver leurs tribus et leurs familles, dans l'attente de la venue du Messie.

La liberté avec laquelle chacun-e est né-e, qu'elle ait été vendue ou cédée, doit lui être rendue l'année du jubilé. Il s'agit d'une analogie classique de la rédemption de l'esclavage du péché, opérée par le Christ, et de la liberté des enfants de Dieu accordée à nouveau. La déclaration de libération par la FLM correspond bien à ces mêmes paramètres. Tel doit être le cas afin qu'elle soit réalisée, sous peine que la déclaration de la FLM ne devienne qu'un slogan vide de sens.

Problèmes autour de la propriété foncière en Tanzanie

Dans un pays dont l'économie est fondée sur l'agriculture, la terre joue un rôle central dans la subsistance de millions de personnes. La Tanzanie fait partie de ces nombreux pays d'Afrique dont la population est constituée principalement de petits agriculteurs qui sont les principaux producteurs de nourriture et de récoltes. Plus de 80 % de la population tanzanienne vit dans des zones rurales et dépend exclusivement de l'agriculture vivrière et de l'élevage comme source principale de subsistance. La terre est par conséquent la ressource la plus importante. Il convient de garder en tête que la terre constitue la ressource la plus rare de toutes. En effet, on ne peut en augmenter la taille et différentes formes de destruction sont responsables de la disparition de vastes étendues de terres fertiles. Au regard de ces éléments, la terre doit être répartie équitablement et utilisée de façon productive pour assurer la survie des populations.

L'accaparement des terres, *poraji ardhi* en kiswahili, constitue une pratique courante en Tanzanie. Qu'il s'agisse d'une pratique supposée ou réelle, ce phénomène n'est pas nouveau en Tanzanie, ni même dans d'autres secteurs de l'hémisphère sud. L'exploitation de la terre et des ressources naturelles a eu un impact majeur sur le régime foncier. Au cours du XIXe siècle, les colonisateurs européens sont allés en Afrique, ont divisé le continent et pillé la terre et les ressources naturelles. La politique des colonisateurs a laissé un héritage épouvantable derrière eux, caractérisé par une série de conflits terriens et querelles autour des ressources, des litiges fonciers, la perte de contrôle des peuples sur le sol et les ressources naturelles, une vulnérabilité devant des régimes fonciers importés d'ailleurs et une gestion des ressources naturelles selon des modalités étrangères. Les litiges fonciers continuels en Tanzanie ont créé et encouragé un système néocolonial moderne qui exacerbe le pouvoir d'une poignée de personnes et d'entreprises riches, ainsi que de corporations multinationales, aux dépends de petits paysans et de communautés autochtones qui ont été déplacés et dépossédés. L'échelle, l'ampleur et les discours autour de la ruée actuelle vers les terres marquent un moment unique et significatif dans l'histoire de la Tanzanie et appellent à une action immédiate.

Parmi les transactions nouvelles qui émergent actuellement dans le monde, les « transactions foncières » sont considérées bonnes par certains érudits humanistes, propres par certains politiciens, et profitables et rentables par certains économistes et investisseurs. Ces transactions foncières sont donc considérées comme bonnes par les gouvernements des pays récipiendaires, alors même qu'ils refusent aux citoyens pauvres les droits coutumiers qui leur garantissaient la protection de leur héritage naturel et de leur survie. Il est paradoxal que dans un pays comme la Tanzanie, le foncier appartienne à l'État qui donne leur part aux citoyens qui, à leur tour, la détiennent et l'utilisent selon les lois. Si la terre est confisquée à quelqu'un dans l'intérêt public, alors la personne doit recevoir une compensation équitable. Il semblerait cependant que la pratique de la compensation n'ait à ce jour pas été suivie de faits.

Il existe de nombreuses preuves, fondées sur des études empiriques, concernant les transactions foncières et leurs conséquences positives et négatives. De plus, le rapport 2008-2009 de la Banque mondiale fournit des informations édifiantes en la matière. Des transactions foncières portant sur environ 60 millions d'hectares ont été conclues dans le monde entier, dont les deux-tiers portaient sur des terrains acquis en Afrique. De plus, il existe des transactions individuelles portant sur des zones très vastes. Par exemple, le Libéria a récemment signé une concession de 220 000 hectares et il semblerait qu'en 2010 la Tanzanie ait conclu des transactions foncières dépassant les 1,8 millions d'hectares. Il est choquant qu'une telle surface soit cédée par un pays unique. Une des questions qu'il convient de se poser concerne la transparence de ces transactions. Dans quelle mesure les personnes vivant dans les zones où les terrains sont cédés massivement sont-elles impliquées ? Dans quelle mesure le processus est-il participatif ? Les membres du public ont-ils accès aux informations concernant ces transactions foncières ? Ces questions touchant à la justice et la transparence nous encouragent à réviser les dispositions juridiques et leur mise en œuvre réelle.

En 1923, l'État colonial britannique du Tanganyika vota une ordonnance portant sur le régime foncier (appelée ultérieurement Land Ordinance, 1923), selon laquelle tout le territoire, qu'il soit occupé ou non à la date de la mise en œuvre de l'ordonnance, fut déclaré foncier public. Ce foncier fut ensuite remis entre les mains du gouverneur qui le détenait pour le compte des communautés autochtones. Sur le fondement de cette ordonnance, l'État indépendant de Tanzanie vota ses propres lois foncières, plus détaillées que les lois coloniales, et remit tout le foncier du pays entre les mains de son président. Il est important de noter qu'il s'agit ici non seulement de la législation, mais également des institutions responsables des mécanismes d'exécution de ces lois. Par exemple, ces nouvelles lois foncières, introduites en 1999, avaient pour objectif de résoudre les conflits fonciers et de gérer les situations qui n'avaient pas été prévues sous l'ancienne législation. Il est évident que les nouvelles lois foncières ont eu des retombées bénéfiques dans le traitement de problèmes fonciers anciens. Cependant, il reste à savoir si ces nouvelles lois ont réellement réglé les réalités du terrain et ont atteint les objectifs escomptés.

On ne peut remettre en question l'importance de disposer de bonnes lois, c'est-à-dire de lois équitables. Il est tout aussi crucial de disposer d'institutions efficaces qui soient responsables des mécanismes d'exécution de ces lois. Pourquoi, alors que nous disposons de lois, le nombre des conflits de propriétés foncières augmente-t-il de plus en plus ? Ces conflits sont-ils nouveaux, dans le sens où ils n'ont pas été prévus par la législation actuelle ? Y a-t-il vraiment des situations nouvelles, ou y a-t-il dysfonctionnement quelque part ? Et finalement, de quelle connaissance de ces lois les communautés locales disposent-elles ? Une réflexion approfondie sur ces questions ouvre le débat vers des solutions communes qui garantissent justice et paix durable. Pour cette raison, l'Église évangélique luthérienne de Tanzanie (ELCT), en collaboration avec l'Université Sebastian Kolowa Memorial (SEKOMU), a préparé un colloque consultatif sur la justice foncière.

En plus d'examiner les difficultés sous l'angle des instruments juridiques, il convient également d'assurer un suivi de ce qui se passe réellement sur le terrain, c'est-à-dire des situations concrètes. Au cours des dernières années, un débat s'est développé au niveau national et international, sur différentes questions foncières. Les médias et plusieurs forums d'échange sur la propriété foncière ont tiré la sonnette d'alarme à propos de l'ampleur des transactions foncières dans différentes régions de l'hémisphère sud. Des recherches ont été menées sur l'occupation et l'utilisation des sols (OUS) et des rapports rédigés sur l'accaparement des terres ou l'acquisition de foncier. Le défi à relever concerne le clivage entre les investisseurs et les localités. Il existe une différence de perception marquée sur les effets positifs et négatifs des transactions foncières et de leurs résultats, d'autant que ces transactions sont perçues comme un accaparement des terres. Les zones ciblées sont les forêts et autres réserves, ainsi que des aires réservées aux villageois et dont ils dépendent pour leur nourriture, l'exploitation minière artisanale et les pâtures de leurs bêtes, toutes étant des sources de subsistance cruciales.

Bien que la loi tanzanienne de 1999 sur la propriété foncière dans les villages exige que les villageois reçoivent une compensation pour toute perte de terres, la procédure de consultation et de décision du niveau et du mode de paiement d'une compensation reste un parcours jalonné de conflits. La majeure partie de la compensation est versée par l'investisseur par le truchement des administrations de l'État plutôt que directement aux villageois. Il s'écoule également un temps excessivement long entre la fin de l'estimation et le versement effectif de la compensation. De plus, les compensations ne prennent pas en compte les futurs flux de revenus dynamiques mais uniquement les valeurs statiques au moment de l'estimation. Dans le cas où un villageois n'est pas compensé correctement, une frustration se développe et parfois même il s'ensuit un dénuement total. Ces complications apparaissent avant tout à cause du manque de transparence dans les négociations. Ces problèmes représentent des menaces potentiellement dangereuses pour une paix durable, et il convient de se pencher dessus de façon urgente.

Au regard de ce contexte, l'ELCT a chargé la SEKOMU, par le biais de l'Institut justice et paix (IJP), d'organiser et d'animer un colloque de trois jours sur la justice foncière pour une paix durable. L'événement s'est déroulé à Dar es Salaam, en Tanzanie, du 10 au 13 septembre 2013. Cette consultation internationale vit la participation du gouvernement, d'organisations d'inspiration religieuse, d'associations de la société civile, de la communauté diplomatique, d'organisations internationales, du secteur des entreprises, des membres du Parlement, du milieu universitaire et de la recherche et enfin, des médias. L'objectif principal du colloque consistait à faire un état des lieux à partir de plusieurs études dans ce domaine et à proposer des pistes pour gérer la situation.

Tenant compte de cet objectif, la note de synthèse du colloque a présenté plusieurs angles d'attaque du problème, notamment les lois foncières en Tanzanie et les conflits affectant les communautés. Il existe déjà plusieurs rapports sur les instruments juridiques, dont certains se fondent sur des études empiriques, étant donné que plusieurs sources font état des conflits. Dans un contexte de bonne gouvernance, les lois et les institutions les appliquant devraient préciser les avantages qui en découlent pour la société. En d'autres termes, il est normal de s'attendre à ce que les nouvelles lois soient meilleures que les précédentes, en termes de répartition des bénéfices et de justice pour la société.

Après trois jours de débats intenses, le colloque sur la propriété foncière décida de la création d'un Forum tanzanien du foncier, une plateforme pour les principales parties prenantes. Après avoir reconnu l'ampleur du problème, l'objectif pour les participant-e-s au colloque fut de gérer la situation de façon stratégique. Ils et elles devinrent ainsi les fondateurs du forum. De grands efforts ont été déployés pour que celui-ci prenne son essor. Pour cela, la structure organisationnelle et les orientations majeures en ont été développées, tout en gérant les questions les plus pressantes sur le terrain grâce à l'Institut justice et paix de l'Université Sebastian Kolowa.

Remarques de conclusion

Le monde a souvent lutté contre des pratiques déshumanisantes. À l'époque de l'apartheid en Afrique du Sud, de nombreux pays ont manifesté leur solidarité avec les opprimé-e-s et ont dit aux oppresseurs qu'il était inacceptable d'opprimer quelqu'un à cause de la couleur de sa peau. En ce moment, nous entendons les cris de nombreuses personnes à cause de différentes formes d'injustice sociale, de guerres civiles, de terrorisme, de faim, de ségrégation, de corruption et de nouvelles formes d'esclavage dans leurs pays et dans le monde en général. Et dans ce contexte, nous sommes amenés à nous poser la question suivante : d'où viennent de telles injustices ? Les peuples sont rendus victimes de leur gouvernement de différentes façons. Il y a ceux qui ont été envoyés ailleurs suite à une expropriation pour permettre l'arrivée d'investissements, étrangers la plupart du temps. Il y en a d'autres dont l'environnement a été détruit et les sources d'eau polluées au nom des investissements. Nous entendons parler de personnes ayant contracté des maladies incurables à cause de produits chimiques toxiques dans des zones d'extraction minière. Leurs cris de douleur et d'agonie ne sont pas entendus parce que leurs gouvernements et ceux au pouvoir se préoccupent davantage du gain personnel que de la vie de celles et ceux qui les ont portés au pouvoir. Ces personnes crient parce qu'elles font l'objet de traitements injustes, parce qu'elles ont subi des pertes – la perte de leurs biens, de leurs terres, de leur vie, de leur dignité et de leur humanité. Elles élèvent la voix parce que leur liberté leur a été ôtée et qu'elles ont été mises en esclavage dans leur propre pays. Ces personnes attendent le jubilé qui est le moment (*kairos*) où Dieu les rendra libres. Leur cri est l'appel de Dieu pour leur libération et la restauration de leurs biens et de leur dignité. Que leur cri soit le signe de Dieu qui appelle la FLM à soigner leurs douleurs et à défendre leur libération et leur réhabilitation. Si la FLM déclare que nous sommes « libéré-e-s », alors elle devrait, en tant que communion d'Églises, prendre soin de celles et ceux qui souffrent. Que ceci soit l'appel et l'envoi de Dieu pour cette mission spéciale du jubilé, pour libérer ceux qui endurent la souffrance de l'injustice.

Questions

Pensez-vous que nous disposions de tant de terres dans les pays en voie de développement que l'on puisse simplement les donner/céder ?

Pensez-vous que nous devrions disposer d'instruments juridiques internationaux qui réguleraient en toute transparence la mise à disposition de terres dans le monde, en particulier au vu de l'explosion des investissements fonciers ?

La FLM peut-elle avoir un rôle dans la ruée actuelle sur les ressources foncières en différents endroits du monde et particulièrement dans les pays en voie de développement ?

La création n'est pas à vendre : mais qu'en est-il de notre conscience théologique ?

Cibele Kuss

> Prononce un oracle contre ces ossements ; dis-leur : Ossements desséchés, écoutez la parole du Seigneur. [...] Je vais faire venir en vous un souffle pour que vous viviez. Je mettrai sur vous des nerfs, je ferai croître sur vous de la chair, j'étendrai sur vous de la peau, je mettrai en vous un souffle et vous vivrez [...]. (Ez 37,4-6)

J'apprécie énormément le symbolisme des ossements desséchés qui ont l'espoir d'être transformés. Ce dessèchement affecte la création de Dieu toute entière. Selon la vision chrétienne de l'unité et de la diversité, la création toute entière attend la résurrection du corps tout entier, apportant la vie en abondance et la dignité pour toutes les créatures. Nous faisons partie intégrante des lieux et pays où nous sommes né-e-s et où nous vivons. Je rédige cet article dans mon *oikos* au Brésil. Et ici, comme sur bien d'autres continents, nous sommes témoins de la destruction flagrante des forêts et de la progression de l'agro-industrie et ses effets dévastateurs.

Au regard de notre interdépendance avec l'environnement, la destruction des « ossements » de la forêt contribue à la violation de nos droits humains : cette destruction se traduit par l'augmentation des gaz à effet de serre qui déclenchent des changements climatiques comme de graves inondations, des sécheresses et des tempêtes affectant les cycles de la planète. Comment pouvons-nous aborder ceci ? Et de quelle manière ? La question la plus stratégique reste : que faisons-nous pour nous confronter à ce dessèchement continuel des ossements de la création ? Nous ne pouvons oublier qu'il existe des ossements qui ne sont pas habités par le souffle de Dieu, ni ne souhaitent recevoir le souffle du *ruach* divin. Ce sont les ossements habités par les côtés obscurs du capitalisme, représentés par l'industrie des armes, l'agroalimentaire et une société consumériste, misogyne, homophobe et prédatrice de toutes les bonnes choses de la terre.

Dans le contexte des cinq cents ans écoulés depuis la Réforme, que nous dit la théologie ? La théologienne féministe brésilienne, Nancy Cardoso, a posé une question pertinente et provoquante sur le rôle de la théologie :

> Et qu'en est-il de la théologie ? Eh bien [...]. Elle oscille entre la paix dans l'Église, la zone de confort de l'université et le mécontentement des peuples dans leurs luttes. Il est grand temps de se souvenir ! Et de ne pas oublier d'où nous venons et avec qui nous souhaitons avancer. Les temps sont difficiles et une théologie qui ne fait qu'observer les protestations de loin, ou qui ne fait que vivre avec des luttes anciennes encore vivantes mais aucunement les luttes actuelles, une telle Église ne connaît pas la ténacité et la passion révolutionnaire du vingt-et-unième siècle.[1]

Regarder de l'extérieur et observer ne nous dit pas grand chose sur qui nous sommes et avec qui nous voulons cheminer. De toute évidence, il n'est pas suffisant de dire lors de nos cultes que nous devons partager terres et pain si tout ce que nous faisons, c'est observer de loin les luttes des peuples. Voilà bien longtemps que Pacha Mama, ou la Terre Mère, a cessé d'être sacrée pour devenir une vaste vallée d'ossements desséchés, une création en train d'être détruite, pour laquelle on se bat, que l'on vend, au lieu d'être vénérée et respectée au plus haut point pour son immense diversité et son immense beauté.

Dans le système capitaliste, la création de Dieu a un prix, un propriétaire et un acheteur. Une minorité d'individus et de groupes organisés, qui a perdu dans ses ossements l'esprit du partage, règne sur les parcelles de terres et les sources d'eau indispensables à la vie sur terre, les achète et s'affronte pour la diversité de la faune et de la flore. Les petites créatures ne présentent aucun intérêt. On ne les remarque même pas.

Les agriculteurs pratiquant l'agriculture à grande échelle évaluent la terre et calculent le profit que représente la monoculture de soja génétiquement modifié, ou combien de têtes de bétail ils abattront et vendront sur le marché, où les gens achètent à prix élevé de la nourriture de mauvaise qualité. Ils ne remarquent pas que les oiseaux et les arbres sont importants. Ils ne prononcent jamais, ni ne comprennent, les paroles poétiques du poète brésilien Manoel de Barros : « J'écoute les couleurs du chant des oiseaux »[2]. Et ils n'ont même jamais entendu parler du passage biblique qui

---

[1] Consulter www.facebook.com/notes/757117881043910/) 01.17.15

[2] DE BARROS, Manoel, *O livro das ignorãças*, 3e édition, Rio de Janeiro, Civilização Brasileira, 1993.

dit : « S'il se trouve devant toi sur ton chemin, n'importe où sur un arbre ou par terre, un nid avec des oisillons ou des œufs, et la mère couchée sur les oisillons ou sur les œufs, tu ne prendras pas la mère avec ses petits » (Dt 22,6). Des millions d'espèces et d'organismes vivants sont décimés par les pesticides toxiques qu'emploie l'agro-industrie dans le monde entier.

Le mois de décembre 2014 a marqué la trentième année depuis l'explosion dans l'usine de pesticides d'Union Carbide, devenue Dow Chemicals, dans la ville de Bhopal, en Inde, où plus de 16 000 victimes avaient péri et au moins 560 000 avaient été gravement intoxiquées. Ce genre d'accident tend à arriver dans les endroits où la vie des ouvriers ne pèse pas lourd et où un environnement de travail sûr et sain ne figure pas parmi les priorités de l'entreprise. L'argument avancé que les aliments pour nourrir la population ne peuvent être produits qu'en utilisant du poison a eu des conséquences fatales pour des pans entiers de la population dans ce cas précis. En 2013, le marché des pesticides a enregistré un bénéfice total de 11,5 milliards de dollars US, répartis entre six énormes entreprises internationales : Monsanto, BASF, Syngenta, Dupont, Bayer (l'entreprise qui produisait le gaz mortel utilisé par les nazis) et Dow Chemicals.

Cette utilisation maligne des pesticides au Brésil empoisonne notre peuple. Les pesticides sont dans les rivières, dans le sol et dans l'alimentation. Chaque jour, nous sommes en contact avec ces poisons. Et le plus grave, c'est la façon dont les représentants de l'agro-industrie se sont organisés par rapport à la législation brésilienne. Il s'agit de ce qu'on appelle le groupe de pression rural (le lobby Bancada Ruralista), allié au lobby évangélique (Bancada Evangélica) connu sous le sigle des 3B (Bala, Boi e Biblia – balle, bétail et Bible). Leur objectif principal est de protéger l'agro-industrie à tout prix : travail forcé, déforestation, confiscation des terres appartenant aux populations autochtones et anciens esclaves. Ce groupe d'ossements desséchés est si bien organisé qu'en 2014, il a réussi à faire passer une loi autorisant l'utilisation de pesticides qui avaient déjà été bannis du Brésil en raison de leur grande nocivité.

L'Esprit de Dieu souffle sur les ossements de l'agriculture biologique

Les femmes et les hommes engagés dans l'agriculture biologique à petite échelle mettent des aliments écologiquement propres dans nos assiettes. L'agriculture biologique à petite échelle est un modèle d'agriculture familiale, combinant la production d'aliments avec la préservation et la conservation des écosystèmes et de leurs biomes naturels. L'agriculture biologique n'utilise ni pesticides, ni engrais artificiels, ni semences génétiquement modifiées.

Il existe des groupes et des organisations dans nos Églises qui ne sont pas restés à l'écart de la lutte des peuples. On peut citer l'exemple brésilien du Centre de soutien pour les petits agriculteurs (CAPA), fondé il y a plus de trente ans par l'Église évangélique de la confession luthérienne au Brésil (IECLB). Il possède cinq branches réparties dans trois des États du Brésil et bénéficie du soutien institutionnel de la Fondation diaconale luthérienne.

Dans le cadre de leurs discussions des articles 17 et 18 de la Convention-cadre pour la lutte antitabac,[3] des représentant-e-s de onze pays, membres d'un groupe de travail de l'Organisation mondiale de la Santé (OMS), ont, en octobre 2014, consacré trois journées à l'étude du travail effectué par le Centre de soutien pour les petits agriculteurs (CAPA). Le groupe a décidé de présenter cet exemple comme une alternative possible à adopter dans d'autres pays.

Le Brésil est l'un des plus importants producteurs de tabac au monde. La plus grosse partie de la production de feuilles de tabac (96,4 % en tout) se concentre dans la région méridionale du Brésil, où l'on trouve environ 150 000 producteurs de tabac, dont 90 000 à Rio Grande do Sul.

La réunion du groupe de l'OMS eut lieu à Pelotas, dans l'extrême sud du Brésil, du 1er au 3 octobre 2014, à l'initiative du Ministère des relations étrangères, du Ministère de la santé et du Ministère du développement agricole. Ce lieu précis fut choisi en raison des excellents résultats obtenus par CAPA dans le cadre du Programme national de diversification des zones productrices de tabac.

L'esprit de l'agriculture biologique a insufflé une nouvelle vie dans les vies contaminées de nombreux individus qui, depuis des décennies, souffraient des effets des pesticides utilisés dans la monoculture du tabac. Les ossements, avec chair, nerfs et peau saine, ont transformé la vie de la création de Dieu dans cette région. CAPA se dresse contre un géant appelé agro-industrie. L'Esprit de Dieu souffle sur les vies des petites familles engagées dans l'agriculture biologique. CAPA reçoit le soutien de l'agence allemande Pain pour le monde. L'association est aussi partenaire de la Fondation diaconale luthérienne (toutes deux sont des associations membres de l'Église IECLB) et membre de l'Alliance ACT. En 2013, CAPA a fêté son 35e anniversaire.

Dans ces luttes, nous sommes les témoins de la présence de l'Église inspirée par le mouvement de la Réforme et nous la reconnaissons comme un instrument de liberté et d'amour. Cette présence se ressent dans l'expres-

---

[3] La Convention-cadre pour la lutte antitabac est un traité international approuvé en 2003, rassemblant approximativement 180 pays, pour l'adoption de mesures visant à restreindre la consommation du tabac et des produits dérivés du tabac. Le Brésil est signataire de la Convention depuis 2005.

sion diaconale de la théologie qui suscite le changement. La *diakonia* a compris que l'économie, par exemple, ne peut être juste que si elle se fonde sur des relations de solidarité, de justice et d'égalité des genres. Dans une économie fondée sur l'équité, toutes les personnes ont accès à la justice et à une vie digne (cf. Jn 10,10).

L'objectif n'est pas l'accumulation de biens mais un partage équitable pour toutes et tous (cf. Mt 6,19-21) et la préservation de l'environnement. Vivre selon les principes de la *diakonia* signifie un engagement à être bienveillant et à vivre différemment. De plus, il s'agit aussi de s'opposer au système économique actuel qui peut opprimer et dont les coûts sociaux sont inacceptables pour Dieu. D'un point de vue démocratique, œcuménique, inclusif et environnemental, tout développement économique va de pair avec une justice sociale et des améliorations du niveau de vie pour toutes et tous. Malheureusement, les gens vivent selon la logique de fonctionnement du capitalisme, avec accumulation de richesses et de biens et destruction de la création.

La création n'est pas à vendre et nos consciences théologiques encore moins. Le défi le plus important à relever pour nous, c'est de savoir lire les signes des temps. Lutter pour la vie, c'est lutter pour la création toute entière, pour la liberté des personnes et le droit à la diversité, le droit à la différence, le droit au bien-être de la terre et au chant des oiseaux. Cela signifie qu'il faut réaffirmer le Dieu de l'histoire qui nous appelle toujours avec autant d'insistance vers l'avenir, afin que nous puissions continuer à être impliqué-e-s aux côtés des pauvres dans leurs luttes pour le changement.

Les femmes et les hommes de CAPA au Brésil sont un exemple de ces gens qui essaient de ne pas vendre leur conscience et de ne pas trahir leur foi en Dieu le Créateur. Avec toutes les autres initiatives diaconales qui existent de par le monde actuellement, ils représentent la redécouverte radicale de l'Évangile de Jésus-Christ, de la grâce et de l'amour de Dieu pour la création toute entière. La création n'est pas simplement un objet passif et une ressource inanimée dont nous pouvons disposer librement et à volonté, mais elle doit être considérée comme une entité vivante. Les écologistes nous ont appris que dans l'écosystème de la terre, toutes les créatures vivantes sont interdépendantes. Soyons donc plus conscient-e-s des conséquences de cette interdépendance. Et que l'Esprit de grâce et de liberté insuffle une vie nouvelle dans nos ossements et dans notre témoignage au cœur de ce monde et sa diversité, afin que nous puissions faire l'expérience, dans les profondeurs de notre être, de la ténacité et de la passion révolutionnaire du XXIe siècle.

Questions

Que pouvez-vous partager de votre territoire, de votre oikos, concernant l'exploitation politique, économique, environnementale et culturelle ?

Quelle pourrait être la contribution de la diaconie transformative pour faire face à l'exploitation capitaliste des ressources naturelles ?

Quelles expériences d'espoir à l'œuvre dans nos Églises affirment de manière concrète que la création n'est pas à vendre, et encore moins notre conscience théologique ?

Un nouveau ciel et une nouvelle terre : la théologie orthodoxe et une vision du monde écologique

John Chryssavgis

Le monde est le buisson ardent des énergies de Dieu.
St Grégoire Palamas (XIVe siècle)

Le monde est chargé de la grandeur de Dieu !
Gerard Manley Hopkins (XIXe siècle)

Introduction

Nous avons fini par nous rendre compte que la crise qui nous défie n'est pas principalement écologique. De fait, il s'agit bien moins de l'environnement naturel et bien plus de la manière dont nous comprenons mal le monde, ou dont nous le maltraitons. Néanmoins, notre inquiétude pour l'environnement n'est pas la conséquence d'un romantisme superficiel ou sentimental quelconque. Elle émane principalement de ce que nous nous efforçons d'honorer et d'exalter la création de Dieu. C'est une façon de prêter attention au « pays [...] en deuil » (Os 4,3) et aux « gémissements de la création » (Rm 8,22).

Il semble cependant que, de manière tragique, nous soyons lié-e-s par nos styles de vie égoïstes qui ont ignoré à maintes occasions les contraintes de la nature. Or, nous savons maintenant que ces contraintes ne sont ni contestables, ni négociables. Malheureusement, il est des choses que nous apprenons sur la capacité de survie de notre planète, mais que nous ne découvrons qu'une fois le point de non retour dépassé. Voilà pourquoi il serait juste de dire que la marque de reconnaissance de chaque effort déployé par les êtres humains pour la préservation de la nature ne devrait pas être le succès, mais l'humilité.

C'est un certain réalisme honnête qui, en fin de compte, crée le lien avec la création. À sa manière tout à fait particulière, la terre nous unit toutes et tous, au-delà de tout effort individuel ou collectif et au-delà de toute différence doctrinale ou raciale. Il se peut que nous partagions, ou non, des convictions religieuses, ou des principes politiques. Mais il est certain que nous partageons une expérience de l'environnement : nous partageons l'air que nous respirons, l'eau que nous buvons et le sol que nous foulons – même si ce n'est pas toujours de manière égale ou équitable. Mais par un lien mystérieux que nous ne comprenons pas toujours (et choisissons parfois d'ignorer), la terre elle-même nous rappelle notre interdépendance.

Il s'agit très certainement du lien plus profond qui unit la religion et l'environnement. Car, soigner l'environnement endommagé relève d'une fidélité envers Dieu, envers l'humanité et envers l'ordre créé. La religion a donc clairement un rôle clef à jouer dans cette grave question de portée mondiale ; de fait, une spiritualité qui resterait en marge de toute interaction avec la création extérieure ne s'impliquerait forcément pas non plus dans le mystère intérieur. Après tout, l'environnement n'est pas avant tout un sujet politique, économique ou technologique ; il s'agit d'une question profondément religieuse et spirituelle.

Trois façons de percevoir le monde

Comment donc peut-on renverser le processus de souillure ou de pollution ? Comment se repentir des dommages que l'on a fait subir à la planète ? Comment revenir à la vision présentée dans le récit de la création du livre de la Genèse ? La théologie et la spiritualité orthodoxes offrent trois voies utiles[1] pour restaurer en soi-même un sentiment d'émerveillement devant la création de Dieu :

- Les icônes (comme manière de percevoir la création),
- La liturgie (comme manière de célébrer la création),
- L'ascétisme (comme manière de respecter la création).

[1] Cet article s'inspire de la publication de John Chryssavgis, *Light Through Darkness: Orthodox Spirituality*, Maryknoll NY, Orbis Books, 2004.

LA VISION DE LA NATURE PAR L'ICÔNE

Le sentiment de la sainteté de la nature sous-entend que tout ce qui respire loue le Seigneur (cf. Ps 150,6). Quand notre cœur est sensible à cette réalité, alors « nos yeux s'ouvrent et peuvent discerner la beauté des choses créées » (Isaac de Ninive). Discerner clairement, voilà précisément ce que les icônes nous enseignent de faire. Le monde de l'icône offre de nouvelles intuitions. Il révèle la dimension éternelle dans tout ce dont nous faisons l'expérience. On dit que notre génération se caractérise par un sentiment de nombrilisme par rapport au monde naturel, par un manque de perception de ce qui est au-delà. Nous semblons inexorablement piégés à l'intérieur de nos préoccupations individuelles. Nous avons rompu l'alliance sacrée entre nous-mêmes et notre monde.

Gardons en tête que l'icône restaure, l'icône réconcilie. L'icône nous remémore une autre façon de vivre et offre un correctif à la culture que nous avons créée et qui n'accorde de valeur qu'à l'ici et maintenant. L'icône révèle la vision intérieure du tout, le monde tel que Dieu l'a créé et voulu. Car, en rompant le lien entre ce monde et le ciel, nous avons de fait désacralisé les deux. L'icône articule avec une certitude théologique notre foi dans le royaume céleste. Elle efface toute distance objective entre le matériel et le spirituel, entre le temps et l'éternité, entre la création et le divin.

C'est la raison pour laquelle l'incarnation divine se trouve au cœur-même de l'iconographie. Car dans l'icône de Jésus-Christ, le Dieu non-créé revêt un visage de créature, devenant « le plus beau des hommes » (Ps 45,3), une « beauté qui peut sauver le monde » (Fyodor Dostoevsky). En cela, le monde entier est une icône. Saint Irénée de Lyon a écrit au deuxième siècle : « rien n'est un vide face à Dieu ». Voilà pourquoi, sur les icônes, les rivières ont une forme humaine, tout comme le soleil et la lune, les étoiles et les eaux. Tous assument des visages humains. Ils revêtent tous une dimension personnelle, tout comme les personnes, tout comme Dieu.

LA LITURGIE DE LA NATURE

Ce qu'une icône fait avec la matière, la liturgie le fait avec le temps. Si nous sommes coupables du gaspillage incessant dans notre monde, peut-être est-ce parce que nous avons perdu l'esprit de la louange. Nous ne sommes plus des pèlerins respectueux sur cette terre. Nous avons été réduits au statut de simples touristes. Notre péché originel se situe peut-être dans notre orgueilleux refus de recevoir le monde comme un sacrement de communion. La vérité est que nous réagissons face à la nature avec la même sensibilité, la même tendresse que face aux êtres humains. De plus, la façon dont nous nouons des relations avec autrui sur terre reflète la façon dont nous prions « notre Père qui est aux cieux ». Il existe un lien profond entre le ciel et la terre.

La liturgie représente donc précisément la commémoration de ce lien inné entre Dieu et les êtres humains et les choses. En reconnaissant cette interdépendance entre tous les êtres humains et toutes les choses, en célébrant la « liturgie cosmique », comme saint Maxime le Confesseur la qualifiait au VIIe siècle, il devient possible d'entreprendre de résoudre la crise environnementale. Car alors, nous aurons acquis ce qu'Isaac de Ninive décrivait au même siècle :

> Un cœur miséricordieux brûlant d'amour pour toute la création – pour les humains, les oiseaux, les bêtes et les démons – pour toutes les créatures de Dieu.

Le monde, dans son intégralité, constitue un élément incontournable de la liturgie. Dieu est loué par les arbres et les oiseaux, il est glorifié par les étoiles et la lune (cf. Ps 1,91), il est adoré par la mer et le sable. Le monde contient une dimension artistique et musicale. Ce qui signifie alors que, chaque fois que nous réduisons notre spiritualité à nous-mêmes et à nos intérêts personnels, nous oublions que la liturgie supplie Dieu pour le renouveau du cosmos pollué tout entier. Et chaque fois que nous limitons la vie à nos préoccupations et désirs personnels, nous négligeons notre vocation d'élever la création jusqu'au Royaume.

La voie des ascètes

Il est évident que le monde ne peut toujours être perçu comme les Cieux ou leur ressembler. Un regard rapide vers les souffrances infligées rien que par la guerre suffit à nous faire entendre raison. Néanmoins, saint Paul écrit :

> Car il a plu à Dieu de faire habiter en lui toute la plénitude et de tout réconcilier par lui et pour lui, et sur la terre et dans les cieux, ayant établi la paix par le sang de sa croix. (Col 1,19-20)

La référence faite ici au « sang de la croix » est une indication claire du coût encouru. Il y a un prix à payer pour notre gaspillage. Et c'est la valeur de l'*ascesis*. Car un ascétisme authentique conduit à un esprit de gratitude, à la redécouverte de l'émerveillement dans notre relation avec le monde. L'ascète est celui qui est libre ; il n'est pas sous le contrôle d'attitudes et d'habitudes excessives, il se caractérise par sa retenue ainsi que par sa capacité à dire « non » ou « ça suffit ». Sans ascétisme, aucun de nous n'est authentiquement humain.

Dans son article désormais devenu un classique intitulé « Les racines [historiques] de notre crise écologique », Lynn White soupçonnait déjà la vérité derrière l'ascétisme, sans pour autant le développer. Il remarquait :

> Le saint grec contemple ; le saint occidental agit. Les latins ... pensaient que le péché était un mal moral, et que le salut se trouvait dans une conduite appropriée... Les conséquences du christianisme sur la conquête de la nature émergeraient plus facilement dans un contexte occidental.[2]

Il semblerait que l'approche contemplative laisse une trace plus douce et plus légère sur la création. Paradoxalement donc, une rectification écologique pourrait de fait commencer par de l'inaction environnementale. C'est ce en quoi consiste la discipline de l'ascétisme : la voie du silence, de la vigilance et du détachement. La voie de l'humilité, apprendre à avancer avec davantage de légèreté sur cette planète.

Prenez un exemple d'ascétisme : le jeûne. Nous, orthodoxes, nous jeûnons en nous abstenant de produits laitiers et carnés durant la moitié de l'année, comme si nous cherchions à réconcilier une moitié d'année avec l'autre, le temps profane avec le temps du royaume. Jeûner, c'est apprendre non seulement à renoncer mais à donner. Il ne s'agit pas de refuser mais d'offrir, d'apprendre à partager, à rétablir le contact avec les êtres humains et le monde naturel. Jeûner signifie faire tomber les barrières entre mon prochain et mon monde. C'est discerner les icônes dans le visage des autres et le visage même de Dieu dans le monde. Enfin, jeûner c'est aimer, c'est m'éloigner de ce que je veux pour aller vers ce dont le monde a besoin. C'est être empli d'un sentiment de bonté et de divin, voir toutes choses en Dieu et Dieu en toutes choses.

Trois modèles à suivre pour prendre soin de la création

Alors, si notre prière écologique consiste à passer de la périphérie distante d'une théologie abstraite au cœur même de la vie concrète, si notre spiritualité doit « s'incarner », alors la tradition orthodoxe a trois modèles complémentaires à proposer.

Le modèle biblique

Selon ce modèle, l'Église est appelée à être solidaire des parties les plus faibles du corps du Christ. Elle doit défendre les plus vulnérables, les éléments les plus désarmés et les sans voix de ce monde, qui, selon saint Paul, « gémit dans les douleurs de l'enfantement, pour avoir part à la liberté et à la gloire des enfants de Dieu. » (selon Rm 8,21sqq.).

---

[2] *Science* 155 (Mars 1967), pp. 1203-07.

De plus, la terre est un membre de notre corps, inséparable de notre chair et de notre vie. De la même manière que le Dieu d'Israël a un jour entendu le cri des pauvres et des opprimés (cf. Ex 3 et Jn 4), Dieu entend également le cri muet de la terre. Telle est l'alliance biblique, la promesse de Dieu au peuple d'Israël : Dieu écoutera le monde, Dieu soignera le monde, Dieu s'occupera de la terre dans ses moindres détails.

Le modèle ascétique

Pour le deuxième modèle, il convient de garder en tête les trois R de la vie spirituelle : renoncement, repentance et responsabilité.

Renoncement : il s'agit d'une ancienne réaction (antérieure même au christianisme) autant que d'une réaction universelle (même non chrétienne). Comme nous l'avons déjà constaté, le renoncement est une façon d'apprendre à partager. Il a donc des conséquences sociales. Il nous rappelle que les biens matériels sont à utiliser avec respect. Renoncer, c'est vivre simplement et simplement vivre.

Repentance : il s'agit d'un retour à une vie donnée par Dieu « selon la nature », comme les pères et les mères du désert le diraient. Dans la repentance, nous confessons que nous avons péché. Nous confessons de plus que nous ne partageons pas, que nous sommes égoïstes, que nous maltraitons les ressources de la terre. Par la repentance, nous reconnaissons que nous avons échoué dans notre vocation « à cultiver le sol et à le garder » (Gn 2,15), verset que j'aime interpréter de façon plus littérale et proche du grec en disant notre vocation « à servir et à préserver ».

Responsabilité : il s'agit d'un défi, d'un choix. Ayant renoncé à tout ce qui encombre notre esprit et notre vie, ayant fait repentance de notre gaspillage, nous pouvons tourner nos vies vers la création et son Créateur.

Le modèle sacramentel

Les chrétiens orthodoxes atteignent tous ces objectifs précisément par les sacrements. Malheureusement, dans bien des cercles ecclésiaux, les sacrements sont souvent réduits à l'observance de rituels. La vie sacramentelle est cependant bien plus qu'un chemin d'inspiration pieuse ou de récompense individuelle. Il est vital de se souvenir de la dimension sacramentelle du monde entier, reconnaissant qu'il n'existe rien qui soit séculier ou profane. Dieu est la composition même du monde et il en fait partie. Si Dieu était retiré du monde, le monde s'écroulerait. Telle est la profondeur de la vision sacramentelle du monde.

Les chrétiens orthodoxes préfèrent, de fait, parler de chaque moment et de chaque aspect de la vie comme sacramentel, de la naissance à la mort. Ainsi, les sacrements ne relèvent pas d'une sorte de dimension magique. Ils fonctionnent de façon « mystique », infiltrant en silence le cœur et la vie de celles et ceux qui choisissent de s'ouvrir à la possibilité d'une rencontre avec Dieu, à l'image du sang circulant dans le corps humain, ou de l'eau dans les rivières et les océans.

Conclusion

Nous qualifions couramment cette crise d'« écologique », ce qui est exact seulement dans la mesure où ses résultats sont manifestes dans la sphère écologique. Mais cette crise ne concerne pas en premier lieu l'écologie. Il s'agit d'une crise qui nous concerne au premier chef ; il s'agit d'une crise sur la manière dont nous envisageons et imaginons notre monde. Pour citer la mystique chrétienne orientale, il s'agit d'un combat spirituel contre « des mouvements et des puissances en nous, qui sont désordonnés, anormaux et hostiles à la création de Dieu » (Maxime le Confesseur, dans *Questions à Thalassios*, chapitre 51). Nous oublions que, sans Dieu, nous sommes moins que des humains, moins que des humains les uns sans les autres, moins que des humains sans la création.

Ce qu'il nous faut par conséquent, c'est une discipline d'humilité. Car l'orgueil est un trait de caractère purement humain ; il appartient à Adam. Alors que l'humilité, par le biais de la simplicité, peut réconcilier un monde qui, sinon, serait divisé par l'orgueil. La frugalité et la communion préserveront la planète autrement exploitée par l'avidité. Si nous sommes coupables d'un gaspillage inexorable dans notre monde, peut-être est-ce parce que nous avons perdu notre esprit de simplicité et notre spiritualité de compassion.

Le péché écologique : l'arrogance de la domination

Il n'est alors pas étonnant que le patriarche œcuménique Bartholomée ait surpris le monde théologique tout autant que le monde laïc, en identifiant la négligence ou l'insouciance envers son environnement naturel comme l'équivalent d'un péché. Il est clairement mal de considérer le péché uniquement comme l'impact négatif de notre comportement sur les autres, perçus individuellement ou collectivement, tout en ignorant les conséquences écologiques et cosmologiques de notre comportement. Comme Sa Sainteté l'a indiqué à Santa Barbara en 1997 :

> Que les humains provoquent l'extinction des espèces et détruisent la diversité biologique de la création de Dieu, que les humains dégradent l'intégrité de la terre en provoquant des changements climatiques, en dénudant la terre de ses forêts

> naturelles ou en détruisant ses zones humides, [...] que les humains contaminent les eaux de la planète, ses sols, son air et sa vie avec des substances toxiques : tous ces actes sont de fait des péchés.

La raison principale pour laquelle Dieu a placé Adam et Ève dans le jardin d'Éden (cf. Gn 2,15) se trouve dans l'alliance et la vocation de chérir et de soigner la création, c'est-à-dire « pour cultiver le sol et le garder ». C'est une phrase que j'aime traduire plus fidèlement et plus littéralement à partir de la traduction grecque de la Septante, en disant « pour le servir et le préserver ». Le fait que nous ayons donné au terme biblique « domination » (Gn 1,28 ; Ps 8,5-8), de façon résolument égoïste et intéressée, le sens de « disposer de tous pouvoirs » n'aide en rien. « Car le règne appartient au Seigneur » (Ps 22,28), après tout. L'anthropocentrisme est une tentation captivante, à laquelle nous sommes tous coupables d'avoir succombé à un moment ou à un autre et qui a gêné notre perspective et notre pratique de façon dommageable.

Responsabilité : que puis-je faire ?

Il existe bien sûr de nombreuses idées pratiques actuellement disponibles et facilement accessibles aux paroisses et aux personnes souhaitant se familiariser avec leur impact écologique sur la planète et sur les autres. Nombre d'Églises et de paroisses ont en effet déjà testé des mesures ou même considérablement progressé vers cet objectif. De plus, paroisses et fidèles peuvent avoir un impact en faisant attention à ce qu'ils consomment (ampoules basse consommation et systèmes de chauffage ou de rafraîchissement écoénergétiques), à ce qu'ils peuvent réutiliser (papier recyclé, sacs, cartouches d'encre, verres et couverts), à ce qu'ils gaspillent (électricité, eau, chauffage, alimentation électrique et même tasses et assiettes) et à leurs choix (co-voiturage ou consommation locavore).

Le plus important, cependant, reste d'apprendre à se débrouiller et vivre avec moins. Afin de modifier notre image de nous-mêmes, il ne faut rien de moins qu'un renversement radical de nos points de vues et modes de fonctionnement. C'est le seul moyen d'envisager « un ciel nouveau et une terre nouvelle » (Ap 21,1). L'équilibre du monde a été bouleversé. La crise écologique ne pourra être résolue ni par des slogans mièvres, ni par des autocollants à smileys, mais il faut proposer l'abnégation en place et lieu de l'égocentrisme, l'exercice du contrôle de soi et de la retenue.

J'estime que c'est bien le cœur du problème. Car nous ne sommes pas prêt-e-s – et même nous opposons une résistance forte – à adopter un mode de vie plus simple. Nous avons perdu la voie de la spiritualité de la simplicité et la frugalité. Le défi qu'il faut maintenant relever est le suivant :

quel mode de vie adopter pour développer l'harmonie et non la division ? Comment reconnaître chaque jour que « c'est au Seigneur qu›appartient la terre » (Ps 24,1) ?

Redevabilité – répondre de ses actes : intendant-e-s de la création de Dieu

Bien que de nombreux passages de l'Ancien et du Nouveau Testament donnent un aperçu du principe et de la pratique de la conscience écologique et de l'intendance environnementale, le message revêt une urgence croissante face au jour du Jugement dernier, lorsqu'il nous sera demandé de répondre de nos actes. La parabole de Jésus sur l'intendant fidèle et prudent (cf. Luc 12) met cela clairement en exergue et conclut avec l'avertissement suivant : « À qui l'on a beaucoup donné, on redemandera beaucoup ; à qui l'on a beaucoup confié, on réclamera davantage » (Lc 12,48). Ce verset ne suscitera probablement pas l'assentiment général sur le plan politique. Mais il mérite une étude attentive sur le plan spirituel : « Heureux ce serviteur, que son maître en arrivant trouvera en train de faire ce travail ! » (Lc 12,43).

Tout comme le serviteur de la parabole, nous serons également tenu-e-s de répondre de nos actes devant le Maître : « "Qu'est-ce que j'entends dire de toi ? Rends les comptes de ta gestion" » (Lc 16,2). Nous serons certainement jugés pour l'exploitation et la maltraitance de la terre qui nous a été confiée pour « la préserver » et jugés tout autant pour la répartition injuste de ses ressources entre les êtres humains que nous sommes appelés « à servir ». En d'autres termes, nous serons certainement jugés pour la destruction de la création de Dieu réalisée par des êtres humains qui usurpent injustement le droit de contrôler cette création et de présumer avec arrogance du droit de la manipuler, tout autant que pour l'exploitation des pauvres (et des États pauvres) par les riches (et les États riches).

Néanmoins, si nous nous ouvrons à tous les peuples et à la création toute entière – si nous pouvons en profiter pour devenir plus sensibles – nous pourrons alors reconnaître que notre histoire est inextricablement liée à la destinée du monde entier. Nous pourrons alors commencer à percevoir l'univers dans son insondable interdépendance. Et nous sentirons l'Esprit de Dieu comme une brise légère et nous entendrons le cœur du phoque battre comme le pouls de notre propre vie.

Questions

Quels éléments de votre tradition avez-vous en commun avec la tradition spirituelle de l'Église orthodoxe, dans l'expérience et l'expression du caractère sacré de la création de Dieu ?

Quels éléments de votre tradition sont uniques, dans la perception de notre relation à la planète et notre responsabilité envers elle ?

Comment vous / votre paroisse / votre communauté pouvez-vous changer vos habitudes tenaces en matière d'attitudes et de pratiques envers le milieu naturel ?

Étude biblique : Romains 8,19-21

Elena Bondarenko

Car la création attend avec impatience la révélation des fils de Dieu : livrée au pouvoir du néant – non de son propre gré, mais par l'autorité de celui qui l'a livrée –, elle garde l'espérance, car elle aussi sera libérée de l'esclavage de la corruption, pour avoir part à la liberté et à la gloire des enfants de Dieu. (Rm 8,19-21)

Ce passage nous ramène à l'histoire de la création du monde dans l'Ancien Testament et aux tristes conséquences de la Chute d'Adam. Au commencement, Dieu créa une merveilleuse création appelée à engendrer d'autres créatures vivantes.

Dieu dit : « Que les eaux grouillent de bestioles vivantes [...]. » (Gn 1,20).
Dieu dit : « Que la terre produise des êtres vivants selon leur espèce [...]. » (Gn 1,24).

Dieu créa la création afin qu'elle génère d'elle-même la vie. À la fin, Dieu créa les êtres humains « à son image » (Gn 1,27), une créature particulière appelée à soigner le reste de la création de Dieu et à être son interlocuteur. Mais l'histoire se poursuit : Adam et Ève, les premiers êtres humains, chutèrent : ils furent désobéissants et devinrent négligents. Sans réfléchir, ils détruisirent presque l'arbre qui leur était interdit, celui « au milieu du jardin » (Gn 3,3). Les conséquences de cette négligence et de leur manque de réflexion eurent un impact sur les êtres humains coupables et aussi sur l'autre pan de la création :

Il dit à Adam : « le sol sera maudit à cause de toi... » (Gn 3,17)

Les deux étaient touchés par la malédiction : les êtres humains créés à l'image de Dieu et la nature qui les environnait. Les êtres humains sensés peuvent percevoir la malédiction de l'humanité dans l'exploitation massive des animaux élevés dans des conditions terrifiantes, dans la prodigieuse destruction de la nature à des fins économiques (par ex. la forêt tropicale humide), dans la pollution de vastes étendues de paysages à cause d'une exploitation minière irraisonnée et d'une gestion des déchets trop fréquemment insuffisante. Toute tentative de pointer du doigt le problème est généralement considérée comme naïve ou rétrograde. En critiquant, on court le risque d'être tourné en ridicule et parfois même de voir sa vie menacée. Il semble que la malédiction se manifeste par la cupidité et l'incapacité à différencier le bien du mal. Ce ne sont pas toujours les pilleurs et les vendeurs de la création qui sont sans merci. On pense souvent qu'il n'existe aucune alternative ou que les gens ne disposent pas de l'éducation nécessaire pour discerner les résultats de leurs actions. Malgré tout cela, les paroles de l'apôtre Paul nous rassurent, quand il nous explique qu'outre la malédiction, l'Évangile du salut également a été envoyé tant aux êtres humains qu'à la nature.

Paul écrit que la création attend avec impatience la révélation des fils de Dieu. Le néant et la futilité de la création sont les conséquences du péché de la créature humaine. La corruption et la désintégration de la création ne connaissent pas la liberté et servent souvent le péché. Mais tout comme l'esclavage va de pair avec la corruption, la liberté est une des composantes de la gloire. Tout comme la corruption s'est abattue sur la création toute entière, l'évangile de la libération étreindra les êtres humains et la nature ensemble, comme les versets de l'épître aux Romains le précisent.

L'apôtre Paul a sa façon personnelle de comprendre l'Évangile, qui diffère du concept de l'évangile de la tradition synoptique. Paul perçoit l'Évangile non pas selon la tradition du règne attendu de Dieu (dans la continuité de la tradition de l'Ancien Testament), mais il voit l'Évangile se concrétiser de plusieurs manières :

- par la christologie : « Cet Évangile, [.] concerne son Fils, issu selon la chair de la lignée de David » (Rm 1,3) ;

- par l'ecclésiologie : « la parole de la foi que nous proclamons » (Rm 10,8, le témoignage de l'Église primitive) ;

- par la sotériologie : « Car je n'ai pas honte de l'Évangile : il est puissance de Dieu pour le salut de quiconque croit, du Juif d'abord, puis du Grec. » (Rm 1,16).

L'idée de la réconciliation de Dieu avec les êtres humains et la création par Jésus-Christ uniquement est un thème central des commentaires théologiques de Paul. Cette réconciliation transformatrice des êtres humains les amène à témoigner par les œuvres : a) la Parole de l'Évangile est faite chair dans les sacrements du baptême et de la sainte cène (1 Co 10,1-5, première référence aux « sacrements ») et b) le témoignage de la communauté chrétienne se traduit en actes de vie (2 Co 6,4-10).

Ainsi, en tant que chrétien-ne-s, nous sommes conscient-e-s de notre responsabilité de témoigner. Nous savons que nous, mais aussi la création toute entière, nous réjouissons du salut qui nous extrait de la corruption. Nous savons que, simplement parce que la création nous entoure et que nous disposons de la puissance pour l'exploiter, ne signifie pas qu'elle nous appartient. La création appartient à Dieu.

Nous avons pris l'habitude, dans notre monde, de considérer que la création est à vendre, ou pire, que la création peut être utilisée à des fins destructrices. Nous avons développé des armes sophistiquées et des technologies dangereuses. Au cours du dernier siècle ou siècle et demi, le progrès dans tous les domaines scientifiques a été stupéfiant quand on le compare au lent développement des millénaires précédents. Le développement progressif de certaines technologies a souvent, directement ou implicitement, comporté une faculté accrue de détruire l'intégrité de l'environnement. Il ne s'agit pas de dire que le progrès technologique est nocif en soi, mais plutôt qu'il convient de toujours rester conscient des mésusages de certaines technologies.

La création n'a pas été prévue pour être mise en vente, ni non plus les êtres humains et leurs œuvres. La création avait pour but de vivre en l'honneur de Dieu. Les êtres humains étaient destinés à une vie divine et intense, en dialogue avec le Créateur. Le point de départ de la voie vers la destruction et l'avidité a été une attitude irréfléchie envers la création et en particulier envers le Créateur.

« Hypocrites ! Pourquoi me tendez-vous un piège ? » (Mt 22,18). « Malheureux êtes-vous, scribes et Pharisiens hypocrites, vous qui versez la dîme de la menthe, du fenouil et du cumin, alors que vous négligez ce qu'il y a de plus grave dans la Loi : la justice, la miséricorde et la fidélité ; c'est ceci qu'il fallait faire, sans négliger cela » (Mt 23,23). Avec ces paroles dures, Jésus condamna les hypocrites et la commercialisation de la foi pratiquée par les chefs religieux de son époque.

La déclaration selon laquelle la création n'est pas à vendre se rapproche étroitement du cœur de la Réforme luthérienne, c'est-à-dire de la justification par la foi et par la grâce de Dieu. Cet éclairage est particulièrement pertinent car il existe dans la société de consommation actuelle, un peu comme au Moyen-Âge d'ailleurs, l'impression que les bénédictions peuvent être achetées et vendues. Il nous faut une prise de conscience renouvelée de ce concept fondamental de la Réforme, en particulier dans des pays comme la Russie où il n'y a pas eu de mouvement de la Réforme en tant que tel, mais seulement une rencontre des cultures, dès l'époque de l'Empire russe et de la famille royale des Romanov. Il existait des paroisses luthériennes dans chaque grande ville et on peut encore retrouver des traces de cette influence à Saint-Pétersbourg et dans une moindre mesure, à Moscou.

Malheureusement, pendant toute l'histoire récente de la Russie, la Réforme a été considérée comme un concept occidental étrange, conçu pour mettre le peuple russe sous la tutelle de la pensée et du style de vie occidental ; raison pour laquelle les autorités tsaristes et ultérieurement les dirigeants communistes la prirent pour cible. D'une manière générale, aucun mouvement de Réforme en tant que tel n'eut lieu en Russie et le concept de justification par la foi et la grâce de Dieu seules reste novateur et attractif. Malgré une opposition puissante, certains sont heureux de trouver un soutien dans l'Église, où ils peuvent protester contre une culture qui a tout mis en vente. Ceux qui reconnaissent que, sur le long terme, la création n'est pas à vendre, ceux-là pourraient bien découvrir l'héritage luthérien qui annonce puissamment la grâce libératrice de Dieu. Dans le cadre du cinq-centenaire de la Réforme, la FLM envoie un message sans équivoque : le salut, les êtres humains et la création ne sont pas à vendre. Il ne s'agit pas de marchandises et ils ne doivent pas être traités comme tels. Il sont de bonnes créations de Dieu et doivent être traités en conséquence.

Questions

En quoi le message selon lequel la création n'est pas à vendre est-il pertinent dans votre pays et dans votre environnement culturel ?

Y a-t-il un moyen de relier le concept de « création-pas-à-vendre » au développement d'institutions sociales et diaconales ?

Comment peut-on mettre en œuvre dans nos vies le message selon lequel la création n'est pas à vendre ? (Donner quelques exemples concrets).

Liste des contributeurs et contributrices

Asano, Naoki, pasteur, Église évangélique luthérienne du Japon à Ichigaya, Japon

Becker Nissen, Ulrik, docteur en théologie et professeur associé, Faculté de théologie, Université d'Aarhus, Danemark

Bondarenko, Elena, pasteure, doyenne de Moscou de l'Église évangélique luthérienne de Russie européenne, Russie

Chryssavgis, John, pasteur, archidiacre du Trône œcuménique, archidiocèse grec orthodoxe des États-Unis, États-Unis

Kopp, Martin, doctorant, Université de Strasbourg, chargé du plaidoyer de la Fédération luthérienne mondiale pour la justice climatique, France

Kuss, Cibele, pasteure, directrice exécutive de la Fondation luthérienne Diaconia, Brésil

Munga, Stephen, évêque, Église évangélique luthérienne de Tanzanie, recteur de l'Université Sebastian Kolowa Memorial, Lushoto, Tanzanie

Rossing, Barbara R., pasteure, professeur de Nouveau Testament, Institut de théologie luthérienne de Chicago, États Unis